光华思想政治教育论坛（2021）

唐晓勇　雷栋良／主编

西南财经大学出版社
中国·成都

图书在版编目(CIP)数据

光华思想政治教育论坛.2021/唐晓勇,雷栋良主编.—成都:
西南财经大学出版社,2022.4
ISBN 978-7-5504-5260-2

Ⅰ.①光… Ⅱ.①唐…②雷… Ⅲ.①高等学校—思想政治
教育—中国—文集 Ⅳ.①G641-53

中国版本图书馆 CIP 数据核字(2022)第 017130 号

光华思想政治教育论坛(2021)

GUANGHUA SIXIANG ZHENGZHI JIAOYU LUNTAN(2021)

主编 唐晓勇 雷栋良

责任编辑	王 利
责任校对	植 苗
封面设计	墨创文化
责任印制	朱曼丽
出版发行	西南财经大学出版社(四川省成都市光华村街 55 号)
网 址	http://cbs.swufe.edu.cn
电子邮件	bookcj@swufe.edu.cn
邮政编码	610074
电 话	028-87353785
照 排	四川胜翔数码印务设计有限公司
印 刷	郫县犀浦印刷厂
成品尺寸	185mm×260mm
印 张	19.25
字 数	458 千字
版 次	2022 年 4 月第 1 版
印 次	2022 年 4 月第 1 次印刷
书 号	ISBN 978-7-5504-5260-2
定 价	88.00 元

目 录

庆祝中国共产党成立100周年专题

中国特色社会主义理论与实践

目 录

马克思主义理论与思想政治教育研究

庆祝中国共产党成立100周年专题

中国式现代化新道路的生成逻辑与发展特征

唐晓勇　罗雅文

【摘要】中国式现代化新道路，以马克思主义关于人的发展三种形态为思想圭臬，既扬弃了资本主义国家现代化道路的缺陷，也摒弃了苏联社会主义现代化模式的弊端，是中国共产党带领中国人民，在吸收中华优秀传统文化和人类先进文明成果的基础上，在革命、建设、改革的实践探索中，开辟的具有中国特色的社会主义现代化道路。这一成功实践，既证明了中国特色社会主义道路的正确性，也为世界其他国家走向现代化提供了具有现实性和可操作性的新选择，中国也将继续深化以人为本、可持续发展、互利共赢、文明多样性等理念特征，推进构建人类文明新形态，为世界发展贡献中国智慧和中国方案。

【关键词】中国特色社会主义；现代化道路；人类文明新形态；生成逻辑；发展特征

【作者简介】唐晓勇，男，1965 年生，博士，西南财经大学马克思主义学院院长，教授，博士生导师，主要从事马克思主义哲学基本原理、思想政治教育方法论等研究；罗雅文，女，1991 年生，西南财经大学马克思主义学院博士研究生，主要从事思想政治教育研究。

【基金项目】本文系 2021 年西南财经大学习近平新时代中国特色社会主义思想研究中心“庆祝中国共产党成立 100 周年”专项课题“中国式现代化新道路的发展逻辑与特征研究”成果。

“中国式现代化新道路”是习近平总书记在庆祝中国共产党成立 100 周年大会上提出的崭新命题。习近平指出：“中国特色社会主义是党和人民历经千辛万苦、付出巨大代价取得的根本成就，是实现中华民族伟大复兴的正确道路。我们坚持和发展中国特色社会主义，推动物质文明、政治文明、精神文明、社会文明、生态文明协调发展，创造了中国式现代化新道路，创造了人类文明新形态。”①

一、中国式现代化新道路的内涵

众所周知，所谓传统的现代化道路就是西方发达国家的现代化发展道路。中国式现代化新道路不仅坚决摒弃了僵化的苏联模式，更有别于传统的西方现代化的新型现

① 习近平. 在庆祝中国共产党成立 100 周年大会上的讲话［M］. 北京：人民出版社，2021：14.

代化道路，是对西方现代化道路的扬弃和超越。首先，中国式现代化新道路是将科学社会主义与中国国情相结合的新道路：在政治上坚持社会主义道路和党的领导，在经济上坚持社会主义市场经济体制，在思想上坚持科学社会主义基本精神的指导，在实践上立足国情，是对传统现代化道路的借鉴和超越，是一条全新的、中国式的现代化之路。其次，中国式现代化新道路是统筹兼顾、全面协调推进的新道路。中国的现代化，不是实现某一个方面的现代化，而是统筹兼顾，实现政治、经济、文化等多方面协调发展的现代化。最后，中国式现代化新道路是以人民幸福、民族复兴、国家富强为奋斗目标的新道路。党带领中国这个人口大国，从贫困人口占绝大多数到历史性地解决绝对贫困问题，创造了人类历史消除贫困的奇迹；带领中华民族不断推进政治改革、科技创新，不断加强国防和军队的现代化建设等。这一系列举措既保障了国家的安全与社会的稳定，为国家的现代化建设提供了强大的支撑和后盾，也充分展示了中国共产党带领全体中国人民实现民族伟大复兴的决心。

中国作为一个后发展国家，在经历艰苦卓绝的反帝反封建革命斗争后才走上了现代化探索的道路，也是在理论和实践的双重探索和斗争中才成功开辟了一条真正属于自己的现代化道路。在探索发展的过程中，中国始终坚持独立自主的原则，走和平发展的道路，既不侵略他国，也始终坚守中国主权的完整；既不墨守成规，思想僵化，也不照抄照搬他国经验模式，坚持把科学社会主义基本原则与中国实践有机结合，与时俱进。中国的现代化新道路、中国经验和中国模式，不仅适合于中国，其他国家特别是广大发展中国家也可以在结合本国国情的前提下借鉴。

二、中国式现代化新道路的生成逻辑

恩格斯指出：“一种社会活动，一系列社会过程，越是超出人们的自觉的控制，越是超出他们支配的范围，越是显得受纯粹的偶然性的摆布，它所固有的内在规律就越是以自然的必然性在这种偶然性中去实现自身。”① 中国式现代化新道路的选择和最终确立，经历了无数风雨考验和曲折坎坷，在无数貌似偶然的失败与成功背后，深刻反映着这条发展道路所蕴含的内在的理论逻辑、历史逻辑与实践逻辑，深刻反映着中国共产党带领中国人民坚定不移地追求中华民族伟大复兴的奋斗历程是合规律性和合目的性的统一。

（一）理论逻辑

首先，中国式现代化新道路是马克思主义关于人的自由全面发展思想的当代表达。资本主义生产方式的确立，奠定了西方成为世界文明中心的基础，也使西方资本主义发展模式在相当长一段历史时期成为落后国家走上现代化发展道路的重要途径，甚至被有的人盲目尊奉为“唯一正确路径”。与资产阶级思想家、经济学家、政治学家将资本主义生产方式确立为永久的、没有缺陷的生产方式不同，马克思、恩格斯从唯物史观出发，明确指出以私有制为基础的资本主义生产方式在未来必然会被更高级的、以工人的联合生产为基础的合作化生产方式替代。在《1857—1858 年经济学手稿》中，马克思首次完整地提出了人类发展的三大社会形态，分别是人的依赖关系、物的依赖关系和人的自由全面发展三个阶段。在资本主义制度出现之前，由于生产力低下，人

① 马克思，恩格斯．马克思恩格斯选集：第 4 卷［M］．北京：人民出版社，2012：192.

类力量相对较弱，只能以联合的方式来与自然界对抗，以满足自身发展的需要。资本主义制度的确立，大大提高了生产力发展水平，对人的依赖关系转化为对物的依赖关系，人的能力和地位得到了一定的提升。但是，这并不是人类发展社会形态的终点，在这种形态之下，人类能力、地位的提升是有限的，社会仍然存在着剥削和压迫，人的劳动是在资本家的压迫之下的一种被动劳动，“它无情地斩断了把人们束缚于天然尊长的形形色色的封建羁绊，它使人和人之间除了赤裸裸的利害关系，除了冷酷无情的‘现金交易’，就再也没有任何别的联系了”①。因此，人的发展必然还要再向前进一步，达到第三种形态，即人的自由而全面的发展。“它是人向自身也就是向社会的即合乎人性的人的复归，这种复归是完全的复归，是自觉实现并在以往发展的全部财富的范围内实现的复归。”② 这就意味着，资本主义生产方式必然会被更高级的社会主义和共产主义生产方式取代。而以共产主义社会生产方式为基础的人的自由而全面的发展不仅是人类文明追求的最高目标，也是中国式现代化新道路追求的至高目标。可以说，马克思主义关于人的发展的三个阶段的思想，不仅揭示了中国式现代化道路的理论基础，也深刻反映了科学理论对现代化实践的伟大指引。

其次，西方文明理论的先天缺陷和苏联模式的认识弊端为中国探索现代化道路提供了理论警醒。资本主义生产方式的确立为世界文明进步做出了巨大贡献，将人类由农业文明带进了工业文明，为社会带来了巨大的财富。正如马克思所说：“资产阶级在它的不到一百年的阶级统治中所创造的生产力，比过去一切世代所创造的全部生产力还要多，还要大。”③ 但是，西方文明理论存在先天缺陷，它以工具理性和资本逻辑作为支撑，资本的逐利性和扩张性造成了国家与国家之间、资本家与工人阶级之间的对立冲突难以消除，世界范围内的贫富差距不断拉大、生态环境遭到严重破坏，这些都是资本主义文明带来的恶果，“文明每前进一步，不平等也同时前进一步。随着文明而产生的社会为自己所建立的一切机构，都转变为它们原来的目的的反面”④。资本主义本身蕴含的反文明悖论，证明西方文明理论存在先天缺陷，不仅与其标榜的“自由、平等、博爱”等价值观相悖，也与现代化的价值追求相违背。

“十月革命”爆发后，苏联开启了社会主义现代化道路的首次探索，列宁提出的新经济政策为苏联经济注入了发展活力。但是在列宁去世后，苏联逐渐建立起高度集权的计划经济体制，这种发展方式使其快速实现了工业化，其弊端也逐渐显露，尤其是高度集权并逐步僵化的苏联模式，限制了社会主义现代化建设，使苏联最终走向解体、苏共走向倾覆。苏联对社会主义现代化道路进行了具有开创性意义的尝试，但并不是一次成功的探索。正如邓小平所说：“社会主义究竟是个什么样子，苏联搞了很多年，也并没有完全搞清楚。”⑤ 究其认识根源，在于犯了教条主义和形而上学的错误，没有与时俱进地发展马克思主义，把科学社会主义基本原则变成了脱离苏联实际和时代发展要求的僵死不变的“苏联模式”。

最后，中华优秀传统文化是中国式现代化新道路的文化根脉。五千多年的文明史

---

① 马克思，恩格斯. 马克思恩格斯选集：第1卷［M］. 北京：人民出版社，2012：403.
② 马克思，恩格斯. 马克思恩格斯文集：第1卷［M］. 北京：人民出版社，2009：185.
③ 马克思，恩格斯. 马克思恩格斯文集：第2卷［M］. 北京：人民出版社，2009：36.
④ 马克思，恩格斯. 马克思恩格斯文集：第9卷［M］. 北京：人民出版社，2009：146.
⑤ 邓小平. 邓小平文选：第3卷［M］. 北京：人民出版社，1993：139.

深刻烙印在中华民族发展的每一段进程之中，中国式现代化新道路深刻折射着中华优秀传统文化的崇高思想境界和价值追求，可以说，中华优秀传统文化是中国式现代化新道路的文化前提。比如中国自古以来传承的民本思想，将人民始终放在重要的位置上，极大地有利于将以人民为中心的思想深刻植入中国式现代化新道路的内涵和发展宗旨之中，强调决不能以损害人民的利益为发展前提。再如“中国文化中，以‘和’为本的宇宙观，以‘和’为善的伦理观，以‘和’为美的艺术观，共同构成了中国文化核心价值观的重要内容”①。这一思想为中国式现代化新道路追求“和平”“互利”“共赢”价值，坚持走和平发展道路，推动构建人类命运共同体奠定了坚实的历史文化根基。中国式现代化新道路的许多价值理念是中华优秀传统文化的历史回响。

（二）历史逻辑

中国式现代化新道路具有深刻的历史根基，是社会基本矛盾发展的必然结果。进入 16 世纪以来，在工业革命的影响下，资本主义生产方式率先在西欧和北美几个国家确立，西方文明由农业文明进入工业文明，资本主义在全球范围内的殖民侵略也拉开了帷幕。中华民族在人类发展历史上虽然很长时间处于领先地位，但在西方工业文明蓬勃兴起之时，中国仍处在落后农耕文明及日渐腐朽的封建制度统治之下。由于生产方式的迟滞发展与落后，1840 年开始的鸦片战争将笼罩在“天朝上国”美梦中的中国一步一步拖入半殖民地半封建社会深渊，中国被裹挟进西方主导的现代化进程之中。在中华儿女探索救亡图存道路的过程中，从“洋务运动”的“师夷长技以制夷”到“戊戌变法”的“西方之学不止在技器，更重要的在制度”，从器物上的现代化努力到制度上的现代化努力纷纷失败。辛亥革命虽然推翻了封建帝制，孙中山从经济到政治、从教育到文化等方面提出了一系列较为全面的现代化道路设想，但是由于资产阶级的软弱性，导致实现中国现代化的思想就此流产，辛亥革命最终失败。历史证明，由于中国具有独特的历史、独特的国情、独特的文化，西方的资本主义现代化道路在中国行不通，资产阶级也不可能担负起实现中国现代化的历史使命。开拓中国式现代化道路的使命历史地落到了新兴的无产阶级和中国共产党肩上。

中国共产党的诞生，确立了为中国人民谋幸福、为中华民族谋复兴的初心和使命，推进了中国式现代化道路的伟大历史进程。党领导人民通过轰轰烈烈的新民主主义革命，推翻了帝国主义、封建主义和官僚资本主义的压迫，实现了生产方式的历史性变革，为中国式现代化道路开创了历史前提。在党的七大和七届二中全会上，党中央就明确地把实现“中国的工业化和农业的近代化”作为党和人民奋斗的目标；同时，初步明确了新中国成立以后的奋斗目标：“使中国稳步地由农业国转变为工业国，把中国建设成一个伟大的社会主义国家。”②

新中国成立后，中国共产党领导人民实行了社会主义改造和社会主义建设的初期探索。面对新中国一穷二白的现状，面对国际敌对势力和国内反动势力对新生政权的虎视眈眈，一方面，中国共产党提出向西方学习，“去学习资本主义国家的先进的科学技术和企业管理方法中合乎科学的方面，工业发达国家的企业，用人少，效率高，会

① 邓小平．邓小平文选：第 3 卷［M］．北京：人民出版社，1993：373.
② 毛泽东．毛泽东选集：第 4 卷［M］．北京：人民出版社，1991：1437.

做生意，这些都应当有原则地好好学过来”[①]；另一方面，将实现工业化作为国家发展的首要任务，并提出了建设“四个现代化”的重要战略构想。虽然在之后社会主义建设的探索过程中出现了种种挫折，但是“四个现代化”作为党和人民不懈的奋斗目标始终没有动摇过，经过近 30 年奋斗，我国建立了独立的比较完整的工业体系和国民经济体系，建立了社会主义基本制度，建立了以马克思主义为根本指导的社会主义文化，这为“文化大革命”后拨乱反正，重新开启社会主义现代化道路新征程指明了前进方向，奠定了历史基础，汇聚了奋斗力量。

（三）实践逻辑

“中国特色社会主义是改革开放以来党的全部理论和实践的主题”，也是中国式现代化新道路的实践基础。新中国的社会主义改造和社会主义建设的伟大成就，为改革开放和社会主义现代化建设的全面开启奠定了坚实的物质基础、制度基础和文化基础。从邓小平在党的十二大上第一次明确提出“建设中国特色社会主义”这一命题到改革开放 40 多年来中国特色社会主义的伟大实践，我们党坚持把马克思主义基本原理与实际结合，与中华优秀传统文化结合，成功走出了一条中国式现代化新道路。中国特色社会主义是发展中国的必由之路，是创造人民美好生活的必由之路，是中国式现代化发展道路的深刻实践基础。人类社会的历史发展反复证明：“世界上没有放之四海而皆准的发展道路和发展模式，也没有一成不变的发展道路和发展模式。”[②] 中国式现代化新道路是在改革开放的伟大实践中开创的，是不同于西方现代化的中国特色社会主义的发展道路。邓小平明确指出，“现在搞建设，也要适合中国情况，走出一条中国式的现代化道路”[③]，并进一步强调，“我们搞的现代化，是中国式的现代化”[④]。

党的十八大召开以来，党的新一代领导集体接过了实现国家现代化的“接力棒”，继续为实现中国的现代化而不断努力。以习近平同志为核心的党中央勇立时代潮头，不断探索中国现代化的发展道路，提出了“五位一体”总布局和“四个全面”战略布局，开辟了现代化的新境界。同时，提出了国家治理能力和治理体系现代化、全面建设社会主义法治国家、新发展理念、全面从严治党等新思想、新理念和新论断，为实现中国特色社会主义现代化指明了方向。党的十九大站在新的历史阶段，提出了“两个十五年”的奋斗目标，绘制了中国现代化建设的新蓝图：“从 2020 年到 2035 年，奋斗 15 年，基本实现社会主义现代化；从 2035 年到本世纪中叶，在基本实现现代化的基础上，再奋斗 15 年，把我国建成富强民主文明和谐美丽的社会主义现代化强国。”[⑤] 这一崭新蓝图描绘的美好画卷，已经在中国特色社会主义进入新时代的伟大实践中坚定地展开，在全面开启社会主义现代化强国建设新征程的雄健步伐中延伸。

三、中国式现代化新道路的发展特征

现代化是人类文明发展的高级阶段，人类社会现代化道路的开辟，深刻地改变着

① 毛泽东. 毛泽东文集：第 7 卷［M］. 北京：人民出版社，1999 : 43.

② 胡锦涛. 胡锦涛文选：第 3 卷［M］. 北京：人民出版社，2016：174.

③ 邓小平. 邓小平文选：第 2 卷［M］. 北京：人民出版社，1994：163.

④ 邓小平. 邓小平文选：第 3 卷［M］. 北京：人民出版社，1993：29.

⑤ 习近平. 决胜全面建成小康社会 夺取新时代中国特色社会主义伟大胜利：在中国共产党第十九次全国代表大会上的报告［M］. 北京：人民出版社，2017：27.

世界发展的面貌，不仅实现了生产力的跨越式发展、科学技术的日新月异、社会财富的急剧增加，也带来了思想上的变革、制度上的创新、社会的整体转型。迄今为止，人类社会对现代化发展道路的探索大致可以分为两种基本类型，一种是社会主义国家的现代化发展道路，另一种是资本主义国家的现代化发展道路。以欧美发达国家为代表的资本主义国家现代化取得了巨大成功，而以苏联模式为代表的社会主义国家现代化遭遇了严重挫折和失败，留下了深刻教训。中国共产党在领导人民推进中华民族伟大复兴的进程中，始终不渝探索中国式现代化发展道路，在广泛学习西方发达国家现代化成功经验、认真反思苏联模式失败教训的基础上，深刻总结现代化建设的“一般规律”，同时，深入探究中国实际和优秀传统文化的“独特性”，成功地走出了一条中国式现代化新道路。习近平总书记指出：“我国现代化是人口规模巨大的现代化，是全体人民共同富裕的现代化，是物质文明和精神文明相协调的现代化，是人与自然和谐共生的现代化，是走和平发展道路的现代化。”① 这是对中国式现代化道路特征的科学概括。全面深刻把握中国式现代化道路的基本特征，为实现中华民族伟大复兴、推进中国特色社会主义行稳致远提供了科学的原则指引。

（一）中国式现代化是人口规模巨大的现代化

中国式现代化对世界文明进步有巨大的推动和示范意义。因为中国不仅是世界上人口规模最大的国家，也是世界上最大的发展中国家。众所周知，人口是社会存在的基本构成要素，人口包括人的数量规模和素质水平两个方面。人的现代化是国家现代化的重要内容。中国共产党推进中国特色社会主义现代化建设，必须不断优化人口数量结构，不断提升人口素质，促进人的全面发展。一方面，中国共产党领导人民推动人口素质的现代化。当今世界的竞争归根到底是人才的竞争，人口素质的高低直接决定了一个国家能否实现持续的发展。新中国成立后，尤其是改革开放以来，国家高度重视教育事业发展，普及义务教育，人们的受教育水平有了显著的提升。目前我国15岁及以上人口的平均受教育年限约为9.91年，高等教育毛入学率达到54.4%，文盲率仅2.67%，人口素质得到了显著的提升，为我国的现代化建设提供了坚强的人力资源保障。另一方面，中国共产党领导人民推动人口规模的现代化。现代化的过程其实也是不断推进城镇化的过程，只有城市和农村的人口规模保持合理的比例，才能不断为社会发展注入活力。新中国成立时，虽然我国人口规模大，但大约90%为农村人口，因此，中国共产党一直坚持不懈地推进城镇化的进程，同时不断完善医疗、就业、住房、教育、社会保障等方面的基础设施建设，保障城市化的进程中各项民生工程能够满足人民的需求。目前我国城镇常住人口约为90 199万人，占总人口的63.89%，城镇化率有了显著的提升，为进一步推进现代化进程提供了有力保障。

（二）中国式现代化是实现全体人民共同富裕的现代化

中国式现代化具有鲜明的人民立场。马克思在对未来共产主义社会进行预测时就曾说：“生产将以所有的人富裕为目的。”② 邓小平在阐述社会主义的本质时也提到要最终实现共同富裕。习近平总书记指出：“共同富裕本身就是社会主义现代化的一个重要

① 习近平. 把握新发展阶段，贯彻新发展理念，构建新发展格局［J］. 求是，2021（9）：7.

② 马克思，恩格斯. 马克思恩格斯选集：第2卷［M］. 北京：人民出版社，2012：787.

目标。”① 中国的现代化不是以实现某一部分人或者某一个阶级的富裕为目标的，而是要全体人民共享现代化的成果，这是中国式现代化的显著特征。从新中国成立之初的一穷二白到现在成为世界第二大经济体，中国人民的生活水平得到了显著提升。如今，我们如期全面建成小康社会，在中国大地上历史性地消除了绝对贫困，创造了现代化历史上的人间奇迹。目前，中国共产党正带领中国人民向第二个百年奋斗目标——社会主义现代化强国迈进，全体人民正在迈向共同富裕的更高阶段、更高水平。这不仅充分彰显了社会主义制度的优越性，也为其他国家走向现代化提供了鲜明的价值标杆和成功的路径选择。

（三）中国式现代化是“五位一体”统筹发展的现代化

中国式现代化是社会全面进步的现代化。中国特色社会主义是全面发展的社会主义，中国式现代化新道路也必然以实现全方位的现代化为己任。在新中国成立之初，在极度贫穷、落后的情况下，中国共产党就提出了要将我国建设成为一个具有现代农业、现代工业、现代国防和现代科学技术的现代化国家。经过新中国社会主义革命和建设特别是改革开放新时期的艰辛探索，我们党成功地走出了一条中国式现代化发展道路——中国特色社会主义道路。党的十九大站在新的历史起点，对我国社会主义现代化建设做出了新的战略部署，明确要以“五位一体”总体布局推进中国特色社会主义事业发展，标志着我国社会主义现代化建设进入新的历史阶段。“五位一体”总体布局强调社会各方面各领域的发展是一个有机整体，强调各方面统筹发展、协调发展、可持续发展。其中，经济建设是根本，政治建设是保障，文化建设是灵魂，社会建设是条件，生态文明建设是基础，五个方面相互依赖、相互作用、互为支撑，不仅统一于富强民主文明和谐美丽的社会主义现代化强国建设新目标之中，更是有机地融入了中国式现代化道路不断延展的伟大实践之中。

（四）中国式现代化是人与自然和谐共生的现代化

中国式现代化是人与自然和谐共生的现代化。进入20世纪以来，生态环境持续恶化已经成为全球面临的难题之一，生态环境保护关系到人类的持续发展，是任何国家都不能忽视的重大课题。纵观发达资本主义国家的现代化进程，都曾经一味地追求经济的发展而忽略了对生态环境的保护，导致了本国生态的急剧恶化。而有些国家为了转嫁本国的生态危机，将高污染、高排放的企业大量迁至发展中国家，造成了当地严重的环境恶化。中国在现代化发展的进程中，传承弘扬中华优秀传统文化，坚持人与自然和谐共生，正确处理经济发展与生态保护之间的关系。不可否认，中国也曾在人与自然和谐发展问题上走过一些弯路，甚至遭遇过生态持续恶化的难题，但是，我们党及时认识和察觉到生态恶化对现代化建设带来的严重后果，及时调整发展理念和发展策略，尤其是党的十八大召开以来，党将生态文明建设纳入了中国特色社会主义事业总体布局，更加凸显生态文明战略地位。同时，中国积极参与国际生态环境的保护和治理，坚决反对转嫁生态危机，持续深入地推进生态环境保护的国际合作。总之，中国式的现代化新道路充分统筹了经济社会发展和生态保护之间的相得益彰、和谐共生，是一条完全不同于传统现代化发展路径的崭新道路，是一条和谐共生、高质量、

① 习近平. 完整准确全面贯彻新发展理念 确保“十四五”时期我国发展开好局起好步［N］. 人民日报，2021-01-30.

可持续的现代化发展道路。

（五）中国式现代化是走和平发展道路的现代化

中国式现代化是和平发展的现代化。传统的现代化道路充满血腥和暴力，为了争夺资源和市场，各资本主义国家先后走上了殖民扩张的道路，给世界落后国家带来了沉重灾难。中国作为曾被侵略国家，在追求现代化的过程中始终坚持和平发展、互利共赢的发展道路。新中国成立之初，毛泽东提出中国要坚持走独立自主的发展道路，在和平共处原则上与其他国家开展友好交往和互利合作。因而，即使新中国的底子薄、基础差，但中国始终未依附于任何国家，始终坚持国家主权的完整，始终支持其他国家的民族解放运动。改革开放后，中国开始参与到世界发展的潮流中，中国整体实力实现了跨越式的发展。在这个过程中，中国始终坚持自力更生，同时致力于维护世界和平，多次向世界强调中国绝不称霸的决心。“亲仁善邻、协和万邦是中华文明一贯的处世之道，惠民利民、安民富民是中华文明鲜明的价值导向，革故鼎新、与时俱进是中华文明永恒的精神气质，道法自然、天人合一是中华文明内在的生存理念。”① 党的十八大召开以来，中国坚持开放互利共赢的战略，在实现自身发展的同时也不断为其他落后国家带去经济、技术等各方面的支持，积极倡导国际合作，从提出“一带一路”倡议、成立亚洲基础设施投资银行到推动构建人类命运共同体，中国始终坚持合作共赢的理念和行动方式，成功走出了一条和平发展的现代化新道路。

四、为构建人类文明新形态贡献中国方案与中国智慧

马克思在《哥达纲领批判》中指出：“在资本主义社会和共产主义社会之间，有一个从前者变为后者的革命转变期。同这个时期相适应的也有一个政治上的过渡时期，这个时期的国家只能是无产阶级的革命专政。”② 马克思的论断不仅阐明了由无产阶级实行专政的社会主义社会的历史合法性和必然性，还赋予了社会主义国家在推动历史进步、促进人的彻底解放中肩负的神圣使命——为人类文明的进步贡献智慧和力量。中国特色社会主义为中国式现代化新道路的开辟提供了强大的理论基础和实践基础，而中国式现代化新道路也汇聚起中国特色社会主义的无限智慧和磅礴力量。这一条道路的成功，不仅彰显了人类文明发展道路的多样性，也为世界上其他国家特别是广大发展中国家实现现代化，提供了可资借鉴的中国经验和中国方案。这些基本经验主要体现在：

（一）坚持以人为本，以人的现代化推进构建人类文明新形态

社会主义现代化的本质就是要推动实现人的现代化。资本主义的现代化，既不是人本身的现代化，也不是绝大多数人的现代化。资本的逐利性使资本主义生产方式始终坚持以最少的资本投入获得最大的利益回报，在资本主义的生产过程中，人不是作为“人”的属性而是作为一种“物”的属性被衡量，试图榨取“人”作为“物”的最大价值。因此，在这样的观念之下，人被物统治，成为物的奴隶，人的本质处于被异化的状态，从而导致在资本主义制度之下人被剥削、被压迫，社会贫富差距不断拉大的状态。因此，西方文明的现代化进程其实是建立在极小部分人的富裕和绝大多数人

① 习近平．深化文明交流互鉴 共建亚洲命运共同体：在亚洲文明对话大会开幕式上的主旨演讲［N］．人民日报，2019-05-16（2）．

② 马克思，恩格斯．马克思恩格斯选集：第3卷［M］．北京：人民出版社，2012：373．

的贫穷基础之上的，而一旦这个差距被无限拉大，那么西方的文明进程必然会陷入崩溃状态。因此，真正的现代化必须是为大多数人谋福祉的现代化。

在中国推进现代化的进程中，“人”的现代化包含着多方面标准。第一，彰显“人”的主体性本质的现代化。现代化的主体是人，对象也是人，因此在现代化进程中要始终坚持以人为本，把人民放在历史的主体位置上；要充分彰显人的本质，为实现人的解放而不懈努力；要不断提升人的素质和能力，促进人的自由全面发展。第二，坚定维护大多数人根本利益的现代化。人民群众是历史的创造者，人类文明的每一次进步都是大多数人共同努力的结果，而衡量人类文明现代化的成果也只有实现大多数人的现代化才具有实际意义。第三，彰显人与自然和谐关系的现代化。人类从对自然的依附到试图成为自然的主人，再到人与自然的和谐共生经历了一个否定之否定过程。人类文明的发展离不开对自然的开发，但是无限制的索求也会成为人类文明继续向前发展的阻碍，只有构建一种人与自然和谐的关系才能持续推进现代化进程。

（二）坚持可持续发展，以新发展理念引领构建人类文明新形态

和平与发展仍然是当今时代发展的主题。进入21世纪以来，西方发达国家与发展中国家的差距不断加大，发展中的各种矛盾不断凸显，为世界经济的复苏和可持续发展埋下了隐患。究其原因，一方面，由于发达国家在国际发展中占据了主导权，其在世界竞争中占据着优势地位，可以获取更加有利的发展因素，导致发展差距越来越大。同时，部分发展中国家依赖发达国家的资金、技术支持，丧失经济主权，自然难以实现独立发展。另一方面，在发展过程中，经济与资源、生态的矛盾越来越突出。经济的发展必须依赖于从自然界中获取更多的资源，但是资源并不是取之不尽的，环境一旦遭到破坏，修复起来困难重重。但是部分国家为了自身的发展，不惜以环境为代价，造成了严重的国际能源危机和生态危机。同时，在发展过程中，人与人之间的矛盾也越来越突出，贫富差距不断加大，造成了全球性的难以持续发展的严重问题。

中国在实现现代化的过程中，始终坚持科学发展，成为践行可持续发展理念的楷模。党的十八届五中全会正式提出了创新、协调、绿色、开放、共享的五大发展理念，推动人类文明形态不断创新并步入新境界。一方面，坚持内涵式发展。高度重视结构、质量等要素，摒弃一味追求高经济增长率倾向，将经济发展与生态保护结合起来，促进协调发展。另一方面，将保障人民群众基本权益、满足人民需要放在重要的位置上。世界各国都面临着相似的发展问题，在解决贫困、走向富裕的道路上，各个国家只有共同秉持正确的发展理念，尤其是发展中国家更要补齐发展短板、破解发展难题，才能找到属于自己的发展道路。新发展理念为整个世界的可持续发展注入了新的理念和发展动力。

（三）坚持互利共赢，以人类命运共同体理念引领构建人类文明新形态

近代以来，资本主义的生产方式打破了民族与地区之间的隔阂，扩大了世界交往的范围，人类被前所未有地紧密联系在一起。但是资本主义文明的进程并没有改变人类受压迫和剥削的地位，人类仍然不是自由自觉的存在，并且一些全球性的问题在世界范围内不断蔓延，比如战争威胁、粮食危机、贸易摩擦、恐怖主义、新冠肺炎疫情肆虐等。在全球化浪潮高涨的今天，全球性的问题需要人类一起携手才能得到妥善解决。但是，资本主义国家为了维持自身的发展优势，不断打压发展中国家的发展，在政治上干涉他国内政；在经济上，推行和建立不平等的国际经济秩序和体系；在文化上，大肆宣扬“普世价值”，强行向其他国家进行价值观念的输出，等等。由工具理性

主宰的西方文明给其他国家的文明进程带来了严重阻挠和伤害。

中国在探索现代化道路的过程中，始终坚持把人类视为一个互利共赢的整体，推动世界各国和平发展、共赢发展和可持续发展。党的十八大召开以后，习近平总书记提出了推动构建人类命运共同体的思想，表达出中国愿意同世界携手，一起解决全球性难题，共建人类美好家园的决心，也彰显出中国现代化道路坚持实现全人类互利共赢的态度。当今世界，西方文明仍然占据主导地位，世界各国的现代化仍然受到工具理性和资本逻辑的支配，要推动构建人类命运共同体，实现互利共赢，要从两个方面发力。一方面，世界各国尤其是广大发展中国家要加快自身发展步伐。在目前的国际格局和秩序中，发展中国家仍然处于弱势地位，没有充分的国际话语权。想要实现与发达国家的平等对话，那么就必须首先实现自身的发展，提升本国的综合实力。另一方面，发展中国家应联合起来推动构建更加公正合理的国际新秩序。目前的国际秩序是在资本主义发达国家主导之下建立的，各种国际规则和章程的制定归根到底更有利于维护发达国家的利益，发展中国家在旧秩序中难以获得发言权，也难以维护自身的国家利益。广大发展中国家要联合起来，建立符合自身利益的合作机制，促进相互之间的经济、文化交流。同时，要积极与发达国家对话，在解决全球性问题中贡献自己的力量，一起推动构建更加公平的国际新秩序。

（四）坚持人类文明的多样性，为人类文明形态注入新活力

江泽民指出，人类社会的发展“不能只有一种文明、一种社会制度、一种发展模式、一种价值观念”①，“各国文明的多样性，是人类社会的基本特征，也是人类文明进步的动力”②。人类文明的发展道路从来不是一条单行道，各个国家、地区正是因为面临不同的基本国情，所以更应该在符合本国实际的基础上探索出适合自身需要的现代化道路，为人类文明不断注入新的活力。

中国的现代化道路是在尊重人类文明发展道路多样性以及吸收人类文明先进成果基础上形成的文明发展新道路、新模式，充分体现了人类文明发展道路的多样性、丰富性。正是这种道路的多样性，造就了人类文明形态的丰富性，这种多样性和丰富性推动着人类文明遵循着否定之否定规律从低级往高级不断迈进。正因为中国共产党深刻把握了历史发展大势，认识到人类文明发展道路具有多样性，因此，在探索现代化发展道路的过程中，始终立足中国文化、中国国情和当下实践，努力探索符合中国实际和发展需要的现代化道路。毫无疑问，各个国家和地区在自身现代化建设过程中，既要坚持文明自信，又要坚持文明互鉴，努力探索并创造符合自身实际的文明发展道路，为人类文明形态的开拓发展不断注入新的活力。创造了“中国奇迹”的中国式现代化新道路，是中国共产党率领中国人民经历百年奋斗，持续探索，不断总结经验而创立的一条民族复兴的金光大道，它不仅具有中国特色，更具有世界意义。

参考文献

［1］马克思，恩格斯．马克思恩格斯选集：第1卷［M］．北京：人民出版社，2012.
［2］马克思，恩格斯．马克思恩格斯选集：第2卷［M］．北京：人民出版社，2012.

① 江泽民．江泽民文选：第3卷［M］．北京：人民出版社，2006：110.
② 江泽民．江泽民文选：第3卷［M］．北京：人民出版社，2006：298.

[3] 马克思，恩格斯. 马克思恩格斯文集：第 1 卷 [M]. 北京：人民出版社，2009.
[4] 马克思，恩格斯. 马克思恩格斯文集：第 2 卷 [M]. 北京：人民出版社，2009.
[5] 马克思，恩格斯. 马克思恩格斯文集：第 9 卷 [M]. 北京：人民出版社，2009.
[6] 毛泽东. 毛泽东选集：第 4 卷 [M]. 北京：人民出版社，1991.
[7] 毛泽东. 毛泽东文集：第 7 卷 [M]. 北京：人民出版社，1999.
[8] 邓小平. 邓小平文选：第 2 卷 [M]. 北京：人民出版社，1994.
[9] 邓小平. 邓小平文选：第 3 卷 [M]. 北京：人民出版社，1993.
[10] 江泽民. 江泽民文选：第 3 卷 [M] 北京：人民出版社，2006.
[11] 胡锦涛. 胡锦涛文选：第 3 卷 [M]. 北京：人民出版社，2016.
[12] 习近平. 在庆祝中国共产党成立 100 周年大会上的讲话 [M]. 北京：人民出版社，2021.
[13] 习近平. 决胜全面建成小康社会 夺取新时代中国特色社会主义伟大胜利：在中国共产党第十九次全国代表大会上的报告 [M]. 北京：人民出版社，2017.
[14] 习近平在中共中央政治局第二十七次集体学习时强调：完整准确全面贯彻新发展理念 确保“十四五”时期我国发展开好局起好步 [N]. 人民日报，2021-01-30.
[15] 习近平. 深化文明交流互鉴 共建亚洲命运共同体：在亚洲文明对话大会开幕式上的主旨演讲 [N]. 人民日报，2019-05-16 (2).
[16] 习近平. 把握新发展阶段，贯彻新发展理念，构建新发展格局 [J]. 求是，2021 (9).
[17] 王一涵，郭凤志. 论社会主义文明是一种新文明形态 [J]. 湖北社会科学，2020 (12).
[18] 臧峰宇. 中国式现代化新道路的哲学内涵 [J]. 中国人民大学学报，2021，35 (4).
[19] 董慧. 中国式现代化新道路的深刻内涵与经验启示 [J]. 学校党建与思想教育，2021 (13).
[20] 肖贵清，麻省理. 人类文明形态视域中的中国特色社会主义 [J]. 思想理论教育，2017 (5)：4-10.
[21] 辛世俊，王鑫. 准确把握全面建设社会主义现代化国家的科学内涵 [J]. 学习论坛，2021 (2).
[22] 张乾元，苏俐晖. 新中国现代化建设道路的探索与道路自信 [J]. 新疆师范大学学报（哲学社会科学版），2019，40 (6).
[23] 肖贵清，王然. 新中国 70 年发展历程的整体性 [J]. 厦门大学学报（哲学社会科学版），2019 (5).
[24] 苗翠翠. 人类命运共同体：中国方案引领人类文明新形态 [J]. 重庆社会科学，2019 (4).
[25] 孟鑫. 中国式现代化道路的显著特征 [J]. 科学社会主义，2020 (4).
[26] 陆云. 中国道路与人类文明新形态 [J]. 江苏师范大学学报（哲学社会科学版），2019，45 (1).

（编辑：秦慧）

中国共产党探索现代化道路的百年历程与经验及启示①

任志江

【摘要】成立百年来，中国共产党先后探索出五种不同的现代化道路。这其中，新民主主义现代化道路，是把马克思主义普遍原理和世界现代化一般规律与中国具体实际结合的独特创造。过渡时期现代化道路，是一个全面学习苏联工业化方法的“舶来模式”。社会主义建设时期现代化道路，是试图将苏联工业化内核与我国资源优势和现实需要相结合的理想建设路径。改革开放新时期现代化道路，是通过与一般经济发展规律和世界文明发展方向进行对接，以确保在与人类共同价值目标融合的过程中实现我国现代化。新时代中国特色社会主义现代化道路，是根据新阶段、新矛盾、新目标、新任务而对我国现代化建设的总体架构、战略部署、布局安排等进行创新升级的结果。

【关键词】中国共产党；现代化道路；百年历程；经验启示

【作者简介】任志江，男，1976 年生，博士，西南财经大学马克思主义学院教授，博士生导师，党建学科带头人，主要从事中共党史、党的建设、中国特色社会主义理论与实践等研究。

【基金项目】本文系 2021 年国家社科基金后期资助项目“新时代中国共产党依规治党研究”、2019 年教育部人文社科规划项目“中国共产党制度治党思想的历史由来与经验启示研究”（19YJA710032）、2020 年四川省社科规划重大项目“四川乡村治理制度创新研究”（SC20ZD010）、2020 年西南财经大学基层党建创新项目（重点一类）“健全完善高校党的政治建设研究”成果之一。

作为以工业化为核心的全面系统的社会变革，现代化是“人类历史上最剧烈最深远并且显然是最不可避免的一场社会变革”②。正因为如此，从一定意义上说，我国近代以来的所有革命，都是为了实现国家现代化。中国共产党波澜壮阔的百年奋斗历程，归根结底也是为了通过革命创造进行现代化建设的根本政治前提和制度基础，并在此基础上于实践中不懈探索适合中国的现代化之路，从而最终实现国家富强、民族复兴、人民幸福的过程。值此建党百年之际，对中国共产党探索现代化道路的艰辛历程进行

① 本文原载于《财经科学》，2021（6）：53-66.

② 吉尔伯特·罗兹曼. 中国的现代化［M］. 国家社会科学基金“比较现代化”课题组，译. 南京：江苏人民出版社，1995：5.

系统深入的专门研究，并在此基础上总结出相关经验与启示，对刚刚开启的现代化建设新征程和实现第二个百年奋斗目标，具有不言而喻的意义和价值。

一、新民主主义现代化道路（1921—1952年）

自诞生之日起，中国共产党就把完成国家现代化和实现民族复兴作为自己的历史使命。为此，在新民主主义革命和新中国成立之初的经济恢复时期，我们党就对如何在一个一穷二白的农业大国实现现代化进行了持续探索，创造性地提出新民主主义现代化道路，并在此基础上擘画了新民主主义现代化的宏伟蓝图。

特定的历史阶段、科学的理论指导和务实的工作态度，使这一道路在基础、主体、保障方面呈现出如下15个特征：①在总体依据上，以新民主主义基本纲领为总依据。②在具体理论上，以新民主主义工业化理论为具体指导[①]。③在建设目标上，由农业国变为工业国。④在建设载体上，先后由“相当长的一个时期”变为“一二十年时间”“二三十年”“十年建设”等。⑤在建设重点上，优先发展农业、轻工业。⑥在建设路径上，主要靠国营大工业、私人资本、合作经济共同发展。⑦在建设动力上，通过公私兼顾、劳资两利、城乡互助、内外交流的方针，照顾“四面八方”的利益。⑧在资源特色上，外国投资是资金来源之一。⑨在推进方式上，总体呈现出外延粗放型特征。⑩在体制依托上，依靠新民主主义经济体制保障经济运行。⑪在经济成分上，国营企业、合作社、国家资本主义、个体、私人资本主义五种经济成分并存。⑫在分配方式上，与所有制结构对应，多种分配方式并存。⑬在资源配置上，直接计划、间接计划与市场调节相结合。⑭在对外关系上，主张独立自主基础上的对外开放。⑮在区域政策上，要求均衡发展。

对这一道路的探索，集中体现在毛泽东和刘少奇两位领导人的研究中。一是毛泽东的研究与构想。对夺取政权后如何实现现代化，毛泽东于1944年到新中国成立之初进行了集中思考，不仅认为实现新民主主义国家工业化关乎党的生死、国家统一、民族存亡，而且强调“民主革命的中心目的就是从侵略者、地主、买办手下解放农民，建立近代工业社会”[②]，从而将实现工业化视为新民主主义国家建设的中心任务。在此基础上，他指出实现工业化必须走新民主主义工业化道路，认为“支配全国经济的大工业”“应由国家经营发展”，“其余工业应由私人资本经营”[③]。二是刘少奇的研究与构想。受毛泽东委托，新中国成立之初，刘少奇专门研究了新中国经济建设问题。1951年7月，在《中国共产党今后的历史任务》一文中，刘少奇指出：新民主主义工业化道路将“首先恢复农业及一切可能恢复的工业”“其次发展农业和轻工业以及少数必要的重工业”“然后发展重工业”，“然后倚靠已经建立起来的重工业，进一步发展农业和轻工业”[④]。这就意味着，他在继承毛泽东上述认识的基础上，提出了实现工业化分“四步走”的战略构想[⑤]，擘画了新民主主义现代化的宏伟蓝图。

除上述构成与特征外，对这一道路还应注意如下几点：

---

① 由于工业化是现代化的基础和核心，所以1978年前一般将工业化等同于现代化。

② 毛泽东．毛泽东书信选集［M］．北京：人民出版社，1983：237．

③ 王占阳．毛泽东的建国方略与当代中国的改革开放［M］．长春：吉林人民出版社，1993：117.

④ 金冲及．刘少奇传［M］．北京：中央文献出版社，1998：691.

⑤ 温小雁．毛泽东新民主主义工业化思想初探［J］．历史教学，2001（7）：16.

第一，凝聚了党的第一代中央领导集体智慧的新民主主义基本纲领，不仅规定了新民主主义工业化理论的性质和这一现代化道路的方向，还在抗战时期到新中国成立初期的初步实践中验证了其科学性与有效性。纲领是一个组织最根本的奋斗目标和行动方针。一个政党的纲领，是其公开树立起来表明自身性质的旗帜，是其行动的总路线、总方针、总政策。1940 年，毛泽东阐述了新民主主义的政治、经济、文化纲领。1945 年，在党的七大上，他进一步将其与党的基本纲领联系起来进行具体论述。在此基础上，他又于 1947 年提出新民主主义三大经济纲领。事实上，新民主主义基本纲领是新民主主义革命总路线的进一步展开，为如何建设新民主主义这个“新社会”和“新国家”指明了方向。也就是说，这一基本纲领不仅规定了新民主主义工业化理论的性质和这一现代化道路的方向，还在根据地、解放区以及新中国成立之初的国民经济恢复中进行过初步实践。这些实践结果表明，这一基本纲领符合我国生产力极为低下的基本国情，有力地推动了经济的发展，确保了各阶段革命的成功和新中国成立初期国民经济的快速恢复，充分证明了其科学性与有效性，从而在根本上确保了新民主主义现代化道路的正确性和可行性。

第二，基本经济制度与基本国情的一致性，是确保新民主主义现代化道路正确性与可行性的关键环节。基本经济制度是核心生产关系在制度上的具体表现，它对经济制度属性与经济发展方式具有决定性影响。确定这一制度的主要依据是社会性质和基本国情，因此它不仅具有稳定性和长期性，还具有根本性和全局性。根据对这一制度内涵的最新理解，不难看出多种所有制经济共同发展、多种分配方式并存、计划与市场调节相结合的新民主主义基本经济制度，同我国当时生产力极度落后的基本国情相适应，能有效推动经济社会发展。正因为如此，毛泽东才于 1945 年指出：发展资本主义“不但是一个进步，而且是一个不可避免的过程”，所以一方面“要保障一切正当的私有财产”，另一方面“调节劳资间利害关系的政策”，“使公私、劳资双方共同为发展工业生产而努力”①。这种立足于基本国情的基本经济制度，是确保新民主主义现代化道路正确性与可行性的关键环节。

第三，积极引进和利用外资，是新民主主义现代化道路的显著特色。资本短缺和劳动力过剩，是近代以来我国资源禀赋的主要特征和现代化起步的首要难题。为破解这一问题，我们党提出通过积极引进外资来解决现代化启动资金的大胆设想。为此，毛泽东在 1945 年党的七大上指出：“在服从中国法令，有益中国经济的条件之下，外国投资是我们所欢迎的”，“外国投资的容量将是非常广大的”②。为落实这一精神，中央还通过相关文件做了具体规定。如为吸引外商到解放区投资，在《中央关于解放区外交方针的指示》中规定，“应采取直接与美国及英、法等国政府及其个别商人进行经营合作的方针”“吸收外资来开发山东的富源，建立工厂，发展交通，进行海外贸易与提高农业和手工业”③。不难理解，积极引进和利用外资政策的提出，不仅在于提出了解决现代化启动资金短缺问题的出路，更重要的是意味着中国共产党探索出一条开放的、与世界现代化接轨的新路④。新民主主义现代化道路的这一特点，显然不同于后来

① 毛泽东. 毛泽东选集：第 3 卷［M］. 北京：人民出版社，1991：1060、1082.
② 胡乔木. 胡乔木回忆毛泽东［M］. 北京：人民出版社，1994：377.
③ 中央档案馆. 中共中央文件选集：第 16 册［M］. 北京：中共中央党校出版社，1992：152.
④ 郑崇玲. “七大”前后中国共产党对工业化道路的开拓［J］. 闽江学院学报，2007（3）：61.

所选择的在封闭环境下进行现代化建设的苏联工业化模式。

虽然由于后来国内外形势的急剧变化和其他多种原因，随着国民经济恢复后过渡时期总路线的提出，新民主主义现代化道路被放弃了，但这一将马克思主义普遍原理和世界现代化一般规律与中国具体实际结合的理论成果，不仅是新民主主义理论和毛泽东思想的重要组成部分，也对新时代中国特色社会主义现代化建设有着重要的启示价值。

二、过渡时期现代化道路（1953—1956年）

随着国民经济恢复和进行大规模经济建设条件的具备，党中央根据现实情况和实际需要对此前的构想进行了修改，开始在过渡时期总路线的指导下全面学习苏联工业化模式，由此践行了我国第一条现代化道路——过渡时期现代化道路。

特殊的时代背景、内外环境和运行机理，使这一道路在基础、主体、保障、绩效方面呈现出如下20个特征：①在总体依据上，过渡时期总路线取代了新民主主义基本纲领。②在具体理论上，以苏联工业化理论为具体指导。③在建设目标上，依然是由农业国变为工业国。④在建设载体上，主要体现在“一五”计划上。⑤在建设重点上，效仿苏联开始优先发展重工业，并比较注重重工业内部的比例平衡。⑥在建设路径上，学习苏联通过中央大中型企业扩张来实现工业化。⑦在建设动力上，由“四面八方”变为“三大改造”。⑧在资源特色上，苏联援助起到了“奠定我国工业化初步基础的重大作用”[①]。⑨在推进方式上，体现为外延粗放型特征。⑩在体制依托上，由新民主主义经济体制向计划经济体制的集权模式——苏联式中央高度集权型体制过渡。⑪在经济成分上，由多种所有制并存向单一公有制过渡。⑫在分配方式上，由多种分配方式并存向单一按劳分配过渡。⑬在资源配置上，向中央指令性计划过渡。⑭在对外关系上，开始走上“一边倒”的道路。⑮在区域政策上，实行均衡发展。⑯在经济增速上，实现了快速增长。⑰在经济波动上，呈现出“高位/平缓”的特征。⑱在产业结构上，比较协调。⑲在生活水平上，虽然贫困，但改善较快。⑳在发展质量上，效果较好、质量较高。

国民经济的恢复，使我国GDP（国内生产总值）占世界GDP的比重，由自16世纪后在波动中下降开始变为在波动中上升。这不仅使我国经济在世界经济中的地位开始发生根本性变化，也为现代化建设的启动创造了条件。鉴于我国重工业异常落后，严重阻碍了现代化宿愿的实现，同时近代以来屈辱的历史教训和新中国成立初期朝鲜战争的爆发，都证明了建立强大国防的必要性和紧迫性；此外，在两大阵营尖锐对立和我国缺乏现代化建设经验，而当时苏联模式备受瞩目和对华友好的背景下，效仿苏联工业化道路自然就成为水到渠成的事情，因此，从1953年开始的“一五”计划实际上就是以苏联工业化模式为蓝本的现代化建设的载体。到1956年底，这一计划的主要指标提前完成。

除上述构成与特征外，对这一道路还应注意如下几点：

第一，对苏联式重工业优先发展战略的选择，必然派生出计划经济体制的集权模式和以实现这二者为主要内容的过渡时期总路线。不难理解，重工业投资规模大、技

① 薄一波. 若干重大决策与事件的回顾（上卷）[M]. 北京：人民出版社，1997：306.

术要求高、周转时间长等特征，与我国当时一穷二白的基本国情之间产生了尖锐的矛盾。为此，我们党效仿苏联的做法，通过对制度变革来营造适合这一现代化道路的资源配置制度、宏观政策环境和微观经营机制[①]，新民主主义经济体制经由“三大改造”逐步过渡到计划经济体制的集权模式——苏联式中央高度集权型体制。正是基于这一逻辑，毛泽东在国民经济恢复前后放弃了新民主主义现代化理论，转而提出过渡时期总路线。

第二，过渡时期总路线的内生矛盾从根本上决定了这一现代化道路的不科学性。首先，过渡时期的起点存在矛盾。一方面，根据总路线的表述，过渡时期的起点是“中华人民共和国的成立”[②]，这就意味着新中国是从半殖民地半封建社会的生产力水平上向社会主义社会过渡，但我们党过去一直认为“要想在殖民地半殖民地半封建的废墟上建立起社会主义社会来，那只是完全的空想”[③]。所以，如果这种直接过渡的新认识能成立的话，那我国革命分两步走的理论就有问题了。另一方面，根据当时党中央引用列宁关于“从资本主义过渡到社会主义”的提法[④]，和毛泽东此后多次提到“中国实现了从资本主义到社会主义的转变”，均意味着过渡时期的起点是资本主义。但我国历史上并未有过资本主义社会。事实上，这是造成总路线和这一现代化道路存在隐患的深层原因。其次，“主体”与“两翼”之间存在矛盾。毛泽东将总路线的“一化三改”任务比喻为鸟的主体和两翼，希望通过拔高生产关系来推动生产力发展。事实上，这也是提出“总路线可以说就是解决所有制问题”[⑤]这一论断的根本原因。这种违背生产力与生产关系原理的做法，不仅造成1953年和1956年两次急躁冒进，也导致后来出现“两翼先飞、主体滞后”的结果。最后，市场化与工业化之间存在矛盾。经济现代化具有丰富的内涵，其中主要是市场化和工业化，二者间存在相辅相成的正相关关系[⑥]。不难看出，总路线中“一化三改”的总任务恰恰造成市场化与工业化逆向而行的结果，这是造成这一现代化道路的推进效果日显颓势的重要原因。

第三，对生产资料优先增长学说的错误理解，是造成苏联工业化模式和这一现代化道路不具有可持续性的理论原因。在马克思社会再生产理论的基础上，列宁将科技进步和资本有机构成提高纳入研究视野，得出了制造生产资料的部门“必然比制造消费品的那个部门增长得快”的结论[⑦]。这就意味着，在扩大再生产中不仅生产资料的增长要比消费资料的增长更快，而且这种增长也必须与两个部门所需增加的生产资料保持适当的比例。然而，斯大林却曲解了上述经典作家的原意，将这一学说发展为“生产资料的优先增长是扩大再生产的经济规律”。显然，这就会造成一种绝对化的认识，即生产资料生产的优先增长可以不受科技水平和两大部类比例关系的制约。事实上，这是导致以苏联为代表的传统社会主义阵营国家长期以重工业优先发展观为指导的深层理论原因。虽然“一五”计划期间我国竭力保持各产业间的综合平衡，但理论上存

① 林毅夫，等. 中国的奇迹：发展战略与经济改革［M］. 上海：上海三联书店，1999：28-30.

② 中国人民政治协商会议全国委员会：庆祝中华人民共和国成立四周年的口号［N］. 人民日报，1953-09-25（1）.

③ 毛泽东. 毛泽东选集：第3卷［M］. 北京：人民出版社，1991：1060.

④ 中共中央文献研究室. 建国以来重要文献选编：第4册［M］. 北京：中央文献出版社，1993：698.

⑤ 毛泽东. 毛泽东文集：第6卷［M］. 北京：人民出版社，1999：301.

⑥ 赵德馨. 市场化与工业化：经济现代化的两个主要层次［J］. 中国经济史研究，2001（1）：82.

⑦ 列宁. 列宁全集：第2卷［M］. 北京：人民出版社，1984：126.

在的根本问题注定了这种平衡必然是勉强的和脆弱的。正因为如此，“一五”计划从一开始就受到农业、轻工业等发展滞后的影响，并且其影响在实施中变得日渐严重。

不难看出，过渡时期现代化道路实质上是一个兼具历史局限性与客观必然性的全面学习苏联工业化道路的建设模式。由于在资源配置方式过渡中市场作用衰减的渐进性，加之负责经济工作的领导人重视经济关系与产业结构的基本协调，所以“一五”计划能够在重工业优先发展的情况下得到较好的实施。

三、社会主义建设时期现代化道路（1957—1978 年）

鉴于苏联问题“揭盖子”和“一五”计划后期诸多问题的暴露，为更好地推动我国现代化建设，20 世纪 50 年代中后期，党中央探索出苏联模式中国化的理论成果——社会主义建设总路线，并在其指导下形成社会主义初级阶段的第一条现代化道路——社会主义建设时期现代化道路。

复杂的历史背景、特定的思维方式和独到的理论特色，使这一道路在基础、主体、保障、绩效方面具有如下 20 个特征：①在总体依据上，社会主义建设总路线始终发挥着指导作用。②在具体理论上，以苏联工业化理论的中国化形式为具体指导。③在建设目标上，由开始时的三个现代化逐步升级为四个现代化。④在建设载体上，由“大跃进”先后变为备战计划、“洋跃进”。⑤在建设重点上，由“以钢为纲”先后变为国防军工、基础工业。⑥在建设路径上，尝试了一系列并举的“两条腿走路”方针。⑦在建设动力上，总体延续了拔高生产关系和进行阶级斗争的方法。⑧在资源特色上，试图通过群众运动用劳动力进行替代。⑨在推进方式上，呈现出显著的外延粗放型特征。⑩在体制依托上，两次实践了计划经济体制的分权模式——毛泽东“虚君共和”体制构想。⑪在经济成分上，除调整时期外，总体坚持了单一公有制。⑫在分配方式上，总体坚持了单一按劳分配。⑬在资源配置上，总体坚持了中央与地方的指令性计划。⑭在对外关系上，总体呈现出“反两霸”的特征。⑮在区域政策上，延续了此前均衡发展的方针。⑯在经济增速上，在横向和纵向对比中都属相对慢速增长。⑰在经济波动上，呈现出“低位/大起大落”的特征。⑱在产业结构上，总体呈现出严重不协调的特征。⑲在生活水平上，不仅贫困，且改善甚缓。⑳在发展质量上，效果较差、质量较低。

这一现代化道路的推进经历了如下四个阶段：

第一，初始极端化阶段——“大跃进”时期。在农业改造、反右运动、反“反冒进”中，毛泽东找到通过中央与地方“两条腿走路”来加速推进现代化的路径，并由此实现了向社会主义建设时期现代化道路的转轨。由于对钢铁工业重要性的片面认识和非常做法，当时出现了这一道路初始的极端化推进阶段——“大跃进”，并最终使其变为大灾难。

第二，被迫暂停与局部纠偏阶段——调整时期。虽然经过三个阶段的调整后，国民经济不仅全面好转，还探索出“三自一包”“吃穿用”计划和“四化”目标等成果，但这都是在充分肯定总路线的前提下所做的局部纠偏。正因为如此，这些成果只能根据其与这一道路内涵的冲突程度来决定命运，即要么像“三自一包”那样被批判逆转，要么像“吃穿用”计划那样以其他方式被终结，要么像“四化”目标那样因符合现代化需要而在备战结束后重提。

第三，特殊推进阶段——备战时期。鉴于国际形势的重大变化，我国从“三五”计划开始大规模进行以国防军工为重点的大小“三线”建设。1971 年后，随着国际关系的逐步缓和，备战之弦开始有所松动。1975 年重提“四化”和《发展国民经济十年规划纲要（草案）》的形成，标志着备战建设的基本结束和建设重点即将再次转移。

第四，调适改进阶段——“洋跃进”时期。由于当时主要领导人的特殊经历和特定思维习惯，备战和“文化大革命”结束后在进行调整恢复的同时，党中央试图通过大量引进国外资金、技术、设备，以“新跃进”的方式实现以往的诸多经济规划和目标。虽然这一尝试仅开了个头便结束了，但仍对这两年和此后的国民经济造成了不小的影响。

需要指出的是，除上述内容外，对这一现代化道路还应注意以下几点：

第一，除调整这一特殊时期外，这一现代化道路推进的若干阶段和载体都贯穿了社会主义建设总路线的内涵、结构、实质、灵魂、方法等核心要素的主旨特征。从总路线的内涵看，“鼓足干劲”是要发挥主观能动性；“力争上游”是要努力走在世界前列；“多快好省”体现了数量与质量、速度与效益的统一。从结构看，“鼓足干劲”和“力争上游”是手段；“多快好省”是要求；“建设社会主义”是目标[①]。从实质看，总路线既体现了党为人民服务的宗旨，也反映了社会主义的本质和目的。从灵魂看，“速度是总路线的灵魂”[②]。从方法看，工业与农业、中央工业与地方工业、大型企业与中小型企业同时并举，是试图通过群众运动和一整套“两条腿走路”的办法来加速实现现代化。总路线的上述核心要素贯穿于 1978 年前除调整时期外的整个社会主义建设时期。

第二，这一总路线的内生矛盾从根本上决定了社会主义建设时期现代化道路的不科学性。首先，主要矛盾与根本任务存在矛盾。主要矛盾决定根本任务。虽然毛泽东在 1957 年将党的八大确定的主要矛盾恢复为两个阶级、两条道路的矛盾，但他将实现工业化作为这一时期的根本任务，并据此提出了相关的总路线和现代化道路。这就导致此后党的中心工作不断受到阶级斗争干扰并最终转移到阶级斗争上。其次，主观意愿与客观规律存在矛盾。为在一穷二白的基础上“力争上游”，总路线将“鼓足干劲”作为方法，试图在拔高生产关系和进行阶级斗争的推动下，通过群众路线和“两条腿走路”来实现现代化。这不仅违背了客观经济发展规律，也违背了马克思主义基本原理，其结果自然众所周知。再次，“多、快”与“好、省”存在矛盾。“多快好省”虽然并列相提，但这几个方面的地位作用并不相同。具体来说，“快，这是多快好省的中心环节”，“是总路线的基本精神”[③]。这就是除“大跃进”中的高指标、浮夸风等现象外，在备战和“洋跃进”中也始终贯穿着急于求成的倾向，甚至在调整时期也始终存在重新跃进呼声的思想根源。

第三，要素投入比例的硬约束与边际技术替代率递减规律，是造成苏联工业化理论中国化的成果——“积极平衡”理论存在重大谬误和这一总路线诸多内生矛盾的理论原因。为有效落实总路线的要求，毛泽东用“积极平衡”理论取代了此前的苏联工

① 张作云. 我国经济社会发展观的历史性飞跃：从社会主义建设总路线到科学发展观［J］. 合肥工业大学学报，2008（1）：8.

② 评论员. 力争高速度［N］. 人民日报，1958-06-21（1）.

③ 评论员. 力争高速度［N］. 人民日报，1958-06-21（1）.

业化理论。对此，他指出："平衡是暂时的，相对的"，"不平衡是经常的，绝对的"，所以"不平衡是普遍的客观规律"[①]。这就意味着生产中要"向先进的定额看齐"，"不断地提高落后的指标和定额"[②]。不难看出，这是要从过往以短缺要素为标准进行平衡，变为以"过剩"要素为标准进行平衡。为此，毛泽东主张用我国丰富的劳动力替代稀缺的资本和技术，以期弥补短缺要素的缺口。但铁的事实证明，任何生产中的要素投入量都存在一定的配比关系，虽然生产要素之间存在一定的替代关系，但在既定科技水平下的替代比例是有限度的，即存在边际技术替代率递减规律。这是造成"积极平衡"理论存在重大谬误和社会主义建设总路线诸多内生矛盾的理论原因。

由上述可见，社会主义建设时期现代化道路是试图把此前"拿来主义"的做法，修改为将苏联工业化模式的核心和精髓与中国资源优势和实际需要相结合的理想状态，其实质是苏联工业化模式的中国化。由于这些努力存在换汤不换药的问题，所以其结果始终都难遂人愿。

四、改革开放新时期现代化道路（1979—2012 年）

1978 年以来，在中国特色社会主义理论体系的指导下，我们党逐步探索出社会主义初级阶段理论及其基本路线，并在此基础上形成现代化建设分"三步走"的战略规划。鉴于不同阶段的主要矛盾、使命任务、具体理论等皆有所不同并由此造成诸多差异，所以可以 2012 年为界，划分为改革开放新时期现代化道路和新时代中国特色社会主义现代化道路。

在时代特征和指导理念等的综合作用下，新时期现代化道路在基础、主体、保障、绩效方面具有如下 20 个特征：①在总体依据上，社会主义初级阶段基本路线发挥着总体指导作用。②在具体理论上，邓小平的"中国式现代化"理论是具体指导工具。③在建设目标上，明确为现代化。④在建设载体上，由温饱先后升级为总体小康、全面小康。⑤在建设重点上，由劳动密集型升级为资本密集型产业。⑥在建设路径上，提出并践行"两个大局"的发展思路。⑦在建设动力上，持续推进市场化改革。⑧在资源特色上，由引进吸收走向自主创新。⑨在推进方式上，由外延粗放型向内涵集约型转变。⑩在体制依托上，逐步建立并不断完善社会主义市场经济体制。⑪在经济成分上，公有制为主体，多种所有制并存。⑫在分配方式上，按劳分配为主体、多种分配方式并存。⑬在资源配置上，逐步确定市场发挥基础性作用。⑭在对外关系上，由政策性开放走向制度性开放。⑮在区域政策上，由非均衡向均衡发展转变。⑯在经济增速上，呈现出快速增长的特征。⑰在经济波动上，呈现出"高位/平缓"的特征。⑱在产业结构上，逐步走向比较协调。⑲在生活水平上，由贫困先后升级为温饱、总体小康。⑳在发展质量上，效果较好、质量较高。

这一现代化道路的推进经历了如下三个阶段：

第一，解决温饱时期。这一时期，党中央一方面通过实施"新八字方针"开始优先发展农业、轻工业；另一方面开启了市场化改革的大门，同时还拉开了对外开放的大幕，经济发展局面由此焕然一新，并于 1987 年提前实现温饱目标。

---

① 毛泽东. 建国以来毛泽东文稿：第 7 册［M］. 北京：中央文献出版社，1992：54.

② 评论员. 打破旧的平衡，建立新的平衡［N］. 人民日报，1958-02-28（1）.

第二，解决总体小康时期。虽然这一时期先后遭遇价格“闯关”失败、治理整顿影响、亚洲金融危机冲击，但在1992年“南方谈话”和党的十四大及党的十五大的带动下，在新世纪之交，我国不仅初步建立了市场经济体制，还在总体上实现了小康。

第三，接力解决全面小康时期。这一时期，一方面主导产业由前一阶段的建材、电子、新一代家电等，逐渐向汽车、房地产、IT产业等过渡；另一方面，随着加入WTO（世界贸易组织），我国进入全方位的制度性开放阶段。此外，为有效落实第二个大局的要求，党中央相继实施了西部大开发战略、振兴东北老工业基地战略、中部崛起战略等。正是在此基础上，我国经济保持了持续快速增长，全面小康建设得到大幅推进。

除上述内容外，对这一道路还应注意以下几点：

第一，社会主义初级阶段基本路线贯穿和指导着“三步走”战略中的每一步，从根本上保障了1978年以来现代化道路的科学性。基本路线是执政党根据国家的历史方位和主要矛盾而提出的总揽全局的行动纲领①，其功能和作用相当于此前的新民主主义基本纲领、过渡时期总路线和社会主义建设总路线。1978年以来形成的这一基本路线，以社会主义初级阶段理论为依据，以“一个中心、两个基本点”为核心，概述了党在初级阶段的总路线和总任务。如1992年党的十四大首次将其写入党章，并强调这一路线要管100年；2007年党的十七大不仅强调基本路线是党和国家的生命线，指出“以经济建设为中心是兴国之要”②，还将“和谐”增列为现代化目标；2017年党的十九大不仅强调要“牢牢坚持党的基本路线这个党和国家的生命线、人民的幸福线”③，还进一步将“美丽”增列为现代化目标。这不仅意味着基本路线的充实完善，也意味着在这一路线指导下“三步走”战略的任务和目标不断被充实完善，从而确保了1978年以来现代化道路的科学性。

第二，总体顺应和符合了资源禀赋比较优势理论的要求，是“中国式现代化”理论务实管用和新时期现代化道路切实可行的理论原因。经济学上的资源禀赋比较优势理论认为，如果一国劳动力丰裕而资本、技术稀缺，就应着重发展劳动密集型产业，反之亦然。根据我国人多地少、一穷二白的国情，自然应重点发展劳动密集型产业。正因为如此，1978年后，邓小平提出“中国式现代化”的“三步走”战略并着手分步解决温饱等问题后，显然就符合了当时我国劳动力丰裕而资本、技术稀缺的资源禀赋特点。正是在此基础上，我国不仅提前解决了温饱问题，还在解决“总体小康”和“全面小康”问题的过程中先后两次实现资源禀赋优势的升级，从而在静态比较优势转化为动态比较优势的过程中实现了产业结构升级和主导产业更替。如20世纪90年代中后期，随着短缺经济结束和人民生活水平向总体小康迈进，一些地区对轻纺、食品和一般加工工业的劳动密集型产品的需求接近饱和，而建材、电子、新一代家电和与其相关的装备制造业等资本密集型产业，则迎来了快速发展并逐渐成为一些地区的主导产业④。进入新世纪以来，以汽车、房地产、IT产业为龙头的大发展，则意味着我国主

① 杜玉华．论新时代党的基本理论、基本路线、基本方略的内在统一［J］．探索，2019（1）：8.

② 中共中央文献研究室．十七大以来重要文献选编［M］．北京：中央文献出版社，2013：13.

③ 习近平．决胜全面建成小康社会 夺取新时代中国特色社会主义伟大胜利：在中国共产党第十九次全国代表大会上的报告［M］．北京：人民出版社，2017：12.

④ 武力，等．1949年以来中国工业化的“轻、重”之辨［J］．经济研究，2006（9）：46.

导产业已由劳动密集型向资本和部分技术密集型产业升级过渡。事实上，这种升级过渡对“三步走”战略的顺利实施和温饱、小康、总体小康、全面小康主要指标的分步完成，起了至关重要的作用。

第三，新时期现代化道路不仅在内涵上开始契合人类社会的共同价值，而且在其推进的几个阶段都呈现出历史性与发展性的统一。与此前相比，这一现代化道路最突出的特征是不仅注重强国，还尤为强调富民。不难看出，温饱、小康、现代化不仅是以一种生活水平来形象地表达发展层次和建设目标，而且建设重点经历了从劳动密集型到资本密集型再到技术密集型的过程，从而与国际上现代化建设的一般演进轨迹趋于一致。事实上，“三步走”战略的每一步都以富民强国为其出发点和落脚点，这就使其在内涵上开始契合人类社会的共同价值。不仅如此，这一道路所经历的三个阶段都是在特定的历史背景和经济条件下形成并被推进的，都被打上了如前所述的历史烙印。此外，它们还都具有与时俱进的发展性。如温饱目标在党的十二大时是“打好基础，积蓄力量，创造条件”；到“七五”计划建议时变为“使1990年工农业总产值和国民生产总值比1980年翻一番或者更多一些”①；1987年又调整为“以1980年为基数”，“翻一番，达到五百美元”②。需要指出的是，上述历史性和发展性还呈现出高度统一的特点。如解决温饱问题时产生了经济增长与经济发展脱节的问题，解决总体小康问题时试图解决这一问题，但又产生出经济发展与社会发展脱节的问题，解决全面小康问题时则试图解决这一新问题。

不难理解，改革开放新时期现代化道路是重新将马克思主义普遍原理和世界现代化一般规律与我国具体实际结合并与时俱进创新后的成果，其实质是努力将我国现代化的实现过程与一般经济发展规律和世界文明发展方向进行对接，从而确保在与人类共同价值目标融合的过程中实现民族复兴。

五、新时代中国特色社会主义现代化道路（2013年至今）

2012年以来，以习近平同志为核心的党中央对时代特点、主要矛盾、使命任务等进行了新的研判，在提出习近平新时代中国特色社会主义思想的同时，对现代化建设进行了新的安排和部署，从而形成了新时代中国特色社会主义现代化道路。

新时代中国特色社会主义现代化道路在基础、主体、保障、绩效方面具有如下20个特征：①在总体依据上，社会主义初级阶段基本路线继续发挥着总体指导作用。②在具体理论上，习近平新发展理念是具体指导工具。③在建设目标上，强调全面现代化。④在建设载体上，由全面小康向基本现代化升级。⑤在建设重点上，由资本密集型向技术密集型、信息密集型产业升级。⑥在建设路径上，提出构建以国内大循环为主体、国内国际双循环的新发展格局。⑦在建设动力上，以供给侧结构性改革为驱动力。⑧在资源特色上，实施创新驱动发展战略。⑨在推进方式上，日渐体现为内涵集约型。⑩在体制依托上，深入完善社会主义市场经济体制。⑪在经济成分上，公有制为主体，多种所有制并存。⑫在分配方式上，按劳分配为主体，多种分配方式并存。⑬在资源配置上，明确为市场发挥决定性作用。⑭在对外关系上，努力构建人类命运

---

① 中共中央文献研究室. 十二大以来重要文献选编（中）[M]. 北京：人民出版社，1986：800.

② 邓小平. 邓小平文选：第3卷[M]. 北京：人民出版社，1993：226.

共同体。⑮在区域政策上，要求协调发展。⑯在经济增速上，保持中高速增长。⑰在经济波动上，保持“高位/平缓”的特征。⑱在产业结构上，比较协调。⑲在生活水平上，由总体小康升级为全面小康。⑳在发展质量上，效果较好、质量较高。

截至目前，这一现代化道路的推进经历了如下两个阶段：第一阶段，党的十八大召开以来的五年。在世界经济复苏乏力和我国经济发展步入新常态的复杂环境下，党的十八大召开以来，党中央坚持稳中求进的总基调，贯彻新发展理念，推动供给侧结构性改革，使经济建设取得新的成就，人民生活不断改善，并由此使社会主要矛盾发生转化，对党和国家工作提出许多新要求[①]，从而推动中国特色社会主义现代化建设进入新时代。第二阶段，党的十九大召开以来的四年。随着 2018 年中美贸易纠纷和 2020 年新冠肺炎疫情的爆发，世界百年未有之大变局的时代特征愈发突出，不少国家的民族主义、民粹主义势力抬头，世界经济和政治发展充满不确定性。在新发展理念的指引下，我国经济运行总体平稳，经济结构持续优化，创新型国家建设成果丰硕，脱贫攻坚任务圆满完成，第一个百年目标顺利实现。

除上述内容外，对这一道路还应注意以下几点：

第一，新发展理念是社会主义初级阶段基本路线在新进程中时代化、应用化、具体化的产物，是新时代现代化建设的理论方法和行动指南。新发展理念是习近平新时代中国特色社会主义经济思想的核心内容，是党的十八大召开以来党中央在创新经济社会发展的诸多理论成果中最重要的部分，是管全局、管根本、管方向、管长远的东西[②]，具有战略性、纲领性、引领性。它围绕新时代现代化的道路基础、道路主体、道路保障等内容，阐明了现代化建设的目标、路径、动力等一系列具体理论与实践问题。具体来说，创新解决的是发展动力问题，协调解决的是发展不平衡问题，绿色解决的是人与自然和谐问题，开放解决的是内外联动问题，共享解决的是公平正义问题。这就解决了新时代“实现什么样的现代化、怎样实现现代化”的重大问题，为准确把握新发展阶段、构建新发展格局、推动高质量发展提供了理论方法和行动指南。

第二，要根据新时代基本国情的“变”与“不变”，准确把握新阶段现代化建设的内涵与特征。如实认识基本国情，是正确制定路线、方针、政策的根本出发点。新时代以来我国国情的基本特征是“一个变化了”和“两个没有变”，即新时代我国社会主要矛盾发生了重大变化，但“我国仍处于并将长期处于社会主义初级阶段的基本国情没有变”“我国是世界最大发展中国家的国际地位没有变”[③]。这种“变与没变”，体现了永恒发展的绝对性与阶段稳定的相对性的辩证关系。也就是说，虽然社会主义初级阶段需要相当长的时间，但并非静止不变、停滞不前的，而是一个动态变化、阶梯上升、不断发展的量变积累过程。经过新中国成立 70 余年特别是改革开放 40 多年的持续发展，我国已拥有开启现代化新征程、实现新目标的雄厚物质基础。这就既需要继续立足于初级阶段的现实和发展中国家的实际，也需要根据变化了的主要矛盾，将新时代的主要任务从解决生存性问题或低层次物质满足问题，转移到解决高质量发展

① 习近平．习近平谈治国理政：第 3 卷［M］．北京：外文出版社，2020：9.

② 习近平．关于《中共中央关于制定国民经济和社会发展第十三个五年规划的建议》的说明［N］．人民日报，2015-11-04（1）.

③ 习近平．习近平谈治国理政：第 3 卷［M］．北京：外文出版社，2020：10.

欠缺及结构性矛盾问题上[1]，也即着力解决"不平衡不充分的发展"上来。因此，在新阶段的现代化建设中，应根据基本国情的这种"变"与"不变"，准确把握建设内涵与特征的变化，切实做到对症下药、有的放矢。

第三，对各级官员的政绩考核机制和权力监督制约机制的改革长期不到位，是新时代供给侧结构性改革等难以有效深入和国家治理现代化水平未能有效提升的深层原因。如供给侧结构性改革，就是通过改革公共政策的产生、执行、调整方式来更好地与市场导向相协调，以充分发挥市场在配置资源中的决定性作用，其实质就是根据经济规律来规范政府权力。然而由于对各级官员的政绩考核机制和权力监督制约机制的改革长期不到位，致使不少党政部门多年来屡屡充当经济活动的主角，在对经济发展至关重要的土地、劳动力、资本、创新等要素方面，尚存在着明显的供给抑制与供给约束，干扰了市场在资源配置中决定性作用的发挥。虽然党的十八大召开以来，通过从严治党、全面深化改革、依法治国等措施取得一些成效，但尚未通过构建起科学完善的政绩考核机制和权力监督制约机制，来有效约束各级官员和党政部门对经济和市场的干扰。其实，这正是2012年以来转方式、调结构和推进国家治理现代化等工作始终未能尽如人意的深层原因。

显而易见，新时代中国特色社会主义现代化道路是根据新阶段、新矛盾、新目标、新任务而对我国现代化建设的总体架构、战略部署、布局安排等进行创新升级的结果，有力确保了现代化建设新征程和第二个百年奋斗目标的良好开局。

六、经验与启示

通过梳理新中国成立以来走过的现代化道路，我们可以得到以下经验与启示：

第一，现代化是一个系统变迁的社会历史范畴。现代化是指从传统农业社会向现代工业社会转变的过程，是以工业化为核心的全面社会变革，因此是一个系统变迁的社会历史范畴。它在不同时期和不同环境下可以有不同的内涵和特征，到目前为止尚无统一的现实标准[2]。从历史来看，由于近代以来众多发展中国家和地区以欧美等先行发达国家和地区为价值目标，因此现代化常与西方化的内涵相近，但并不等于或专属于西方化。从现实来看，现代化日渐成为一个全面系统的工程，其内涵获得不断扩展和丰富，目前一般包括经济、政治、文化、社会、生态、科技、人的现代化等。这其中，经济现代化是现代化的核心基础，政治现代化是现代化的根本保证[3]，文化现代化是现代化的有力支撑，社会现代化是现代化的重要条件，生态现代化是现代化的长久保障，科技现代化是现代化的强大动力，人的现代化是现代化的目的和归宿。

第二，中国的现代化事业必须由理论先进、政治权威、思想坚定、组织坚强、作风优良、领导有力的政治组织——中国共产党来领导。现代化是一个由量变到质变的发展过程，不仅其本身需要理论先进、组织坚强、领导有力的政治组织来推进，而且对因利益关系调整而可能遭遇的各方面阻力和困难，也只有靠思想坚定、政治权威、

① 李杰. 论习近平新时代现代化理论体系的创新建构［J］. 经济学家，2020（1）：25.

② 舒磊. 习近平对社会主义现代化思想的新阐释［J］. 学校党建与思想教育，2018（2）：7.

③ 鲁俊海，吕欢. 论中国现代化的特点与世界意义［J］. 时代经贸，2011（22）：1.

作风优良的政治组织才能有效解决。我国近代以来农民起义、“洋务运动”、“戊戌变法”、辛亥革命等的种种尝试，皆因领导力量的内部原因和外部条件制约而屡失现代化机遇①，直到中国共产党通过领导新民主主义革命胜利和建立新中国，才真正开启了我国现代化的历史进程。我国现代化建设之所以取得骄人成就，归根结底得益于中国共产党理论先进、政治权威、思想坚定、组织坚强、领导有力。而旧中国的现代化建设之所以屡遭挫折、步履维艰，主要在于农民阶级、地主阶级、资产阶级的指导思想与自身素质存在诸多局限。因此，不断加强和改善党的领导，是中国共产党对现代化道路百年探索的首要根本经验②。

第三，在党的百年探索历程中，五种不同的现代化道路都始终贯穿着一个不变的初心与使命和共同的价值追求。虽然在历史背景、内涵特征、推进情况等方面存在着诸多差别，但从前文不难看出，百年来的五种现代化道路都贯穿着一个不变的初心与使命和共同的价值追求，即都是为了实现国家现代化和民族复兴的中国梦。不难理解，无论新民主主义现代化道路，还是过渡时期现代化道路和社会主义建设时期现代化道路，抑或是改革开放新时期现代化道路与新时代中国特色社会主义现代化道路，都是在不同历史阶段和经济水平下对人民富裕、国家富强、民族复兴的诉求。可以预见，无论今后在实现基本现代化和全面现代化进程中遇到什么问题，这一初心与使命和价值追求都不会变。

第四，应与时俱进地拓展和深化对现代化的认识。由于现代化是一个动态发展的概念，所以我们党对这一问题的认识也经历了一个渐进丰富、逐渐成熟的过程。鉴于其核心和基础是工业化，所以毛泽东在1944年首次提出这一问题时就指出，“要中国的民族独立有巩固的保障，就必须工业化”，“我们共产党员是要努力于中国的工业化的”。此后，他多次强调必须将中国这一农业国变为工业国。过渡时期现代化道路虽然确定了优先发展重工业，但当时已认识到这是不够的，为此周恩来指出：“集中力量发展重工业，不是说把一切力量都摆在重工业上，其他的都不搞了”，“因为重工业还不能满足人民的需要”③。随后，他又于1954年在第一届全国人大会议上指出：“如果我们不建设强大的现代化工业、现代化农业、现代化交通运输业和现代化国防，我们就不能摆脱落后和贫困，我们的革命就不能达到目的。”这是他首次提到四个现代化问题。在此基础上，1960年，《人民日报》元旦社论提出：我国的奋斗目标是实现工业、农业和科学文化的现代化。次月，毛泽东指出：建设社会主义，现在要加上国防现代化④。在经历了诸多经验和教训后，周恩来代表中央在1964年第三届全国人大会议上正式提出：要“把我国建设成为一个具有现代农业、现代工业、现代国防和现代科学技术的社会主义强国”，从而形成四个现代化的完整表述。鉴于认识的深化，1978年后，我们党一方面逐步用“中国式现代化”来代替“四个现代化”，以降低过高的阶段性目标；另一方面，持续探索现代化的科学布局，从初始的经济、政治、文化“三位一体”，发展到新时代的经济、政治、文化、社会、生态“五位一体”，并在新时代

① 李晓燕，等. 中国现代化的历史进程及其启示［J］. 理论导刊，2005（2）：51.

② 刘丽敏. 社会主义现代化道路的中国特色与世界意义［J］. 红旗文稿，2019（8）：13.

③ 周恩来. 周恩来经济文选［M］. 北京：中央文献出版社，1993：159.

④ 陈夕. 从工业化到现代化：中国共产党关于中国发展战略选择的宏观描述［J］. 中共党史研究，1995（2）：51.

侧重关注政治、社会现代化的同时，强调以人为中心和全球关怀的内外双重价值取向①。与此同时，党中央还提出国家治理体系和治理能力现代化，从而大大推动了现代化由局部、浅层向全面、纵深发展。

第五，能否在立足我国资源禀赋比较优势的基础上遵循产业演进的一般规律，不仅是上述五种现代化道路绩效迥然不同的理论原因，也直接关系到今后全面现代化建设和民族复兴伟业能否顺利实现。国情决定道路，道路决定命运。世界各国的实践证明，现代化必须在立足各自资源禀赋比较优势的基础上遵循产业演进的一般规律。如新民主主义现代化道路，就是中国共产党在 20 多年革命和局部执政实践中，将国外现代化先行国家的一般规律与根据地和解放区建设实际相结合，并经分析总结与归纳提炼后的产物，是新民主主义理论体系中最重要的理论创新成果。正是在新民主主义经济理论的科学指导下，新中国成立之初国民经济才得到迅速恢复和发展。并且由于新民主主义经济体制向计划经济体制集权模式过渡的渐进性，所以过渡时期现代化建设才能在重工业优先发展原则下得到较好的实施。如前所述，虽然 1978 年前的两种现代化道路经过优先发展重工业使我国建立了较完整的工业体系和国民经济体系，却造成国民经济难以克服的结构矛盾和低效浪费。与之相反，1978 年后两种现代化道路的先后形成和“三步走”战略的分步实施，则使我国经济社会发展面貌焕然一新。事实证明，能否在立足资源禀赋的比较优势的基础上遵循产业演进一般规律，不仅是上述五种现代化道路绩效迥然不同的理论原因，也直接关系到今后全面现代化建设和民族复兴伟业能否顺利实现。

第六，在使市场在资源配置中起决定性作用的基础上，科学稳妥地发挥政府的作用，是处理市场与政府这一经济体制核心问题的正确选择。改革开放之前，我们党长期把市场与资本主义混为一谈，想方设法削弱市场机制、排斥价值规律，付出了沉重的代价。从党探索现代化道路的百年历程中可以看出，哪种现代化道路下的市场机制运行得较好，这种现代化建设就执行得较好，反之亦然。这是因为，市场的调节作用不仅会使政府获得比行政指令外更准确的信息，还可以使企业等市场主体因接收到准确信息而有效避免预算“软约束”。实际上，“一五”计划的较好效果就与当时的资源配置方式的多样性有重要关系，而“大跃进”、备战、“洋跃进”中的结构失衡、投资失控等问题，都与其排斥市场机制密切相关。与之相对应的是，1978 年后“温饱”→“小康”→“总体小康”→“全面小康”任务的顺利推进和先后完成，都与市场机制作用的不断增大和其在资源配置中决定性作用的发挥有直接关系。当然事物是一分为二的，市场的不足也需要政府来及时弥补，尤其是在教育、医疗、养老等领域，其过度市场化问题需要政府今后加大矫正力度。因此，在使市场在资源配置中起决定性作用的基础上，科学稳妥地发挥政府的作用，是处理市场与政府关系的正确选择。

第七，党全面执政前 30 年两种现代化道路的先后选择，为后 40 余年及今后现代化建设的推进既提供了必要的物质基础，也提供了难得的正反两方面经验和教训。虽然 1978 年前的现代化建设出现了不少挫折，但仍使我国取得了骄人成就，对此无须赘述。值得指出的是，前 30 年的相关实践为此后提供了正反两方面经验和教训。仅以“大跃

① 张帅，等. 新中国成立以来中国共产党现代化理论的整体性探析［J］. 宁夏党校学报，2019（5）：59.

进”和备战期间计划经济体制的两次分权为例。虽然为配合“大跃进”和备战而进行的体制下放带来了不少问题，却解构了计划经济体制的集权模式——苏联式中央高度集权型体制，初步形成了中央与地方分权的毛泽东“虚君共和”体制构想模式和地方大力发展工业的局面，从而为1978年以后的市场化增量改革创造了条件，避免了后来苏联“休克疗法”式的灾难性改革。此外，这两次体制下放和分权失败的教训说明，在不改变单一公有制和指令性计划的前提下，只寄希望于通过权力收放来解决计划经济体制的弊病是不可能的，这就为1978年后的市场化改革提供了反面经验。事实上，这也是习近平总书记提出“前后两个三十年不能相互否定”的重要原因。

第八，生产关系、上层建筑等方面的变革效果，最终应以实践标准、生产力标准和更为具体的“三个有利于”标准来衡量与检验。为充分发挥生产关系、上层建筑对生产力与经济基础的促进作用，1978年前，我们党一方面通过“三大改造”和人民公社化运动等，向单一公有制和指令性计划的基本经济制度过渡；另一方面，又先后提出“抓革命、促生产”和“抓纲治国”等口号，试图通过阶级斗争和人的思想革命化来推进战略实施。但这种超越国情和违背经济规律的做法，结果只能事与愿违。与之相反，1978年后，我们根据经济发展一般规律和一穷二白的国情，一方面通过市场化改革调整生产关系中不适应生产力的诸多环节；另一方面，通过对党和国家的指导思想、相关制度和各类组织的创新发展，来促进经济基础与生产力的健康发展。马克思主义基本原理和中外经济史都一再证明，生产关系和上层建筑的变革并不完全取决于主观愿望，人们只能在尊重客观经济规律的基础上，去做在规律允许范围内经过努力可以做到的事情。正因为如此，邓小平才于新时期在实践标准的基础上提出生产力标准，并进而将其具体化为“三个有利于”标准。事实证明，实践标准、生产力标准和“三个有利于”标准是比意识形态、阶级关系、制度属性等更为根本的判断准则，是科学认识一切社会问题和历史问题的根本视角，不仅应成为衡量与检验生产关系、上层建筑等方面变革效果的标准，也应成为衡量与检验现代化道路绩效和中国特色社会主义事业成败的根本标准。

表1是中国共产党探索现代化道路百年历程一览。

表1　中国共产党探索现代化道路百年历程一览

道路类型 构成与特征		新民主主义 现代化道路 （1921—1952年）	过渡时期 现代化道路 （1953—1956年）	社会主义建设时期 现代化道路 （1957—1978年）	改革开放新时期 现代化道路 （1979—2012年）	新时代中国特色 社会主义现代化道路 （2013年至今）
道路基础	1. 总体依据	新民主主义 基本纲领	过渡时期 总路线	社会主义建设 总路线	社会主义初级阶段 基本路线	社会主义初级阶段 基本路线
	2. 具体理论	新民主主义 工业化理论	苏联工业化 理论	苏联工业化理论的 中国化	“中国式现代化” 理论	习近平新发展理念
	3. 建设目标	由农业国 变工业国	由农业国 变工业国	由三个现代化 到四个现代化	现代化	全面现代化

表1(续)

道路类型 构成与特征		新民主主义 现代化道路 (1921—1952年)	过渡时期 现代化道路 (1953—1956年)	社会主义建设时期 现代化道路 (1957—1978 年)	改革开放新时期 现代化道路 (1979—2012 年)	新时代中国特色 社会主义现代化道路 (2013 年至今)
道路主体	4. 建设载体	“十年建设”或“二三十年”等	“一五”计划	由“大跃进”先后变为备战计划、“洋跃进”	由温饱先后升级为总体小康、全面小康	由全面小康向基本现代化升级
	5. 建设重点	农业、轻工业	重工业整体	由“以钢为纲”先后变为国防军工、基础工业	由劳动密集型升级为资本密集型产业	由资本密集型向技术密集型、信息密集型产业升级
	6. 建设路径	国营大工业、私人资本、合作经济共同发展	中央大中型企业扩张	一系列并举的“两条腿走路”方针	“两个大局”发展思路	以国内大循环为主体、国内国际双循环的新发展格局
	7. 建设动力	“四面八方”	“三大改造”	拔高生产关系和进行阶级斗争	市场化改革	供给侧结构性改革
	8. 资源特色	利用外资	苏联援助	通过群众运动用劳动力进行替代	由引进吸收走向自主创新	创新驱动发展战略
	9. 推进方式	外延粗放型	外延粗放型	外延粗放型	由外延粗放型向内涵集约型转变	内涵集约型
道路保障	10. 体制依托	新民主主义经济体制	向计划经济体制的集权模式过渡	计划经济体制的分权模式	社会主义市场经济体制	社会主义市场经济体制
	11. 经济成分	多种所有制并存	向单一公有制过渡	单一公有制	多种所有制并存	多种所有制并存
	12. 分配方式	多种分配方式并存	向单一按劳分配过渡	单一按劳分配	多种分配方式并存	多种分配方式并存
	13. 资源配置	直接计划、间接计划与市场调节相结合	向中央指令性计划过渡	中央与地方的指令性计划	市场发挥基础性作用	市场发挥决定性作用
	14. 对外关系	独立自主基础上的对外开放	“一边倒”	“反两霸”	由政策性开放走向制度性开放	构建人类命运共同体
	15. 区域政策	均衡发展	均衡发展	均衡发展	由非均衡向均衡发展转变	协调发展
道路绩效	16. 经济增速		快速增长	相对慢速增长	快速增长	中高速增长
	17. 经济波动		高位/平缓	低位/大起大落	高位/平缓	高位/平缓
	18. 产业结构		比较协调	严重不协调	比较协调	比较协调
	19. 生活水平		贫困	贫困	由贫困先后升级为温饱、总体小康	由总体小康升级为全面小康
	20. 发展质量		高	低	高	高

参考文献

[1] 毛泽东. 毛泽东选集 (4 卷本) [M]. 北京：人民出版社，1991.

[2] 中共中央文献研究室. 刘少奇论新中国经济建设 [M]. 北京：中央文献出版社，1993.

[3] 陈云. 陈云文选 (1949—1956) [M]. 北京：人民出版社，1984.

[4] 邓小平. 邓小平文选（3卷本）[M]. 北京：人民出版社，1994.
[5] 吴承明，董志凯. 中华人民共和国经济史（1949—1952）[M]. 北京：中国财政经济出版社，2001.
[6] 赵德馨. 中华人民共和国经济史（多卷本）[M]. 郑州：河南人民出版社，2003.
[7] 赵德馨. 中国近现代经济史（1949—1991）[M] 厦门：厦门大学出版社，2017.
[8] 苏少之. 中国经济通史：第10卷（上册）[M]. 长沙：湖南人民出版社，2002.
[9] 赵凌云. 中国发展过大关：发展方式转变的战略与路径 [M]. 武汉：湖北人民出版社，2008.
[10] 武力. 中华人民共和国经济史（上、下册）[M]. 北京：中国时代经济出版社，2009.

（编辑：苏正道）

百年创新与启示：中国共产党创立中国特色社会主义所有制的研究

蒋海曦　蒋南平

【摘要】本文在对马克思所有制理论传承与创新的基础上，总结了100年来中国共产党创立中国特色社会主义所有制的历程及经验，以期获得进一步建设社会主义现代化强国的所有制理论与实践的启示。本文运用唯物辩证法及历史与逻辑统一的方法，通过史实及案例，寻找中国共产党100年来创立中国特色社会主义所有制的成功逻辑，以获得启示，有益于未来。中国特色社会主义所有制的创立，是中国共产党100年艰辛探索、屡经挫折才形成的马克思主义经济学中国化的伟大成果；在经典理论及所有制实践方面有重大突破；是中国建成现代化强国的所有制基础；对未来有四个方面的重要启示。本文突破学界认为的中国特色社会主义所有制的创立过程仅形成于改革开放以来的时期的观点，论证了它其实是中国共产党100年艰苦卓绝探索的结果；揭示了中国特色社会主义所有制是建成现代化强国的所有制基础的逻辑关系；发现了四个方面的重要启示；首次说明了中国特色社会主义所有制具有重要的世界意义。本文全面梳理了中国共产党100年来创立中国特色社会主义的历史轨迹、积极成果、经验与教训、中国理论及实践，揭示了它的重要的经验、启示和世界意义，为发展马克思所有制理论及现代化的所有制实现提供了理论依据。

【关键词】中国共产党；100年；中国特色社会主义；所有制

【作者简介】蒋海曦，女，1984年生，博士，西南财经大学国际商学院副教授，主要从事马克思主义资本及金融理论研究，中外资本及金融理论比较研究，补充性货币理论及运行研究；蒋南平，男，1956年生，博士，西南财经大学经济学院教授，博士生导师，《经济学家》杂志编辑部主任，主要从事马克思主义政治经济学研究。

一、引言

中国特色社会主义所有制是当代中国社会主义初级阶段的基本经济制度，表明了在所有制结构上，我们实行以公有制为主体、多种所有制经济共同发展的深刻内涵。在这种所有制框架下，中国毫不动摇地巩固和发展了公有制经济，优化了国有经济的布局和结构，增强了其活力、控制力和影响力；巩固和不断完善了农村双层经营体制；建立了现代产权制度，不断发展混合所有制，形成了各种所有制经济不断相互促进、平等竞争的大好局面。在这种所有制框架下，人民生活水平快速提升，经济社会飞速发展。2020 年底，我国取得了消灭绝对贫困、全面建成小康社会的决定性胜利，并快速向现代化强国迈进。目前，中国已成为全球第二大经济体，日益走近世界经济社会的舞台中心。即使在全球新冠肺炎疫情肆虐的情况下，中国经济也一枝独秀，为世界经济的发展做出了特殊的贡献。

中国特色社会主义所有制的形成，不是一蹴而就的①，而是中国共产党经过 100 年的艰苦探索才逐渐形成的。研究 100 年来中国共产党创立中国特色社会主义所有制的创新过程，获得全面建成小康社会取得决定性胜利基础上继续迈向现代化的有益启示，无疑是十分重要的。

二、马克思主义所有制理论的继承和发展与中国特色社会主义所有制

马克思为了揭示人类社会发展的规律，系统地分析了前资本主义及资本主义社会的所有制，并对未来的（社会主义）共产主义的所有制做了描述。在《1857—1858 年经济学手稿》中，马克思考察了以公社为基础的“亚细亚基本形态”的土地所有制、以奴役奴隶为基础的“古典、古代形态”的土地所有制及以剥削农奴为基础的中世纪封建主义的土地所有制等②，认识到私有制是历史的产物，“大体说来，亚细亚的、古代的、封建的和现代资产阶级的生产方式，可以看成是社会经济形态演进的几个时代”③。特别是马克思揭示了不同所有制形成了人类社会不同阶段的特征，“各种经济时代的区别，不在于生产什么，而在于怎么生产、用什么劳动资料生产”④，且所有制决定了整个人类社会全部物质资料生产过程。因为无论在何种社会形态，其物质资料生产中劳动者及生产资料都是十分重要的，且会形成不同社会的分配制度。“凡要进行生产就必须使它们结合起来。实行这种结合的特殊方式和方法，使社会结构区分为各个不同的时期”；“凡是社会上一部分人享有生产资料垄断权的地方，劳动者，无论是自由的或不自由的，都必须在维持自身生活所必需的劳动时间以外，追加超额的劳动时间来为生产资料的所有者生产资料”⑤。对于生产资料私有制形式不同的经济社会，马克思也强调了生产资料所有者榨取剩余劳动的不同形式是“使各种社会经济形态例如奴隶社会和雇佣劳动的社会区别开来的，只是从直接生产者身上，劳动者身上，榨取剩余劳动的形式”⑥。

马克思还将前资本主义社会的所有制与资本主义社会的所有制进行了系统的对比研究。例如，马克思强调了原始公社所有制对于人类社会发展的普遍意义，严肃地批判了一些学者简单地把掠夺、占领及征服等暴力行为归结于社会历史发展的动因的观点，认为要使被掠夺的对象不断地生产，也必须有某种所有制形成的经济基础才能使掠夺长期进行下去⑦。马克思还在所有制基础上研究了商品、货币的起源及商品经济的产生，明确地把分工及私有制的存在看成商品经济的基础。“在不同公社间的物物交换

① 一些学者认为，中国现在的所有制是近几十年才形成的。这种看法割裂了历史的继承性，实属不妥。

② 马克思. 政治经济学批判（1857—1858 年经济学手稿）[M] //马克思恩格斯全集：第 46 卷（上）. 北京：人民出版社，1979：470-497.

③ 马克思. 政治经济学批判 [M] //马克思恩格斯全集：第 13 卷. 北京：人民出版社，1962：9.

④ 马克思，恩格斯. 马克思恩格斯全集：第 23 卷 [M]. 北京：人民出版社，1972：204.

⑤ 马克思，恩格斯. 马克思恩格斯全集：第 23 卷 [M]. 北京：人民出版社，1972：263.

⑥ 马克思，恩格斯. 马克思恩格斯全集：第 23 卷 [M]. 北京：人民出版社，1972：244.

⑦ 马克思，恩格斯. 马克思恩格斯全集：第 23 卷 [M]. 北京：人民出版社，1972：98-99.

中变成商品的那些特殊价值，如奴隶、牲畜、金属，通常成为公社本身内部的最早的货币"①；"一切发达的，以商品交换为媒介的基础，都是城乡的分离。可以说社会的全部经济史都概括为这种对立的运动"②。马克思还认为，在资本主义社会，资本主义所有制加速了资本的积累和生产的集中，加速了社会竞争的激烈程度。因为"一个生产部门中，如果投入的全部资本已经融合为一个单个资本时，集中便达到了极限"③；到了资本主义发达时期，资本主义私有制造成的资本集中会更加严重，一方面大量资本集中在单个资本家手里，另一方面除了单个资本家，又有联合的资本家（股份公司）④，这样，更加剧了资本主义经济形态的固有矛盾，从而形成新的生产形式的过渡点。

马克思还通过分析资本主义的所有制来阐明社会发展的普遍规律。他在阐明资本主义所有制与社会主义、共产主义之间的联系时认为，"共产主义是私有财产即人的自我异化的积极的扬弃"⑤；而作为社会主义或共产主义的所有制，必定要代替资本主义所有制，即是"在资本主义的成就的基础上，也就是说，在协作和对土地及靠劳动本身的生产资料的共同占有的基础上，建立个人所有制"⑥，并认为，这时建立在这种所有制基础上的社会生产，与资本主义的商品生产有重大区别。"这个联合体的总产品是社会的产品。这些产品的一部分（被）重新用作生产资料，这一部分依旧是社会的，而另一部分则作为生活资料由联合体成员消费。因此，这一部分要在他们之间进行分配。"⑦ 在对这种所有制进行分析的基础上，马克思提出了社会主义和共产主义社会在社会分工、分配、劳动状况和形式、经济层面道德及精神层面将发生全新变化的合理科学的设想，揭示了人类社会的发展规律和趋势。

在继承与发展马克思所有制理论的过程中，列宁进一步进行了探索。苏联在"十月革命"取得胜利之后，除了没收大资本家的生产资料之外，对于如何将大量分散的小农经济纳入社会主义公有制这一问题，一直没有找到好的解决方案。故而列宁针对当代俄国小农经济十分分散的状况，曾认为对付小农经济比对付资产阶级还要困难。在1918年的上半年，列宁曾设想通过国家资本主义来同小农中的自发的资本主义倾向做斗争。在他看来，小生产会经常地、无时无刻地、自发地产生资本主义的东西，因此将小农经济改造成公有制成分十分困难。后来，在外国武装干涉及国内战争频发的特殊时期，实行了战时共产主义，最后实行新经济政策。实际上，在新经济政策时期，苏联实行的生产资料公有制，是一种过渡时期的公有制，还不是马克思、恩格斯所设想的社会主义公有制。尽管以后斯大林在苏联实行了高度集中的计划体制，当时苏联的生产资料已被高度集中在国营企业及集体农庄里，但实际上仍然未能处理好建设新的生产关系的问题，其建立的公有制经济仍然遇到了许多问题，并造成经济建设上的诸多困难。后来苏联解体，其中一个重要原因就是高度计划体制下的公有制不能适应其生产力发展水平，造成经济严重困难。但列宁、斯大林在建立社会主义公有制方面

① 马克思. 政治经济学批判［M］//马克思恩格斯全集：第13卷. 北京：人民出版社，1962：39.
② 马克思，恩格斯. 马克思恩格斯全集：第23卷［M］. 北京：人民出版社，1972：263.
③ 马克思，恩格斯. 马克思恩格斯全集：第23卷［M］. 北京：人民出版社，1972：688.
④ 马克思，恩格斯. 马克思恩格斯全集：第24卷［M］. 北京：人民出版社，1972：260.
⑤ 马克思. 1844年经济学哲学手稿［M］//马克思恩格斯全集：第42卷. 北京：人民出版社，1979：120.
⑥ 马克思，恩格斯. 马克思恩格斯全集：第23卷［M］. 北京：人民出版社，1972：832.
⑦ 马克思，恩格斯. 马克思恩格斯全集：第23卷［M］. 北京：人民出版社，1972：95.

的探索，实在是功不可没。在苏联的影响下，东欧一大批国家，以及古巴、朝鲜、越南等国，也曾在建立社会主义公有制方面进行过探索，但都困难重重。自20世纪50年代以来，它们先后也进行了改革。一些国家在中国经验启发下，开始根据中国模式探索创立新的社会主义公有制。

早在中国土地革命战争、抗日战争及解放战争时期，中国共产党领导下的苏区、抗日民主革命根据地及解放区，就一直在进行建立社会主义所有制的探索。当时，中国是一个经济特别落后，小农经济比俄国还要分散，具有特殊国情的国家。如何将马克思所有制理论同中国实际结合起来，形成中国特色社会主义的所有制，是我党100年来努力探索的重大问题。在中国共产党成立之时，就旗帜鲜明地提出要推翻不合理的私有制度，建立社会主义公有制。新中国成立之前，我党带领人民进行艰苦卓绝的斗争，其目的正是为了实现这个目标。新中国成立之后，我们没收了官僚资本，并经过“一化三改”，中国特色社会主义所有制基本确立但仍不完善。这时的所有制仍是新民主主义向社会主义过渡时期的所有制，还没有实现马克思设想的社会主义所有制的公有制，但又不同于苏联及东欧其他国家的公有制，具有浓厚的中国特色。在农村，我们通过对小农经济进行改造，引导农民走上了集体化的道路。先经过农业生产互助组，再组成初级农业生产合作社，再建立高级农业生产合作社，形成了农民集体所有制的公有制形式。以后形成的人民公社，虽然仍是一种集体所有制形式，但已开始带有高度集中计划体制下的苏联式公有制的色彩了。在城市，我们对小手工业及小工商业进行了合作化改造，这种改造是通过供销合作社、生产合作、合作工厂三种形式完成的。而对民族资本家的改造，是通过“和平赎买”的方式进行的。这样，也完成了城市社会主义所有制的基本确立。这时，中国城乡的所有制形式存在几种情况：单一的全民所有制的公有制形式，公私合营的半公有制形式，部分社会成员集体所有的集体所有制形式，大范围集体所有制形式，属于单一全民所有制及部分社会成员集体所有的大集体所有制形式，等等。这些所有制（包括全民所有制及集体所有制）形式，适应当时中国的国情，具有典型的鲜明的中国特色。当然，1966年以后，这些形式逐步被调整为全民所有制的单一公有制及集体所有制的公有形式。但即使如此，在公有制的形成方面，中国特色仍然非常鲜明。

中国处于社会主义初级阶段的现状，使得受苏联模式影响而形成的中国公有制模式日渐暴露出与生产力发展水平不相适应的状况。于是，改革开放成为必然趋势。党的十一届三中全会召开以后，首先在农村实行家庭联产承包责任制、统分结合的双层经营机制，使得农村集体所有制的内涵得到充实，活力得到激发，农业生产率大幅提升，农民生活水平大幅提高。在农村体制改革取得成功之后，国家进一步加快了城市改革的步伐。1984年，中共中央发布了《中共中央关于经济体制改革的决定》，开始通过经济体制改革，逐步调整城市所有制结构。党的十三大，认真分析了中国处于社会主义初级阶段的国情，找到了进行所有制结构调整的依据；党的十四大，明确了建立社会主义市场经济体制是经济体制改革的目标；党的十五大，把“公有制为主体、多种所有制经济共同发展”作为社会主义基本经济制度；党的十六大，在总结了经济体制改革的经验以及教训的基础上，明确提出坚持党的十五大提出的社会主义所有制不动摇；党的十七大，进一步强调要创立坚持“公有制为主体、多种所有制经济共同发展”的社会主义基本经济制度不动摇的制度环境及相关条件；特别是党的十八大和十九大，进一步提出了要把混合所有制经济作为“公有制为主体、多种所有制经济共同发展”的重要实现形式，强调国有经济强大的战略支撑作用，强调充分激发各类市场主体的活力，强调党的领导对“公有制为主体、多种所有制经济共同发展”的重要保证作用，强调解决“人民群众对美好生活的需要同发展的不平衡不充分的矛盾”对完善中国特色社会主义所有制的迫切要求。至此，中国特色社会主义所有制已经完全形成和完善。

三、中国共产党创立中国特色社会主义所有制的百年探索与创新

中国特色社会主义所有制的形成，不是一蹴而就的。它是中国共产党100年来努力探索及不断创新的结晶。

中国共产党创立初期，党的早期领导人如陈独秀、李大钊以及毛泽东等人，对在中国创立社会主义所有制就十分重视。例如陈独秀认为，中国经济长期停滞在“前资本主义时期”，“这一时期的农业造成社会的成员无知和散漫，商业造成社会的奸诈和苟偷，于是它的生产力、武力、道德文化，都一般的衰落”①，且中国的经济“完完全全操纵在外国资产阶级国家手里”②。而要改变这种状况，就必须实行公有制，“资本公有、人人都有工作生产的机会，社会上一切生产工具——土地、矿山、机器、房屋等——谁也不能据为己有，谁也不能租给他人收取利益”③。由于旧中国的土地制度反映了最重要的所有制，这种土地制度极不合理，农民占全国人口80%以上，但农民所占土地仅为全国土地的25%左右，其余75%的土地均为封建地主所占有。故而，在中国建立中国特色社会主义所有制，改革土地制度是最为关键的。中国几千年的文明史，除了中国共产党，没有任何政党及其他社会力量能够解决中国的农民问题和土地问题。正如毛泽东所说：“孙中山是中国最早的革命民主派，他代表民主资产阶级的革命派，（联合）城市小资产阶级和农村农民，实行武装革命，提出了平均地权和耕者有其田的主张。但是可惜，在他掌握政权的时候并没有主动地实现过土地制度的改革。自国民党反人民集团掌握政权以后，便完全背叛了孙中山的主张。现在坚持地反对耕者有其田的，正是这个反人民集团，因为他们是代表大地主、大银行家、大买办阶层的。中国没有单独代表农民的政党，民族资产阶级没有坚决的土地纲领。因此，只有制定和执行了坚决的土地纲领，为农民利益而认真奋斗，因而获得广大农民群众作为自己伟大同盟军的中国共产党，成为农民和一切革命民主派的领导者。”④ 以毛泽东为代表的中国共产党人，从中国的实际出发，在中国土地革命时期就确立了正确的土地革命理论及政策，确定了这个时期土地革命制度的基础。1927年4月27日至5月9日的中共五大上，通过了中国共产党的第一个《土地问题决议案》。但由于当时的历史原因及早期主要领导人的严重错误，这个决议案未能被正确地贯彻执行。1927年8月7日，中共中央召开紧急会议，把土地革命和武装斗争作为革命的中心问题提出来，提出了“没收大、中地主的土地和一切所谓公产的宗祠庙宇等土地，分给佃农及无地农民耕种”“发动农民群众解决土地问题”等七条内容，成为土地革命的重要依据。但由于共

① 陈独秀. 陈独秀著作选：第3卷［M］. 上海：上海人民出版社，1993：489.
② 陈独秀. 陈独秀文章选编：中册［M］. 北京：生活·读书·新知三联书店，1984：299.
③ 陈独秀. 陈独秀文章选编：中册［M］. 北京：生活·读书·新知三联书店，1984：86.
④ 毛泽东. 论联合政府［M］//毛泽东选集（合订本）. 北京：人民出版社，1968：976.

产国际的一些不切合中国实际的指示，导致了决议执行的偏差。“八七会议”之后，毛泽东领导了秋收起义，并于1927年8月18日召开了经改组的第一次中共湖南省委会议，又一次讨论了土地问题。根据毛泽东等多数人的意见，提出了对“八七会议”关于农民问题的正确建议。当时的湖南省委认为：“现在的土地革命到了根本取消地租制度，推翻地主政权的时期，此时党对农民的政策，应当是贫农领导中农、限制富农，整个推翻地主制度的土地革命，对地主阶级不是在没收他们的土地的时候让步，应在土地没收之后去救济土地已经被没收的普通平民，并且只要他们能耕种，仍须拿农民同等之土地给他们耕种，以消灭地主阶级。”① 但这些正确主张又受到当时“左”倾思潮的影响。1927年11月，中共中央临时政治局召开扩大会议，提出了《中国共产党土地问题党纲草案》。其内容包含没收一切土地，极端严厉、绝无顾惜地杀尽豪绅反革命派，如果小厂主怠工闭厂便没收工厂等政策，结果完全破坏了自耕农以及小资产阶级经济，使中农以及小资产阶级背离革命，脱离土地革命的路线，使贫农及无产阶级处于孤立的地位，产生了很不好的负面影响。与此形成鲜明对比的，是毛泽东领导的井冈山革命根据地土地革命的成功。当时毛泽东根据中国实际情况，详细分析了湘赣边区的土地占有情况及农村阶级关系，主持起草了共9条14款的《井冈山土地法》，成为中国土地革命史上的一个重要文件，并成功地加以实施，对以后中国土地革命运动产生了巨大的影响。1928年6月18日至7月11日，在苏联召开的中共六大会议上，我党反思了前段时间中国土地革命的历史经验，对中国农民及土地问题做了深入讨论，在八个方面做出了符合实际的正确决定。根据党的六大精神，毛泽东于1929年4月主持制定了《兴国土地法》。同年7月，他指导召开了中共闽西第一次代表大会，通过了《政治决议案》《土地问题决议案》等。这为具体地指导和实施当时苏区的土地改革运动，指明了方向，成效显著。同时，这也成为后来相当一段时期其他地区土地改革的示范。

1935年1月，遵义会议召开，毛泽东重新回到中共中央的领导岗位，这成为继续推进马克思主义中国化、创立中国特色社会主义所有制的又一重大转折。由于当时中、日两国的民族矛盾逐步上升为中国革命的主要矛盾，故而以毛泽东为代表的中国共产党人制定了新的土地政策和策略。1935年12月25日，中共中央在陕北瓦窑堡召开会议，做出了《关于改变富农策略的决定》，使富农有与贫农分得同等土地的权利，并不对其加特别的捐款及征税，以扩大和巩固抗日民主统一战线。1936年1月1日，苏维埃中央政府西北办事处做出了《陕甘苏区土地斗争中的一些问题的决定》，进一步明确了这一时期中国土地制度改革的具体任务。更为重要的是，这一时期的土地政策，还第一次以完整形式对苏区农民在抗日统一战线旗帜下予以确权，发给土地证作为凭证，明确了农民分配的土地归自己所有。经确权之后的所有土地，“可自由出租，或请人经营，或自己耕种，或出卖给别人”②，等等。这些政策很快显示出积极作用，获得了群众对党的拥护，团结了更多的人参加抗日统一战线。“许多过去因误解苏维埃政策逃跑

① 蔺宏涛. 彭公达与湘赣边秋收起义［J］. 党史博采（理论版），2020（2）：9-11，18.

② 孙学龙，郭睿，贾婷. 延安时期的土地法律制度［EB/OL］. http://www.sxlib.org.cn/dfzy/yajs/qwts_5014/ssns/yasqyzggcddfzlj/201701/t20170109_586890.html.

到白区去的群众（甚至一小部分小地主、富农），都一批批地回来了”①。为了促进全民共同抗日的局面早日实现，1937年2月10日，中共中央致电中国国民党三中全会，提出了停止一切内战、集中国力、一致对外的五项要求，并做出了包括停止没收地主土地的政策，制定了坚决执行抗日民族统一战线共同纲领决策的。故而在中国共产党领导的抗日民主根据地，我党把过去没收分配土地的政策，改变为减租减息政策，这种改变完全体现了中国特色，“具有明确的人民性质与深刻的民族性质”②。这个政策，为整个抗日战争中抗日民主根据地的发展及抗日战争的胜利提供了保证。当然，通过中国土地制度的改革确立社会主义所有制，仅仅是中国共产党在特定的土地革命时期和抗日战争时期的一个阶段性工作。推翻帝国主义、封建主义、官僚资本主义三座大山，建立新中国，才能在中国真正确立科学合理的所有制，这是历史的必然趋势。几千年来，中国封建地主占据了土地这种重要的生产资料的绝大部分。辛亥革命后，全国的土地及其他生产资料仍然掌握在地主及官僚资本手中。即使是抗日战争时期及解放战争时期，这种状况也一直未能改变。例如，抗日战争时期，当时的中央银行、中国银行、交通银行和农民银行，成为“四大家族”实行金融独占的金融统治机构。除了金融独占，“四大家族”还实行商业独占，大肆进行商业投机。如四大银行的工矿业放款为数很少，商业放款占绝大多数。1937—1942年，工矿业放款只占19.7%，商业放款则占80.0%。此外，国民党政府还无限制发行“法币”及实行通货膨胀政策，使商业投机更为疯狂。“四大家族”除向工矿业、金融业、商业及手工业扩展独占势力外，向农业扩展势力也是一个重要方面，它们大肆征用及独占土地。例如，按照国民党政府颁布的《非常时期农矿工商管理条例》的规定，应对私有荒地，“强制使用或征收之”，以致人们评论说：“近年政府征用民间土地，成了一桩很寻常的事情……难怪人们总是怕官厅，而不相信官厅，把遇官厅和遇盗祸一样看法。”③ 在“四大家族”操纵下，商业投机日益盛行，甚至加剧了土地的投机，“这些‘事业’所到之处，马上转为投机牟利之物，或高价收买，或强势占有，土地集中比比皆是……”（魏宝，1943）。这造成了大量的土地集中。抗日战争结束后，占全国人口14%的地主占据了全国土地的64%（晓明，1945），而全国9省（川、康、滇、黔、陕、甘、宁、青、新）的60%的土地被仅占其全部人口3%的地主所占有（叶明，1945）。在工业方面，“四大家族”也进行了垄断。据1944年的统计数据，“四大家族”控制的资源委员会编制下的工矿业、电业单位105个，工人达17万。由军政部兵工署主管经营的军火企业，也多达数十个。而各省份也有大量的所谓“公营”企业。据国民党政府实业部的数据，在1935年底，官营企业资本占全国资本总额的10%，到1941年底，官营资本已占到了50%。另据《大公报》估算，1942年，官营资本约占大后方资本总额的70%以上。1942年，炼铁厂共计官营16家、民营98家，动力合计为50万匹马力，但官营厂占其中的81%，而民营厂只占19%。冶钢厂的动力，民营厂占12%，而官营的却占88%。这样，国民党统治区的民族工业日渐艰难，以致1944年2月，桂林《大公报》报道：

① 孙学龙，郭睿，贾婷. 延安时期的土地法律制度［EB/OL］. http://www.sxlib.org.cn/dfzy/yajs/qwts_5014/ssns/yasqyzggcddfzlj/201701/t20170109_586890.html.

② 中共中央文献研究室. 建党以来重要文献选编（1921—1949）：第13卷［M］. 北京：中央文献出版社，2011：204-206.

③ 佚名. 非常时期农矿工商管理条例［J］. 武汉文史资料，1998（3）：128-132.

"目前各厂的情形，最多再维持半年或一年；一年以后，北极路（工业集中地区）上不会再看见烟囱冒烟了。"①

旧中国所有制极不合理，是必须要改变的，但只有经过中国共产党的努力才能达到目的。在经历了几十年的探索之后，中国共产党开始初步形成中国特色社会主义所有制的理论基础，这集中体现在中国共产党的经济纲领中。这个纲领的主要内容正如毛泽东指出的那样："大银行、大工业、大商业，归这个共和国的国家所有"，"在无产阶级领导下的新民主主义共和国的国营经济是社会主义的性质，是整个国民经济的领导力量，但这个共和国并不没收其他资本主义的私有财产，并不禁止不能操纵国计民生的资本主义生产的发展。这是因为中国经济还十分落后的缘故"②。而在农村则应消除封建地主所有制，实现"耕者有其田"。因为"在这个阶段上，一般地还不是建立社会主义的农业，但在耕者有其田的基础上所发展起来的各种合作经济，也具有社会主义的因素"③。根据经济纲领的精神，在中国共产党领导的解放区普遍进行了土地改革实践，在发展公营经济也发展私营经济的基础上，通过"一化三改"，新中国成立后很快确立了中国特色社会主义所有制的基本框架。这种所有制是其他实行社会主义的国家没有实行或难以实行的所有制，也不是马克思所设想的无产阶级革命在发达资本主义国家取得胜利后普遍实行的公有制，而是在继承和发展马克思所有制理论的基础上，结合中国实际、中国特色突出的一种全新的所有制。

随着"一化三改"的完成，新中国确立的新的所有制焕发出极大的活力，促进了生产力的高度发展。在 1949 年，以工业总产值为例，工业总产值中，国营工业占 26. 2%，公私合营工业占 48%，个体手工业占 23%。经过 3 年的国民经济恢复期，国营工业产值就由 1949 年的 36. 8 亿元增加到 1952 年的 142. 6 亿元，共增长了 2. 9 倍，年均递增 97%；而公私合营的工业比重上升为 4. 0%，合作社的工业比重上升为 3. 3%，私营工业比重开始下降为 30. 6%，个体手工业比重下降为 20. 6%。到 1956 年，全国的手工业生产合作社组织已达 10 万多个，参加合作社的人数达 604 万人，占全国手工业总人数的 91. 7%，产值达到 109 亿元，占全部手工业产值的 92. 9%，而混合所有制的公私合营工业的总产值占私营和公私合营工业总产值合计数的 99. 8%以上④。当然，由于历史的原因，加之受到苏联模式的影响，以后的所有制逐渐演变成"单一公有制"的形式，与当时中国的现实生产力产生了较大的矛盾，使中国经济社会的发展受到了约束。但即使如此，中国经济仍有发展，"两弹一星"等大型尖端项目，就是这个时期的成果，且已形成了初步实现现代化的基础。但是，由于我们在计划经济时期，"一大二公"的所有制形式给予的生产力发展空间有限，故而 1978 年 12 月中共十一届三中全会召开之后，开始了市场化改革。

中国的改革最初是从农村开始的。因为在农村，当时的人民公社作为"政社合一"的经济政治组织，在所有制上主要体现为"单一公有制"的特征，且尽管是集体所有制的形式，但集体所有制的特征已不明显。经过家庭联产承包责任制的实施及"统分结合"的双层经营机制的运行，新型的所有制在中国农村普遍形成，这种所有制是其

① 佚名. 国民党统治区的民族工业发展艰难［N］. 桂林：大公报，1944-02-10（3）.

② 毛泽东. 毛泽东选集：第 2 卷［M］. 北京：人民出版社，1969：671-672.

③ 毛泽东. 毛泽东选集：第 2 卷［M］. 北京：人民出版社，1969：671-672.

④ 笔者根据历年《中国统计年鉴》及国家统计局网站数据整理。

他社会主义国家没有出现过的，也是马克思主义经济学原理没有涉及过的，体现了中国共产党创立中国特色社会主义所有制的极大创新性。农村所有制的形成，极大地激发了广大农民的积极性，粮食产量连续几十年增长，十几年连续创历史新高，城乡居民收入差距日益缩小，中国农村完全摆脱了绝对贫困，农村居民收入达到历史最高水平。而在中国城市地区，经过“一化三改”后，当时的所有制仍是“多种所有制”，但以国营或半国营（公私合营）的公有制为主体。毛泽东在 1956 年底的一次谈话中，提出中国应当允许一些私人经济存在，甚至说，可以消灭了资本主义，又搞资本主义①。陈云在 1956 年中共八大一次会议上也认为，“我们的社会主义经济的情况将是这样，在工商业经营方面，国家经营和集体经营是工商业的主体，但是附有一定数量的个体经营。这种个体经营是国家经营和集体经营的补充”②。这是对当时中国特色社会主义所有制的生动描述。然而，中国从 1966 年之后，城市中不仅基本不存在“公私合营”这种半公有制或混合所有制经济，个体经济也基本不存在了，严重束缚了经济社会的进一步发展。故而 1966 年至中国改革开放前的 1978 年，从经济数据来看，其数量指标及质量效益指标均比 1949 年至 1965 年期间低很多。所以，1981 年开始，在农村改革取得胜利之后，又在城市进行经济体制改革，继续完善中国特色社会主义的所有制，1984 年改革全面铺开。最初，我们采取“扩权让利”“扩大企业自主经营权”，继而“转换企业经营机制”“建立现代企业制度”，直到如今正在进行的“继续深化国有大中型企业改革”“进一步搞好混合所有制的改革”等，这一切都是基于党的十二大所强调的建立中国特色社会主义及十三大提出“中国仍处于社会主义初级阶段”的判断，围绕党的十四大提出的“中国经济体制改革的目标，是要建立社会主义市场经济体制”的目标进行的。党的十五大、十六大及十七大，分别进一步对“公有制的实现形式”“所有制改革的方向及领导力量”“中国特色社会主义所有制形成的环境、条件、内涵”等内容进行了阐述，使得中国特色社会主义所有制的内涵不断得到充实和发展。特别是党的十八大、十九大召开以后，随着中国特色社会主义进入新时代，面对社会主要矛盾转化为人民群众日益增长的对美好生活的需要同发展的不平衡不充分的矛盾，进一步将混合所有制经济作为中国特色社会主义基本经济制度的实现形式，强调发挥国有经济战略支撑作用来激发各类市场主体的活力等，使中国特色社会主义所有制在理论与实践上更加完善。

从改革开放以来中国共产党创立中国特色社会主义所有制的理论与实践过程来看，是在总结过去的经验与教训的基础上不断探索创新的过程。其中，主要是围绕加快建立现代产权制度以塑造市场经济微观主体、提高竞争活力、确立与保证公有制的主体地位以坚持社会主义方向及稳固其经济基础，以及加快非公有经济的健康成长以促进社会经济全方位的进步等方面进行的。现代产权制度可以形成良好的要素市场，充分发挥市场在资源配置中的决定性作用，故而党的十四届三中全会提出健全“归属清晰、权类明确、保护严格、流转顺畅”的现代产权制度；党的十九大报告强调实现产权的有效激励；党的十九届四中全会提出健全以公平为原则的产权保护制度；党的十九届

① 《走近龚育之》编辑组. 龚育之 1988 年在全国社会科学院院长联席会上的发言［M］//走近龚育之. 北京：北京出版社，2009：56-57.

② 陈云. 陈云文选（1956—1985 年）［M］. 北京：人民出版社，1986：13.

五中全会进一步提出健全产权执法司法保护制度；等等，从而从多个层面保证了现代产权制度在中国特色社会主义所有制中的重要地位。鉴于中国特色社会主义的发展状况及最终目标，公有制的主体地位及国有经济的主导作用不能动摇，即使是公有制经济结构发生重大改变的情况下也是如此，故而党的十五大就对公有制的主体地位做了明确界定，即公有制的主体地位主要体现在公有资产在社会总资产中占优势、国有经济控制国民经济命脉、对经济发展起主导作用；而公有资产占优势，要有量的优势，更要注重质的提高，且在不同行业、不同地区可以有所差别。党的十六大、十七大也围绕公有制的主体地位的保障做出了部署。党的十八届三中全会也强调使市场在资源配置中起决定性作用和更好地发挥政府的作用，将混合所有制经济作为我国基本经济制度的重要实现形式等内容，以确保公有制主体地位及国有经济的主导作用。党的十九大报告进一步提出“加快国有经济布局优化”“培育具有全球竞争力的世界一流企业”。党的十九届四中全会要求构建社会主义市场经济条件下关键核心技术攻关新型举国体制。党的十九届五中全会更是提出了“加快国有经济布局优化和结构调整，发挥国有经济战略支撑作用”，并要“统筹发展和安全”，等等。这些内容，从理论上揭示了公有制主体地位及国有经济主导作用的具体内涵及重要原则，为实践进程规定了原则，指明了方向。此外，在创立中国特色社会主义所有制的长期实践中，我们还认识到促进非公有经济的快速发展，不仅是激发各类市场经济主体活力以实现高质量发展的重要基础，而且是中国生产力发展及经济生态发展的重要组成部分。特别是在当代中国的经济增长中，非公有经济已经在整合技术、知识、信息、人力资本及形成新商业模式方面起着非常大的作用，其力量不容忽视。它们不仅可以成为创新的重要源泉，而且是发展现代生产力的重要组织形式。故而促进它们的健康发展，也成为中国共产党创立中国特色社会主义所有制的重要内容。所以早在 2014 年 7 月，国务院就颁布了《关于促进市场公平竞争维护市场正常秩序的若干意见》，提出实施市场准入负面清单制度，以保证非公有经济在市场中能健康运行。党的十九大提出“全面实施市场准入负面清单制度，清理（和）废除妨碍统一市场和公平竞争的各种规定和做法，支持民营企业发展，激发各类市场活力”；党的十九届五中全会又再次重申“实施统一的市场准入负面清单制度”[①]，这使非公有经济的市场地位有了强有力的制度保障。

总之，经过中国共产党 100 年的努力探索及创新，中国特色社会主义所有制已经完全确立及完善。这个制度，还在不断地融入新的内容，不断地被证明其正确性，不断地形成丰硕的理论成果及实践成果，成为中国共产党 100 年来推进马克思主义经济学中国化的重要宝贵财富。

四、中国共产党创立中国特色社会主义所有制的启示

中国共产党创立的中国特色社会主义所有制，成为在社会主义初级阶段实现“按劳分配为主体、多种分配形式并存”的分配制度，保障全体人民在社会生产及社会生活中的地位，调动他们实现社会主义现代化的积极性的重要的基本经济制度。在这个所有制的框架下，中国共产党不断带领人民取得伟大的成就。当前，在战胜疫情，取

① 中共中央. 中共中央关于制定国民经济和社会发展第十四个五年规划和 2035 年远景目标的建议［M］. 北京：人民出版社，2017：20.

得扶贫攻坚全面胜利以及全面建成小康社会的决定性胜利基础上，在进一步奔向现代化的过程中，继续坚持中国特色社会主义所有制，获得中国共产党100年来创立中国特色社会主义所有制的经验与启示，对于搞好我们的各项工作是十分重要的。

（一）启示之一：为人民谋福利、以人民为中心，是中国共产党创立中国特色社会主义所有制的基石，必须要不断坚持与巩固

中国共产党创立的中国特色社会主义所有制，不是无源之水、无根之木，而是以为人民谋福利、以人民为中心作为其重要基石的。中国共产党成立之初就明确了要为广大劳苦大众的解放而奋斗，为广大人民谋利益的宗旨。如早期领导人陈独秀认识到，“非用阶级战争的手段来改革社会制度不可”①，“用革命的手段建设劳动阶级（即生产阶级）的国家”②。毛泽东更是从中国的实际出发，认识到在中国土地革命时期，必须“为农民利益而认真奋斗”③，从而制定了以土地革命制度为主要内容的具有中国特色的所有制。在抗日战争与解放战争时期，尽管我们党以土地制度为核心的所有制度进行了一定调整，但这种调整或改变均“具有明确的人民性质与深刻的民族性质”，从而保证了中国特色社会主义所有制建立的正确方向，调动了最广大人民群众的积极性，保证了抗日战争及解放战争的胜利。新中国成立之后，在农村，广大农民分得了土地，但由于农业生产的风险以及两极分化开始出现，不少地方出现了一些农民重新失去土地的现象。鉴于此，毛泽东及时发出“组织起来”的号召，通过建立互助组、合作社、人民公社的方式，形成了农村集体所有制。显然，从历史逻辑来看，农村集体所有制能够在中国大地上很快形成，与中国共产党保护农民群众利益的意识密切相关。在城市，中国共产党本着“团结一切可以团结的力量”的原则，按照不同手工业者及小工商业者容易接受的方式，引导他们走上了合作化道路。事实证明，合作化对生产经营者、消费者及国家均有利。对民族资本家，我们则采取和平赎买的政策，既有利于资本家接受改造，又能积极发挥他们在经济活动中的积极作用。故而毛泽东曾认为，“革命胜利后，我们建立的新民主主义社会是过渡性的五种经济成分并存，是新民主主义社会的经济形态”。在“一化三改”完成后，毛泽东也并不认为只能建立单一的公有制。在1956年底的一次谈话中，他提出中国应当允许一些私人经济存在，甚至说，可以消灭了资本主义又搞资本主义。当然，1966年以后，由于特殊的历史原因，中国所有制逐步演变成“一大二公”的所有制。由于这种所有制结构与中国社会主义初级阶段的经济社会不适应，难以解决人民群众日益增长的物质文化需要与落后的社会生产的主要矛盾，中共十一届三中全会以后，我们开始了市场化的改革。改革的实质是一场调整生产关系特别是所有制的革命，目的是让人民群众走向“共同富裕”。故而邓小平谈到改革与社会主义的目的时认为，“社会主义的本质是解放生产力，发展生产力，消灭剥削，消除两极分化，最终达到共同富裕”④。经过改革开放40余年的努力，中国特色社会主义的所有制逐步形成。党的十二大明确我们是要建设中国特色的社会主义，因而所有制也应具有中国特色；党的十三大明确了我们仍处于社会主义初级阶段，实际上明确了建立中国特色社会主义所有制的背景条件和原因；党的十四大提出经济体

① 陈独秀. 独秀文存［M］. 合肥：安徽人民出版社，1987：788.
② 陈独秀. 独秀文存［M］. 合肥：安徽人民出版社，1987：371.
③ 毛泽东. 毛泽东选集：第3卷［M］. 北京：人民出版社，1991：1075.
④ 邓小平. 邓小平文选：第3卷［M］. 北京：人民出版社，1993：373.

制改革的目标是建立社会主义市场经济体制，阐明了建立中国特色社会主义所有制将发挥的作用及实现的目标；党的十五大、十六大及十七大所涉及的政治、经济、文化等方面的内容，特别是产权改革、国有企业的战略重组等内容，则为建立中国特色社会主义所有制提供了保障条件及具体的措施。特别是党的十八大、十九大，中国共产党根据中国特色社会主义进入新时代，且社会主要矛盾转化为人民群众日益增长的美好生活的需要同发展的不平衡不充分的矛盾的新特征，进一步提出混合所有制改革、深化国有企业的战略性重组、处理好政府与市场的关系等理论，真正完善了中国特色社会主义所有制，并使其得以完善，体现了中国共产党“一切为人民谋福利”“一切以人民为中心”“全心全意为人民服务”的初心。

（二）启示之二：中国共产党创立中国特色社会主义所有制不是一蹴而就的，故而在现代化进程中所有制的实现也应坚持不懈

中国共产党创立中国特色社会主义所有制，已经历了 100 年。这是中国共产党面对旧中国的现实，面对不少仁人志士努力奋斗而归于失败的教训，面对“长夜难明赤县天”，始终无法摆脱受剥削、受压迫的不合理的所有制，从而为建立一个全新的、合理的所有制长期努力的过程。在这 100 年中，创立中国特色社会主义所有制的过程不是一帆风顺的，经历了许多曲折。党的早期领导人陈独秀在建党前就提出“资本公有、人人都有工作生产的机会，社会上一切生产工具——土地、矿山、机器、房屋等——谁也不能据为己有”的主张。且中国共产党一经成立，就明确宣示要推翻剥削制度。特别是毛泽东同志在党成立初期，就提出了实行土地制度改革的四条具体意见，但在党内一些人的严重错误影响下，在共产国际不切实际的引导下，未能被采纳。中共五大上制定的中国共产党第一个《土地问题决议案》，也未能被认真地执行。1927 年 11 月，中共中央临时政治局提出了《中国共产党土地问题党纲草案》，实际上有不少内容是在严重错误的影响下制定的，从而给苏区的土地革命运动带来严重后果。毛泽东 1928 年主持制定的《井冈山土地法》，却使井冈山革命根据地的土地改革取得了成功。中共六大基于毛泽东领导的革命根据地的成功经验，通过了对中国农民土地问题的决议，但这些正确的主张又受到共产国际执委会的批评，使得中国土地制度改革进程再一次受到干扰。1930 年 5 月，中共中央在上海召开了全国苏维埃区域代表会议，通过了一个共 9 条 19 款的《土地暂行法》，不少内容脱离了当时中国的实际，如要求“实行土地国有，以彻底消灭封建剥削关系的基础同时限制富农的发展”“组织集体农庄，以开辟社会主义道路”，故而这个《土地暂行法》难以贯彻下去。只有以毛泽东为代表的中国共产党人，才能真正根据当时中国的实际情况，制定出正确的中国土地制度改革的路线。后来，毛泽东于 1938 年 3 月 20 日，在抗大第三队离别演讲中说，我党对农民问题，特别是土地革命路线问题的认识，是经过长达十几年的农村工作及调查得到的。故而，以毛泽东为代表的中国共产党当时制定的中国土地改革制度，成为中国共产党创立中国特色社会主义所有制的重要成果，形成了土地革命战争、抗日战争、解放战争取得胜利的重要制度保证。

新中国成立之后，经过土地改革，全国农民都分得了土地，但小农经济占中国经济的绝大部分，且分散程度比“十月革命”前的俄国还严重，落后贫穷是小农经济的显著特征。尽管地主、富农经济不存在了，但又面临小农经济重新两极分化的现状。这时有两种主张，一种认为应先实现农业机械化，然后再搞合作化，另一种则相反。

毛泽东则主张首先实行合作化、集体化，认为“这种分散的个体生产，就是封建统治的基础，而使农民永远陷于穷苦，克服这种状况的唯一办法，就是逐渐地集体化”①。这种观点，成为后来农村合作社、人民公社成立及农村集体所有制形成的理论基础。“一化三改”后，中国农村形成了集体所有制经济，城市形成了全民所有制及集体所有制经济，但这个时期的所有制仍有多种形式：单一的全民所有制、公私合营的半公有制、部分社会成员的集体所有制、大范围的集体所有制、全民所有制与部分社会成员所有的大集体混合公有制、个体所有制。但1966年之后，这种符合当时生产力发展状况的所有制演变成仅包括全民所有制、集体所有制两种形式的单一公有制关系。由于这种单一公有制关系与社会主义初级阶段的生产力发展水平不相适应，故而党的十一届三中全会召开之后，我们开始了长达40余年的体制改革。至今，才使公有制为主体、多种所有制经济并存的中国特色社会主义所有制得以完全确立及完善，并能正确地指导中国奔向现代化的实践。

（三）启示之三：理论联系实际是中国共产党创立中国特色社会主义所有制的根本方法

中国共产党创立中国特色社会主义所有制的过程，始终贯穿理论联系实际的根本方法，即始终将马克思所有制理论同中国的具体实际结合起来。事实证明，如果不遵循这个方法，将招致失败。马克思主义经济学原理揭示了在社会主义社会必然实行公有制，但在中国新民主主义时期及社会主义初级阶段，应建立什么样的所有制，并无现成答案。列宁和斯大林在苏联逐步实行了“国有经济+集体经济”的单一公有制，但由于对社会主义建设的长期性与复杂性认识不足，最终形成高度集中的计划体制，造成了经济社会的严重问题，成为苏联解体的重要原因。100年来，中国共产党如何做到将马克思所有制理论同中国实际相结合，一直是创立中国特色社会主义所有制过程中探索的重大课题，而理论联系实际不仅是在探索过程中形成的正确方法，也成为创立中国特色社会主义所有制的根本方法。

中国共产党成立之初，尽管我们确立了消灭剥削制度的目标，但如何消灭剥削制度从而建立中国特色社会主义所有制，实际上并无成功经验可借鉴。中共五大提出了中国共产党第一个《土地问题决议案》，对于当时中国的土地制度改革有重大意义，但它实际上是根据共产国际的指示且受党内一些人的错误思潮影响形成的，严重脱离了当时的实际。中共六大做出了关于中国农民及土地问题的决议，不少内容是符合中国实际的，但1929年6月7日，当时的共产国际执委会却写信批评中共六大的正确决议，使得中共中央被迫做出政策上的改变，导致理论与实践上的严重失误。此外，中国农民的土地所有权问题是困扰中国土地制度改革的大问题。根据共产国际指示，中国的土地改革路线应走土地国有化的道路。故而1930年8月，共产国际的东方部就提出了一个《关于中国苏维埃土地及农民问题议案草案》，强调平分土地，从而引导农民走向“一切土地收归国有”，这再次造成理论脱离实际的严重后果。在以毛泽东同志为代表的中国共产党人的艰苦努力下，在20世纪30年代初，中国共产党就已初步形成了正确的土地革命路线和政策。可是，1931年1月7日，在共产国际支持下，王明主持召开中共六届四中全会，完全否定了符合当时中国实际的正确的土地制度路线。1931年4

① 毛泽东. 组织起来［M］//毛泽东选集：第3卷. 北京：人民出版社，1967：885.

月，苏区中央局第一次扩大会议通过了《接受共产国际来信与四中全会决议》《土地问题决议》等。同年 8 月 21 日，苏区中央局通过了《关于土地问题决议案》，要求“现在应当按照共产国际的指示来转变路线”[①]。这一系列做法，均严重违背了理论与实际相结合的根本方法，严重挫伤了农民群众的积极性，扩大了对立面，成为第五次反“围剿”失败的重要原因之一。而在新中国成立之后，我们曾一度没有正确认识到中国仍然处于社会主义初级阶段的基本国情，片面认为已达到马克思所描绘的社会主义应当实现完全的公有制，故而照搬苏联模式，形成了高度集中的计划体制及“一大二公”的所有制，从而面临了国民经济发展的严重困难。特别是经历了十年的特殊时期，“国民经济已到崩溃的边缘”[②]。

以毛泽东为代表的中国共产党人，在中国共产党创立中国特色社会主义所有制的过程中，坚持把马克思所有制理论同中国的实际相结合，不断克服困难，纠正错误，最终形成了正确的方法及中国土地制度改革路线。例如，1928 年毛泽东主持制定的《井冈山土地法》；1929 年 4 月毛泽东主持制定的《兴国土地法》；1929 年 7 月，在毛泽东指导下召开的中共闽西第一次代表大会通过的《土地问题决议案》；以及 1930 年 3 月 15 日，在毛泽东指导下，赣西南特委颁布的《赣西南苏维埃政府土地法》等，都是理论与实际相结合的结晶，对当时苏区的土地改革运动起到了巨大的积极作用。在王明执行共产国际脱离中国实际的路线的压力下，1932 年开始，各个苏区开始了查田运动。毛泽东作为苏区政府主席，领导了查田运动。他一方面顶住错误路线的压力，另一方面巧妙地将查田运动的着眼点放在检查田地上残存的封建势力、彻底解决土地问题、纠正查田错误方面，实际上运用高超的工作方法及领导艺术引导了查田运动的方向。在正确方法的指导下，1933 年 2 月，毛泽东在江西瑞金县（今瑞金市）云集区叶坪乡进行查田试点，通过发动群众、肃清封建势力、转变落后乡为先进乡等措施，支援了革命战争。在当年 9 月，共查出 28 家地主、富农约 200 人，占全乡人口 2 700 人的 7.4%。这样，提高了群众的积极性，改变了落后乡的面貌[③]。同时，毛泽东还组织工作团，到云集、王田等区帮助推动查田运动，收到了很好的效果[④]。这些实践及效果，扎实推进了中国土地制度改革的进程，为中国共产党创立中国特色社会主义所有制积累了宝贵经验。当日本侵占我国东三省之后，中国社会的主要矛盾由阶级矛盾转化为民族矛盾，中国共产党再次根据变化了的中国国情，对土地革命中的富农问题政策做了调整，对土地制度增加了新内容。例如，1936 年 1 月 1 日，苏维埃中央政府西北办事处做出了《陕甘苏区土地斗争中的一些问题的决定》，就是我党正确贯彻马克思所有制原理并结合中国实际的重要产物。“西安事变”之后，1937 年 2 月 10 日，中国共产党做出了包括停止没收地主土地，坚决执行抗日民族统一战线的共同纲领的决策。因此，在实践上，改变过去没收分配土地的政策为减租减息政策。这种改变“具有明确的人民性质与深刻的民族性质”，为整个抗日战争的胜利提供了制度保障。解放战争时期及新中国成立之初，中国共产党则根据实际情况，普遍进行土地改革，并大力发

---

① 中共中央文献研究室. 建党以来重要文献选编（1921—1949）：第 8 卷［M］. 北京：中央文献出版社，2011：524-530.

② 华国锋. 在中国共产党第十一次全国代表大会上的报告［N］. 人民日报，1977-08-12.

③ 王观澜. 叶坪乡的查田运动［J］. 农村工作通讯，1961（3）：22-23.

④ 朱开铨，田忆. 查田运动［J］. 党史研究，1981（1）：10-12.

展公营经济和私营经济，激发了全中国人民的生产热情，保证了解放战争的胜利和新中国新政权的巩固。

经过“一化三改”，我党基本实现了新民主主义时期经济纲领所要求建立的“大银行、大工业、大商业归这个共和国的国家所有”“耕者有其田”“并不没收其他资本主义的私有财产”“在耕者有其田基础上所发展起来的各种合作经济，也具有社会主义的因素”① 等所有制的要求。这种符合中国国情的所有制，是反映马克思主义所有制理论普遍真理的中国特色社会主义所有制的基本框架。然而由于苏联模式的影响，以及对中国社会主义初级阶段的国情认识不足，1966年之后，我国的所有制开始向“一大二公”的单一公有制转化，造成国民经济发展的重大损失，这也从反面证明了脱离理论联系实际这个根本方法的危害性。党的十一届三中全会召开以后，根据中国仍处于并将长期处于社会主义初级阶段的国情，首先在农村实行以家庭联产承包责任制为基础的“统分结合”的双层经营机制，取得了巨大的成功。1984年，中共十二届三中全会通过了《中共中央关于经济体制改革的决定》，推动了中国全面的经济体制改革。这个纲领性文件，成为以后各次中国共产党全国代表大会的决议中，推进进一步改革开放的基础性文件。邓小平认为，“这个决定，是马克思主义的基本原理和中国社会主义实践相结合的政治经济学”②。特别是中共十八大、十九大召开之后，中国共产党进一步总结了改革开放的经验，根据新时代的社会主要矛盾特点，进一步完善和确立了中国特色社会主义所有制，使理论联系实际的根本方法再次得到正确的运用，保证了中国迈向现代化强国的所有制基础。

（四）启示之四：中国共产党创立的中国特色社会主义所有制具有世界意义

100年来，中国共产党创立中国特色社会主义所有制的过程，充分说明了对于任何国家，所有制基础都是十分重要的。特别是对于要走社会主义道路的国家，建立科学的社会主义所有制，从而形成科学合理的分配关系，真正实现人民的福祉，更是必不可少的。其一，根据马克思揭示的社会发展规律，世界各个国家都将走向社会主义，故而中国共产党创立中国特色社会主义所有制具有世界性的启示意义。当然，各个国家的情况不同，建立的社会主义所有制的特色也不同。正如邓小平所说，“我们历来主张世界各国共产党根据自己的特点去继承和发展马克思主义，离开自己国家的实际谈马克思主义，没有意义”③；“如果不同实际情况相结合，就没有生命力了”④。其二，中国共产党创立的中国特色社会主义所有制的经验，揭示了一条普遍原理，即各个国家的社会主义所有制不仅有自身特色，而且不是一蹴而就的，必须经过艰苦的努力。从现实来看，朝鲜的所有制有朝鲜特色，越南的所有制有越南特色，古巴的所有制有古巴特色，如此等等。而每一个搞社会主义的国家，在建立社会主义所有制的过程中，即使奋斗了上百年，其具有本国特色的所有制，也还在不断完善过程中。而在其他国家，特别是在资本主义国家，建立社会主义所有制的道路还更漫长，任务还更艰巨。其三，中国共产党创立中国特色社会主义所有制的经验，还向世人昭示了理论联系实际这个根本方法的普遍适用性。这种适用性，一方面表现在时间维度上，即无论何时，

① 毛泽东. 毛泽东选集：第2卷［M］. 北京：人民出版社，1969：671-672.
② 中共中央文献研究室. 邓小平年谱（1975—1997）（下）［M］. 北京：中央文献出版社，2004：1006.
③ 邓小平. 邓小平文选：第3卷［M］. 北京：人民出版社，1993：191.
④ 邓小平. 邓小平文选：第2卷［M］. 北京：人民出版社，1994：118.

只要情况发生了变化，就必须将马克思主义的所有制理论运用于变化了的实际中，并从两者的结合中得出新的科学结论及政策；另一方面则表现在空间维度上，即无论何地何国，只要存在不同的条件和环境，就必须将马克思主义所有制理论与不同的条件和环境相结合，以形成科学的所有制。故而任何国家在建立社会主义所有制时，都应采用理论联系实际的方法。其四，中国共产党创立中国特色社会主义所有制的历程还表明，是否基于为了最广大人民的利益的所有制，是检验是否真正社会主义所有制的试金石。世界上各国所有制不同，所产生的社会影响也不同。一些国家福利高，但不一定是社会主义所有制；一些国家实力强，也不一定是社会主义所有制。中国共产党创立的中国特色的社会主义所有制，其初衷是为了人民，其过程是为了人民，其结果也是为了人民，故而得到了人民的真心拥护，且真正使人民走向了富裕。故而，无论一些国家标榜“民主社会主义”也好，“市场社会主义”也罢，其所有制导致的现实结果，无一不是两极分化、人民受损。其五，中国共产党创立的中国特色社会主义所有制的内涵，揭示了任何国家特色的社会主义所有制，都可以包容公有制及其他所有制成分。这是资本主义所有制向成熟社会主义所有制过渡的必不可少的制度环节。历史和现实证明，社会主义的实现是一个漫长的历史过程，社会主义的实践仅仅 100 多年，中国也仍然处于社会主义初级阶段。故而各国不可能跳跃式地进入社会主义，故而世界各国建立社会主义所有制，必然经过各具特色的社会主义所有制创立及实现的阶段。而在这个阶段的所有制，将通过形成不同形式的所有制经济，在公有制经济的引导下，积极促进生产力的发展，最终才能走向完全的公有制。其六，中国共产党创立的中国特色社会主义所有制，表达了与世界各国共同发展、共同进步的愿望。从中国特色社会主义所有制的内容看，它既包含了社会主义的公有制成分，也包含了非公有制成分，从而形成推动经济发展的所有制共同体。这说明了无论世界各国现存的所有制如何，为了共同的利益，为了世界人民的福祉，都有求同存异、相互包容、形成不同所有制的共同体的可能。同时，中国共产党 100 年来创立中国特色社会主义所有制的实践，是不断实现最广大人民利益的实践，也是不断包容不同经济成分的实践。故而，中国共产党创立的中国特色社会主义所有制，理应成为构建人类命运共同体的所有制基础和环节。

参考文献

[1] 陈独秀. 陈独秀著作选：第 3 卷 [M]. 上海：上海人民出版社，1993.

[2] 陈独秀. 陈独秀文章选编：中册 [M]. 北京：生活·读书·新知三联书店，1984.

[3] 陈云. 陈云文选（1956—1985 年）[M]. 北京：人民出版社，1986.

[4] 陈独秀. 独秀文存 [M]. 合肥：安徽人民出版社，1987.

[5] 邓小平. 邓小平文选：第 3 卷 [M]. 北京：人民出版社，1993.

[6] 邓小平. 邓小平文选：第 2 卷 [M]. 北京：人民出版社，1994.

[7] 华国锋. 在中国共产党第十一次全国代表大会上的报告 [N]. 人民日报，1977-08-12.

[8] 马克思，恩格斯. 马克思恩格斯全集：第 23 卷 [M]. 北京：人民出版社，1972.

[9] 马克思，恩格斯. 马克思恩格斯全集：第 13 卷 [M]. 北京：人民出版社，1962.

[10] 马克思，恩格斯. 马克思恩格斯全集：第24卷 [M]. 北京：人民出版社，1972.

[11] 马克思，恩格斯. 马克思恩格斯全集：第42卷 [M]. 北京：人民出版社，1979.

[12] 毛泽东. 毛泽东选集（合订本）[M]. 北京：人民出版社，1968.

[13] 毛泽东. 毛泽东选集：第2卷 [M]. 北京：人民出版社，1969.

[14] 毛泽东. 毛泽东选集：第3卷 [M]. 北京：人民出版社，1991.

[15] 毛泽东. 毛泽东选集：第3卷 [M]. 北京：人民出版社，1967.

[16] 魏宝. 湟惠渠灌溉区之扶植自耕农 [J]. 人与地，1943（7~8）.

[17] 王观润. 叶坪乡的查田运动 [J]. 农村工作通讯，1961（3）.

[18] 晓明. 论土地改革与工业化 [J]. 群众，1945（21–22）.

[19] 习近平. 决胜全面建成小康社会 夺取新时代中国特色社会主义伟大胜利 [M]. 北京：人民出版社，2017.

[20] 叶明. 抗战时期大后方的租佃问题 [J]. 群众，1945（21–22）.

[21] 中共中央. 中共中央关于制定国民经济和社会发展第十四个五年规划和2035年远景目标的建议 [M]. 北京：人民出版社，2017.

[22] 朱开铨，田忆. 查田运动 [J]. 党史研究，1981（1）.

[23] 中共中央文献研究室. 邓小平年谱（1975—1997）（下）[M]. 北京：中央文献出版社，2004.

（编辑：曲成举）

中国共产党百年来的人口思想与马克思主义人口理论的现代化和中国化[①]

杨成钢

【摘要】中国共产党百年来的人口思想可以概括为三个大的发展阶段，三个阶段分别以陈独秀、李大钊的人口思想，毛泽东同志的人口思想和中国特色社会主义理论体系中的马克思主义人口观为代表。中国共产党的人口思想始终坚持马克思主义人口理论的根本立场、观点和方法，密切联系中国经济社会发展实际，不仅对于中国的人口发展发挥了重要的思想引领作用，而且有力地体现甚而促进了马克思主义人口理论的现代化和中国化。中国特色社会主义理论体系，特别是习近平新时代中国特色社会主义思想中的人口观是中国共产党人口思想的最新发展，也是马克思主义人口理论现代化和中国化的最新成果。中国共产党人口思想将成为建构中国人口学或者中国特色社会主义人口理论的重要基础和基本内容。

【关键词】人口；人口思想；中国共产党；马克思主义

【作者简介】杨成钢，男，1958 年生，博士，西南财经大学社会发展研究院教授，主要从事人口理论和人口经济学研究。

【基金项目】本文系国家社会科学基金专项项目“新时代中国特色人口学基本理论问题研究”（19VXK07）以及西南财经大学社会发展研究院创新团队项目成果之一。

一、引言

中国共产党已经走过了百年光荣历史。100 年来，中国共产党不仅是领导中国人民进行新民主主义革命和社会主义现代化建设的核心力量，而且对于将马克思主义普遍真理与中国革命和中国社会主义建设的具体实践相结合做出了重大的创新性的思想贡献，其中也包括了人口思想方面的贡献。中国共产党的人口思想经历了三个大的发展阶段。在每一个发展阶段，中国共产党都提出了自己鲜明的人口观点，并且都坚持了马克思主义人口理论的根本立场和基本方法，对于厘清当时的人口经济社会关系，揭示人口问题的本质，指导人口实践活动，发挥了重要的思想引领作用。新中国成立以后，中国共产党成为执政党，在领导中国人民进行社会主义现代化建设的过程中，特别是在改革开放以来的中国特色社会主义探索实践中，通过不断总结人口发展规律，

① 本文原载于《人口研究》，2021，45（6）：3-13.

不仅提出了许多与中国经济社会发展实际相适应的重要人口思想，而且有力地体现甚而促进了马克思主义人口理论的现代化与中国化。

关于中国共产党人口思想的研究，从文献检索来看，严格意义上的学术成果并不多，许多以“人口思想”之名展开的研究实质上更多的是对人口政策的梳理。这是一种混淆。人口思想是关于人口现象、人口问题和人口变动规律的理论认识和价值观念，而人口政策则是对于人口现实活动的管理方案、服务举措或制度安排。虽然人口政策在相当程度上体现了党的人口思想，但仍不能将两者混为一谈。也有许多研究是对于某一位党的领袖或者重要历史人物的人口思想的总结。这虽然很重要，也确实是中国共产党人口思想的重要组成部分，但毕竟不是全部。截至目前，似乎只有中国人民大学人口与社会发展学院翟振武教授的研究团队于2011年在《人口研究》杂志连续发表的两篇文章，才真正对中国共产党的人口思想做了较为全面的梳理和归纳。但是他们的研究并未将中国共产党的人口思想与马克思主义人口理论的现代化和中国化进行关联，而这正是本文试图加以弥补的地方。

二、中国共产党百年来的人口思想贡献

中国共产党百年来的人口思想经历了不断发展和完善的过程，其过程可以粗略地分为三个大的发展阶段：第一个阶段的时间跨度是从中国共产党的酝酿建立到中华人民共和国成立之前，主要以陈独秀、李大钊的人口思想为代表；第二个阶段的时间跨度是从中华人民共和国成立到改革开放之前，主要以毛泽东同志的人口思想为代表；第三个阶段的时间跨度是从开始改革开放迄今，党的人口思想则包含于邓小平理论、“三个代表”重要思想、科学发展观以及习近平新时代中国特色社会主义思想等丰富内容的中国特色社会主义理论体系之中，特别是习近平新时代中国特色社会主义思想中的人口观体现了党的最新人口思想，代表了马克思主义人口理论现代化和中国化的最新成果。之所以将中国共产党百年来的人口思想发展划分为这样三个阶段，是因为在这每个阶段中党的主要工作任务和面临的人口环境都有所不同，并且具有不同的人口发展实践，进而分别提出了具有鲜明时代特征、反映时代要求的人口思想。

（一）第一阶段：陈独秀、李大钊的人口思想

陈独秀和李大钊都是新文化运动的领军人物，同时也都是马克思主义在中国最早的传播者和中国共产党的主要创始人。虽然他们提出人口思想时中国共产党还没有正式成立，但是他们作为党的创始人的身份和其人口思想中的马克思主义立场完全可以代表这一阶段中国共产党的人口思想。

陈独秀于1920年在他创办的《新青年》杂志上出版“人口问题”专号，亲撰《马尔萨斯人口论与中国人口问题》一文，批驳当时社会上存在的对马尔萨斯人口论全盘肯定的观点。他说：“若依照马尔萨斯的主张专门限制下层阶级，不承认平民有生存权，那么中国式的上流社会——富贵游堕分子渐渐增加，贫苦的劳动的生产分子渐渐减少，不知道将来要变成一种什么社会?”陈独秀是当时第一个指出马尔萨斯人口论专门限制下层阶级这一本质的人，他的观点显得非常犀利而难得。

李大钊曾针对马尔萨斯的“战争抑制人口说”专门著《战争与人口问题》一文予以批判。他列举了四条理由：一是从各国实际情况看，并无人口过多之忧；二是即使人口多了，也可以发挥“人类无限之天能”，“求无尽之物力”；三是即使存在土地收

益递减，也可以通过科学技术的发展战胜自然；四是谴责马尔萨斯人口论将成为野心家们“文饰侵略之材料，奖励战争之口实”。之后，李大钊又发表了《战争与人口》一文，进一步从人口与经济的关系方面，阐明只有发展生产才是解决人口问题的根本途径。

陈独秀和李大钊积极发表关于人口问题思想观点的历史背景是中国当时人口思想界有不少人盲目信奉马尔萨斯人口论，并用其解释中国社会落后贫弱的原因，而没有认清中国当时半封建半殖民地的社会本质。所以关于人口问题的论争，表面看是围绕对马尔萨斯人口论的见解分歧，实质却是关于中国当时积贫积弱原因的歧见，以及如何挣脱贫弱乃至拯救民族危亡的道路选择之争。陈独秀和李大钊的人口思想，不仅反映了中国共产党人代表广大“平民”和“下层阶级”的阶级立场，而且在理论上坚持了马克思主义关于人口问题的本质是社会问题而不是自然问题的人口观。

（二）第二阶段：毛泽东同志的人口思想

新中国成立初期，中国共产党关于人口工作的指导思想是限制节育、鼓励生育的。这主要是受到苏联的影响和抗美援朝战争动员、战后经济重建的需要，以及第一次人口普查开展之前国家人口家底不清引起的。1954 年以后的指导思想就已经向限制生育、计划生育转变。在这一过程中，毛泽东同志的人口思想最具有代表性，也对党的人口工作发挥了主要的指导作用。

毛泽东同志的人口思想包含两个方面：

一方面，作为新的执政党的领导人，毛泽东同志坚定地树立和维护党的领导自信，对领导中国人民克服人口困难、摆脱贫穷、走向富强充满乐观主义态度。针对当时国际上对于共产党政府能否解决中国众多人口吃饭问题的质疑，他说，“革命加生产即能解决吃饭问题”①。“中国人口众多是一件极大的好事。再增加多少倍人口也完全有办法，这办法就是生产。西方资产阶级经济学家如像马尔萨斯之流所谓食物增加赶不上人口增加的一套谬论，不但被马克思主义者早已从理论上驳斥得干干净净，而且已被革命后的苏联和中国解放区的事实所完全驳倒。”②“我们相信革命能改变一切，一个人口众多、物产丰盛、生活优裕、文化昌盛的新中国，不要很久就可以到来，一切悲观论调是完全没有根据的。”③

另一方面，作为一个大国的领袖，毛泽东同志也不得不审慎地面对众多人口所带来的经济压力。1955 年 3 月，中共中央发出了《关于控制人口的指示》，指出：“节制生育是关系广大人民生活的一项重大政策性问题。在当前的历史条件下，为了国家、家庭和新生一代的利益，我们党是赞成适当地节制生育的。”④ 1957 年 2 月，毛泽东在《关于正确处理人民内部矛盾的问题》一文中指出：“我们作计划、办事、想问题，都要从我国有六亿人口这一点出发，千万不要忘记这一点。”⑤“中国的好处是人多，坏处也是人多。”“将来要做到完全有计划的生育。”⑥

① 毛泽东. 毛泽东选集：第 4 卷［M］. 北京：人民出版社，1991：1512.
② 毛泽东. 毛泽东选集：第 4 卷［M］. 北京：人民出版社，1991：1511-1512.
③ 毛泽东. 毛泽东选集：第 4 卷［M］. 北京：人民出版社，1991：1512.
④ 中共中央文献研究室. 建国以来重要文献选编：第 6 册［M］. 北京：中央文献出版社，1993：56.
⑤ 毛泽东. 毛泽东文集：第 7 卷［M］. 北京：人民出版社，1999：227-228.
⑥ 毛泽东. 毛泽东文集：第 7 卷［M］. 北京：人民出版社，1999：308.

有些研究质疑毛泽东同志的人口思想前后不一致。这是没有理解，毛泽东同志作为党和国家的领袖，他所发表的人口观点一定是基于当时特定的人口背景、经济社会背景乃至政治背景而提出的。只有把他的人口思想观点放到当时特定的历史背景中去理解和认识，才能得到正确的理解，也才是历史唯物主义的态度。

（三）第三阶段：中国特色社会主义理论体系中的人口思想

中国特色社会主义理论体系包含了邓小平理论、“三个代表”重要思想、科学发展观和习近平新时代中国特色社会主义思想等丰富内容。这些内容反映了中国共产党作为执政党在改革开放以后不同历史时期和不同发展阶段的治国理政方针和发展思路。其中，对于人口这个经济社会发展的基本要素和重要约束条件，始终给予了高度的重视，凝练出了党在这个时期的人口思想。

邓小平是中国改革开放的总设计师，他在谈到人口与现代化建设的关系时指出：“要使中国实现四个现代化，至少有两个重要特点是必须看到的：一个是底子薄……第二个是人口多，耕地少。现在全国人口有九亿多，其中百分之八十是农民。人多有好的一面，也有不利的一面。在生产还不够发展的条件下，吃饭、教育和就业就都成为严重的问题。”① 正是在这样一种人口观念的指导下，中国当时在积极开展经济建设、发展物质资料生产的同时，也把人口出生控制作为现代化实现的路径和手段进行了严格的管理和规划。计划生育工作以前所未有的力度开展起来。

1992年里约热内卢“地球会议”召开以后，可持续发展理念成为世界上绝大多数国家的发展共识。1994年，国务院颁布了《中国21世纪人口、环境与发展白皮书》，标志着可持续发展战略在中国开始全面实施，要求发展经济必须将人口、资源、环境统筹考虑，不仅要安排好当前的发展，还要为子孙后代着想。要把人口政策的侧重点转移到人口与经济社会和资源、环境的协调发展上。1995年的中央计划生育工作座谈会更进一步提出，人口问题从本质上讲是发展问题。没有对人口增长的合理控制，没有人口与经济、社会、资源、环境状况相协调，要实现国民经济持续快速健康发展和社会全面进步是很困难的。这些新的思想认识和政策规划，反映了中国政府在中国特色社会主义道路的探索中，不仅关注人口与经济要素之间的关系，而且关注人口与资源、环境等要素之间的关系；不仅把人口作为经济增长的重要约束条件，而且把人口作为整个社会永续发展的重要约束条件。

2004年3月，第14次中央人口资源环境工作座谈会提出，人口、资源、环境工作都是涉及人民群众切身利益的工作，一定要把广大人民群众的根本利益作为出发点和落脚点。全面协调可持续发展，归根到底是为了人的发展，促进人与自然的和谐，促进经济社会与人全面发展。这是中国特色社会主义理论在人口问题上的一个重大理论突破和进步。如果说之前关于人口的政策和人口观念都是把人口作为经济社会发展的手段和工具的话，这次则是第一次把人口作为经济社会发展的目标、目的来看待。

以人为本，发展为了人的科学发展观，是中国特色社会主义理论建设中的一次质的飞跃，也是对马克思主义人口观的充分贯彻和重大贡献。

2012年中共十八大召开，组成了以习近平同志为总书记的新一届中央领导集体，不仅对中国人口发展态势做出了新的判断，推出新的人口生育政策，而且对于人口问

① 邓小平．邓小平文选：第2卷［M］．北京：人民出版社，1994：163.

题和人口发展规律有了新的认识和理解。2013 年 11 月 15 日，中共十八届三中全会通过的《中共中央关于全面深化改革若干重大问题的决定》提出："坚持计划生育的基本国策，启动实施一方是独生子女的夫妇可生育两个孩子的政策，逐步调整完善生育政策，促进人口长期均衡发展。"2015 年 10 月 26 日，中共十八届五中全会更进一步推出全面两孩生育政策。随后在 11 月 3 日，习近平在关于《中共中央关于制定国民经济与社会发展第十三个五年规划的建议》的说明讲话中进一步指出："全面实施一对夫妇可生育两个孩子政策，可以通过进一步释放生育潜力，减缓人口老龄化压力，增加劳动力供给，促进人口均衡发展。这是站在中华民族长远发展的战略高度促进人口均衡发展的重大举措。"2016 年 5 月 18 日，习近平在中国计划生育协会工作会议上强调中国人口发展目标"要促进人口长期均衡发展和家庭和谐幸福"。2018 年，中共十九届二中全会又提出，要在放开二孩生育政策的基础上，进一步优化生育政策。2020 年 11 月，《中共中央关于制定国民经济和社会发展第十四个五年规划和二〇三五年远景目标的建议》提出："实施积极应对人口老龄化国家战略。制定人口长期发展战略，优化生育政策，增强生育政策的包容性。"2021 年 5 月 31 日，中央政治局召开会议，提出了进一步优化生育政策，实施一对夫妻可以生育三个子女政策及配套支持措施。在目前人口生育意愿不强条件下，这已经与全面放开生育没有多少差异了。

中国共产党在党的十八大以后关于计划生育工作的上述这些变化，在制度和政策层面，表明中央政府在不断发展变化的现实情况中与时俱进地做出了合乎民意、适应时代发展的重大战略举措，对于人口生育制度和政策的设计有了更加人本主义和更加亲民的价值取向；在理论层面则表明，中国对于人口问题的特性和人口发展的规律有了更加深刻、更加科学的理解和认识。

三、中国共产党人口思想体现了马克思主义人口理论的现代化和中国化

（一）中国共产党人口思想始终坚持了马克思主义的立场、观点和方法

马克思主义认为，人口问题的本质是社会问题。"在其现实性上，人是一切社会关系的总和。"马克思主义明确地反对马尔萨斯人口理论，认为马尔萨斯所谓的人口自然变动规律只存在于动植物界。资本主义社会所存在的人口贫困和人口过剩问题不能从自然规律去解释，而只能从社会规律去解释。资本主义的人口过剩，在本质上是一种相对人口过剩，也就是相对于资本增值的需要而产生的人口过剩。我们在陈独秀、李大钊的人口思想中，可以看到中国共产党人鲜明的无产阶级立场和对马尔萨斯人口理论的尖锐批判。在毛泽东同志的人口思想中，可以看到中国共产党人打破马尔萨斯人口理论的迷信，通过社会主义制度解决人口与经济矛盾的制度自信。

马克思主义关于两种生产的观点，也就是物质资料生产和人类自身的生产这两种生产相互依存、相互作用，共同促进人类社会向前发展的观点是马克思主义人口理论的一个基本观点。邓小平同志对于中国改革开放初期人口经济状况和进行现代化建设的约束条件所进行的客观冷静分析，可以说反映了马克思主义关于物质生产与人口生产相互适应的人口思想，并且成为后来中国人口学界和经济学界开展国情研究，进行人口和经济社会发展战略设计的主要指导原则。

可持续发展理论虽然是 20 世纪 60 年代才开始在世界上流行的一种理论，但是其关于人类应当与自然和谐相处的理念也是一种马克思主义的人口思想。恩格斯在 1876 年

发表的《自然辩证法》著作中就提出过："人类不要过分陶醉于对自然界的胜利。对于每一次这样的胜利，自然界都对我们进行了报复。"中国共产党第十四次全国代表大会所提出的人口与经济社会和自然环境协调发展的思想理念、党的十六大所提出的人与自然相和谐，促进人的全面发展的理念，以及后来习近平总书记在党的十八大所提出的"绿水青山就是金山银山"的生态文明观和新发展观，都不仅是顺应国际发展潮流的一种与时俱进，而且也是对马克思主义人口观的一种践行。中国特色社会主义的人口发展实践和理论总结使人们对于人口与发展之间关系的认识更加广阔和深远，也使马克思主义人口观在新的时代背景下得到了丰富和发展。

中国共产党第十六次全国代表大会所提出的以人为本，促进人的全面发展的理念，以及党的十八大提出的以人民为中心，建设社会主义现代化的思想，更是体现了马克思主义的精髓，贯彻了马克思主义人口观的根本精神。马克思主义最初就是在批判资本主义社会的非人性、谴责资本主义制度对人的异化的过程中产生的。马克思早在撰写《1844年经济学哲学手稿》时对人类社会理想愿景——共产主义的设想也是以人的全面发展为终极目标的。不管后来马克思对于共产主义实现的途径和手段做了怎样的补充和完善，他的关于人的全面发展这一社会愿景是始终未变的。

（二）中国共产党人口思想是马克思主义人口理论与中国人口发展实际相结合的产物

中国共产党的人口思想紧密联系了中国人口发展和经济社会发展实际，是在对人口发展的各种变化和矛盾不断总结和应对的基础上逐步成熟、逐步完善的。尤其是在新中国成立以后的70多年里，中国共产党作为执政党，在领导中国人民进行社会主义建设和改革开放后的中国特色社会主义现代化建设伟大历程中，将马克思主义人口理论与中国人口发展实际相结合，使党的人口思想变得越发成熟和完善。

在新中国成立初期，可谓百废待兴，国家经济基础非常薄弱，物质资源和金融资本都极端匮乏，1950年的经济总量仅为189亿美元，工业化水平非常低，产业结构主要以劳动密集型产业为主，劳动人口成为经济增长的最重要的生产要素。外部政治环境非常恶劣，新中国成立伊始就被迫卷入了抗美援朝战争，不得不进行大量的物资和人力的动员；"冷战"环境下帝国主义对中国新生的社会主义政权非常敌视，进行了严厉的经济封锁，同时大肆诋毁中国共产党的执政能力，特别是质疑社会主义新政权治理贫困、解决人口问题的能力。而在人口方面，在新中国成立最初几年，国家对于人口的基本状况并不十分清楚。国民党政府统治时期，由于连年战乱，社会动荡，政府对人口的出生与死亡数据很难准确掌握，也难以做出有效的人口统计。所以，当时的人口经济关系非常复杂。一方面，轰轰烈烈的社会主义建设高潮和工业化推进以及严酷的战争动员迫切需要大量的青壮年劳动力人口；另一方面，薄弱的经济基础又无力承担众多人口消费的压力。如何正确认识和处理人手与人口之间的辩证关系，巧妙地适应和驾驭人口与经济相互作用的客观规律，对于中国共产党是一个很大的考验。如果我们以这样一种历史的眼光去看待当时以毛泽东同志为代表的中国共产党人口思想，它又何尝不是一种实践的需要呢？

1976年，被称为"十年浩劫"的"文化大革命"结束了。两年之后的1978年，中国共产党第十一届三中全会召开，确立了以经济建设为中心，尽快摆脱贫穷落后，努力追赶发达国家，争取到20世纪末实现全国人民的物质文化生活达到小康水平的发展目标，中国社会进入一个改革开放的新时期。这个新时期所面临的一个重大困难和挑战就是人口增长与经济发展之间的比例关系严重失调。由于“文化大革命”期间的人口盲目增长，累积的人口规模巨大，增速很快，使国民收入中的很大一部分不得不被用于满足新增人口的生活需要，国家建设资金的积累和人们生活水平的提高受到很大限制。商品供应、住房、交通、教育、医疗以及劳动就业等诸多方面存在供给不足，尤其是科学文化教育全面落后，人民贫困。占世界人口五分之一的人口大国，在全球GDP中的占比不到1%，是当时全球极其贫困落后的国家之一。虽然在“文化大革命”后期，随着计划生育工作的正常开展，人口增长的失控状态得以改变，但是人口出生率仍然高达33‰，自然增长率高达22‰，妇女总和生育率高达3，人口增长的规模和速度仍然与经济发展水平完全不相适应。为了加快经济建设，早日实现小康社会目标，必须解决人口与经济之间的矛盾，必须进一步加强计划生育工作，控制人口出生数量。这在当时几乎是一种带倾向性的主导社会共识。以邓小平同志的人口国情观为代表的中国共产党人口思想，其实只是顺应了时代的要求。

30年过去，时间进入2010年，在严格的计划生育制度高效运行和中国经济快速发展的双重作用下，中国的人口态势已经发生了根本的转变。截至2010年底，人口出生率和自然增长率分别下降到11.9‰和4.79‰，总和生育率即使按漏报调整后数据也已低至1.6。这些数字指标无论从什么角度讲，都表明中国人口已经处于一个超低的生育水平。更重要的是，人口生育的动力机制也已经发生了根本的转变。人们的生育观念，特别是青年育龄人群的生育观念已经从过去的那种“多子多福”“养儿防老”等观念转变为晚婚晚育、少生优育，人口再生产类型不仅早已从高出生、低死亡、高增长的传统人口再生产类型转变为低出生、低死亡、低增长的人口再生产类型，并且已经进入到现代人口再生产类型的后人口转变阶段，甚至出现了向人口负增长变化的趋势。同时，人口生育数量快速递减过程所引发的人口结构变化的负效应，如人口老龄化加速等现象也日趋凸显，成为可能制约和影响中国经济社会未来持续发展的不利因素。在这种情况下，进行人口生育政策调整和生育制度的更新升级就成了新的历史发展趋势和客观必然要求。2013年，中共十八届三中全会提出“开放单独二孩生育”政策，两年后紧接着提出“全面二孩生育”政策，之后将“促进人口长期均衡发展和家庭和谐幸福”纳入人口规划目标，以及后来提出的“进一步优化生育政策，增强生育政策的包容性”，直至2021年5月31日进一步放开“三孩生育”政策。这些，应该说都是在顺应人口态势的变化和国家经济社会发展的客观要求。

（三）中国共产党人口思想是马克思主义人口理论与时俱进、不断创新的结果

中国共产党人口思想不仅密切联系中国人口发展实际，而且始终保持着理论创新的活力。例如关于“促进人口长期均衡发展和家庭和谐幸福”的思想，又例如关于“增强生育政策包容性”的提法，都很有理论新意。

（1）所谓人口均衡发展，其含义是指在人口发展过程中不仅要注重人口数量的变动，而且要注重人口数量与人口素质、人口结构之间的均衡协调；不仅要注重人口自身的发展，而且要注重人口与经济社会、资源环境等外部因素的协调均衡。提出人口长期均衡发展的人口发展战略，表明中国共产党对于人口问题的认识和把握已经从过去那种把人口作为经济发展的供给要素和约束条件转变为更多地关注和尊重人口自身的发展规律。

所谓家庭和谐幸福，是家庭发展的生活化表达。从政策设计的视角出发，可以理

解为是这样一种政策效果：让每一个家庭同步共享国家和地区经济社会发展成果，不断提高生活质量和社会尊严，不断提高家庭安全感和幸福感。家庭是社会的微观基础，是人口发展的微观组织载体。在中国的人口文化中，家庭存续是人口发展的现实基础和必要前提，家庭发展又是人口发展的必然结果和客观要求。

以家庭发展和家庭和谐幸福作为人口政策的价值目标，体现了马克思主义人口观的人本诉求，这就是在平等自主婚姻关系下的人口生产和再生产，以及在人口发展基础上的家庭安全保障、家庭人力资本积累、家庭经济能力提升和每个家庭对社会发展成果的共享。这种政策价值目标也有利于马克思主义人口观在中国的社会适应和文化融合。中国社会是以家庭为基本单元的，中国的人口文化往往通过家庭进行表达。家庭发展和家庭和谐幸福是中国社会中每一个家庭的生活愿景。

人口长期均衡发展，可以被理解为一种宏观的社会发展目标，家庭和谐幸福可以被理解为一种微观的社会发展目标。这两个目标的统一是将国家宏观的人口发展置放于坚实的微观社会基础上，又将每一个微观家庭的发展和幸福与国家宏观的人口安全和长治久安紧密联系在一起。这显然是对人口变动规律和经济社会可持续发展变化规律的更加科学的把握和适应。

（2）如何理解增强生育政策包容性？可以认为，包括生育政策在内，任何一种社会政策都包含政策价值目标和政策目标实现路径两个方面。从政策目标设计来讲，既要与人口发展的根本方向相吻合，也要与人口发展的实际相适应；从实现路径来讲，应当是一个多样化的政策选择。既要充分考虑不同地区的人口特征和经济社会发展状况，也要考虑各地不同的人口发展阶段和经济社会发展阶段，避免“一刀切”。所谓增强生育政策的包容性，从政策目标上可以理解为增强生育政策的适应性，使政策可以广泛地适应不同地区的人口和经济社会发展状况和特点，给予不同地区地方政府以更大的政策弹性或自主性，以使得各地的落地生育政策可以更好地适应当地的经济发展阶段和人口发展特征。从政策实现路径上可以理解为生育政策的多样性。也就是在宏观层面，并不搞政策的“一刀切”，可以根据各地不同的人口发展实际推出不同的政策分类，或者为了实现同样的宏观政策目标而根据各地的实际情况设置不同的时间表和路线图，使好的生育政策的实施能够更有效地剔除约束条件，使政策更扎实地落地，更精准地满足人民群众的生育需求，真正“把好事办好”。另外，从社会发展的角度上更广义地去理解生育政策的包容性，也可以理解为对生育行为的多种选择给予更广泛的政策涵纳，避免出现政策盲区。

（四）习近平新时代中国特色社会主义思想中的人口观是马克思主义人口理论现代化和中国化的最新成果

习近平新时代中国特色社会主义思想中的人口观是中国共产党人口思想的最新发展，也是马克思主义人口理论现代化和中国化的最新成果。其基本内容包括了习近平关于中国人口问题的系列讲话和论述，也包括党的十八大以来中央关于人口问题的重要决策和指示精神，同时继承了邓小平人口思想中关于人口是最基本国情的观点、党的十四大关于人口与经济社会和资源环境协调可持续发展的理念、党的十六大关于发展为了人，以人为本的理念等重要理论认识。其内容之丰富，已经涉及人口的数量、质量和结构，人口与经济、人口与生态文明建设等人口问题的主要方面，并且已经转化为中央在人口问题上的重大决策部署。

（1）习近平新时代中国特色社会主义思想中的人口观坚持了邓小平人口思想中关于人口是最基本国情的观点，把人口问题摆在一个全局性战略性地位上，将其作为治国理政决策的最重要国情基础，给予了高度重视。习近平指出，人口问题始终是我国面临的长期性、全局性、战略性的问题。他清醒地看到，一方面，“在未来相当长时期内，我国人口众多的基本国情不会根本改变，人口对经济社会发展的压力不会根本改变，人口与资源、环境的紧张关系不会根本改变”；另一方面，“当前，我国人口结构呈现明显的高龄少子特征，适龄人口生育意愿明显降低，妇女总和生育率明显低于更替水平。现在的生育主体是80后、90后，他们的生育观念变化了，养育孩子的成本也增加了，同时社会保障水平提高了，养儿防老的社会观念明显弱化，少生优生已成为社会生育观念的主流”。正是基于对中国人口国情的这样一种清醒判断，中央及时调整了生育政策，改变了生育数量限制，试图“通过进一步释放生育潜力，减缓人口老龄化压力，增加劳动力供给，促进人口均衡发展”。习近平特别指出：“这是站在中华民族长远发展的战略高度促进人口均衡发展的重大举措。”

（2）习近平新时代中国特色社会主义思想中的人口观坚持了党的十四大关于人口与经济社会协调可持续发展的理念并将其上升到生态文明建设的高度。习近平在党的十九大报告中明确提出：要坚持人与自然和谐共生。建设生态文明是中华民族永续发展的千年大计。必须树立和践行“绿水青山就是金山银山”的理念，坚持节约资源和保护环境的基本国策，像对待生命一样对待生态环境，统筹山水林田湖草系统治理，实行最严格的生态环境保护制度，形成绿色发展方式和生活方式，坚定地走生产发展、生活富裕、生态良好的文明发展道路，建设美丽中国，为人民创造良好生产生活环境，为全球生态安全做出贡献。

（3）习近平新时代中国特色社会主义思想中的人口观坚持了党的十六大关于发展为了人，以人为本的理念并将其上升到了一切以人民为中心，以民为本的高度。“以人为本”和“以民为本”都是马克思主义的核心理念，是马克思主义的终极社会理想。马克思主义最初的出发点就是从批判资本主义社会的非人性和对人的异化开始的，青年马克思就是从对人本主义的社会理想建构出发的。之后随着马克思主义在社会革命和社会实践中的不断运用和检验、完善，人本主义被具体化为代表绝大多数人利益的、更趋公平的社会理想。从人本主义到民本主义，本质是一致的，层次是递进的，都反映了马克思主义为绝大多数人谋利益、以广大人民群众为中心的社会理想愿景。

四、结论与展望

中国共产党的人口思想发展经历了一个不断探索、不断完善的过程。这一过程不仅始终坚持继承了马克思主义人口理论，而且根据时代发展的需要和中国的国情与文化特点，进行了与时俱进和实事求是的理论创新，有力地体现甚而直接促进了马克思主义人口理论的现代化和中国化。而中国特色社会主义理论体系特别是习近平新时代中国特色社会主义思想中的人口观则将这一过程推进到了一个新的高度，成为马克思主义人口理论现代化与中国化的最新成果。

从理论发展展望来讲，中国共产党的人口思想还将有力促进中国人口学的建构和发展。中国自改革开放以来，引进了大量的西方人口理论，这些理论帮助中国改革开放初期近乎空白的人口学建立起了理论解释框架，后来又促进了中国人口学学科体系的逐步完善和人口学研究的科学化、规范化乃至国际化，对中国人口政策的不断完善和具体人口管理服务工作实践的正确开展也发挥了很好的指导作用。现在，经过近 40 年的引进学习，中国产生和积累了自己的研究心得，形成了自己独具特色的人口学理论解释框架。40 年里，中国经历了世界上规模最为庞大的人口转变，这一历程又与波澜壮阔的社会经济变迁过程交织在一起。几乎没有哪个国家和地区能像中国这样在如此短的时间里，以如此广大的人口群体，经历如此丰富的生命事件，凝聚如此多样的研究素材。中国这 40 年的人口转变和社会经济变迁有着自己明显的制度和文化特点。中国人口转变的作用机制既有经济发展的基础作用，更有强大的制度干预运行其间。中国在改革开放过程中虽然努力张开双臂迎接欧风美雨，但最终选择的发展路径却是中体西用、洋为中用的中国特色社会主义道路。中国完全应当而且有着充分的条件在自己的经验事实基础上抽象归纳提炼出某种一般法则，也就是基于中国经验的人口理论。这种人口理论是一种中国人口学，一种中国特色社会主义人口理论。而中国共产党的人口思想，毫无疑问是这种理论建立的重要基础和基本内容。

参考文献

[1] 毛泽东. 毛泽东选集：第 4 卷 [M]. 北京：人民出版社，1991.

[2] 中共中央文献研究室. 建国以来重要文献选编：第 6 册 [M]. 北京：中央文献出版社，1993.

[3] 毛泽东. 毛泽东文集：第 7 卷 [M]. 北京：人民出版社，1999.

[4] 邓小平. 邓小平文选：第 2 卷 [M]. 北京：人民出版社，1994.

[5] 翟振武，张现苓，江梅，等. 探索与发展：中国共产党领导者人口思想演变研究之一 [J]. 人口研究，2011，35 (3)：56-63.

[6] 翟振武，杨凡. 坚持与创新：中国共产党领导者人口思想演变研究之二 [J]. 人口研究，2011，35 (4)：45-55.

[7] 张莉. 新民主主义革命时期中国共产党人的人口思想 [J]. 人口与健康，2021 (8)：15-17.

[8] 邹开明. 建国以来中国共产党人口思想发展历程考察 [J]. 长江大学学报 (社会科学版)，2014，37 (7)：129-132.

（编辑：苏正道）

以百年党史涵育中国青年志气、骨气、正气和底气

羊龙

【摘要】中国共产党百年党史是一部具有丰富时代内涵的历史诗篇。以百年党史涵育中国青年志气、骨气、正气和底气，具有重要的时代意义、理论意义和实践意义。本文从“学史明理增底气、学史增信强骨气、学史崇德养正气、学史力行强志气”四个方面概括总结以百年党史涵育中国青年志气、骨气、正气和底气的逻辑内涵。在此基础上，从开展百年党史宣传，讲清百年历史大逻辑；以时代问题为导向，贡献党史教育内容边际增量；增进理论认同，实现正确价值观引领等方面总结提炼出以百年党史涵育中国青年志气、骨气、正气和底气的实践路径。

【关键词】党史学习教育；爱国主义；志气；骨气；正气；底气

【作者简介】羊龙，男，1988年生，硕士，西南财经大学中国西部经济研究中心行政办公室主任，主要从事高校基层党建、大学生爱国主义教育研究。

习近平总书记在庆祝中国共产党成立100周年大会上的重要讲话中指出：“新时代的中国青年要以实现中华民族伟大复兴为己任，增强做中国人的志气、骨气、底气，不负时代，不负韶华，不负党和人民的殷切期望！”身处百年未有之大变局中，当代中国青年生逢盛世，肩负建设社会主义现代化国家、实现中华民族伟大复兴的历史重任。

历史是最好的教科书。习近平总书记指出：“中国共产党的历史，写的是历史，叙的是奋斗，述的是大道，探索的是规律，启示的是当下，烛照的是未来。”中国共产党是团结带领全国各族人民开展革命、建设、改革事业，实现中华民族伟大复兴的核心力量。中国共产党的历史中有爱国、有信仰、有智慧、有抗争、有奋斗，是一部具有丰富时代内涵的爱国主义历史诗篇，是激发信仰信念信心，涵育中国青年志气、骨气、正气和底气的最好教科书。我们要努力梳理总结中国共产党百年光辉历程，讲好党史故事，教育引导广大青年了解党史、熟知党史、热爱党史，从党史中感悟学习革命先辈的崇高理想、坚定信念、坚强意志和斗争精神，以高度的历史自觉、深沉的爱国情感、坚定的历史使命，提升中国青年的志气、骨气、正气和底气，凝聚起爱国奉献的强大力量。

一、百年党史是一部涵育中国青年志气、骨气、正气和底气的生动教材

（一）开天辟地，激发中国青年拼搏奋斗精神

1921年，随着马克思主义在中国的广泛传播和以陈独秀、李大钊为代表的信仰马

克思主义的先进分子日益增多，中国共产党成立了。党的一大召开时，面临强大反动势力、敌强我弱的危险处境，与会代表怀着开天辟地、敢为人先的首创精神在嘉兴南湖的游船上缔造了中国共产党，开启了“敢教日月换新天”的伟大征程，开创了红船精神。大革命失败之后，毛泽东等中国共产党人深刻认识到掌握革命武装的重要性，相继领导发动了南昌起义、秋收起义等一系列武装暴动，在不断的革命实践中，创造性地提出“农村包围城市，武装夺取政权”这一符合中国国情的革命道路，在革命根据地斗争实践中形成了井冈山精神。

1934 年 10 月，面对国民党反动势力的进攻，红军已无在原地扭转战局的可能，中央红军被迫进行战略性转移，进行长征。面对国民党反动武装的围追堵截和高山、大河、沼泽、冰雪等极其恶劣自然环境的挑战，中国共产党人在最艰苦、最困难的条件下铸就了长征精神。1937 年全面抗战爆发后，中国共产党人认识到民族矛盾上升成为国内主要矛盾，提出全民族团结抗战和持久战的战略总方针，坚持统一战线中的独立自主，开辟敌后战场和敌后抗日革命根据地，有力地打击侵略者，发挥了中流砥柱作用。中国共产党自成立起就以救亡图存、民族独立与民族复兴为己任，顽强求索、勇于斗争、不怕牺牲的革命历程是激发广大青年自立自强、拼搏奋斗精神的生动教材。

（二）改天换地，锻造中国青年自力更生品格

新民主主义革命胜利后，中国共产党人始终不忘初心，牢记使命，自力更生、艰苦奋斗，将救国、兴国、强国始终作为共产党人的职责和使命，贯穿社会主义改造、建设全过程。抗美援朝战争中，志愿军克服各种艰难险阻，不怕牺牲，不畏强敌，激战长津湖，血战上甘岭，创造了威武雄壮的战争伟业，锻造了伟大的抗美援朝精神。面对着西方世界严峻的核讹诈和安全威胁，钱学森、钱三强等一大批科技工作者积极响应号召，艰苦奋斗、自力更生、勇于攀登，“干惊天动地事，做隐姓埋名人”，他们把热血洒在戈壁滩，把青春和生命奉献给祖国国防建设事业，仅用 10 年左右时间就自主完成“两弹一星”的研制，为维护民族独立和国家安全做出了巨大贡献。

为改变新中国成立初期的落后面貌，中国共产党人团结带领广大人民群众发扬实干作风和奉献精神，涌现出大量先进典型和英雄模范人物。比如全心全意为人民服务的好八连、乐于助人的雷锋、心中装着人民的焦裕禄；以“林县人民多壮志，誓把河山重安排”的豪迈，“引漳入林”的红旗渠精神等。他们身上具有的“信念的能量、大爱的胸怀、忘我的精神、进取的锐气，正是我们民族精神的最好写照”。他们用实际行动深刻诠释了中国共产党人艰苦奋斗、自力更生、无私奉献的价值理念，激励广大青年在历史的洪流中坚定理想、屹立不倒，为实现民族独立富强不断奋勇前进。

（三）翻天覆地，增强中国青年改革创新精神

改革开放重新确立了马克思主义的指导地位，实事求是地开展社会主义改革和建设事业，调整、废除一大批不适应生产力发展的措施和体制机制障碍，冲破陈旧落后观念束缚，大胆吸收借鉴全世界先进的制造技术、管理经验为我所用，经济社会发展日新月异。家庭联产承包责任制有效激发了农民的生产能动性，生产积极性得到极大提高，农业生产动力增强，农村活力得到释放。在农村改革的推动下，城市改革进一步推进，增强了企业活力和企业经营者的责任感，不同所有制的多种经济成分得到发展。中外合资、中外合作、外商独资、国内劳动者的个体经济、私营经济等多种形式的非公有制经济成分，取得迅速发展，开创了增强国民经济实力、提高人民生活水平

和增加就业岗位的新局面。

实事求是、与时俱进的理念成为全党共识，中国共产党人高扬改革开放的旗帜，不断释放改革活力，全体人民生产积极性高涨，经济社会发展取得举世瞩目的成就。在此过程中孕育形成了改革开放精神，成为激发全国各族人民改革创新的强大力量，推动着中国特色社会主义事业不断向前。

（四）惊天动地，在新征程中培养时代新人

2012 年，中国共产党提出实现中华民族伟大复兴的中国梦，中国发展站上新的历史起点。党的十八大召开以来，经过全体人民艰苦奋斗和无数共产党员无私奉献，我们圆满完成了脱贫攻坚的历史重任，取得了全面建成小康社会这一伟大历史性成就。“全面推进乡村振兴的深度、广度、难度都不亚于脱贫攻坚，决不能有任何喘口气、歇歇脚的想法，要在新起点上接续奋斗，推动全体人民共同富裕取得更为明显的实质性进展。”针对制约国家发展和安全的重大难题，增强创新能力和维护国家安全实力，党中央强调“只有创新才能自强、才能争先，要坚定不移走自主创新道路”。为更好地应对百年未有之大变局，要坚持底线思维，增强忧患意识，坚持自力更生、自主创新，着力解决“卡脖子”问题。全面推进中国特色大国外交，倡导构建人类命运共同体，促进全球治理体系变革，为全球发展提供中国智慧和中国方案，进一步提高我国国际影响力，为实现中华民族伟大复兴的中国梦营造良好外部环境。

进入新时代以来，中国共产党人不忘初心，牢记使命，以追逐梦想、开拓创新、天下为公的精神注解“共产党人”的时代内涵。波澜壮阔的新时代孕育形成了“生命至上，举国同心，舍生忘死，尊重科学，命运与共”的抗疫精神，“上下同心、尽锐出战、精准务实、开拓创新、攻坚克难、不负人民”的脱贫攻坚精神等，传承了伟大民族精神和时代精神，是鼓舞和激励全体中华儿女追求理想、不懈奋进的宝贵财富。

二、以百年党史凝聚强大精神动力，涵育中国青年志气、骨气、正气和底气的逻辑内涵

习近平总书记强调，开展党史学习教育要遵循“明理、增信、崇德、力行”的目标要求，做到“知史爱党、知史爱国”。以百年党史涵育中国青年志气、骨气、正气和底气，要在阐明“马克思主义为什么行”的基础上，激发青年信仰信念信心的精神力量，汇聚磅礴奋进伟力、凝聚强大精神动力。

（一）学史明理增底气：马克思主义为什么行

中国共产党成立 100 年来，中华大地发生了翻天覆地的巨大变化，民族实现独立自强，经济建设举世瞩目，文化发展繁荣昌盛，中华民族迎来伟大飞跃。中国革命、建设、改革、发展取得的巨大成就，无时无刻不体现马克思主义科学理论的光辉，生动诠释了“马克思主义为什么行”。“我们党的历史，就是一部不断推进马克思主义中国化的历史，就是一部不断推进理论创新、进行理论创造的历史。”学史明理，就是要教育广大青年从党史中汲取马克思主义中国化的大智慧，以此作为指导我们干事创业的“总原则”。

一是学习马克思主义的理论精髓。广大青年要把学习马克思主义基本理论作为人生必修课，提升理论修养，正确掌握蕴含在其中的立场观点方法、道理学理哲理。二是学习掌握科学的方法论，正确认识世情、国情、党情。中国共产党的革命历史时刻

告诫我们，只有立足于中国的具体实际，正确地认识世情、国情、党情，才能正确地认识和改造世界。三是持续推进马克思主义中国化。广大青年要秉承科学的态度，加强理论学习，将马克思主义与新时代中国的具体国情相结合，在推进乡村振兴、实现“两个一百年”奋斗目标等实践中推进马克思主义中国化的持续发展。

（二）学史增信强骨气：激发信仰信念信心的精神力量

学史增信，就是要通过对中国共产党百年来成长发展历史的总结学习，以举世瞩目的历史成就坚定广大青年对于马克思主义、中国特色社会主义的信仰、信念、信心，增强广大青年家国情怀和历史责任感。这正是开展党史学习教育的目标导向。

一是坚定对马克思主义的信仰。中国共产党的百年历史，就是坚持马克思主义不动摇，用共产主义信仰的旗帜指引方向、团结奋进的历史。因此，广大青年要学习共产党人如何以马克思主义的真理力量和实践力量战胜艰难险阻取得革命事业的成功，从而树立坚定的马克思主义信仰。二是坚定对中国特色社会主义的信念。中国共产党的百年历史，是带领中华儿女浴血抗争、不懈奋进的探索史，也是探寻社会主义发展道路的光辉历程。从新民主主义时期到社会主义时期的革命、建设和发展，共产党人将马克思主义理论与实际国情相结合，领导人民走上中国特色社会主义这条正确发展道路。因此，学习党史可以帮助广大青年更好地理解百年来历史发展的脉络与其历史必然性，深刻认识中国特色社会主义诞生和发展的历程，不断坚定青年对中国发展道路的信念信心。三是增强对实现中华民族伟大复兴的信心。中国共产党的百年历史，是不畏艰险、勇于斗争的革命历史，是坚持理想、不懈追求的奋进历程，是探索如何实现民族复兴的伟大征程。全面建成小康社会这一历史性目标已然实现，中华民族站上了新的历史起点。“今天，我们比历史上任何时期都更接近中华民族伟大复兴的目标，比历史上任何时期都更有信心、有能力实现这个目标。”广大青年要深入学习党的百年奋进史，坚定理想信念，增强民族自信心与自豪感，不断增强实现中华民族伟大复兴的信心。

（三）学史崇德养正气：培育和践行社会主义核心价值观

中国共产党的百年历史是为国为民、不懈奋斗、创造辉煌的100年，是“弘扬社会主义核心价值观，开展革命传统教育和爱国主义教育的生动教材”。“社会主义核心价值观是当代中国精神的集中体现，是凝聚中国力量的思想道德基础。”

中国共产党的百年历史蕴含着丰富的先进典型人物事迹，是涵养广大青年社会主义核心价值观的重要源泉。学史崇德，就是要通过学习党的革命文化形成史、社会主义先进文化发展史，从中国共产党的百年革命文化中汲取道德营养，将社会主义核心价值观内化于心、外化于行，融入广大青年思想血脉与行为实践的方方面面。学习中国共产党人不怕牺牲、艰苦斗争、敢为人先的英雄史，肯定功勋模范的历史功绩，竖起标杆、立起旗帜，教育广大青年从百年党史英雄人物及时代楷模的事迹中领略道德风采，提高德性修为，见贤思齐、崇尚英雄、争做先锋。

学史崇德要求广大青年既要用高尚的思想道德鞭策和激励自己，也要用社会主义核心价值观指导实践，勤勤恳恳、扎扎实实做好各项工作，将个人对生活幸福、事业成功的追求主动融入国家和民族的历史进程，主动融入时代主旋律，在不懈奋斗中把美好的理想变为现实。

（四）学史力行强志气：奋力实现中华民族伟大复兴

百年党史就是一部中国共产党带领全体人民开展革命、建设、改革、发展的伟大实践，为实现独立解放、自立自强和民族复兴而不懈奋斗的光辉历史。学史力行强志气，就是要教育广大青年认真学习百年党史，总结民族复兴的历史经验，汇聚复兴力量，开拓前进，为实现中华民族伟大复兴而不懈努力。

一是高擎理想旗帜，勇担时代重任。回顾百年征程，党在不同革命战争时期与社会主义改造、建设、改革、发展等不同时代阶段，总能根据社会主要矛盾的发展变化，号召共产党人坚定革命理想，勇毅担当时代使命，最终在不懈奋进中取得革命的胜利。这就要求我们通过学习党史，树立崇高理想，汲取精神力量，担当民族复兴大任。二是坚持为人民服务，汇聚磅礴力量。百年党史启示我们，中国革命和建设事业取得成功的根本原因和力量源泉始终在于最广大人民之中，实现中华民族伟大复兴必须坚持人民立场，得到人民衷心拥护与支持才能汇聚发展的磅礴力量。百年来中国共产党始终以人民为中心，维护和保障人民根本利益，相继提出并践行“为人民服务”“以人为本的科学发展观”“以人民为中心的新发展理念”等执政理念。通过党史学习，广大青年要永葆家国情怀，坚忍不拔、持之以恒地为实现人民幸福、国家富强和民族复兴的伟大事业矢志奋斗。三是践行初心，牢记使命，砥砺奋斗，成就梦想。时代由奋斗者书写。回首百年历史给我们的一个重要启示就是“幸福是奋斗出来的”。“奋斗本身就是一种幸福。只有奋斗的人生才称得上幸福的人生。”广大青年要立足本职、爱岗敬业、锐意进取、奋勇争先，投身为人民事业奋斗中，为中华民族伟大复兴贡献力量。

三、以百年党史涵育中国青年志气、骨气、正气和底气的实践路径

树人之道，内容为要；立德之基，课程为本。思想政治课是大学进行党史宣教、传承红色基因、培养青年品格、落实立德树人根本任务的主渠道和主阵地。以百年党史涵育中国青年志气、骨气、正气和底气，要求教师尊重学生主体性，开展百年党史宣传，讲清百年历史大逻辑，贡献党史教育内容边际增量，增进理论认同，实现正确价值观引领，激发广大青年爱党爱国情怀。

（一）开展百年党史宣传，讲清百年历史大逻辑，增强做中国人的志气

开展百年党史教育，在呈现中国共产党建立、发展、壮大、成熟这一百年来波澜壮阔历史的同时，也要加强党史学科与思政课教师队伍建设，以历史为载体教育青年用马克思主义科学理论武装头脑，正确认清历史主线和本质，讲清百年历史大逻辑，帮助广大青年树立正确的党史观，增强做中国人的志气。

一是精选史料，突出主线，讲清百年历史大逻辑。开展党史教育要精选史料，加强梳理和总结，引导青年增进对中华民族伟大复兴背后的道理、哲理、学理的深刻认识和价值认同。突出历史主线分析讲解，教育广大青年正确理解坚持党的领导、中国特色社会主义道路与中国现代化事业之间的本质关联，讲清百年历史发展的大逻辑，而不混淆视听。丰富党史教育教学内容，传承红色基因，教育广大青年认清自己所肩负的实现民族伟大复兴的使命，自觉地将个人梦想与民族未来相结合，主动地将个人事业融入民族复兴大业之中，激发其历史责任感和民族自尊心、自信心。

二是加强思想政治课教师队伍建设。加强党史宣教需要对高校教师开展专题党史知识培训，建设一支党史理论功底扎实、研究能力突出、教学经验丰富的思想政治课

教师队伍。思想政治教育依靠其真理和人格力量吸引青年并对他们的行为产生指导。做好党史教育，要求思想政治课教师既要加强自身党史理论学习，提升专业素养和思想政治意识，还要提高自身人格魅力，并以此感染、熏陶广大青年明确其角色定位、党和人民事业发展的历史方位与时代要求，有效激发其爱国情怀和责任担当意识，提升青年学生对家国命运的觉悟。育人先育己。思想政治课教师要有理想信念、有道德情操、有扎实学识、有仁爱之心，才能以透彻的理论说服人、以真挚的情感打动人，以百年党史蕴含的宝贵育人财富教育引导广大青年“不忘初心、牢记使命”，为国家富强、民族复兴矢志奋斗，增强做中国人的志气。

（二）以时代问题为导向，贡献党史教育内容边际增量，增强做中国人的骨气

新时代广大青年的成长环境、个性需求的发展变化要求党史教育的内容供给要与学生需求相结合，以时代问题为导向，提高教育的针对性，贡献党史教育内容边际增量，教育广大青年增强做中国人的骨气。

一是以了解问题为前提，针对性讲授，增强党史教育实效。加强青年党史宣传教育，一方面要结合时代背景深化革命历史和英雄人物事迹的宣传教育，同时要启发引导广大青年主动思考，提升认知和思辨水平，增强辨别真伪、批判错误思潮的能力，补足精神之“钙”，从思想上增强做中国人的骨气。党史教育中要突出理论建构与讲解，正确认识和评价历史，提升广大青年的政治理论水平，坚定人民立场，自觉抵制历史虚无主义和民族虚无主义，从历史和现实两个方面增强做中国人的骨气。针对青年关心关注的重要党史教育，教育者要充分挖掘和丰富红色文化资源，拓展党史学习教育载体，充实历史资料论据，运用马克思主义科学理论，以阶级分析方法为武器，揭穿历史虚无主义的本来面目，将正面宣传同批判谬误相结合，增强党史育人实效。

二是以时代问题为导向，强化青年政治引领。党史教育要主动关照和回应青年问题，深化讨论和争鸣，突出共性的同时发扬个性，力争将问题讲清、将道理讲明，增进理论与思想认同。党史教育内容的精准供给、有效输出要求思想政治课教育教学必须有的放矢，及时回应广大青年关心的经济社会领域出现的新情况、新问题，强化史料梳理总结，以翔实史料和生动案例丰富思想政治教育内容。提升党史教育实效，特别是要善于发现青年思想动态与经济社会现实之间的关联性，将理论引入现实，增强理论解释力、说服力，教育引导青年进一步思考、理解百年来历史发展的根本方向，强化政治引领。

比如，教育引导广大青年正确认识2018年以来的中美经贸摩擦，思考如何应对美国对我国进行的全方位遏制和打压，可以从抗美援朝战争的历史中梳理总结出我国的应对态度与策略是积极稳妥处置和坚决采取有力反制措施，坚决捍卫自身合法利益。新冠肺炎疫情发生之后，部分西方国家的一些政客将抗击疫情和病毒溯源政治化，罔顾事实，对我国取得的抗疫成效视而不见，极力对中国进行“污名化”，企图“甩锅”本国抗疫不力的责任，将矛头指向中国，妄图拿中国当“替罪羊”。我们对此坚决予以斗争，旗帜鲜明、有理有据地批驳其错误观点和不良言论，以中国抗疫取得的巨大成效回击“污名”和“甩锅”的卑劣行径和丑恶嘴脸。要教育引导广大青年学习革命先辈坚贞不屈、勇于斗争的品质，宣讲我国的应对之策，正确认识时政热点问题的本质，将历史与现实相联系，贡献党史教育内容边际增量，有利于广大青年增强做中国人的骨气。

（三）增进理论认同，实现正确价值引领，增强做中国人的底气

任何民族的复兴，都要以国民教育为根本。开展党史教育，在注重知识和理论的科学严谨性的同时，并不以知识的简单堆砌为目的，而是要将青年价值观的塑造作为根本目标，将个人理想、民族命运、国家前途紧密联系为一个整体，实现内在的价值引领。

一是加强理论学习，增进理论认同，以科学理论武装青年。百年党史给予我们的重要启示就是要不断加强广大青年的思想理论教育，用马克思主义科学理论武装青年，厚植其理论根基。党史教育要获得广大青年更彻底的认同和更持久的生命力，就必须强化理论支撑，用马克思主义科学理论武装青年。百年党史鲜红底色的形成以马克思主义、中华民族精神为思想基础。党史教育，承载着中国共产党人对中国革命成功、中国人民幸福、中华民族复兴的强烈关切和维护共同利益的一致诉求。要坚持党史教育的科学性与育人性的统一，教育广大青年以马克思主义思想武装头脑，从百年党史蕴含着的革命精神财富、实践斗争经验、思想理论总结中汲取营养，浸润人心，增强做中国人的底气，增强党史育人实效。

二是以百年党史涵育青年品格，以高尚的精神塑造人。开展思想政治教育的重要意义之一在于使教育内容内化为支撑青年意义感和存在感的价值观，从而树立正确的价值观，为其明晰人生意义赋能。以百年党史涵育青年品格，需要端正高尚精神特别是家国情怀、集体主义原则的应有位置，回答和解释个人现实的“梦想”“成功”同国家和民族发展的辩证关系，有力破除个人中心主义思想引发的认识迷雾、价值困境。以百年党史涵育青年志气、骨气、正气和底气，要大力发扬爱国主义精神、社会主义精神、任劳任怨精神、舍生忘死精神、严守纪律精神。在宣扬高尚精神的同时，也要避免只讲奉献牺牲，淡化处理或者刻意回避个人物质利益的唯心论。开展党史宣教，要引导学生养成正确的义利观，理解当前经济社会生活中实行精神激励为主、物质激励为辅方针的现实必要性，正确认识现行分配制度对于促进经济社会发展的积极意义。以百年党史涵育青年品格，开展党史教育，还应当注重方式方法，以青年喜闻乐见的形式、载体宣扬模范人物和典型集体的先进事迹，将工作更多地做在平时，潜移默化、润物无声地实现以高尚的精神塑造人，强化内在价值引领，增强青年学生做中国人的底气。

参考文献

［1］习近平. 在庆祝中国共产党成立 100 周年大会上的讲话［M］. 北京：人民出版社，2021.

［2］李庆英. 写历史，叙奋斗，述大道，探规律［N］. 北京日报，2016-08-08（016）.

［3］本书编写组. 中国共产党简史［M］. 北京：人民出版社，2021.

［4］王玉升. 多元社会背景下社会主义核心价值观社会认同的困境与对策研究［D］. 哈尔滨：哈尔滨师范大学，2017.

［5］潘毅. 习近平在广西考察时强调解放思想深化改革凝心聚力担当实干建设新时代中国特色社会主义壮美广西［J］. 机关党建研究，2021（5）：2.

［6］习近平. 在党史学习教育动员大会上的讲话［J］. 天津市工会管理干部学院学报，2021，38（2）：1-9.

[7] 颜晓峰. 马克思主义为什么“行”[J]. 党的建设，2020（8）：36-37.

[8] 刘文科. 迎接繁荣昌盛的光辉岁月［J]. 黄河之声，2017（18）：1.

[9] 习近平. 论中国共产党历史［M]. 北京：中央文献出版社，2021：8.

[10] 赵东城. 论社会主义核心价值观的内在逻辑与培育新路径［J]. 安徽工业大学学报（社会科学版），2020（2）：103-104，107.

[11] 国家主席习近平发表二〇一八年新年贺词：以造福人民为最大政绩［J]. 人民周刊，2018（2）：7.

[12] 彭德林. 总结经验：邓小平的领导方法论［J]. 理论探索，2010（2）：47-49.

[13] 顾海良. 新中国 70 年马克思主义中国化的思想历程和历史主题［J]. 红旗文稿，2019（21）：4-8.

[14] 鲁长安. 新时代习近平对马克思主义的新理解：纪念马克思诞辰 200 周年［J]. 决策与信息（上旬刊），2018（5）：46-56.

[15] 习近平. 在纪念毛泽东同志诞辰 120 周年座谈会上的讲话［J]. 党史文汇，2014（1）：4-10.

[16] 习近平. 在庆祝改革开放 40 周年大会上的讲话［J]. 领导决策信息，2019(5)：4.

[17] 邓起方. 试论中国共产党的理论基础［J]. 自贡师范高等专科学校学报，2001（3）：15-17.

[18] 钱秋月. 文化全球化背景下的马克思主义信仰中国化［J]. 求实，2016（2）：15-20.

[19] 张建. 伟大改革开放精神的科学内涵［J]. 福州党校学报，2019（2）：14-18.

（编辑：苏正道）

党章视域下中国共产党纪律建设的百年历程与经验及启示

张丽

【摘要】不忘本来，方可开辟未来。用历史映照现实、远观未来，从中国共产党的百年奋斗中看清楚过去为什么能够成功、弄明白未来怎样才能继续成功，从而在新的征程上更加坚定、更加自觉地牢记初心、不忘使命，开创美好未来。中国共产党作为马克思主义政党，纪律严明是我们党的光荣传统和独特优势。中国共产党成立百年来，历经革命、建设、改革各个历史时期，始终高度重视纪律建设，不仅取得了重大成就，还积累了丰富经验。本文以党章为主线梳理党的纪律建设过程，以史为鉴，为新时代加强全面从严治党、深化纪律建设提供精神营养和借鉴启迪。

【关键词】中国共产党；党章；纪律建设；经验启示

【作者简介】张丽，女，1987 年生，硕士，四川师范大学马克思主义学院讲师，主要从事马克思主义中国化研究。

党章是党的总章程、根本大法，是党的整体意志的集中体现。党章中的纪律条文是全党必须共同遵守的根本行为规范，是党的纪律体系的“母体”。在中国共产党百年艰苦奋斗发展历程中，我们党总是把各个时期最重要的纪律固化到党章中。每一次党章的变化也都蕴含着纪律条文的调整，以党章为本源的纪律建设是我们党从小到大、从弱到强的根本法宝。

一、中国共产党加强纪律建设的百年历程

马克思、恩格斯认为，党的规章是一个有生命力的党“借以进行活动的法权基础”。党章是党的总章程，是全党必须共同遵守的根本行为规范。不同时期的党章，总是同党和国家的历史相伴随；每一次党章的修订都真实记录了党的发展壮大的艰辛历程，每一次党章的变化都蕴含着纪律条文的调整，都反映了我们党对党的纪律建设的努力探索。一部党章发展史就是一部党的纪律建设史。

（一）奠定基石：党的一大至二大

中国共产党成立伊始，就坚持用严格的纪律立党。1921 年，党的一大通过的《中国共产党第一个党纲》，起到了“临时党章”的作用。在 15 条的纲领中有多达 10 条涉及广义上党的纪律，突出强调了党的保密纪律。如“在党处于秘密状态时，党的重要主张和党员身份应保守秘密”，为党的纪律建设埋下了“种子”，奠定了良好的基础。

1922 年，党的二大制定了党的历史上第一部党章，明确了党的纪律。从篇幅上看，二大党章设专章规定党的纪律，占全文的三分之一。从内容看，对政治纪律、组织纪律、保密纪律都提出了具体的规定。如："全国代表大会为本党最高机关；在全国大会闭会期间，中央执行委员会为最高机关。"① "全国大会及中央执行委员会之议决，本党党员须绝对服从之。"② 二大党章阐述了党的纪律建设的重要性，为此后加强党的纪律建设奠定了根基。

（二）探索前行：党的三大至六大

随着党员数量的增加，为了提高党员的质量和满足革命建设的需要，1923 年，党的三大审议通过了《中国共产党第一次修正章程》。三大党章在入党门槛、组织纪律、会议纪律、财经纪律上进行了"微调小改"。如，在入党介绍人上，从时间上没有要求须有正式入党半年以上且需二人；"欠缴党费三个月"，该地方执行委员会必须开除之，修订为"无故欠缴党费三个月"，该地方执行委员会必须开除之等，既把好了党员质量"第一道关口"，又在与时俱进中更加务实。

在全国党员人数迅速增加，党员的流动较以往更加频繁的背景下，为加强党对日益高涨的革命运动的领导，1925 年，党的四大通过了《中国共产党第二次修正章程》。四大党章相对于三大党章，唯一增加了一条组织纪律方面的规定："凡党员离开其所在地时必须经该地方党部许可，其所前往之地如有党部时必须向该党部报到。"③ 这一规定对党员遵守组织纪律提出了更高的要求，突出了党支部作为基层组织的战斗堡垒作用，既适应了加强党的建设的新要求，也使党的纪律规定随着时代步伐的迈进不断完善。

北伐战争后期，随着工农运动的进一步发展，党员队伍也得到了空前发展，这给党的纪律建设带来了新挑战、提出了新要求。1927 年，中央政治局通过《中国共产党第三次修正章程决案》，这是中国共产党第一次不是由党的代表大会产生的党章，后来学界仍习惯性称之为"五大党章"。五大党章在"纪律"一章开宗明义指出"严格党的纪律是全体党部最初的最重要的义务"；单设了"监察委员会"专章，在党的历史上第一次对党内监察机关的设置程序、职权范围、地位作用做出了较详细的规定，首开了我们党建立纪检监察体制之先河。五大党章是建党以来对党章进行的第一次全面的修改，在党的纪律要求、执纪机关"分章专论"方面树立了光辉典范，对后来党章的发展和完善产生了深远影响。

1928 年，党的六大通过了经过修改的《中国共产党党章》。六大党章基本保留了五大党章的内容，在加强党的纪律建设方面强调"严格遵守党纪为所有党员及各级党部之最高责任"。其变化主要表现在：首次明确规定了民主集中制是党的组织原则，下级党组织对上级党组织的服从；对党的纪律处分做出更为全面的规定，将违纪情况分为团体和个人两种情况，并对违反纪律的处理程序做出更加明确的规定；对党员退出机制做了较大调整，首次规定党员自愿脱党的制度，其条件是党员无充分理由连续三个月不缴党费，把党员及时按规定缴党费作为党员应有的组织观念要求；在执纪机构

① 中共中央文献研究室，中央档案馆. 建党以来重要文献选编［M］. 北京：中央文献出版社，2011：167.

② 中共中央文献研究室，中央档案馆. 建党以来重要文献选编［M］. 北京：中央文献出版社，2011：167.

③ 中央档案馆. 中共中央文件选集：第 1 册［M］. 北京：中共中央党校出版社，1989：388.

方面，取消了设立监察委员会的规定，以审查委员会代之，主要履行“监督各级党部之财政会计及各机关工作”的职能，对于加强党的政治纪律、严肃党的财经纪律具有积极意义。

（三）逐步完善：党的七大至八大

1945 年，为团结全党全国人民，彻底打败日本侵略者，建立独立、自由、民主、统一、富强的新中国，党的七大在延安召开，并通过了新的党章，把党的纪律建设推向了新的阶段。七大党章深刻阐明了党的政治纪律的重要性、特征和执行政治纪律的严肃性，首次把纪律作为党的组织基础写入总纲；第一次增加了“党纲”、党员的“义务”和“权利”等内容；恢复了设置“党的监察机关”的规定，并明确了监察机关“在党委指导下工作”，对后来确立纪律检查机关双重领导体制具有重要影响。

1956 年，党的八大通过的《中国共产党章程》是我们党执政后的第一部党章，它与七大党章的基本精神是一致的，突出强调要加强执政党建设。八大党章强调党是靠“纪律联结”的战斗组织，只有在民主集中制的基础上，“党的纪律才能是自觉的而不是机械的”；提出了执政党的纪律建设问题，要求加强党员的思想教育和法制教育，加强制度建设和各种形式的监督；形成了延续至今的纪律处分体系：警告、严重警告、撤销党内职务、留党察看和开除党籍；并对党的执纪机构做出新规定，纪律检查机关双重领导体制得到确认；延续了设置“党的监察机关”的规定，并拓展了组织设置范畴，丰富了职能任务。

（四）曲折探索：党的九大至十一大

“文化大革命”十年内乱期间，受林彪集团、“四人帮”集团的肆意破坏，党的纪律法规被束之高阁，造反派砸烂公检法，撤销各级纪委，踢开党委闹革命，党的纪律检查机关处于瘫痪境地，党的纪律和国家法制遭到严重破坏。九大党章、十大党章取消了关于党的监察机关和党的纪律的条款，取消了对党员遵纪守法的要求。

1977 年，党的十一大通过了经过修改的《中国共产党章程》，恢复了七大党章将总纲和各章分开阐述的做法。虽然十一大党章在执行纪律和纪律检查体制的设计安排上仍然存在一定缺陷，但其强调了“要严格遵守党的纪律，维护党的集中统一”，恢复了“遵守党纪国法，严守党和国家的机密”等纪律要求，恢复了党的组织原则和党的执纪机构，对后来党的纪律建设发展产生了一定积极作用，特别是为恢复各级纪律检查委员会提供了基本依据，为恢复重建纪律检查机构、加强党的纪律建设奠定了前提条件。

（五）稳定发展：党的十二大至十七大

1982 年，党的十二大审议通过的《中国共产党章程》在纪律建设方面取得了巨大进步，其最大的贡献在于专门设立了“党的纪律”“党的纪律检查机关”两章，并做了详细的规定，这是党章历史上第一次用两章的篇幅来强调党的纪律建设，保障了党内监督“既有组织，又有纪律”。在“党的纪律”一章中，强调自觉遵守和维护党的纪律，不仅是每个党员必须遵守的义务，也是每个党组织的重要责任，同时对纪律处分的原则、种类、程序等都做了明确规定。在“党的纪律检查机关”一章中，首次对纪律执行程序做了必须按照组织程序履行审批手续的规定。十二大党章为新时期党的建设提供了总章程，也为新时期加强党的纪律建设提供了重要依据和根本遵循。

1987 年，党的十三大审议通过了《中国共产党章程部分条文修正案》，其中共有

3处党纪修正，着重强调党内民主和制度建设。一是完善党内讨论和决定重要问题的办法和程序，进一步严明了组织纪律；二是扩大党代会职权，进一步提升了中央纪委的权威性；三是改变中央几位主要领导人选和称谓，进一步强化党内民主。十三大党章使党的建设更加适应我国改革开放的新形势和全面开创社会主义现代化建设新局面的要求。

1992年，党的十四大通过的《中国共产党章程（修正案)》首次将“从严治党”写入总纲，对党的建设和党的领导中的纪律规范等方面提出了更高的要求，标志着我们党正式将其作为管党治党、严明党纪的总遵循和根本原则。1997年，党的十五大审议通过的《中国共产党章程修正案》整体上继承了十四大党章对党的纪律及其检查机关的规定，继续强调加强党同人民群众联系，加强党风建设和廉政建设。这表明党的纪律建设进入了稳定发展期，为社会主义市场经济条件下的纪律检查工作提供了制度保障。

2002年，党的十六大审议并通过了新世纪第一部党章《中国共产党章程（修正案）》。十六大党章在原有党章的基础上进行了补充：在“总纲”中增加了“依法治国，建设社会主义法治国家”，强调依法治国，增强法治观念，自觉维护党的纪律；在“纪律检查机关”一章中，在各级纪委的主要任务中增加了“协助党的委员会组织协调反腐败工作”的内容；在纪委的经常性工作中，增加了“对党员干部行使权力进行监督”和“保障党员权利”的内容。这些新内容对党的先进性和纯洁性提出了更高的要求，有利于中国共产党在新世纪新阶段更好地抓住时代发展机遇，开创中国特色社会主义事业新局面。

2007年，党的十七大审议通过了新的党章。十七大党章对党的纪律建设提出了一系列新理念和新要求，将惩治和预防腐败体系建设作为党的建设的重要内容和纪律建设的重要载体。第一次将“标本兼治、综合治理、惩防并举、注重预防”的党风廉政建设十六字方针写进党章，把党务公开、党代会任期制、巡视等加强监督方面的重大制度和措施写入党章。十七大党章对党风廉政建设的实践经验进行了科学总结和充分肯定，进一步保证党的纪律在党的各级组织中得到有效执行，体现了新时期党坚决反对腐败和推进纪律建设的鲜明态度。

（六）深化发展：党的十八大以来

2012年，党的十八大通过的党章修正案是历史上第16次对党章进行修订。在纪律建设方面，十八大党章在“总纲”部分强调要加强党的执政能力建设、先进性和纯洁性建设，整体推进党的思想建设、组织建设、作风建设、反腐倡廉建设、制度建设，全面提高党的建设科学化水平；在“党的干部”部分，增写了干部选拔监督的内容和领导干部必须具备的基本条件等内容，强调党员领导干部要讲党性、重品行、做表率。这些新规定，补充和完善了党的纪律建设体系，是全体党员必须一体遵循的行动指南，有利于促进全党特别是党的各级领导干部在严格遵守党的纪律方面发挥表率作用。

2017年，党的十九大通过的新党章把纪律建设摆在更加突出的位置，推动了党的纪律建设规范化和科学化。在纪律的定位方面，首次把“纪律建设”纳入新时代党的建设的总体布局中，在党的建设五项基本要求中坚持把纪律挺在前面；在纪律的类型方面，首次在党章中将党的纪律明确为六种类型：政治纪律、组织纪律、廉洁纪律、群众纪律、工作纪律、生活纪律；在党的纪律检查机关的定位和职责方面，将党的各级纪律检查委员会定为党内监督专责机关，协助党的委员会推进全面从严治党。

二、中国共产党百年加强纪律建设的启示

"惟其艰难，方显勇毅；惟其磨砺，始得玉成。"中国共产党在经历100年困难艰险后成为世界上规模最大的执政党并焕发蓬勃生机，其奥秘在于中国共产党始终坚持严明党的纪律，坚持从严治党。中国共产党建党100年来加强纪律建设的艰辛曲折历程及其所积累的经验与教训，对于新时代继续全面加强党的纪律建设，在社会主义现代化强国建设中充分发挥纪律建设标本兼治的作用，提高党的凝聚力和战斗力提供了很多有益的启示。具体来说，主要有以下几方面的启示：

（一）纪律严明是我们党的优良传统与独特优势

国无法不安，党无纪不治。中国共产党是靠革命理想和铁的纪律组织发展壮大起来的马克思主义政党，纪律严明是党的光荣传统和独特优势。党的纪律的极端重要性，使党自成立以来便一贯重视纪律建设，要求每一个共产党员都必须严守党的纪律，执行党的章程，在铁的纪律面前人人平等，所有党员不论职务高低都必须遵守党的纪律，决不允许有凌驾于党的纪律之上的特殊党员。无论任何时期，对党的纪律建设的探索从未停止，这是我们的一大政治优势，也是党面对复杂环境和严峻考验能够稳住船头不断发展壮大的重要原因。百年来中国共产党把各个时期的最重要的纪律建设提炼到权威的党章中，展现共产党人正风肃纪的政治定力和责任担当，使党章在推进党的事业和加强党的建设中发挥了重要指导作用。在全面从严治党的新时代，我们必须把学习研究党章、依规治党的历史作为必修课，把握以党章为根本指南的纪律建设的演进脉络，把纪律严明作为党的优良传统和制度优势，为建成社会主义现代化强国和实现中华民族伟大复兴的中国梦提供强有力的纪律保证。

（二）维护党章权威是加强纪律建设的保障

明制度于前，重威刑于后。严明党的纪律，前提是有纪可依。中国共产党自成立以来，历经革命、建设和改革100年的探索，共召开19次全国代表大会，通过19个党章（党纲、党章修正案），其中有1个党纲、8个党章、10个党章修正案。党章是党的根本大法。马克思、恩格斯认为，党的规章是一个有生命力的党"借以进行活动的法权基础"。习近平总书记要求"每一个共产党员特别是领导干部都要牢固树立党章意识，自觉用党章规范自己的一言一行，在任何情况下都要做到政治信仰不变、政治立场不移、政治方向不偏"，强调"全面从严治党首先要尊崇党章"，坚决维护党章权威。从中国共产党100年建设和发展进程看，党章为不同时期规范党的组织和党员言行、纠正和处置违纪违规行为提供了依据和准绳。权威的党章是维护党的团结统一，贯彻执行党的路线、方针、政策的重要保证；是取得中国革命胜利，确保社会主义建设和改革开放顺利进行的重要保证；是加强党同人民群众的血肉联系，始终保持党的先进性和纯洁性，永葆党的执政地位的重要保证。权威的党章使全面从严治党有规可循、有据可依。

（三）学习与遵守党章是加强纪律建设的基础

理念是行动的先导。一些党员违反党的纪律，一个重要原因就是对党的纪律认识不足，缺乏对党的纪律基本知识的了解与掌握，在新形势下党纪观念淡薄。因此，经常自觉地学习党章及各种党内法规是每个党员的必修课。通过学习，深入理解党的纪

律，切实提高思想认识，严格遵守党的纪律。要认真学，勤思考，持之以恒，真正做到入耳入脑入心；自觉把科学理论当成自己的信仰，自觉做政治上的“明白人”。以党章为纲领，以党纪为准绳，严格要求自己；坚持弘扬正气，坚决捍卫党纪。讲原则、讲团结、讲实干、讲表率、讲正气，切实把对党的忠诚落实到党风廉政建设和反腐败斗争的具体实践中，始终做党章党规党纪的坚定维护者、党的理论和路线方针政策的坚决捍卫者；坚持廉洁奉公，发挥表率作用。时刻把党和人民的利益放在第一位，坚持高尚的精神追求，永葆共产党人的浩然正气，切实处理好种子和土地的关系、鱼儿和水的关系，切实做到“践初心、守初心”，为人民顶起一片天地。

（四）从严执纪是加强纪律建设的关键

令在必信，法在必行。纪律的生命在于执行。规章制度不在于多少，而在于执行是否有力、落实是否到位。如果制定了纪律不严格执行，只能使纪律成为一种软约束或是束之高阁的一纸空文，甚至产生“破窗效应”。历史经验与教训证明，一部好的党章是党的事业顺利发展的重要保障。“文化大革命”时期，党章中所规定的民主集中制原则被粗暴践踏，党的纪律遭到严重歪曲，有纪不执、执纪不严给党内政治生活带来了严重后果，给党和国家带来了深重灾难。相反，党的十八大召开以来，党中央高度重视纪律建设，以党章为履职的根本依据，“守纪律，讲规矩”，把党章中的纪律立起来、严起来，使党风政风焕然一新，党的公信力和权威性大大提升，为党领导全国人民实现社会主义现代化宏伟目标和中华民族伟大复兴的神圣使命奠定了组织和纪律基础。党章党规党纪是面向全党的，上至中央，下至基层，各级党组织都必须贯彻执行，必须以执行为生命。

三、结语

百年来，中国共产党以党章为根本法宝加强党的纪律建设，积极同不正之风和腐败做斗争，取得了明显的成效。一切成就属于过去。在世界百年未有之大变局背景下，我们的党情国情正在发生着深刻的变化，党风廉政建设和反腐败斗争形势依然严峻复杂，党内的“四种危险”时有发生，但中国共产党人一定会继承历史、立足当前、放眼未来，在以习近平同志为核心的党中央坚强领导下，时刻保持政治定力，严明党的纪律，不断开拓进取，不断深入推进党的纪律建设。党的纪律建设永远在路上。

参考文献

［1］中共中央党史研究室. 中国共产党历史［M］. 北京：中共党史出版社，2011.

［2］习近平. 习近平谈治国理政［M］. 北京：外文出版社，2020.

［3］中共中央文献研究室，中央档案馆. 建党以来重要文献选编［M］. 北京：中央文献出版社，2011.

［4］习近平. 在庆祝改革开放 40 周年大会上的讲话（2018 年 12 月 18 日）［N］. 人民日报，2018-12-19.

［5］本书编写组. 中国共产党章程汇编（一大—十八大）［M］. 北京：中共中央党校出版社，2013.

［6］戚义明. 党的纪律建设简史［M］. 北京：中国方正出版社，2018.

[7] 丁俊萍. 党的纪律建设的历史考察 [J]. 武汉大学学报（人文科学版），2016，69（1）：22-27.

[8] 钟宪章. 中国共产党加强纪律建设的历程与经验研究 [J]. 中共福建省委党校学报，2017（4）：40-46.

[9] 段妍，刘俊霞. 改革开放以来中国共产党政治纪律建设历程与基本经验 [J]. 理论探讨，2020（3）.

[10] 崔晓梦. 加强党的纪律建设研究 [D]. 北京：中国石油大学，2015.

（编辑：宋婧琳）

从建党百年看实事求是思想路线的理论内核与价值意蕴

范娟　孙淋

【摘要】实事求是思想路线是我们党从成立之初就始终坚持的重要思想路线，是中国革命、建设和改革事业取得成功的重要法宝，是加快马克思主义中国化进程的思想助推器。作为党的思想路线的实质和核心，实事求是思想路线蕴含的精神原则和实践要求不断转化为中国共产党人的精神养分和行为自觉，成为中国共产党人的理论武器和实践力量。在新时代，更要以实事求是思想路线为正确的思想方法和工作方法，不断推进党的事业奋勇向前。

【关键词】中国共产党；实事求是；思想路线

【作者简介】范娟，女，1994年生，硕士，川南幼儿师范高等专科学校思政教学部教师，主要从事思想政治教育研究；孙淋，女，1994年生，硕士，重庆文理学院马克思主义学院教师，主要从事网络思想政治教育研究。

实事求是思想路线是党的生命线，是党的指导思想的灵魂。从建党百年的历史进程来看，党带领人民奋勇向前、接续奋斗，不断取得辉煌成就，靠的就是实事求是思想路线的方向指引。作为中国共产党的思想方法和工作方法，在新时代条件下，必须紧紧围绕在以习近平同志为核心的党中央周围，在推进中国特色社会主义事业建设、实现“两个一百年”奋斗目标和中华民族伟大复兴中国梦的伟大征程中坚持和发展实事求是的思想路线，持续推进党的建设新的伟大工程。

一、实事求是思想路线的实践探索：推进马克思主义中国化的历史进程

思想引领方向，理论指引行为。在马克思主义中国化的历史进程中，实事求是的思想路线经过不断实践验证，逐渐成为党和国家确立的正确的思想路线。建党百年的实践反复证明，实事求是思想路线的提出和确立、丰富和发展的过程就是中国共产党人积累历史经验、追求客观真理的过程。实事求是思想路线的发展贯穿我们党探索马克思主义中国化的发展进程，历经一代代中国共产党人的不断探索和深入实践，实事求是思想路线的内涵得到不断丰富、发展和完善。

（一）提出与确立阶段：艰辛探索中国革命和建设道路

思想路线必须经过人民实践检验和证明才具有真理性。实事求是思想路线的变化往往与实践发展是环环相扣、紧密结合的。实事求是思想路线的提出和确立过程，就

是党带领人民不断艰辛探索中国革命道路，推进社会主义建设的过程。1929 年 6 月，毛泽东在分析党内存在的种种错误思想时，第一次使用了“思想路线”这一概念。1930 年 5 月，毛泽东在《反对本本主义》一文中提出，“马克思主义的‘本本’是要学习的，但是必须同我国的实际情况相结合”，“没有调查，就没有发言权”①，强调要在革命实践和调查研究中开创新局面。1937 年 4 月，毛泽东撰写《实践论》和《矛盾论》，对革命经验进行总结，并从哲学角度阐述了为什么要实事求是和怎样才能做到实事求是的基本道理，为实事求是思想路线的提出奠定了理论基础。1938 年 9 月，党的六届六中全会召开，毛泽东在《论新阶段》的政治报告中第一次使用了“实事求是”的概念。随后，在《中国共产党在民族战争中的地位》和《新民主主义论》这两部著作中，毛泽东明确提出了“实事求是”这个命题。1941 年 5 月，毛泽东在高级干部会议上做了《改造我们的学习》的报告，第一次对“实事求是”的科学内涵作了马克思主义的界定：“实事”就是客观存在着的一切事物，“是”就是客观事物之间的内部联系即规律性，“求”就是我们去研究②。后来，经过延安整风运动，实事求是的思想路线得到进一步阐明，全党的思想达到了高度统一。在中共七大会议上，“实事求是”被正式写入党章，实事求是思想路线在全党得到确立。在实事求是思想路线指引下，经过党和人民的不断努力，1949 年 10 月新中国成立，一个崭新的国家屹立于世界；1954 年宪法的制定、颁布与实施，使我国逐渐确立了社会主义根本政治制度和基本政治制度；1956 年底，社会主义改造基本完成，我国社会经济结构发生了根本变化，社会主义公有制已成为我国社会的经济基础。

（二）重新确立阶段：初步探索中国特色社会主义道路

实事求是思想路线是在党和人民的不断实践中得来的，同时又指导着党和人民在具体实践中摸索前进，实现胜利。在“大跃进”和“文化大革命”时期，由于急躁冒进的“左”倾现象和“两个凡是”错误思想的禁锢，实事求是的思想路线未能得到有效的贯彻和落实，党的事业遭到不同程度的打击。1977 年 5 月，邓小平敏锐地察觉到“两个凡是”的要害，对“两个凡是”进行了否定，并指出实事求是才是毛泽东思想的精髓，党内必须要重新确立这一思想路线。1978 年 12 月 13 日，邓小平强调了解放思想的极端重要性。他在《解放思想，实事求是，团结一致向前看》的讲话中指出：“一个党，一个国家，一个民族，如果一切从本本出发，思想僵化，迷信盛行，那它就不能前进，它的生机就停止了，就要亡党亡国。”③ 随着党的十一届三中全会的召开，我们党全面实现了思想路线的拨乱反正，重新确立了“解放思想，实事求是”的思想路线，使人们挣脱了教条主义和个人崇拜的束缚。党的思想路线逐步完善为实事求是，一切从实际出发，理论联系实际，坚持实践是检验真理的唯一标准。在改革开放的伟大实践中，党坚持和完善实事求是思想路线，汲取经验与教训，初步进行了中国特色社会主义道路的探索，广大人民逐步提高了理论自觉和文化自觉的理论素养，共同助力中华民族伟大复兴美好目标的实现。

（三）丰富与完善阶段：推进中国特色社会主义伟大征程

理论不是一成不变的潭中水，而是需要根据时代发展、客观现实和社会实践不断

① 毛泽东. 毛泽东文集：第 2 卷［M］. 北京：人民出版社，1993：382.

② 毛泽东. 毛泽东文集：第 2 卷［M］. 北京：人民出版社，1993：801.

③ 邓小平. 邓小平文选：第 2 卷［M］. 北京：人民出版社，1994：143.

丰富与完善的活水。实事求是思想路线经过实践不断检验，其内涵得到不断丰富和拓展。2000年，针对我国发展处于关键时期、改革处于攻坚阶段所带来的巨大挑战和面临的艰巨任务，以江泽民为代表的中国共产党人赋予实事求是思想路线新的时代内涵——与时俱进，强调用发展的眼光对待新情况、解决新问题。“我们必须坚持党的一切从实际出发，解放思想，实事求是的思想路线，紧跟时代发展的潮流，不断研究新情况，解决新问题，形成新认识，开辟新境界。”① 2001年，在庆祝中国共产党成立80周年大会上的讲话中，江泽民指出：“解放思想、实事求是，是引导社会前进的强大力量。社会实践是不断发展的，我们的思想认识也应不断前进，应勇于和善于根据实践的要求进行创新。”② 随后，党的十六大会议通过的《中国共产党章程》明确地对思想路线做出了新的表述：要坚持解放思想，实事求是，与时俱进。

实事求是的思想路线具有认识导向、思想引领和方法指导的重要作用。从党的十六大召开以来，以胡锦涛为代表的中国共产党人继续坚持、深化和发展实事求是的思想路线。2004年1月，胡锦涛根据各方面的工作实际和干部、群众的思想实际，深刻阐述了大力弘扬求真务实精神、大兴求真务实之风的重要性。求真务实精神符合我们党的马克思主义思想路线，是对党的十一届三中全会以来解放思想、实事求是、与时俱进思想路线的进一步深化和具体拓展，为社会主义建设提供了新思路，进一步推进了马克思主义中国化进程。

（四）深化发展阶段：开创新时代中国特色社会主义崭新局面

追求思想进步和实践发展是永无止境的话题和趋势，坚持解放思想、实事求是的思想路线也是永无止境的。党的十八大召开以来，以习近平为代表的中国共产党人继承马克思主义优良传统，持续发扬实事求是的思想路线，创造性地建设新局面，中国特色社会主义进入新时代。在新的历史方位和时代条件下，世情国情党情变化万千，社会主要矛盾发生转变，新的风险和挑战接踵而至，想要继续推进马克思主义中国化进程，需要自觉坚定实事求是的信念、增强实事求是的本领，时时处处把实事求是牢记于心、付诸行动③。立足新时代，党中央坚持实事求是的思想路线，在治党治国治军、内政外交国防和改革发展稳定等不同方面和各个领域进行了一系列创新探索，确立了“四个全面”战略布局和“五位一体”总体布局，开展了一连串波澜壮阔的伟大实践活动，切实推进改革不断深入。

二、实事求是思想路线的精神品质：中国共产党人的理论武器和实践力量

思想路线是人们认识世界和改造世界必须遵循的基本原则。实事求是思想路线作为马克思主义政党思想路线的核心内容，指引着中国共产党人不懈奋斗，铸就崭新的探索历程，创造辉煌的历史成就。从建党百年来看，一代代中国共产党人不忘建党初心、牢记历史使命，立足中国客观实际，把实事求是思想路线作为其理论武器和实践力量，在艰苦奋斗中不断推动实现中华民族伟大复兴。

（一）中国共产党人正确认识世界和成功改造世界的逻辑出发点

认识世界和改造世界是人类活动的两大基本方式。认识世界是改造世界的基础和

① 江泽民. 论“三个代表”［M］. 北京：中央文献出版社，2001：46-47.

② 江泽民. 论“三个代表”［M］. 北京：中央文献出版社，2001：166-167.

③ 习近平. 习近平谈治国理政［M］. 北京：外文出版社，2014：26.

前提；改造世界是认识世界的目的和归宿。人们只有正确分析和把握事物内在的、本质的、稳定的、必然的联系，按照事物本来的面貌去认识事物，获得对客观世界的正确认识，才能有效地改造世界。实事求是思想路线作为马克思主义活的灵魂，既包含了认识世界的具体要求，又指明了改造世界的基本方法。一方面，中国共产党人在坚持辩证唯物主义世界观的理论前提下，从我国实际出发，不断探索适合中国的发展道路，探寻符合中国实际情况的发展规律，力求掌握客观真理；另一方面，中国共产党人立足党和人民的真实关切，以实事求是思想路线为逻辑出发点，正确认识我国在世界中所处的国际地位、判断我国社会发展的历史阶段，力求带领人民不断改造客观世界，共同推进共产主义目标的实现，在不断探索中实现质的飞跃。

（二）中国共产党人制定正确的路线、方针和政策的根本立足点

马克思、恩格斯曾指出，“由于判断的盲目，甚至最杰出的人物也会根本看不到眼前的事物”①。可见，如果缺乏对客观现实状况的深刻了解，对客观事物做出错误判断，可能会出现决策失误而导致人民群众利益受到损害的后果，这也印证了选择正确的路线、方针、政策的重要性。需要注意的是，正确的路线、方针、政策必须基于对客观事物进行准确的判断，对客观规律进行正确把握。想要实现这一环节，其根本立足点就在于坚持实事求是的思想路线，它要求立足客观实际和发展规律，切勿“乱花渐欲迷人眼”昏了头。实事求是思想路线是中国共产党克服困难、应对挑战的一剂良药，是中国共产党人坚定方向、开辟道路的源头活水。作为中国共产党人的基本思想方法、工作方法、领导方法，能够正确指导中国共产党人在探索中国实际的过程中制定出符合客观规律的、科学的、有效的路线、方针和政策。从建党百年的历史进程中可以看到，坚持实事求是思想路线，党的事业得到不断发展和进步，人民生活水平不断提升。特别是党的十八大召开以来，随着实事求是思想路线的内涵和要求不断深化，以习近平同志为核心的党中央依据中国实际和客观规律，以习近平新时代中国特色社会主义思想为指引，制定了符合中国国情的路线、方针、政策，推动了马克思主义中国化进程，中华民族正在稳步前进！

（三）中国共产党人坚守初心和实现使命的强大支撑点

为中国人民谋幸福，为中华民族谋复兴，是中国共产党人的初心和历史使命。建党百年以来，中国共产党人在正确认识客观现实的基础上，坚持实事求是思想路线，以人民群众利益为本，积极回应群众关切，努力为人民幸福、民族复兴而不懈奋斗。一方面，幸福的实现归结于需求的满足。人民的需求是最大的客观实际，人民幸福的实现需要中国共产党人深入人民群众，探索人类社会发展的内在规律，依据历史环境、时代特征、社会条件的变化，准确把握人民的需求这个最大的客观现实，制定出符合实际、更为精准的举措和对策，助力美好目标实现；另一方面，民族的复兴离不开艰苦的奋斗。民族复兴的实现需要中国共产党人在奋斗的实践进程中，探索社会主义建设和发展的内在规律，根据历史发展趋势和时代发展潮流，准确把握国家和社会所处的历史方位和发展阶段，有效应对前进道路上的各种困难和风险，实现中华民族的伟大复兴。

① 马克思，恩格斯. 马克思恩格斯选集：第4卷［M］. 北京：人民出版社，2012：469.

三、实事求是思想路线的理论特质：中国革命、建设和改革事业取得成功的重要法宝

实事求是思想路线是创造历史伟业、推进社会进步的思想保证，集中表现在对时代主题的认识和客观规律的把握上。习近平指出："我们党是靠实事求是起家和兴旺发展起来的。"① 立足建党百年，党坚持贯彻实事求是的思想路线，不断带领人民披荆斩棘，战胜重重阻碍，在指导新民主主义革命、社会主义建设和改革开放的历史进程中，发挥了不可替代的决定性作用，使中国不断实现"站起来""富起来""强起来"的伟大飞跃，屹立于世界民族之林。历史发展的宝贵经验与生动实践证明，无论在任何时间、地点和条件下，我们都必须始终不渝地坚持实事求是的思想路线。

（一）坚持实事求是思想路线，我们自信地"站起来"

"站起来"意味着一个国家不再被欺负和挨打，意味着一个民族不再受欺凌和压迫，意味着人民不再受剥削和奴役。在新民主主义革命时期，以毛泽东为代表的中国共产党人在解决中国革命的具体实践中提出和确立了实事求是的思想路线，根据半殖民地半封建社会的基本国情和中国农村人口占全国人口80%以上的实际情况，带领人民走农村包围城市、武装夺取政权的中国革命道路，建立了新中国。新中国成立后，面对严峻的国内形势和落后的社会生产，我们党结合新民主主义社会这一过渡性社会形态的特点，制定出适合中国的社会主义改造政策。1956年底，社会主义改造基本完成，我国进入社会主义初级阶段，为我们"站起来"提供了经济支撑；结合我国人民民主政治建设的实践，以1954年宪法为标志，我国逐渐确立了社会主义根本政治制度和基本政治制度，为我们"站起来"提供了政治保证。因此，我们能自信地"站起来"，原因就在于我们党自始至终坚持实事求是的思想路线。

（二）坚持实事求是思想路线，我们稳步地"富起来"

"富起来"意味着一个国家经济的迅速发展，意味着一个民族实力的稳固崛起，意味着人民生活的丰衣足食。在改革开放和现代化建设进程中，针对各界存在的不同意见和各种顾虑，以邓小平为代表的中国共产党人立足实际，坚持实事求是思想路线，运用调查研究开展国内实地调研、国外考察访问。正是在对国内和国际发展实情深刻把握的基础上，党的领导人在关键时刻做出实行家庭联产承包责任制、发展乡镇企业、创办经济特区、引进外资等重大决策。同时，党的领导人创造性地提出社会主义初级阶段理论和社会主义市场经济理论等重要理论。从改革开放以来，我国以世界上少有的速度实现了持续快速发展，经济总量大幅跃升，人民生活水平得到显著提高，改变了过去忍饥挨饿、缺衣少粮的窘迫生活。2020年，我国脱贫攻坚战取得了全面胜利，区域性整体贫困得到解决，完成了消除绝对贫困的艰巨任务。可见，我们能稳步地"富起来"，原因就在于我们党矢志不渝地坚持实事求是的思想路线。

（三）坚持实事求是思想路线，我们逐渐地"强起来"

"强起来"意味着人民对美好生活的向往和不平衡不充分的发展这一社会主要矛盾的解决，意味着把我国建设成为富强民主文明和谐美丽的社会主义现代化强国，意味着实现中华民族伟大复兴的中国梦。随着时代的发展，实事求是思想路线被赋予与时

① 习近平. 坚持实事求是的思想路线［N］. 学习时报，2012-05-28.

俱进、求真务实、开拓创新的理论内涵，并在推进中国特色社会主义事业蓬勃发展中发挥着思想引领的重要作用。立足新时代，以习近平为代表的中国共产党人根据我国所处历史方位的变化和面临的新情况、新问题、新挑战，坚持以人民为中心，在持续的创造和实践中开创了中国特色社会主义事业新局面，使中国特色社会主义建设事业取得了举世瞩目的成就。因此，我们能逐渐地“强起来”，原因就在于我们党一以贯之地坚持实事求是的思想路线。

四、实事求是思想路线的时代要求：坚持实事求是思想路线的思想方法和工作方法

中国共产党坚持实事求是的思想主线，带领人民不断披荆斩棘，实现“站起来”“富起来”“强起来”的伟大飞跃。立足新时代，发展中国特色社会主义事业更为复杂、更为艰巨；面对百年未有之大变局，我们要应对的风险和挑战更加严峻，这对我们能否坚持不懈地贯彻和执行党的实事求是思想路线提出了更高的要求。而要做到一如既往地坚持实事求是的思想路线，必然离不开正确的思想方法和工作方法。

（一）坚持正确思路，培育科学思维

思路决定出路，思维水平决定工作水平①。建党百年的历史经验表明，党在不同历史阶段立足实际、着眼现实，从人民群众利益出发，坚持理论联系实际，在不断探索中求真、求实、求发展，这正是坚持实事求是思想路线的突出体现。在新时代条件下，丰富和完善实事求是的思想路线，需要坚持正确的思路，培养科学思维能力。要坚持马克思主义的指导思想，扎扎实实推进马克思主义中国化、时代化、大众化；树立大局意识和全局眼光，用战略思维和辩证思维看待客观现实；透过现象把握本质，用全面、联系、发展的观点看待问题、掌握规律；坚持一切从实际出发，理论联系实际，做理论的宣传者、真理的发现者和实践的执行者；树立问题意识，注重推陈出新、开拓创新，以历史思维和创新意识推进党和国家各项建设。

（二）深化理论学习，增强学习能力

理论是行动的先导，正确的理论能有效指引行为。重视学习一直是我们党一贯坚持的优良作风，也是贯彻实事求是思想路线的内在要求。在建党百年的历史征程中，我们党注重理论的学习和经验的积累，通过持续不断的理论输入和实践输出，全面推进着社会主义建设。着眼新的时代要求，坚持实事求是思想路线不能因循守旧、停滞不前，而是需要进一步增强自身知识储备和实践能力。一方面，要深化对马列主义经典著作的理论学习。通过原原本本、认认真真地研读马列主义经典著作，熟练掌握其精髓与要义，夯实马克思主义理论功底；另一方面，要持续加强对马克思主义中国化的理论成果、政策方针等的学习，注重考虑局部和全局、当前和长远、主要和次要等关系链条，增强自身学习能力，为权衡利弊、战略抉择提供内在根基。

（三）提高党性修养，做到公而忘私

中国共产党是一个勇于自我革命的马克思主义政党，实事求是思想路线贯穿于党内政治生活始终。党员干部作为党内政治生活的肌体细胞，经过不断的理论学习和实

① 中共中央宣传部. 习近平总书记系列重要讲话读本［M］. 北京：人民出版社，2014：187.

践锻炼，其党性修养已得到显著提升。在新时代条件下，党内外环境复杂多变，实事求是思想路线的贯彻执行难度增加，强化党员干部的党性修养迫在眉睫。习近平指出："领导干部必须带头加强党性修养，带头践行全心全意为人民服务的根本宗旨，为了人民利益敢于坚持真理、修正错误，自觉为党分忧、为国尽责、为民奉献，以坚强的党性来保证做到实事求是。"① 换言之，党员干部有没有坚持实事求是，是党员干部党性纯不纯、强不强的一个重要体现。党员干部要做到实事求是，必须提高党性修养，坚持一切以最广大人民的利益和党的事业为重。因此，坚持实事求是的思想路线，需要坚定的理想信念，树立坚定的马克思主义信仰和共产主义信念，自觉树立以人民为中心的发展思想；加强党性锻炼，自觉接受最先进的党性教育，注重批评与自我批评；努力做到公而忘私，不计较个人的得失，把大多数人的利益放在前，把个人的私利放在后，树立先天下之忧而忧、后天下之乐而乐的博大胸襟和为民情怀。

（四）加强实践锻炼，做好调查研究

马克思主义认识论认为，实践是认识的来源，是检验真理的唯一标准。想要获得对客观事物的正确认识就必须深入到实践中去，把握事物的本质。在中国特色社会主义伟大实践中，调查研究的实践方式成为贯彻实事求是思想路线的根本方法和实践来源，成为把握工作实际、制定正确路线方针政策的重要传家宝。从某种意义上讲，调查研究的过程就是实事求是的过程。"党的实事求是的思想路线，党的从群众中来、到群众中去的工作路线，都要求我们必须始终坚持和不断加强调查研究。"② 具体来看，一方面，调查研究不能流于表面和形式，要敢于迈开步子、勇于走出屋子，深入到群众中去了解民情、反映民意、集中民智；另一方面，要着眼于实际存在的情况，坚持以问题为导向，用科学的调查方法进行全面准确的调查研究，不断地发现问题、分析问题和解决问题，力图达到实事求是的目标要求。

参考文献

[1] 习近平. 习近平谈治国理政 [M]. 北京：外文出版社，2014：25.

[2] 马克思，恩格斯. 马克思恩格斯选集：第4卷 [M]. 北京：人民出版社，2012：469.

[3] 毛泽东. 毛泽东文集：第2卷 [M]. 北京：人民出版社，1993：382.

[4] 邓小平. 邓小平文选：第2卷 [M]. 北京：人民出版社，1994：143.

[5] 习近平. 谈谈调查研究 [N]. 学习时报，2011-11-21.

[6] 董振华，谷耀宝. 论实事求是的思想路线 [J]. 理论学刊，2020（5）：40-50.

[7] 金民卿. 实事求是的思想史渊源及其创造性提升 [J]. 西北工业大学学报（社会科学版），2020（2）：8-15.

[8] 刘超. 实事求是是马克思主义中国化的精髓和灵魂 [J]. 中共南昌市委党校学报，2019，17（4）：22-25.

[9] 杨基燕，杨建军. 实事求是思想路线的精神文化属性 [J]. 思想战线，2014（1）：135-137.

① 习近平. 坚持实事求是的思想路线 [N]. 学习时报，2012-05-28.

② 习近平. 谈谈调查研究 [N]. 学习时报，2011-11-21.

［10］张明军. 实事求是：实现中华民族伟大复兴的根本思想保证［J］. 理论探讨，2019（1）：5-10.

［11］陈国平. 习近平关于坚持实事求是的思想论述［J］. 思想政治教育研究，2017（6）：30-35.

［12］杨奎，韩华. 实事求是思想路线的理论意蕴与时代要求［J］. 中国特色社会主义研究，2014（1）：107-110.

（编辑：宋婧琳）

中国共产党建党精神的生成逻辑、鲜明特征、时代价值

李淋

【摘要】建党精神是中国共产党百年奋斗征程的精神凝练，蕴藏着党的红色基因。作为党的革命精神之源的建党精神，其形成源自中华民族救亡图存的不懈探索、源自马克思主义真理的广泛传播、源自早期共产党人的建党实践，具有持续的先进性、突出的实践性、彻底的革命性、鲜明的人民性等特征。在新的历史条件下，我们要大力弘扬和传承建党精神，为推动伟大工程（党的自身建设）建设提供重要借鉴，为推动伟大事业（中国特色社会主义）建设提供强大精神动力，为实现伟大梦想（民族复兴中国梦）凝心聚力。

【关键词】建党精神；生成逻辑；鲜明特征；时代价值

【作者简介】李淋，女，1998年生，西南财经大学马克思主义学院硕士研究生，主要从事思想政治教育理论与实践研究。

中国共产党在百年奋斗历程中，形成了一系列内涵丰富的革命精神。建党精神以“坚持真理、坚守理想，践行初心、担当使命，不怕牺牲、英勇斗争，对党忠诚、不负人民”为主要内容，是中国共产党精神谱系的发端，是党的革命精神之源。建党精神作为历史发展的产物，具有历史性；但作为一个开放的体系，又具有时代性。在新的时代条件下，弘扬和传承建党精神，需要深入挖掘其生成逻辑、鲜明特征、时代价值，需要在实践中践行建党精神，使党的红色精神永续流传。

一、中国共产党建党精神的生成逻辑

伟大的精神形成于伟大的实践中。近代中国身处内忧外患之中，社会动荡，民不聊生，无数仁人志士试图改变中国前途命运，但都以失败告终。20世纪早期，部分有识之士开始认识和了解马克思主义，并与工人联合开展革命运动，催生了中国共产党，也在革命进程中孕育了建党精神。

（一）历史逻辑：源自中华民族救亡图存的不懈探索

第一次鸦片战争后，帝国主义对中国展开多方面的侵略，传统中国的小农经济逐渐解体，各式农民运动受到清政府和外国势力的无情镇压，中国人民身处黑暗和压迫之中。在深重的民族危难之际，中国社会各阶级进步人士开始投身挽救民族危亡的历史实践，构成了建党精神形成的历史渊源。

为改变近代中国的前途命运，各阶级中的进步成员开始寻求救国良方。以农民阶级代表人物为主要领袖的太平天国运动和义和团运动虽给腐朽的清政府和外国侵略者以强烈打击，但农民阶级自身的局限性注定了运动的失败。无论是地主阶级代表人物开展的“中体西用”自强运动，还是改良派主导的戊戌维新宪政运动，抑或是以孙中山为代表的资产阶级革命运动，均无法改变失败的命运。早期进步分子开始认识到，旧式农民运动、资产阶级领导的革命运动、不触动封建根基的自强运动，或者是照搬西方的政治制度，根本无法解决近代中国的主要矛盾。他们逐渐从实践中深刻意识到，只有马克思主义才是拯救中国的科学理论，只有无产阶级才是中国革命的领导阶级，从而坚定了建立无产阶级革命政党的决心，为建党精神的形成提供了深厚的历史营养。

（二）理论逻辑：源自马克思主义理论在中国的广泛传播

19 世纪末，中国的知识分子通过日本的翻译著作开始认识马克思及其学说，但并未对其进行系统了解。直到“十月革命”胜利之后，早期进步成员才开始选择和认识这一科学理论。

马克思主义能够在中国广泛传播，与李大钊等一批先进知识分子的努力密切相关。在《BOLSHEVISM 的胜利》一文中，李大钊以独特的历史眼光指出：“试看将来的环球，必是赤旗的世界。”① 除李大钊之外，李达、杨匏安、李汉俊等也发表了介绍马克思主义的文章，这也预示着中国的先进分子逐渐开始选择马克思主义。

五四爱国运动的爆发，加之“十月革命”的影响在中国逐渐扩大，越来越多的知识分子开始转向研究马克思主义。吴玉章这样回忆道：“通过十月革命和五四运动的教育，必须依靠下层人民，必须走俄国人的道路，这种思想在我头脑中日益强烈、日益明确了。”② 这一时期，工人阶级作为一种新的革命力量开始崭露头角，为马列主义的传播提供了群众基础。为了能更好地鼓动工人阶级奋起开展革命运动，这些进步成员深入工人内部开展调查研究、办工会、创办工人学校，同时还创办大量供工人阅读的通俗刊物，翻译马克思和恩格斯的相关著作。据不完全统计，《劳动音》《东方杂志》《每周评论》《新青年》等 400 多个刊物都刊发了大量宣传马克思主义的文章。随着马克思主义在下层民众中的影响逐渐扩大，各地工人运动情绪逐渐高涨，共产党早期组织的成立成为必然趋势，建党精神也萌芽于这一历史进程中。

（三）现实逻辑：源自早期中国共产党人的建党实践

俄国社会主义革命的成功实践和近代中国的悲惨命运使中国人民逐渐意识到，建立无产阶级革命政党是中国革命取得胜利的关键性因素。1920 年初，就有人开始呼吁要联合劳动人民建立自己的政党。随着这种呼声越来越高，在中国建立人民的政党成为必然趋势。

1920 年 2 月，陈独秀从上海返回天津之后，开始走进工人群体，深入工人内部开展调查研究，了解工人罢工情况。他出版了《劳动节纪念号》专刊，用以刊发全国各地工人运动和劳动组织的情况。此时的陈独秀已经深刻认识到了劳动群众的推动作用，逐渐走上与工人相结合的道路。1920 年 4~5 月，维经斯基来华，同陈独秀等人商讨了建党问题，在时间上推动了建党进程。1920 年 6 月，他与俞秀松、施存统等人商议之

① 中共中央党校党史教研室. 中共党史参考资料（一）党的创立时期［M］. 北京：人民出版社，1919：55.
② 吴玉章. 吴玉章回忆录［M］. 北京：中国青年出版社，1978：112.

后，决定成立共产党组织。在各种条件具备的前提下，陈独秀等人于1920年8月在上海成立了党的第一个早期组织，会上起草了党的纲领，确定陈独秀担任书记，并将党的名称确定为“中国共产党”。第一个早期组织的成立表明共产党人对马克思主义的认识迈向了新的更高的层次。随后，北京、武汉、济南、长沙等地都纷纷成立了党的早期组织。这些早期组织承担起了研究和宣传马克思主义、助推工人运动、团结和教育革命青年等工作，为党的正式成立做了组织上和舆论上的准备。如果说中共一大的召开标志着党的诞生，那么中共二大制定党的民主革命纲领，逐渐完善党的领导机构，则意味着党顺利完成了创建工作。中国共产党的一系列建党活动，不仅孕育形成了建党精神，也勾勒出了建党精神的基本要素。

二、中国共产党建党精神的鲜明特征

建党精神是对党百年奋斗历史的整体抽象，淬炼于不同历史发展时期，具有鲜明的时代特性。坚持真理、坚守理想呈现出建党精神持续的先进性；革命先驱在实践中孕育、在实践中践行、在实践中发展党的初心和使命，体现出建党精神突出的实践性；中国共产党人不怕牺牲、不惧困难的斗争精神彰显出建党精神彻底的革命性；中国共产党人忠于组织、忠于人民，不负于党、不负于人民，展现了建党精神鲜明的人民性。

（一）持续的先进性

建党精神是早期革命先驱建党实践的精神结晶，其先进性体现在对马克思主义真理的坚持和对共产主义理想的坚守上。马克思主义是中国共产党认识规律、改造世界的科学理论指南。在国家和民族危难之际，各种思想和救国方案相互碰撞，早期革命先驱从俄国社会革命的成功实践中体悟到了马克思主义救国强国的真理力量，从众多理论中选择了马克思主义，并将其作为立党兴国的指导思想。中国共产党正是在马克思主义的指导之下，才正确把握了历史发展方向、顺应了历史发展大势，中国人民和中华民族才逐渐走向光明。“中国共产党是中国无产阶级政党。他（它）的目的是要组织无产阶级，用阶级斗争的手段，建立劳农专政的政治，铲除私有财产制度，渐次达到一个共产主义的社会。”① 中国共产党一直以实现共产主义为最高纲领，无论身处革命顺境还是逆境，无论面临外部挑战还是内部风险，都始终如一坚守理想信念，铭记自身初心和使命。建党精神将坚持真理与坚守理想相统一，既展现了建党精神的先进性，也展现了中国共产党的先进性。建党精神是中国共产党的先进性在精神和文化上的表达和呈现，其先进性成为指引中国人民攻坚克难的精神动力。

（二）突出的实践性

建党精神作为中国共产党精神之源，产生于实践，践行于实践，发展于实践，其实践性主要体现在党“践行初心，担当使命”的历史过程中。建党精神作为一种社会意识，有其产生的特定社会历史背景。20世纪20年代初期，民族蒙羞、人民蒙难，无数革命先驱投身于救亡图存的革命探索之中，构成了建党精神产生的现实基础。中国共产党在成立之时就表明共产党“应当是无产阶级中最有革命精神的大群众组织起来

---

① 中共中央文献研究室，中央档案馆. 建党以来重要文献选编（1921—1949）：第1册［M］. 北京：中央文献出版社，2011：133.

为无产阶级之利益而奋斗的政党，为无产阶级做革命运动的急先锋”①，“我们既然是为无产群众奋斗的政党，我们便要‘到群众中去’要组成一个大的‘群众党’”②。中国共产党对初心的践行、对使命的担当不只体现在书面的表达之中，更体现在共产党人的实践活动之中。“践行初心、担当使命”的建党精神作为一个开放的发展体系，体现在不同历史时期共产党人的革命实践之中，以立体化的方式通过不同的精神呈现出来，共同构成党的精神谱系。建党精神在党革命、建设和改革各个历史时期得到践行、检验和发展，形成了诸如红船精神、延安精神；抗美援朝精神、焦裕禄精神；小岗精神、特区精神；九八抗洪精神、青藏铁路精神；脱贫攻坚精神、工匠精神等一系列革命精神。建党精神将践行初心、担当使命相统一，既能保证共产党人在践行初心和担当使命的进程中打破时间和空间的界限，使党的红色血脉赓续相传，也能保证党的红色基因不变色、不变味、不变质。

（三）彻底的革命性

不怕牺牲、英勇斗争，就是要始终意志坚定、保持积极向上的斗争精神，毫无畏惧地面对前进道路上的风险和挑战，建党精神呈现出彻底的革命性。近代以来，实现中华民族伟大复兴成为无数革命先驱不懈探索的奋斗主题，国家不独立、人民不解放，何谈民族复兴伟业？为此，中国共产党领导广大工农群众开展革命运动，在革命进程中展现出彻底性和革命性。中国共产党在早期的文件中表明“党的根本政治目的是实行社会革命”③，“在政治斗争中，在反对军阀主义和官僚制度的斗争中，在争取言论、出版、集会自由的斗争中，我们应始终站在完全独立的立场上，只维护无产阶级的利益，不同其他党派建立任何关系”④。由此可知，党在革命之初就保持自身独立性，坚持独立自主的原则，展现出革命的彻底性和坚决性。为消除内乱、建设国内和平，打倒列强、实现民族独立，中国共产党人积极投身于土地革命战争、抗日战争和解放战争的洪流之中，无数英烈牺牲在战斗一线，用鲜血换来了和平和民主，展现出了英勇的斗争精神。建党精神的革命性还体现在党勇于自我革命。坚持自我净化、加强自我革新一直是党的优良传统。在党的百年历史进程中，经历了以八七会议、遵义会议、延安整风运动、“两个务必”整风整党运动、“文化大革命”结束后的全面拨乱反正运动、党的十八大以来全面从严治党为主要代表的具有重大历史意义的自我革命。建党精神将“不怕牺牲、英勇斗争”相结合，既凝练了中国共产党人在社会革命和自我革命进程中所展现出的不怕牺牲、革命斗争精神，也展现出了革命先驱在创建中国共产党的历史进程中所展现出的彻底的革命性，成为中国人民不懈奋斗的不竭动力源泉。

（四）鲜明的人民性

“对党忠诚、不负人民”，就是要忠于党组织、忠于人民，建党精神体现出深厚的

① 中共中央文献研究室，中央档案馆. 建党以来重要文献选编（1921—1949）：第 1 册［M］. 北京：中央文献出版社，2011：162.

② 中共中央文献研究室，中央档案馆. 建党以来重要文献选编（1921—1949）：第 1 册［M］. 北京：中央文献出版社，2011：162.

③ 中共中央文献研究室，中央档案馆. 建党以来重要文献选编（1921—1949）：第 1 册［M］. 北京：中央文献出版社，2011：1.

④ 中共中央文献研究室，中央档案馆. 建党以来重要文献选编（1921—1949）：第 1 册［M］. 北京：中央文献出版社，2011：6.

人民情怀，具有鲜明的人民性。人民性是马克思主义的鲜明特征。作为用马克思主义理论武装起来的无产阶级政党，中国共产党深刻认识到人民群众在创造世界历史中的推动作用。因而，作为为无产阶级之利益而奋斗的中国共产党，旗帜鲜明地将人民的利益置于首位，从不代表除无产阶级以外任何阶级的利益。中国共产党这种无私奉献的人民性，源自党的性质和宗旨，源自党对初心的坚守、对使命的践行。中国共产党作为为无产群众而奋斗的政党，植根于人民群众的深厚土壤。不负人民，不负群众就是要对人民负责、为人民造福。党成立以来，始终恪守“人民至上”的价值立场，扎根于人民，为人民做贡献。建党精神将对党忠诚与不负人民相结合，实现了党性与人民性的高度统一，印证着中国共产党为人民谋幸福的价值追求。从为人民服务，到以人民为中心，中国共产党始终将“人民”二字刻在心上，践行在实践中，人民性也成为中国共产党建党精神的主线特征。

三、中国共产党建党精神的时代价值

建党精神是党在革命早期形成的一种精神风貌，构成了一个完整的价值体系，其历史价值不受时空限制，而是跨越历史阶段的。建党精神为推动伟大工程建设提供了重要借鉴，为推动伟大事业建设提供了强大精神动力，为实现伟大梦想凝心聚力。

（一）建党精神为推进伟大工程建设提供了重要借鉴

建党精神是中国共产党革命实践在社会意识上的体现，不仅体现了马克思主义建党学说，更能为新时代加强党的建设提供重要借鉴。

首先，将政治建设放在党的建设首位。旗帜鲜明讲政治是中国共产党的一贯要求，中共一大纲领明确规定共产党员要“承认党的根本政治目的是实行社会革命”[①]“承认无产阶级专政”[②]，呈现出了鲜明的政治立场。进入新时代，习近平多次要求共产党员坚持真理，坚持党中央的领导，做政治上的明白人。因此，全面从严治党，必须提高党员政治思想水平，强化党员政治担当，坚定党员政治信念，恪守政治原则，将党建设成为先进的革命型政党。

其次，要强化组织建设。中共一大通过的《中国共产党纲领》中，对接收新党员的手续、地方委员会的组织制度提出了明确要求。毛泽东同志也指出：“一个政党要引导革命到胜利，必须依靠自己政治路线的正确和组织上的巩固。”[③] 在当前，加强组织建设，要制定严格的组织制度，明确党员组织纪律，建立更加完善更加严格的组织体系，将党建设成为纪律严明的政党。

最后，要强化党的思想建设。坚定的理想信念是稳固党的执政地位的重要保证。党成立时就明确了自身奋斗目标：“他（它）的目的是要组织无产阶级，用阶级斗争的手段，建立劳农专政的政治，铲除私有财产制度，渐次达到一个共产主义的社会。”早

① 中共中央文献研究室，中央档案馆. 建党以来重要文献选编（1921—1949）：第1册［M］. 北京：中央文献出版社，2011：1.

② 中共中央文献研究室，中央档案馆. 建党以来重要文献选编（1921—1949）：第1册［M］. 北京：中央文献出版社，2011：1.

③ 中共中央文献研究室，中央档案馆. 建党以来重要文献选编（1921—1949）：第1册［M］. 北京：中央文献出版社，2011：435.

期革命先驱之所以能够克服众多困难而不断走向胜利的重要原因就在于其理想信念坚定。信念坍塌是根本性的坍塌，加强思想建设就是要强化党员理想信念教育，用先进的理论武装头脑，保持共产党员革命本色，确保党的肌体健康。

（二）建党精神为推动伟大事业建设提供了强大精神动力

实现民族复兴是无数革命先驱为之进行一切奋斗、牺牲、创造的主题，而实现现代化是完成这一历史任务的重要环节。目前，“我们实现了第一个百年奋斗目标，在中华大地上全面建成了小康社会，历史性地解决了绝对贫困问题，正在意气风发向着全面建设社会主义现代化强国的第二个百年奋斗目标迈进”①。当前，国际力量对比出现新趋势，“单边主义”“保护主义”盛行，国际社会发展的不稳定性不确定性因素增多。我国虽然已经消除了绝对贫困，但仍有部分人口有返贫的风险，发展不平衡不充分的问题仍然较为突出。同时，部分党员存在精神懈怠、动力不足、后劲不足等问题，在外部风险和内部问题的考验之下，建设现代化强国的进程必定充满风险和挑战。精神动力是思想、道德、情感、意志、信念等精神因素对人从事一切实践活动所产生的精神推动作用。建党精神作为党革命实践的精神结晶，凝聚着革命先驱身上那种坚持真理、坚守理想的求真精神；不怕牺牲、英勇斗争的革命斗争精神，践行初心、担当使命的践行精神，对党忠诚、不负人民的奉献精神，具有凝聚、激励、鼓舞、示范作用。在过去，伟大事业建设能够取得重大成就的原因不仅在于党的科学领导，也在于建党精神所蕴含的革命力量的推动作用。因而，在新的历史条件下建设伟大事业，需要我们主动从建党精神中感悟时代使命感和责任感，以更高、更有原则的价值追求集中力量向新的发展目标奋进。

（三）建党精神为实现伟大梦想凝心聚力

人们奋斗所争取的一切，都同他们的利益有关。中国共产党从不回避利益问题，党的利益观体现为党的利益与群众的利益相一致。在抗日战争时期，毛泽东指出：“共产党员无论何时何地都不应把个人利益放在第一位，而应以个人利益服从于民族的和人民群众的利益。”② 新中国成立以来，党始终践行为人民服务的宗旨，并将实现共同富裕作为社会主义的本质要求，共同富裕就是不让一个人掉队，让全体人民都能享受国家发展成果。进入新时代以来，习近平总书记密切关注人民群众的生活，始终将增强人民幸福感作为党治国理政的出发点和落脚点。由此可见，中国共产党成立以来一直是为人民服务、为人民谋幸福的政党。

正是因为中国共产党始终是群众利益的代表者，始终为人民谋幸福，才能汇聚起全国人民的力量，攻克一个又一个难关，不断取得新胜利。党的历史证明，无论是搞革命还是建设伟大事业，都必须把人民群众的利益放在最重要的位置上，必须与人民保持血肉联系，尊重人民主体地位。建党精神所蕴含的对初心的坚守、对使命的担当、对党和人民的忠诚，是中国共产党能够不断取得胜利的成功秘诀。近代以来无数革命先驱所进行的一切活动就是为了实现民族复兴，在当下我们虽然比其他任何时期都更接近实现这一梦想，但是仍然有很多难关需要我们一个一个攻破。因而，实现伟大梦

① 习近平. 在庆祝中国共产党成立100周年大会上的讲话［J］. 求是，2021（14）：1.

② 毛泽东. 毛泽东选集：第2卷［M］. 北京：人民出版社，1991：522.

想需要我们大力弘扬建党精神所蕴含的求真、革命、践行、奉献精神，主动从建党精神中汲取养分，充分发挥出建党精神凝心聚力、鼓舞民心、汇聚民力的作用，调动一切可以调动的积极因素，为实现伟大梦想凝心聚力。

四、结语

总之，建党精神作为党在创建实践活动中所蕴含的精神风貌的整体抽象，贯穿于党的百年历史，在党践行初心、担当使命的进程中通过不同的具体精神呈现出来。建党精神凝结着党为国为民的初心和使命，展现出了共产党人的责任与担当，构筑起一代又一代中国人民不懈奋斗的动力源泉。确保党的长期执政地位不动摇，社会主义现代化建设稳步发展，早日实现民族复兴梦，需要在实践和理论中发扬和传承建党精神，让建党精神永放光芒。

参考文献

[1] 习近平. 弘扬“红船精神”走在时代前列［N］. 人民日报，2017-12-01.

[2] 习近平. 在庆祝中国共产党成立100周年大会上的讲话［J］. 求是，2021（14）.

[3] 习近平在党史教育动员大会上的讲话［EB/OL］. http://www.qstheory.cn/yaowen/2021-02/20/c_1127120173.htm.

[4] 中共中央党史和文献研究室. 伟大建党精神：中国共产党的精神之源［J］. 求是，2021（14）.

[5] 田凯华，齐卫平. 中国共产党建党精神生成的三重逻辑［J］. 当代世界社会主义问题，2020（4）.

[6] 齐卫平. 中国共产党建党精神论纲［J］. 红色文化学刊，2020（4）.

[7] 齐卫平. 中国共产党建党精神研究的若干问题思考［J］. 中国浦东干部学院学报，2020，14（6）.

[8] 齐卫平. 中国共产党建党精神的属性、定位和特质［J］. 廉政文化研究，2020，11（6）.

[9] 齐卫平. 把握建党精神的深刻内涵和深远意蕴［J］. 前线，2021（8）.

[10] 蒲清平，范海群，何丽玲. 伟大建党精神的内涵特征、时代价值与弘扬路径［J］. 重庆大学学报（社会科学版），2021（7）.

[11] 马报，王建华. 中国共产党伟大建党精神的生成逻辑、结构维度及实践路径［J］. 新疆师范大学学报（哲学社会科学版），2021（2）.

[12] 李百玲. 马克思主义在中国的早期翻译及传播［J］. 江苏行政学院学报，2008（5）.

[13] 赵凤欣，忻平. 建党精神的生成逻辑与时代意蕴［J］. 思想理论教育，2021（4）.

[14] 张小平. 马克思主义在中国的早期传播论析［J］. 观察与思考，2021（1）.

[15] 丁耀. 马克思主义在中国的早期传播及其现实意义［J］. 江苏省社会主义学院学报，2010（3）.

[16] 袁则文，徐光寿. 中国共产党建党精神的历史传承：脉络与动力［J］. 党政论坛，2020（11）.

[17] 陈挥，李明明. 建党精神与红色文化基因 [J]. 党政论坛，2020 (1).

[18] 陈安杰. 论建党精神的基本内涵及其时代价值 [J]. 上海党史与党建，2018 (4).

[19] 中共中央党史研究室. 中国共产党的七十年 [M]. 北京：中共党史出版社，1991.

[20] 中共中央党史研究室. 中国共产党历史：第 1 卷 (1921—1949) [M]. 北京：中共党史出版社，2002.

[21] 中共中央文献研究室，中央档案馆. 建党以来重要文献选编 (1921—1949)：第 1 册 [M]. 北京：中央文献出版社，2011.

[22] 中共中央党校党史教研室. 中共党史参考资料 (一) 党的创立时期 [M]. 北京：人民出版社，1979.

（编辑：苏正道）

论建党精神的马克思主义精神品格①

张小菊　李顺鑫

【摘要】伟大建党精神是中国共产党的精神之源。“坚持真理、坚守理想，践行初心、担当使命，不怕牺牲、英勇斗争，对党忠诚、不负人民”诠释了伟大建党精神的丰富内涵。其中“坚持真理、坚守理想”体现了马克思主义科学性的理论品格；“践行初心、担当使命”体现了马克思主义实践性的理论品格；“不怕牺牲、英勇斗争”体现了马克思主义斗争性的理论品格；“对党忠诚、不负人民”体现了马克思主义人民性的理论品格。建党精神是理论逻辑、历史逻辑、实践逻辑的辩证统一，是马克思主义理论品格的生动反映。

【关键词】中国共产党；马克思主义；建党精神

【作者简介】张小菊，女，1998 年生，西南财经大学马克思主义学院硕士研究生，主要从事党的建设研究；李顺鑫，男，1997 年生，西南财经大学马克思主义学院硕士研究生，主要从事思想政治教育理论与实践研究。

习近平总书记在庆祝中国共产党成立 100 周年大会上的讲话中指出：“一百年前，中国共产党的先驱们创建了中国共产党，形成了坚持真理、坚守理想，践行初心、担当使命，不怕牺牲、英勇斗争，对党忠诚、不负人民的伟大建党精神，这是中国共产党的精神之源。”② 这一讲话是对建党精神的高度总结和概括。建党精神作为中国共产党人精神谱系的源头活水，承载着中国共产党的初心和使命，是党的性质宗旨、理想信念、奋斗目标的鲜明体现。100 年来，我们党在伟大建党精神的鼓舞下不断奋勇前进，团结带领广大人民积极投身革命、建设、改革，引领中华民族不断从胜利走向新的胜利。在波澜壮阔的百年征程中，建党精神涵育了多维精神内涵，深刻彰显了马克思主义科学性、实践性、斗争性、人民性的理论品格，是马克思主义精神特质的生动反映。

一、“坚持真理、坚守理想”体现了马克思主义理论品格的科学性

彻底的科学性是马克思主义理论最根本的精神品格。习近平总书记在纪念马克思 200 周年诞辰大会上的讲话中指出：“马克思主义是科学的理论，创造性地揭示了人类社会发展规律。”③ 马克思主义的科学性是中国共产党人百年来始终坚定社会主义和共

① 本文原载于《新生代》，2021（6）：23-28.

② 习近平. 在庆祝中国共产党成立 100 周年大会上的讲话［N］. 人民日报，2021-07-02（02）.

③ 习近平. 在纪念马克思诞辰 200 周年大会上的讲话［N］. 人民日报，2018-05-05（08）.

产主义理想的信仰之基。我们党在波澜壮阔的百年奋斗历程中，始终秉持这一理论品格，不断将马克思主义基本原理的真理性同中国国情的现实性相结合，推动了马克思主义中国化、时代化、大众化，并孕育出了一系列的理论结晶，探索出了一条适合中国国情且独具特色的社会主义发展之路。在新的征程上，中国共产党人仍要在共产主义理想指引下继续砥砺前行，从马克思主义中汲取理论强党、攻坚克难的真理力量，不断迎接新挑战、处理新问题，使马克思主义在新时代的中国取得新的胜利。

（一）中国共产党坚定选择马克思主义的科学指引

鸦片战争以后，中国逐渐沦为半殖民地半封建社会，中华民族到了生死存亡之秋，为了挽救民族危难，无数仁人志士不懈地探索救国真理，中国大地上一时涌现了多种不同的救国思潮，诸如实业救国、维新变法、无政府主义、民主共和等思潮，冲突剧烈，但他们都囿于自身阶级、历史的局限性而以失败告终，未能给中国社会带来曙光。就在中华民族的前途黯淡、革命无望之时，“十月革命”一声炮响，给中国送来了马克思列宁主义。我们党自诞生之日起，就坚定地选择马克思主义作为自己的指导思想，把实现共产主义作为自己最终的奋斗目标，义无反顾地肩负起实现民族复兴的历史使命，并最终带领中国人民实现了“站起来”“富起来”到“强起来”的伟大飞跃。这些不朽的丰功伟绩不仅是中国共产党不忘初心、践行使命的最好印证，同时也彰显了马克思主义科学理论的强大力量。恩格斯说过：“一个民族要想站在科学的最高峰，就一刻也不能没有理论思维。”① 科学理论的思想引领是进行革命斗争的重要前提。马克思主义思潮之所以能在各种新思潮中脱颖而出，影响并深刻改变中国的革命进程，就源于其所具有的强大的真理力量。而坚持马克思主义理论指导、坚守共产主义远大理想的建党精神则充分地表现了马克思主义科学性的理论品质。

（二）中国共产党始终坚持马克思主义的科学武装

习近平总书记指出：“我们党之所以能够经受一次次挫折而又一次次奋起，归根到底是因为我们党有远大理想和崇高追求。”② 在中国共产党百年历史上，也曾有过多次低潮时期。1927 年大革命的失败以及之后出现的右倾投降主义、“左”倾盲动主义以及教条主义等背离马克思主义基本原则的错误倾向，给我国的革命前途蒙上了悲观消极的阴影。30 多年前的东欧剧变、苏联解体，使得“马克思主义过时论”一度甚嚣尘上，让很多共产党人丧失了继续奋斗的信心，给中国共产党是否继续坚持马克思主义打上了问号。面对这些磨难与挑战，中国共产党既没有轻言放弃革命理想，也没有踏上改旗易帜的邪路，而是选择在低潮中继续奋进，坚持用马克思主义武装头脑，不断浸润来自马克思主义的哲学智慧，汲取其科学力量，用雄辩的事实证明：只有马克思主义才能指引中国前进的方向。

（三）中国共产党不断丰富马克思主义的科学内涵

马克思主义创立至今已有 173 年的历史。在这漫长的岁月里，人类社会历经数次工业革命，已发生了翻天覆地的变化，但是马克思主义依旧能为当下人类所面临的问题提供科学的指引，因为马克思主义是一种与时俱进的科学学说。这种开放发展的理论品质深深地蕴含于马克思主义的科学体系之中。中国共产党的奋斗史是一部不断完

① 马克思，恩格斯. 马克思恩格斯选集：第 3 卷［M］. 北京：人民出版社，2012：875.

② 中共中央文献研究室. 十八大以来重要文献选编（下）［M］. 北京：中央文献出版社，2018：347.

善和发展马克思主义的历史。百年间我们党为推动马克思主义的时代化做出了诸多努力，取得了丰硕的成果。首先，我们党将马克思主义基本原理与不同时期的具体国情世情相结合，不断吸收新的时代内容对理论进行必要的补充，与时俱进地制定中国实践中的理论、路线和方针政策，灵活运用马克思主义解决现实难题，科学地回答当下中国所面临的时代课题，使马克思主义在东方古国焕发出勃勃生机。其次，马克思主义具有包容的理论态度，这一特点使其能在与不同文化的交融中达成二者契合。中国共产党站在马克思主义全球价值观的立场之上提出了“人类命运共同体”等一系列具有世界眼光的伟大构想，向世界展示了马克思主义的思想光辉。

二、“践行初心、担当使命”体现了马克思主义理论品格的实践性

自觉的实践性是马克思主义理论有别于其他理论的显著品格。习近平总书记指出：“马克思主义是实践的理论，指引着人民改造世界的行动。”[①] 实践的观点作为马克思主义认识论首要的和基本的观点，是马克思主义引领时代变革的重要理论基石。对于历经百年风雨征程的中国共产党而言，自觉践行谋人民幸福的价值追求、勇于担当民族复兴的时代大任是始终不变的初心和使命，更是不断升华的精神气质。在践行初心和使命的过程中，我们党始终坚持从实际出发，旗帜鲜明地反对本本主义的干扰，认真履行将工作落到实处的方针，一以贯之地重视在实践中提高本领、总结经验、吸取教训。

（一）中国共产党勇于从实践中锻炼工作本领

马克思在《关于费尔巴哈的提纲》中指出，“哲学家们只是用不同的方式解释世界，而问题在于改变世界”，由此可见马克思主义从创立初衷来看就不是书斋里的学问，而是立志要通过斗争实践改变人民的命运。我们党作为一个马克思主义政党，始终强调广大党员要在实践中磨炼自己，锻炼自身的党性修养。中国共产党作为牵动中国社会发展的火车头，无论是革命的胜利，还是经济的腾飞，都与中国共产党人从多年的实践磨砺中锻炼的政治素养紧密相关。邓小平曾指出：“干部要有深入群众、熟悉专业、积累经验和经受考验锻炼的过程。”[②] 无数鲜活的事迹都例证，只有实践烈火的淬炼，才能打造出一批高质量的忠诚干部、担当有实绩的干部队伍，为我们党提供源源不断的人才支撑。除了党性修养层面的要求，很多亟待解决的现实问题也需要我们党从实践中寻找答案。在我们党的历史上，教条主义曾给革命事业造成数次重大危机。毛泽东同志曾批评道：“只有蠢人，不作调查，而只是冥思苦想地‘想办法’‘打主意’。”[③] 先辈的经验告诉我们，这种对于书本的盲从无益于问题的解决，在实践中对马克思主义理论和方法进行活学活用才是应对挑战的可行之策。

（二）中国共产党勤于从实践中谋求工作实效

百年党史以铁的事实证明，坚持实事求是，就能兴党兴国；反之，就会误党误国。实事求是的思想路线作为中国共产党的重要生命线，始终是衡量我们党的工作正确性的重要标准和指引前进方向的伟大旗帜。中国共产党人的初心和使命从来就不只是一

① 习近平．在纪念马克思诞辰200周年大会上的讲话［N］．人民日报，2018-05-05（08）．

② 邓小平．邓小平文选：第2卷［M］．北京：人民出版社，1994：324．

③ 井冈山革命根据地党史资料征集编研协作小组，井冈山革命博物馆．中国共产党历史资料丛书：井冈山革命根据地（下）［M］．北京：中共党史资料出版社，1987：10．

句口号，而是有着不同层次的实践要求，需以诉诸行动来诠释，以实际成果来证明。如同建党精神内涵中的“践行”和“担当”二词，都是强调要将初心和使命落实在工作实际之中。同时，作为一个一心为民的实干型政党，中国共产党与西方那些被选票绑架，只会给予民众“空头支票”而无法实现其选举承诺的选举异化型政党有着天壤之别。革命战争时期“实事求是”这一马克思主义的理论精髓，就是我们党确立正确革命道路并不断取得成功的制胜法宝。到了和平建设和改革时期，我们党依旧持之以恒地发扬实事求是的光荣传统。从“一五”计划到“十三五”规划，我们党带领人民创造了中国奇迹，让广大人民群众不仅看到而且享受到了几十年来我们国家经济建设的成效，脱贫攻坚战的全面胜利更是极大地证明了实事求是思想路线的深刻伟力。在初心和使命的引领下，我们党以实事求是、谋求实效的姿态，创造出了经得起实践、人民、历史检验的实绩。

（三）中国共产党善于从实践中总结工作经验

实践作为贯穿整个马克思主义理论的中心线索，是丰富和发展一切理论的源泉。它所产生的事物就是一切理论。恩格斯指出：“理论的方案需要通过实际经验的大量积累才臻于完善。”[①] 换言之，只有书斋中的冥想不可能促成科学理论的诞生，科学理论的出现必须有广泛的实践基础。马克思主义作为一般的“抽象原则”，不意味着其具备“普世价值”，需要与具体的实际进行灵活且深度的结合，才能发挥其真理性的指导作用。因此，我们党在理解和贯彻马克思主义基本原理的同时，也极其重视从实践中为其补充营养，二者并不相悖。在我们党成立早期，由于实践经验尚浅而出现了不少或激进或保守的错误行为，从右倾投降主义再到土地革命时“左”的思想三度占据上风，都与中国革命的实际发生了“排斥反应”，造成了巨大损失。面对错误，老一辈无产阶级革命家们没有气馁，而是在党内凝聚起吸取实践经验的共识，并通过将《井冈山土地法》转变为《兴国土地法》、由武装夺取大城市转变为农村包围城市的道路等一系列具体措施，实现了马克思主义的创造性发展。在改革开放和社会主义现代化建设的新时期，我们党仍通过不懈的实践来完善我们的指导思想，提出了许多建立在长期实践基础上的重大部署，自觉地用现实活化理论、用理论照亮现实，推动着马克思主义在中国蓬勃发展。

三、“不怕牺牲、英勇斗争”体现了马克思主义理论品格的斗争性

马克思主义是在革命斗争中形成和发展起来的科学理论，斗争精神是马克思主义者的基本精神底色。正如伟大导师恩格斯所说：“斗争是他（它）的生命要素。很少有人像他（它）那样满腔热情、坚韧不拔和卓有成效地进行斗争”[②]。回顾党的光辉历程，我们党的各项事业“都是在斗争中诞生、在斗争中发展、在斗争中壮大的。”[③] 建党精神中“不怕牺牲、英勇斗争”的理论内涵深刻体现了我们党作为一个马克思主义政党的本质属性，是我们党不断赢得胜利的重要法宝。

（一）中国共产党在革命斗争中完成建党伟业

斗争精神是中国共产党尚在孕育之中就具有的独特品格。这种品格汲取马克思主

① 马克思，恩格斯．马克思恩格斯文集：第5卷［M］．北京：人民出版社，2009：437．

② 马克思，恩格斯．马克思恩格斯选集：第3卷［M］．北京：人民出版社，2012：777．

③ 习近平．习近平谈治国理政：第3卷［M］．北京：人民出版社，2020：225．

义理论的营养，成长于近代中国社会及人民的革命斗争之中。首先，中国共产党作为领导中国革命斗争的继任者，其许多早期的领导人都是在历经辛亥革命、五四运动等斗争运动的实践基础之上再继续向前迈进的。这些运动为中国共产党建立之后所开展的革命斗争积累了大量的经验，储备了一批敢于斗争、善于斗争的“革命主心骨”。其次，中国共产党的建立是世界共运在东方的起点，虽然共产国际的干预对中国革命造成了一定的消极影响，但不可否认的是，共产国际在建党前夕确实为年幼的中国共产党输送了大量的革命斗争经验。最后，即便是我们党一大的召开同样也存在着惊险的斗争。这场改变中国走向的小型秘密聚会受到了多方反动势力的压迫，无论是共产国际代表数次从严密监视中脱身，还是法国巡捕对一大会场进行搜查，都是建党途中残酷斗争的缩影。不难看出，中国共产党的创立确实充满了艰辛与斗争，这段积淀的过程虽有曲折，却书写了中国共产党不怕牺牲、不懈奋斗光辉历史的序言，为陷入沉沉黑夜的东方古国点亮了前行的明灯。

（二）中国共产党在革命斗争中逐步发展壮大

回顾百年波澜壮阔的斗争史，我们党在磨难挫折中不断成长，在攻坚克难中逐渐壮大，用不怕牺牲、英勇斗争的精神造就了许多可歌可泣的篇章。一方面，我们党的执政地位是在艰苦卓绝的革命斗争中取得的。为了夺取全国政权，实现民族独立和人民解放，我们党开展了包括武装斗争和政治斗争等多种类型在内的对敌斗争。我们党在与帝国主义、封建主义、官僚资本主义这三座大山的抗争中不乏失败的例子，但并没有因此而丧失继续斗争的信心，反而是在逆境中进行积极的反思以求得避免重蹈覆辙，显示出了强大的自我修复能力和纠错改正能力。同时，我们党还极度重视从总结斗争教训中得出斗争的策略和方法，在原则性问题上寸土必争，在一般性问题中则有意控制斗争中火候的时、度、效，做到“有理、有利、有节”，展现共产党人高超的斗争智慧和灵活的斗争艺术。此外，我们党还进行了一系列旨在保持自己先进性和纯洁性的自我革命，在思想建设、组织建设、作风建设和制度建设等方面积极地进行部署，以猛药治疴、重典治乱的决心，锤炼出了不折不挠的铮铮风骨。

（三）中国共产党在革命斗争中走向新的胜利

矛盾推动发展，社会是在矛盾运动中前进的，有矛盾就会有斗争。因而，我们共产党人始终坚持以矛盾问题、风险挑战为斗争的导向。建党百年来，中国共产党带领中国人民描绘了一幅壮美的历史画卷，但“中华民族伟大复兴绝不是轻轻松松、敲锣打鼓就能实现的，必须进行具有许多新的历史特点的伟大斗争”①。进入新时代，我们在各个领域都取得了长足的进步，社会建设取得了骄人成果。但也要清醒认识到，我们正面临着来自内部和外部的双重制约，尤其是在新冠肺炎疫情的冲击下，发展阻力进一步增大。新时代的到来也意味着新事业的出现和更远大发展目标的确立，在未来爬坡上坎的关键阶段，中国共产党人有着更为严格的要求和更为深重的压力，还将进行长期的斗争。

---

① 中共中央党史和文献研究院，中央“不忘初心、牢记使命”主题教育领导小组办公室. 习近平关于“不忘初心、牢记使命”论述摘编［G］. 北京：党建读物出版社、中央文献出版社，2019：40.

四、“对党忠诚、不负人民”体现了马克思主义理论品格的人民性

习近平总书记指出“马克思主义是人民的理论”①，人民立场是马克思主义的根本立场。建党精神作为党带领人民不断创造美好生活的辉煌历程中凝结而成的理论结晶，彰显了中国共产党“为人民谋幸福”的根本使命，诠释了中国共产党“全心全意为人民服务”的根本宗旨，实现了“对党忠诚”与“不负人民”的高度统一，充分地显示了马克思主义哲学的最深沉的人民性品格。

（一）中国共产党为人民而生

“我们党的全部历史是从党的一大开启的。我们走得再远都不能忘记来时的路。”②一个政党，就如同一个人一样，即使历尽沧桑也不能忘记当初为什么出发。中国共产党与“为人民谋幸福”的初心和使命相伴而生，用长达百年的奋斗践行着在南湖红船上立下的初心誓言。从这点来看，“对党忠诚”与“不负人民”存在着趋同的价值取向，对党忠诚就是忠于人民的事业，就是不辜负人民的期望。除了达成“为人民谋幸福”的使命目标，我们党始终坚持为人民利益而奋斗，亦有着理论上的要求。马克思认为，“革命应以人民群众的名义，并且是公开地为着人民群众即生产者群众的利益而进行”③，从而为后世马克思主义政党规定了革命的目标指向。我们党自创建之日起就一直秉持着这一重大原则，并以此基本立场为基础，构建了一套完整的理论体系，将“以人民为中心”的根本立场体现在党和国家各项事业中，在矢志践行初心和使命的同时，也在提醒青年一代党员，要时刻铭记自己为什么出发。

（二）中国共产党因人民而兴

“鱼”与“水”是我们党与人民群众之间同呼吸共命运紧密关系的生动写照。这个比喻一方面说明了，中国人民只有在共产党的领导下才能实现从受奴役压迫到翻身做主人的命运转变，另一方面则更主要地体现了马克思主义唯物史观中人民群众在创造历史过程中的主体性作用。人民群众的支持和拥护在中国共产党的发展壮大中起着决定性作用。这种决定性作用体现在两个方面，其首先体现在人民是我们党从弱到强兴盛的根基所在和最坚强的依靠，从长征途中人民为红军赶制衣被棉鞋，再到淮海战役中百万人民推动的小推车，在我们党任何重要的历史关口都能见到人民群众支持的身影。其次，人民群众支持与否，还决定了我们党能否在历史长河中长兴不衰，破解“其兴也勃焉，其亡也忽焉”历史兴亡周期律。毛泽东对“窑洞之问”做出过详细的解答：“我们已经找到新路，我们能跳出这周期律。这条新路，就是民主。”④其蕴含的背后意义是强调“人民的得失好恶是历史发展变迁的重要基础”这条亘古不变的历史定律。

① 习近平. 在纪念马克思诞辰200周年大会上的讲话［N］. 人民日报，2018-05-05（08）.

② 习近平. 决胜全面建成小康社会 夺取新时代中国特色社会主义伟大胜利：在中国共产党第十九次全国代表大会上的报告［M］. 北京：人民出版社，2017：67.

③ 马克思，恩格斯. 马克思恩格斯文集：第3卷［M］. 北京：人民出版社，2009：207.

④ 黄炎培. 延安归来［M］. 上海：上海书店，1945：65.

（三）发展成果由人民共享

无产阶级的运动是为绝大多数人谋利益的独立的运动。我们党作为一个按照马克思主义原则建立起来的无产阶级政党，始终代表着我国最广大人民的根本利益，我们党的各项决策部署“归根到底都是为了不断满足人民群众对美好生活的需要”①。我们党为了满足人民的向往，始终把人民放在心中最高位置上，始终以人民的利益为最高工作标准，做到发展为了人民、发展依靠人民、由人民共享发展成果并取得了举世瞩目的成就。从具体努力来看，我们党在保障人民群众物质利益的同时也着眼于其精神需要，契合了人民的利益需求的动态变化特点。其次，我们党在做大“蛋糕”的同时也注重分好“蛋糕”。习近平总书记指出，“我们追求的富裕是全体人民共同富裕”②，党和国家的发展成果必须惠及全体人民，这是我们中国共产党人坚守初心和使命的题中应有之义。

综上所述，承载着中国共产党的初心和使命的建党精神，形成于党领导人民为追求科学真理、实现崇高理想而不懈奋斗之中，凝结于党为人民谋幸福、为民族谋复兴的不懈践行之中，丰富于不怕牺牲、英勇献身的长期斗争中，升华于党性与人民性的有机统一中，处处彰显着马克思主义科学性、实践性、斗争性、人民性的理论品格。

参考文献

［1］习近平．在庆祝中国共产党成立100周年大会上的讲话［N］．人民日报，2021-07-02（02）．

［2］习近平．在纪念马克思诞辰200周年大会上的讲话［N］．人民日报，2018-05-05（08）．

［3］马克思，恩格斯．马克思恩格斯选集：第3卷［M］．北京：人民出版社，2012：875、777、207．

［4］中共中央文献研究室．十八大以来重要文献选编（下）［M］．北京：中央文献出版社，2018：347．

［5］邓小平．邓小平文选：第2卷［M］．北京：人民出版社，1994：324．

［6］井冈山革命根据地党史资料征集编研协作小组，井冈山革命博物馆．中国共产党历史资料丛书：井冈山革命根据地（下）［M］．北京：中共党史资料出版社，1987：10．

［7］马克思，恩格斯．马克思恩格斯文集：第5卷［M］．北京：人民出版社，2009：437．

［8］习近平．习近平谈治国理政：第3卷［M］．北京：人民出版社，2020：225．

［9］中共中央党史和文献研究院，中央“不忘初心、牢记使命”主题教育领导小组办公室．习近平关于“不忘初心、牢记使命”论述摘编［G］．北京：党建读物出版社、中央文献出版社，2019：40．

① 评论员．让人民过上好日子［N］．人民日报，2020-05-24（01）．

② 本报记者．中共中央召开党外人士座谈会［N］．人民日报，2015-10-31（01）．

［10］习近平. 决胜全面建成小康社会 夺取新时代中国特色社会主义伟大胜利：在中国共产党第十九次全国代表大会上的报告［M］. 北京：人民出版社，2017：67.

［11］黄炎培. 延安归来［M］. 上海：上海书店，1945：65.

［12］评论员. 让人民过上好日子［N］. 人民日报，2020-05-24（01）.

［13］本报记者. 中共中央召开党外人士座谈会［N］. 人民日报，2015-10-31（01）.

（编辑：苏正道）

中国特色社会主义理论与实践

马克思主义基本原理与中华优秀传统文化的内在关系研究

潘斌

【摘要】马克思主义与中华优秀传统文化之间有着天然的、紧密的联系。毛泽东思想、邓小平理论、"三个代表"重要思想、科学发展观、习近平新时代中国特色社会主义思想等先进思想吸收了中华优秀传统文化的精髓，与马克思主义一脉相承。马克思主义基本原理与中华优秀传统文化的内在关系主要体现在四个方面：理想、价值追求的一致性；哲学观点的相通性；政治思想的契合性；经济思想的相似性。只有认识到二者之间的密切联系，找到二者的共通之处并为我所用，才能助力推动中国特色社会主义事业。

【关键词】马克思主义；传统文化；内在关系；哲学

【作者简介】潘斌，男，1979 年生，博士，西南财经大学社会发展研究院教授，博士生导师，主要从事中国礼俗方面的研究。

马克思主义与中华优秀传统文化之间有着天然的、紧密的联系。习近平总书记在纪念孔子 2 565 周年诞辰国际学术研讨大会上的讲话中指出："我们从来认为，马克思主义基本原理必须同中国具体实际紧密结合起来，应该科学对待民族传统文化，科学对待世界各国文化，用人类创造的一切优秀思想文化成果武装自己。"① 习近平总书记在这里强调指出了马克思主义基本原理与优秀传统文化的内在联系，马克思主义政党将二者结合起来有其必要性。产生于西方的马克思主义与中华优秀传统文化并不是一种割裂的关系，作为马克思主义的"中国化"，毛泽东思想、邓小平理论、"三个代表"重要思想、科学发展观、习近平新时代中国特色社会主义思想等先进思想本身就植根于深厚的中华文化土壤，吸收了中华优秀传统文化的精髓，二者之间也是一脉相承的关系。总体来看，马克思主义基本原理主要内容包括三个部分：马克思主义哲学、马克思主义政治经济学、科学社会主义，在这三个方面都能找到与中华优秀传统文化的内在关系。

一、价值追求的一致性

马克思主义基本原理和中华优秀传统文化都对人类社会的理想和价值追求进行了

① 习近平. 在纪念孔子诞辰 2 565 周年国际学术研讨会上的讲话 [EB/OL]. http://www.xinhuanet.com//politics/2014-09/24/c_1112612018.htm.

相应的阐述。马克思主义的科学社会主义理论揭示了生产社会性和生产资料资本主义私人占有形式之间的矛盾和发展，科学地论述了资本主义必然灭亡、社会主义必然胜利的客观规律，使社会主义从空想变为科学。在《共产党宣言》《资本论》《歌达纲领批判》等著述中，马克思、恩格斯对人类社会的共同理想、价值追求等进行了阐述，这些观点与中华传统经典中的一些论述具有一致性。马克思、恩格斯认为，共产主义作为人类最美好的理想，有其产生的必要性和实现条件，有其固有的基本特征。这种思想在中华传统文化里也有朴素的呈现和阐述，并成为历代先贤志士和近现代无数革命先驱为之奋斗的目标。儒家经典《礼记》之《礼运篇》中描述了大同和小康两种不同的社会。在大同社会中，“大道之行也，天下为公……是故谋闭而不兴，盗窃乱贼而不作，故外户而不闭，是谓大同”（《礼记·礼运》）。这种大道实行的时代，天下是人们所公有的，是一种非常和谐的社会状态。这种大同社会形同原始的共产主义理想社会，体现了儒家的最高社会理想。虽然这种理想在古代社会显得不切实际，但其体现的“等贵贱、均贫富”、平等友爱、天下为公等理念常为农民起义、维新变法、近现代革命所采用，对我国古代乃至近现代政治思想产生过重大而深远的影响。直到近代，不管是太平天国运动提出的“天下一家，同享太平”“无处不均匀，无人不饱暖”（《天朝田亩制度》）的口号，还是康有为在《大同书》中“吾既生乱世，目击苦道，而思有以救之，昧昧我思，其惟行大同太平之道哉”[①] 之语，抑或是孙中山先生的“天下为公”的理念，都是中华传统文化中描述的大同社会在特定历史背景下的思考和实践。无可否认，中华优秀传统文化中描绘的“大同社会”理想具有空想特质，而马克思主义基本原理吸收了包括法国空想社会主义理论等一切有益的成分，让这一空想具有了现实可行性，并且成为共产主义者为之奋斗终生的目标。在马克思主义者看来，共产主义理想是远大而崇高的目标，其最终目标是要消灭剥削、消除压迫、消除不平等，消除其赖以存在的私有制。恩格斯在《共产主义基本原理》中指出，只有无产阶级才能承担埋葬资本主义和解放全人类的伟大历史使命；资产阶级灭亡和共产主义胜利具有历史必然性，废除私有制是共产主义者的主要要求，“只有创造了所必需的大量生产资料之后，才能废除私有制”[②]。可以看出，科学社会主义理论是建立在对生产关系及其经济基础全面、科学考察基础之上的，因此，共产主义与历史上所有的美好社会的描绘都存在本质的区别。正如马克思在《德意志意识形态》一文中谈到的：“共产主义和所有过去的运动的不同的地方在于：它推翻一切旧的生产关系和交往关系的基础，并且第一次自觉地把一切自发形成的前提看做前人的创造，消除这些前提的自发性，使这些前提受联合起来的个人的支配。因此，建立共产主义实质上具有经济的性质，这就是为这种联合创造各种物质条件，把现存的条件变成联合的条件。”[③] 建立共产主义就必须消除旧的生产关系及其经济基础，在共产主义这种联合的社会里，大家都是平等的。“平等，作为共产主义的基础，是共产主义的政治的论据。”[④] 在中国优秀传统文化里，虽然对未来的社会描绘了一种美好的蓝图，体现了人们的共同理想和追求，但是缺乏现实可行的实现途径，因此就变得虚无缥缈。而马克思主义认为，共产主义

① 康有为. 大同书［M］. 上海：上海古籍出版社，2019：8.

② 马克思，恩格斯. 马克思恩格斯文集［M］. 北京：人民出版社，2009：816.

③ 马克思，恩格斯. 马克思恩格斯文集［M］. 北京：人民出版社，2009：574.

④ 马克思，恩格斯. 马克思恩格斯文集［M］. 北京：人民出版社，2009：231.

理想的实现是建立在对现存不合理的制度、现象不断进行革新前提下的，是一种运动状态下的否定之否定，实际上就是实事求是。马克思在《对费尔巴哈、布·鲍威尔和施蒂纳所代表的现代德国哲学的批判》一文中指出："共产主义对我们来说不是应当确立的状况，不是现实应当与之相适应的理想。我们所称为共产主义的是那种消灭现存状况的现实的运动。这个运动的条件是由现有的前提产生的。"① 因此，马克思主义基本原理里既提出了共产主义的美好理想，又指出了共产主义与封建主义、资本主义、社会主义的本质区别，还阐述了共产主义的实现途径以及可以依靠的阶级力量，是一种科学完善的理论，"大同社会"自然不可与之相提并论。虽如此，二者在反映人类价值理想追求、对未来美好社会的向往上却是一致的。

二、哲学观点的相通性

马克思主义基本原理与中华优秀传统文化在哲学上的相通性体现在三个方面：一是在对世界的本原和物质与意识的地位、关系的认识上，二是坚持用唯物主义辩证法分析和处理问题，三是在方法论上，坚持用联系的、发展的观点看待问题。

首先，马克思主义辩证唯物论认为，世界的本质是物质，世界上先有物质后有意识，物质决定意识，意识是物质的反映。"思想、观念、意识的产生最初是直接与人们的物质活动，与人们的物质交往，与现实生活的语言交织在一起的。人们的想象、思维、精神交往在这里还是人们物质行动的直接产物……意识，在任何时候都只能是被意识到了的存在，而人们的存在就是他们的现实生活过程。"② 在这里，马克思不仅认为物质具有客观存在性，还阐述了在社会发展过程中发挥重要作用的政治、法律、道德、宗教、形而上学等的语言中的精神生产（意识）都受到生产力（物质）发展的制约，体现了马克思主义哲学的基本观点。对于"物质""意识"方面的论述，中国古代的哲人们也用他们的语言表达出来，展现出朴素唯物主义的光辉。自先秦以来，我国古代就涌现了很多唯物主义者。战国时期的荀子就提出了"天不为人之恶寒也辍冬，地不为人之恶辽远也辍广"（《荀子·天论》），指出了天地万物（物质）存在的客观性，他又说，"天行有常，不为尧存，不为桀亡"（《荀子·天论》），进一步指出了自然世界、物质存在具有客观规律性。东汉唯物主义思想家王充提出"天之与地皆体也。地无下，则天无上矣"③，肯定了天、地都是客观存在的物质世界，这在充满神秘化、谶纬化色彩的东汉具有重要的意义。南北朝时期的范缜在《神灭论》中批判了唯心主义的神不灭论。他说，"神即形也，形即神也。是以形存则神存，形谢则神灭也"④，明确提出了"形神相即"的主张，即肉体之形（物质）与无形之神（精神、意识）之间的关系。唐朝的柳宗元、刘禹锡在《天论》《天说》等文中阐发了其唯物主义思想。如柳宗元曰："彼上而玄者，世谓之天；下而黄者，世谓之地；浑然而中处者，世谓之元气；寒而暑者，世谓之阴阳。"⑤ 柳宗元在这里指出了"天""地""元气""阴阳"等具有客观存在性。北宋的张载宣传了"气一元论"的唯物主义。他说："由太虚，有

① 马克思，恩格斯. 马克思恩格斯文集［M］. 北京：人民出版社，2009：539.
② 马克思，恩格斯. 马克思恩格斯文集［M］. 北京：人民出版社，2009：525.
③ 黄晖.《论衡》校释·卷七［M］. 北京：中华书局，1990：319.
④《天论》《神灭论》注释组.《天论》《神灭论》注释［M］. 兰州：甘肃人民出版社，1976：52.
⑤ 柳宗元. 柳河东集：卷十六［M］. 上海：上海人民出版社，1974：286.

天之名；由气化，有道之名”①，认为“气”就是物质的原始状态，“气”是最高实体。不仅如此，他还指出了“气”的规律性和客观性：“天地之气，虽聚散、攻取百涂，然其为理也，顺而不妄。”② 此处“理”便是“气”（物质世界）运动变化的规律性。他进一步又指出，“理不在人皆在物，人但物中之一物耳，如此观之方均”③，揭示了物质决定意识、规律依赖物质世界而存在的道理。此外，南宋的陈亮和叶适，明朝的王廷相，明清之际的思想家王夫之、顾炎武、黄宗羲等都在他们的著述里阐述了唯物主义思想。由于受时代背景和自身认识水平的局限，他们的观点都存在无法克服的局限，难以全面、系统地阐释唯物主义思想，但其中体现的基本哲学思想与马克思主义基本原理是相通的。

其次，马克思主义基本原理和中华传统文化都认为世界普遍具有矛盾性，认为对立统一规律是事物发展的根本规律，因此坚持用一分为二的观点看待和处理问题。马克思认为，“两个相互矛盾方面的共存、斗争以及融合成一个新范畴，就是辩证运动”④，正是因为矛盾的存在，才推动了社会的不断发展。对于矛盾的运动过程，《政治经济学的形而上学》中也有一段论述：“（在辩证运动中）‘是’转化为‘否’，‘否’转化为‘是’。‘是’同时成为‘是’和‘否’，‘否’同时成为‘否’和‘是’。对立面互相均衡、互相中和、互相抵消。”⑤ 事物就是在对立统一和不断否定之否定中进行革新、发展的。对于这种观点，在中华优秀传统文化中同样能够找到很多相似论述。早在先秦时期，儒家经典《周易》就体现了很多类似的观点：“一阴一阳之谓道”（《易传・系辞上》），“刚柔相推，而生变化”（《易传・系辞上》），将阴阳、刚柔作为既对立又统一的两个方面，二者互相作用，推动事物变化、发展。道家思想中也充满了这种辩证统一的观点：“祸兮福之所倚，福兮祸之所伏”“反者道之动”（《老子》），不仅揭示了事物普遍存在矛盾，而且矛盾的两方面互相作用、互相依存、互相转化，可谓你中有我、我中有你。这种对立统一思想成为中国古代哲学中辩证法思想的核心，影响到后世汉儒、宋明理学家、明清思想家等建立起的中国古代哲学体系，对中华优秀传统文化传承影响深远。

最后，在用联系、发展、运动的观点观察和处理问题方面，马克思主义基本原理和中华优秀传统文化中的基本思想观点也是相通的。恩格斯写道：“当我们通过思维来考察自然界或人类历史或我们自己的精神活动的时候，首先呈现在我们眼前的是一幅由种种联系和相互作用无穷无尽地交织起来的画面”⑥，揭示了事物之间普遍联系、相互作用的道理。承认事物之间的普遍联系是我们认识和解决问题的前提，我们的祖先很早就掌握了这种规律。例如他们认识到世间万物是由金、木、水、火、土五种物质构成的，五种物质之间相互联系、相生相克，共同推动了事物的运动和发展。再如，在中医理论方面，认为人与自然环境（天—人）之间有相互影响、相互作用的关系，人体本身的五脏六腑之间也存在相互作用关系，因此注重身体各器官机能的平衡、协

① 张载. 张载集：太和篇第一［M］. 北京：中华书局，1978：9.
② 张载. 张载集：太和篇第一［M］. 北京：中华书局，1978：7.
③ 张载. 张载集：张子语录上［M］. 北京：中华书局，1978：313.
④ 马克思，恩格斯. 马克思恩格斯文集［M］. 北京：人民出版社，2009：605.
⑤ 马克思，恩格斯. 马克思恩格斯文集［M］. 北京：人民出版社，2009：601.
⑥ 马克思，恩格斯. 马克思恩格斯选集：第3卷［M］. 北京：人民出版社，1995：359.

调。这种认识既体现了矛盾的对立统一观点，又体现了事物之间普遍联系的观点，这在中华传统文化中的中医学、占卜算命、历法乃至今天的和谐社会建设等方面都有广泛的运用。

三、政治思想的契合性

马克思主义基本原理与中华优秀传统文化在政治思想方面亦有诸多契合之处，在此仅以以人为本思想（民本思想）和平等、人权（等贵贱、均贫富）思想做简单的比较。

一是以人为本思想和民本思想的契合。马克思主义思想贯穿于辩证唯物观和历史唯物观中，它对人的全面发展、人在社会和历史中的作用、人的民主权利的思想、人道主义精神等方面都做了全面而深刻的阐述。马克思对人（个体）的重要作用的认识源于其对人（个体）的本质的科学把握和判断。马克思在《1844 年经济学哲学手稿》中指出："人是特殊的个体，并且正是人的特殊性使人成为个体，成为现实的、单个的社会存在物；同样，人也是总体，是观念的总体，是被思考和被感知的社会的自为的主体存在，正如人在现实中既作为对社会存在的直观和现实享受而存在，又作为人的生命表现的总体而存在一样。"① 这表明，在一定自然和历史环境中的每个人在获得生命的同时，将一定的自然、思维和社会等资源转化为自身存在的能力和发展的基础，并进而促进他人诞生、成长。因此，作为个体的人还作为社会共同体的"社会人"而存在，在推动社会发展中发挥着关键作用。而要达到人的自我解放和推动社会革新和进步，就必须铲除阻碍个人自由、权利、发展的社会关系。为此，马克思在《〈黑格尔法哲学批判〉导言》中写道："对宗教的批判最后归结为人是人的最高本质这样一个学说，从而也归结为这样的绝对命令：必须推翻使人成为被侮辱、被奴役、被遗弃和被蔑视的东西的一切关系……"② 基于对人的本质、作用等的全面认识，马克思、恩格斯最终提出了人民群众是物质和精神财富的创造者，是社会进行变革的决定性因素，是历史发展的主体的观点。其"以人为本"思想具有我国古代"民本""人本"思想无可比拟的科学性和优越性。尽管如此，在几千年的古代中国，作为重要的政治思想，民本思想一直起着不可替代的作用。儒家"德政""仁政"思想就体现了对民众利益的高度重视。"民可近，不可下；民为邦本，本固邦宁"（《尚书》），将"民"视为政权巩固、社会稳定的基础。孟子指出，"民为贵，社稷次之，君为轻"（《孟子》），荀子也认为，"君者，舟也；庶人者，水也。水则载舟，水则覆舟"（《荀子》），继而演化成著名的"民贵君轻"、舟水之喻理论，成为中国古代"德政""仁政"政治思想的核心内容。不可否认，在古代中国历代推崇的"民本"中的"民"是跟"君"截然对立的一种概念，从先秦之后"民"逐渐成为"君"（或统治者）治下的一种附属物，更不可能被视为历史发展的主体和社会变革的决定性力量，因此不能与马克思主义的"以人为本"思想相提并论。虽然如此，中华优秀传统文化和马克思主义基本原理在对人的作用的重视、对民众的尊重和同情、对民众的基本权利的支持和维护方面却是高度契合的。

---

① 马克思，恩格斯. 马克思恩格斯文集［M］. 北京：人民出版社，2009：188.

② 马克思，恩格斯. 马克思恩格斯文集［M］. 北京：人民出版社，2009：11.

二是中国古代社会民众向往的“等贵贱、均贫富”的政治理想是古代政治思想史争论中的一个重要主题，反映了自古以来人们对自由、平等、个人权利（或均平、平等）的追求，其思想实质与马克思主义基本原理中多次阐述的民主、平等、权利等政治思想是相契合的。马克思在《论犹太人问题》中对平等、自由、安全、权利等概念都做了阐释，并进一步指出，“平等，作为共产主义的基础，是共产主义的政治的论据”①。这表明，平等是共产主义的本质特征之一。至于“人权”包含的内容，马克思引用1793年法国《人权和公民权宣言》的说法，包括平等、自由、安全、财产、信仰等。无论是孔子的“不患寡而患不均”（《论语》），还是王安石的“不忍贫民而深疾富民，志欲破富民以惠贫民”② 的均贫富做法，或是古代中国历次农民起义中提出的“等贵贱、均贫富”等口号，无不朴素地体现出平等、人权之愿望。习近平总书记在讲话中指出：“在几千年的历史演进中，中华民族创造了灿烂的古代文明，形成了关于国家制度和国家治理的丰富思想，包括大道之行、天下为公的大同理想，六合同风、四海一家的大一统传统，德主刑辅、以德化人的德治主张，民贵君轻、政在养民的民本思想，等贵贱均贫富、损有余补不足的平等观念，法不阿贵、绳不挠曲的正义追求，孝悌忠信、礼义廉耻的道德操守，任人唯贤、选贤与能的用人标准，周虽旧邦、其命维新的改革精神，亲仁善邻、协和万邦的外交之道，以和为贵、好战必亡的和平理念，等等。”③ 习近平总书记的讲话表明，民本思想是中华优秀传统文化中的重要思想。马克思主义之所以能传入中国并扎根，其重要原因正是包括民本思想在内的思想与马克思主义在价值上是相通的，也体现了中国共产党的自我革新、兼容并包、与时俱进的治理能力。

四、经济思想的相似性

马克思主义政治经济理论创建于机器大工业时期，那时经济生产社会化和所有制之间的矛盾日益暴露，经济危机周期性地爆发，资本主义无法解决自身固有的矛盾。马克思、恩格斯通过对各种社会经济问题的敏锐观察和分析，揭示了支配物质资料的生产、分配、交换和消费的规律。马克思主义政治经济学原理的建立有其特殊的时代背景，似乎与中华优秀传统文化相去甚远，但实际上，马克思主义是吸收了人类思想和文化发展中的一切有价值的东西而形成的。长期以来，中国古代历代统治者和政治家在经济生活中积累了较为丰富的经济思想，包括道家的“道法自然”经济思想和儒家、法家的义利思想、富国思想、赋税思想、平价思想、理财思想、田制思想、富民思想、人口思想等，有的经济思想是中华优秀传统文化中特有的，有的经济思想反映的实质和内涵与马克思主义经济原理具有相似性。如赋税思想和平价思想是中国古代极为重要的经济思想，在这两个方面都能找到与马克思主义经济思想相通之处。马克思对于“税收”概念和内涵的解读是建立在对资本主义和工业生产进行观察和分析的基础上的，这与中国古代基于地主土地私有制下的经济制度中的“赋税”有着本质的区别。马克思在《哲学的贫困》一文中引用詹姆斯·斯图亚特的论述：“在纯粹的君主制度下，君主对财富的增长似乎有些忌妒，所以就向发财致富的人征税，即向生产征

① 马克思，恩格斯. 马克思恩格斯文集［M］. 北京：人民出版社，2009：231.

② 苏辙. 栾城集·栾城三集卷八［M］. 上海：上海古籍出版社，1987：1555.

③ 习近平. 坚持和完善中国特色社会主义制度 推进国家治理体系和治理能力现代化［EB/OL］. https://www.12371.cn/2020/01/01/ARTI1577865652215275.shtml.

税。而在立宪制度下，赋税主要落在日益贫困的人身上，即落在消费身上。因此，君主们向工业征税……比如人头税和财产税是根据纳税人的假定财富按比例征收的。每人按照假定的收益纳税。在立宪制度下，一般是向消费课税。每人按照他支出的多少纳税。"① 从这段论述可以看出，在君主制度和立宪制度下，不管是哪种形式的税收，马克思都认为其具有阶级性，是统治阶级向被统治阶级实施的一项权力，其本质上是对社会再生产的分配，是对剩余产品或剩余价值的分配。对于税赋制度，中国古代很早就有了较为成熟的相关论述。不管是管仲提出的"相地而衰征"，还是王安石提出的"以摧制兼并，均济贫乏，变通天下之财"② 的主张，抑或是历代有为的统治者倡导的"轻徭薄赋"的政策，都体现了根据土地、财产等实际情况进行征税的级差赋税观念，这与马克思主义理论中根据"假定财富比例""假定的收益"纳税的思想是相似的。

中国古代经济思想中的平价思想（或稳定物价的思想）也是历代经济生活中所重视的主题。管子在《轻重》篇中提出的"轻重"理论的实质就是通过权衡货币、谷物、百物的供需、贵贱，采取措施使国家富强，并平抑物价、安定民众生活。如对于价格与供求关系，《管子》云："君章之以物则物重，不章以物则物轻；守之以物则物重，不守以物则物轻"③，实际上指出了商品供应不足，价格就会上涨；商品供应充分，价格就会下跌，而价格的上涨和下跌又会引起商品的输入和输出。再如，西汉桑弘羊实行的平准、均输政策就起到了平抑谷价的作用，也反映了同样的道理。这些经济常识在马克思主义那里被以更科学、更全面的理论所取代。马克思在《国民经济学批判大纲》中写道："如果需求大于供给，价格就会上涨，因而供给似乎就会兴奋起来；只要市场上供给增加，价格又会下跌，而如果供给大于需求，价格就会急剧下跌，因而需求又被激起……这个规律永远起着平衡的作用……"④，这里揭示的商品供求理论和价格理论与中华传统文化中体现的古老的经济思想亦有异曲同工之妙。

马克思主义基本原理与中华优秀传统文化中很多思想具有相通之处，我党自建立之日起就在不断的革命实践中走出了一条将二者结合起来的道路。早在革命年代，毛泽东同志就指出："中国共产党……就是要使马克思列宁主义这一革命科学更进一步地和中国革命实践、中国历史、中国文化深相结合起来。"⑤ 因此，我党很早就认识和把握了二者之间的联系和规律，无论是在革命年代还是在改革开放时代，将马克思主义基本原理和中华优秀传统文化精髓结合起来推进各项事业已经成为我党的一种优秀传统。

总之，马克思主义是中国革命和建设不断走向胜利和成功的法宝，中华优秀传统文化则是每一个中国人的精神家园和命脉滋养，二者互为需要、不可分割，只有认识到二者的密切联系，找到二者的共通之处，才能助力中国特色社会主义事业。要把马克思主义与中华优秀传统文化相结合，就首先要找到二者的内在联系和相通之处，准确寻找二者的结合点，并不断从二者中汲取营养，才能持续推动社会主义建设航船在劈波斩浪中前行。

（编辑：刘世强）

① 马克思，恩格斯. 马克思恩格斯文集［M］. 北京：人民出版社，2009：637-638.

② 黄以周，等. 续资治通鉴长编拾补·卷四［M］. 北京：中华书局，2004：156.

③ 黎翔凤. 管子校注·卷二十三·下册［M］. 北京：中华书局，2004：1404.

④ 马克思，恩格斯. 马克思恩格斯文集［M］. 北京：人民出版社，2009：74.

⑤ 庄穆，肖贵新. 中国共产党对待传统文化的科学态度［EB/OL］. https://news.gmw.cn/2016-10/05/content_22293435.htm.

中华文化能成为全球“网红”吗？

——从“李子柒现象”看中华文化“走出去”的路径选择

王光芬　柳行　白中英　段鑫康　钟守静　张若瑾　武丽丽

【摘要】中华文化全球影响力日渐增强是中国特色社会主义事业进入新时代的显著特征之一，也是建设社会主义文化强国的题中应有之义。在国际社交媒体上，李子柒的中国传统乡村生活视频赢得了全球粉丝的持续关注，成为中华文化“走出去”的典型案例。本文以YouTube平台上李子柒的视频账号为研究对象，从时代塑造、资源聚合、价值折射、话语创新、互动反馈五个方面分析其成为全球“网红”的内在原因，并尝试基于李子柒成功的原因启示，从媒体联动、内容生成、网络与数字化、品牌化运营、反馈机制建立五个维度构建中华文化“走出去”的良性循环模式，进而探讨中华文化“走出去”的路径选择。

【关键词】中华文化；网红；“李子柒现象”；文化传播；文化全球影响力

【作者简介】王光芬，女，1996年生，西南财经大学硕士研究生，主要从事思想政治教育研究；柳行，男，1994年生，硕士，西南财经大学宣传统战部干事，主要从事高校思想政治教育与新时代文化建设研究；白中英，男，1993年生，西南财经大学马克思主义学院博士研究生，主要从事思想政治教育研究；段鑫康，男，1997年生，西南财经大学马克思主义学院硕士研究生，主要从事国家意识形态传播、革命老区乡村振兴等研究；钟守静，女，1997年生，西南财经大学马克思主义学院硕士研究生，主要从事思想政治教育研究；张若瑾，女，1998年生，西南财经大学马克思主义学院硕士研究生，主要从事思想政治教育研究；武丽丽，女，1981年生，博士，西南财经大学马克思主义学院讲师，主要从事国家文化安全与意识形态建设研究。

推动中华文化“走出去”，不仅是建设中国特色社会主义文化强国的题中应有之义，也是关乎维系国家文化安全、提升国家国际形象、争夺国际文化话语权的重要举措。改革开放特别是党的十八大召开以来，中华文化“走出去”的步伐日益强劲，国家文化软实力和中华文化国际辐射力大幅提升。但是我国在中华文化“走出去”的过程中，在内容挖掘、传播长效影响、西方群众认知等方面面临一些挑战，而李子柒恰恰以中华传统美食文化为主线，巧用全球通用的现代视听语言，成功地实现了对中国传统意象符号的“创造性转化”，在境外传播平台上取得了现象级的传播效果。基于这一成功案例，探讨其走红现象背后的成功之道，对未来中华文化更好地“走出去”具有重要的借鉴意义。

一、文献回顾与问题的提出

近年来，我国高度重视中华文化“走出去”工作。习近平总书记围绕推动中华文化“走出去”做出了一系列重要论述、提出了一系列明确要求。在 2018 年全国宣传思想工作会议上，习近平总书记提出新形势下宣传思想工作“举旗帜、聚民心、育新人、兴文化、展形象”的使命担当，要求在对外传播中，要讲好中国故事、传播好中国声音，向世界展现真实、立体、全面的中国，提高国家文化软实力和中华文化影响力。自此，中华文化“走出去”成为学术界共同关注的热点议题。我们梳理已有文献，发现当前研究大致包括以下几方面的内容：

一是中华文化全球传播的内容定位。推动中华文化“走出去”的首要问题就是中华文化是什么、中华文化的什么具体内容需要“走出去”且能够产生全球影响力。对此，以聂延稳为代表的学者从饮食、工艺、民俗、传统音乐、服饰五大方面探讨了“李子柒现象”所表征的中华文化符号，还有部分学者则从文化体系结构重心和国家发展的文化需求两个方面将中华文化全球传播的内容体系大致分为三类：当代中国价值观（核心内容）、中华文化的当代形态（主体内容）、中华优秀传统文化（基本内容）。

二是中华文化“走出去”的现实困境。受中外文化的自身差异、传统文化与创新文化不相协调等历史与现实因素的影响，学者们基于这一普遍共识对当前“中国文化热”进行了适时的“冷思考”，如李建军从传播学视角分析了中华文化“走出去”存在“三单”（单主体、单向度、单声道）式、“以我为主”宣传式的传播定势；沈壮海与刘水静则从政策层面指出其存在着文化传播理念、内容、方式、策略和效果评估体系五大困境。

三是中华文化成功“走出去”的原因分析。基于目前中华文化“走出去”的成功实践经验，学术界对其成功之因的探讨既有聚焦宏观层面的国家政策支持，也有探讨微观层面的传播内容、话语范式。如黄晓曦认为中华文化有效“走出去”存在媒体驱动型、民间辅助型、内容支撑型三种影响路径；田玉霞则认为是否实施精准传播、强化差异竞争、文化元素浸润式传播、专业机构运营将影响中华文化能否走红境外；张兴润也从内容符号生产、消费符号、文化认同策略三维度就其全球影响力展开思考。

四是中华文化“走出去”的对策思考。如何推动中华文化“走出去”一直是学界关注的重点。张晓凤、金起文提出“注资”“借船出海”“联姻”“入驻”“技术导向”五种让中华文化“走出去”的理论模式；任成金认为进一步明确文化“走出去”的战略制定、优化文化“走出去”的内容体系、拓宽文化“走出去”的主体范围及渠道、构建中国风格的哲学社会科学体系等措施是中华文化“走出去”的关键之举。还有学者认为文化“走出去”是达成和增进不同意识形态之间沟通与交流的有效形式。

综上所述，目前学术界对中华文化“走出去”的研究大多偏向于对其理论范式与现实困境等宏观层面的研究阐释，而从典型个案出发寻找中华文化“走出去”的路径研究较少。有鉴于此，本文以李子柒在 YouTube 这一境外传播平台的上百条短视频为样本，从现象学的视角深入探讨“李子柒现象”走红境外的成功之道，并尝试在此基础上建构中华文化“走出去”的良性循环模式。

二、研究思路与方法

（一）研究思路

本文选取文化传播视域中的“李子柒现象”为研究对象，基于“是什么→为什么→怎么办”的问题导向，尝试对其走红境外的成功轨迹进行现象学的分析与探讨，为此建构了四个维度的研究思路。思路图见图1。

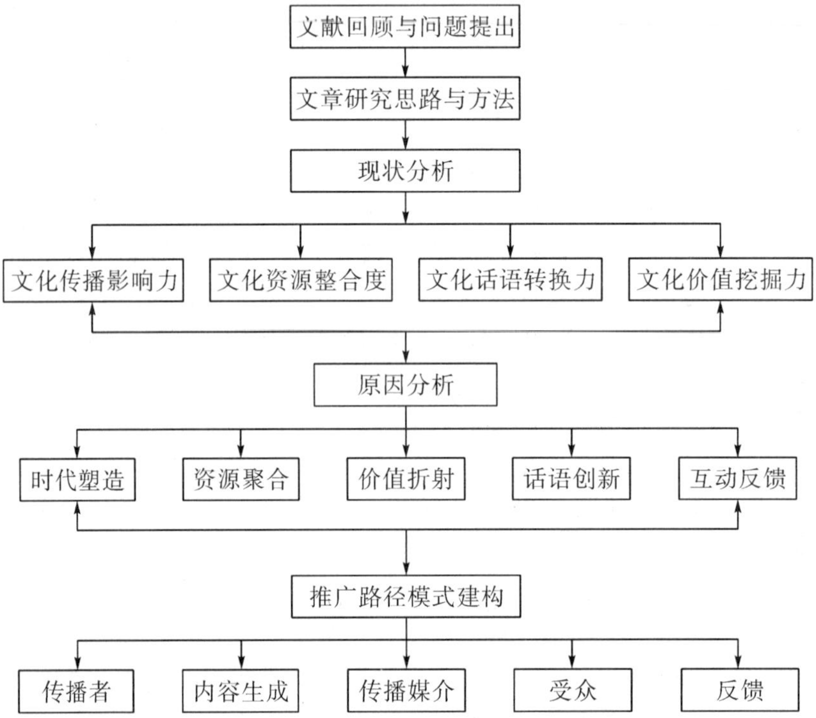

图1　本文研究思路

首先，立足于百年未有之大变局下的中华文化“走出去”何以应当与何以可能的现实背景，在全面梳理和系统回顾已有学术成果后，从现实与理论两个视域推衍出本文选题。

其次，通过选取李子柒 YouTube 平台视频账号为研究样本，综合运用文本分析法、个案分析法等研究方法，并尝试从文化传播影响力、文化资源整合度、文化话语转换力、文化价值挖掘力四个维度对“李子柒现象”走红境外的现状进行全面分析。

再次，基于时代塑造、资源整合、价值折射、话语创新和互动反馈五个方面进一步深入挖掘“李子柒现象”何以走红境外及其带来的启示，以期寻找中华文化“走出去”的成功案例——“李子柒现象”成功走红境外的秘诀与巧思。

最后，从“李子柒现象”的成功个案之思上升到中华文化“走出去”的普遍战略选择，在此提出基于“李子柒现象”的成功镜鉴，探讨从传播主体→内容生成→传播媒介→传播受众→传播反馈五个传播节点建构中华文化“走出去”的良性循环模式。

（二）研究方法

（1）个案研究法。本文以“李子柒现象”作为研究案例，从走红现状、文化表征、成功原因、策略建构等方面对其进行全面细致的分析，探讨作为中华文化“走出去”

之成功案例的“李子柒现象”何以应当与何以可能。

（2）文本研究法。本研究选取李子柒 YouTube 视频账号为研究文本，综合运用定性和定量相结合的方法，对其媒介受众、叙事主体、故事人物、主题设定、镜头语言、他者印象等方面进行系统分析、综合与归纳，进而探索其成功走红境外的奥秘。

（3）对比研究法。在对李子柒 YouTube 视频账号进行文本分析的基础上，选取 YouTube 平台上各主流媒体、自媒体账号与李子柒的视频账号进行综合对比，以期从横向空间传播力、纵向时间影响力角度探讨其走红境外的奥秘。

三、“李子柒现象”走红境外的现状分析

（一）文化传播影响力方面

1. 李子柒 YouTube 视频账号的全球排名情况

如图 2、图 3 所示，从横向空间传播力来看，根据 Nox Influencer① 网站数据统计，截至 2021 年 3 月 8 日，YouTube 平台上各视频账号的网红粉丝量排名中，李子柒（粉丝量 1 460 万）、办公室小野（粉丝量 978 万）、滇西小哥（粉丝量 709 万）位列中国区前三，其中李子柒 YouTube 视频账号以绝对优势的粉丝总数稳居榜首；而在 YouTube 全球粉丝数排名中，李子柒以 22.22 亿的视频总观看量位居全球第 405 位，且该数据还在不停地上涨。从纵向时间影响力来看，如图 4 所示，李子柒 YouTube 视频账号于 2017 年 8 月 22 日创建后，不仅其粉丝数量一直呈直线增长的态势，而且创造了该平台史上最快突破 750 万粉丝数量的记录，其全球影响力可见一斑。

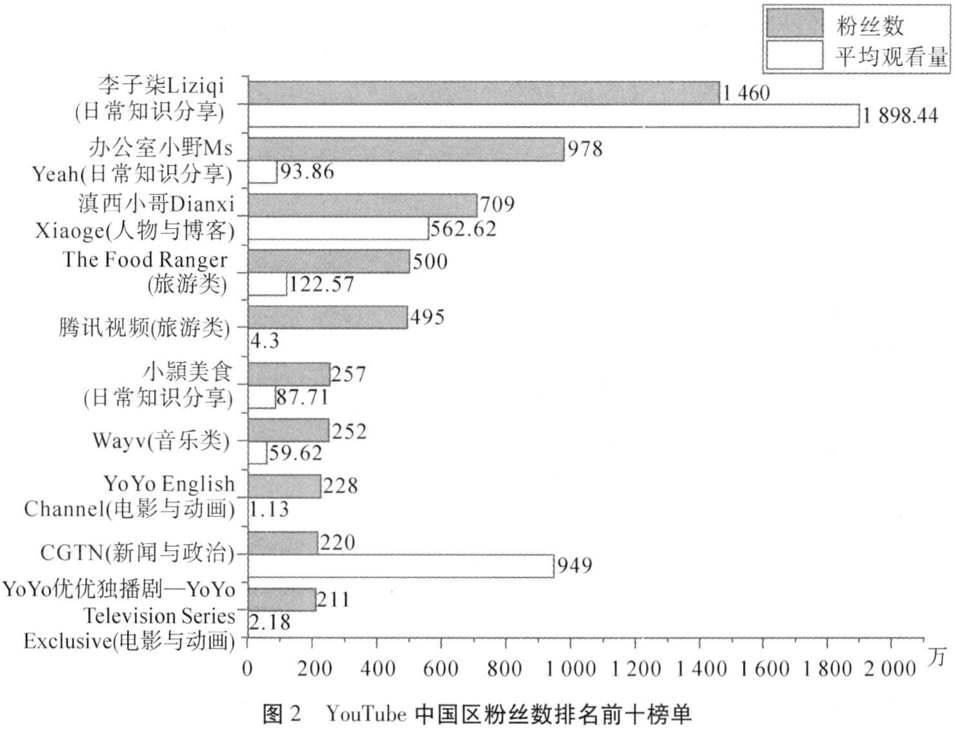

图 2　YouTube 中国区粉丝数排名前十榜单

① 本文数据资料主要检索自 Nox Influencer 网站 2021 年 3 月 8 日实时数据，部分资料由笔者根据 YouTube 数据单独整理而成。

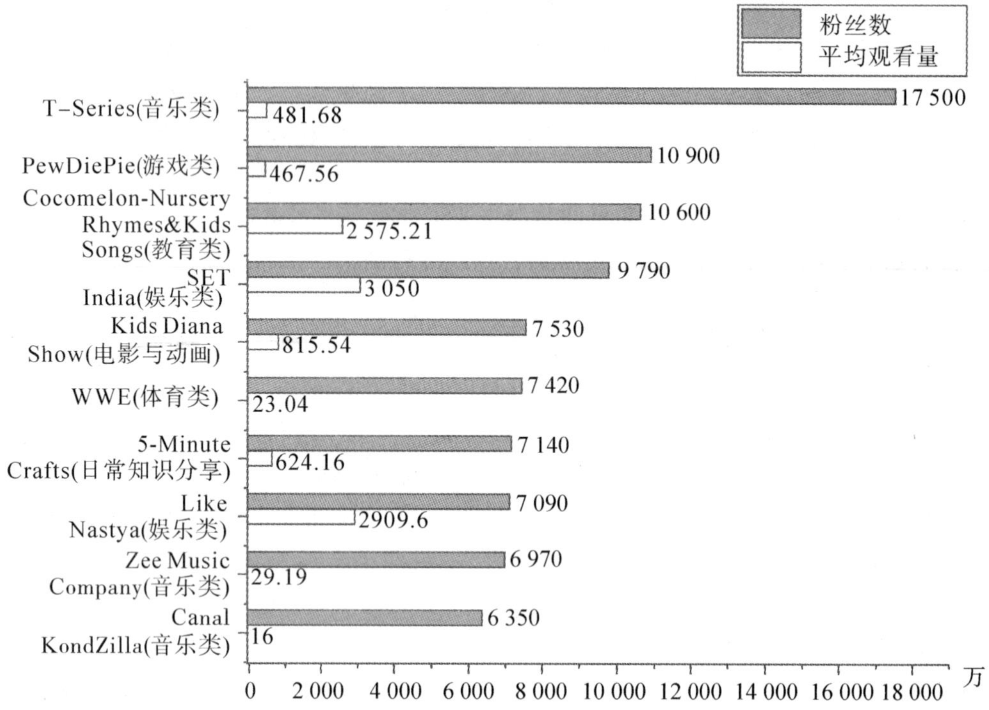

图 3　YouTube 全球粉丝数排名前十榜单

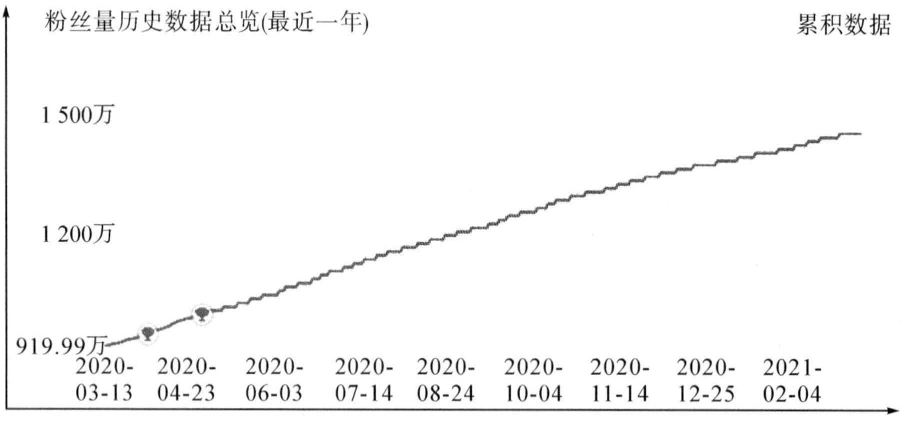

图 4　李子柒 YouTube 视频账号粉丝数量变化图（2020. 03. 08—2021. 03. 08）

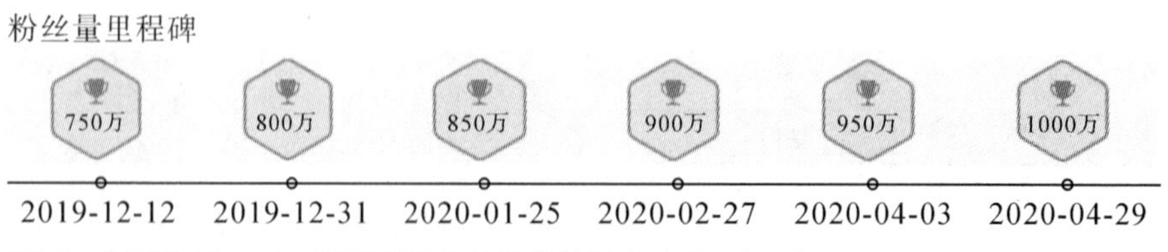

图 5　李子柒 YouTube 视频账号粉丝数量关键节点示意图（2019. 12. 12—2020. 04. 29）

2. 李子柒 YouTube 视频账号受众年龄、性别及地区分布

如图 6 所示，从受众粉丝年龄和性别分布来看，其主要受众粉丝为 18~44 岁的中青年群体（男性占比 31.9%，女性占比 58%），且各年龄阶段女性受众都远比男性受众要多；从受众地区分布来看，其受众主要集中在美洲和亚洲地区，其他国家和地区受众分布也较为广泛。

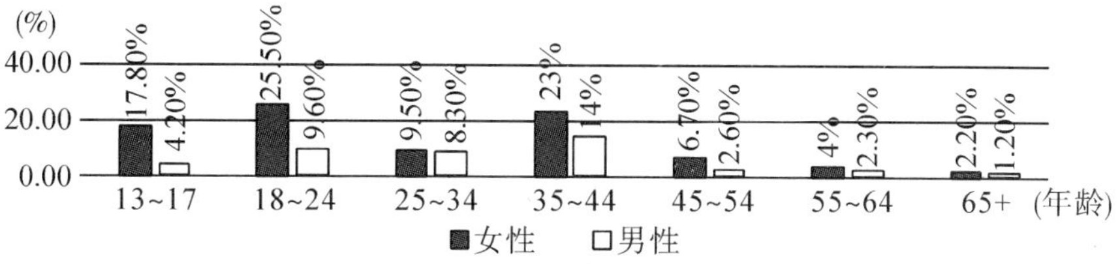

图 6　李子柒 YouTube 视频账号估算受众粉丝和性别分布

（注：这里使用“估算”是因为国外性别注册有很多选项，无性别和多性别以及其他性别难以区分，所以以男女性别划分便采用“估算”一词。）

3. 李子柒 YouTube 视频账号与国内外主流媒体影响力对比

依据北京师范大学京师中国传媒智库对外发布的《中央媒体海外网络传播力报告》，我国中央媒体的海（境）外传播力与亚洲主流媒体旗鼓相当，其中《人民日报》与中央电视台的传播力总得分甚至超过了日本的《朝日新闻》。为直观清晰地对比李子柒视频账号与国内外主流媒体账号的影响力，我们通过选取 YouTube 平台上李子柒视频账号的粉丝数与国内外五大主流媒体的受众粉丝情况对比（如表 1 所示），发现无论是国外知名新闻网站还是国内新闻总台，其受众粉丝数量及传播力度均不及李子柒视频账号的影响力度，甚至 YouTube 平台上中国区 CGTN 的粉丝数占比尚未达到李子柒视频账号的 20%，由此足以窥见 YouTube 平台上李子柒视频账号的影响之大。

表 1　李子柒 YouTube 视频账号受众粉丝与国内外主流媒体账号粉丝数对比

YouTube 平台上国内外主流媒体账号受众粉丝情况		YouTube 平台上李子柒视频账号受众粉丝数	国内外各主流媒体与李子柒视频账号粉丝数对比	世界排名（YouTube 平台）
主流媒体名称	YouTube 平台粉丝数			
CNN	1 220 万	1 460 万	84%	568
BBC NEWS	936 万	1 460 万	64%	935
FOX NEWS	696 万	1 460 万	47%	1 528
CBS NEWS	355 万	1 460 万	24%	4 417
CGTN	220 万	1 460 万	15%	8 678

（二）文化资源整合度方面

1. IP 化元素

IP（网络品牌）作为人类在社会实践中创造的智力劳动成果的专有权利（知识产权），其 IP 化的过程离不开知识产权的自我确立、社会声望的不断加持以及知识劳动成果的深度转化。以李子柒为例（如表 2 所示），李子柒自 2016 年 3 月自编自导自创自媒体视频伊始，短短 4 年时间就先后历经了个人 IP 创设、公司入驻合作、成功走红境外、中国 IP 化转向全球 IP 化的文化网红 IP 化历程。正是她对 IP 化元素的深度聚合

与有效运用，使其成为独具 IP 化标志的中华文化传播的领航者。诚如吉尼斯世界记录官方对其的公开评价一样：“李子柒的视频中充满了诗意的田园生活和博大精深的中华传统文化，吸引了世界各地的粉丝，不少 YouTube 粉丝在她的视频下赞美留言（The poetic idyllic life and profound traditional Chinese culture in Li Ziqi’s videos have attracted fans from all over the world, with many YouTube fans expressing their admiration under her videos）。”她的视频所传递的中华文化也正在走向更远的地方。

表 2　李子柒视频账号元素 IP 化的发展历程

年份	月份	事件
2016 年	3 月	开始拍摄手作视频，编导、摄像、出演全部由其一人完成
	8 月	签约 MCN（网红经济运作商）机构“微念科技”
2017 年	7 月	四川子柒文化传播有限公司成立
		获第三季度金秒奖最佳美食短视频
	10 月	荣登秒拍影响力总榜 TOP1
2018 年	6 月	在 YouTube 平台发布第一个双语视频
	8 月	李子柒同名天猫店铺正式开业，店铺上线 6 天销售量破 15 万单、销售额破千万元
	9 月	获 YouTube 银牌奖
2019 年	3 月	马来西亚国王邀请李子柒前往进行文化交流
	4 月	助力由共青团中央等发起的“三区三州”扶贫助威行动
	5 月	李子柒天猫店铺上线与国家宝藏联名产品
	8 月	任首位成都非物质文化遗产推广大使
	11 月	“李子柒”品牌“双 11”当天总成交额突破 8 000 万元
	12 月	YouTube 粉丝数突破 750 万 荣登 2019“年度影响力人物”榜单，获“年度文化传播人物”称号
2020 年	1 月	入选《中国妇女报》“2019 十大女性人物”
	5 月	受聘担任首批中国农民丰收节推广大使
	8 月	当选第十三届全国青联委员
2021 年	1 月	以 1 410 万订阅数获得吉尼斯“最多订阅量的有关中文频道的记录”
	2 月	获评微博年度热点人物

2. 立体化开发

如表 3、表 4 所示，为更加清晰地描述李子柒对于视频内容题材的立体化开发，我们通过对视频中相同题材出现的频次、同一视频题材（春节）挖掘的对比发现，春节（3 次）、漂染衣物（4 次）、腊货（4 次）是其每年都会出现的固定题材。2018 年 2 月 16 日-2021 年 2 月 10 日，李子柒的视频中虽然连续三年都出现“春节”题材的视频内容，但分别聚焦于三个不同维度：“年夜饭菜肴制作”“年夜饭菜名寓意”“传统闹春元素（对联、花灯、窗花）”。可见，李子柒能够从节日的不同角度出发对其进行不同题材开发和同一题材深挖，立体化的开发方式、差异化的视听盛宴是其长期保持走红态势的关键。

表 3　李子柒 YouTube 视频中相同题材内容出现的频次及占比统计

固定题材	出现的次数	在总视频数中的占比
春节	3	0.025
漂染衣物	4	0.033
腊货	4	0.033

表 4　李子柒 YouTube“春节”题材视频中各元素时长占比情况分析

<table>
<tr><th>时间</th><th>题目</th><th>元素</th><th>时长</th><th>占比</th></tr>
<tr><td rowspan="2">2018.2.16</td><td rowspan="2">（年夜大餐）NYE dinner, wish you all happy and health</td><td>习俗</td><td>57s</td><td>0.095</td></tr>
<tr><td>菜肴</td><td>7m36s</td><td>0.76</td></tr>
<tr><td rowspan="3">2019.2.11</td><td rowspan="3">Spring Festival dish丨福气满满团圆菜，吉祥如意幸福年——年夜饭</td><td>习俗</td><td>1m22s</td><td>0.13</td></tr>
<tr><td>菜肴</td><td>8m18s</td><td>0.82</td></tr>
<tr><td>菜名</td><td>53s</td><td>0.088</td></tr>
<tr><td rowspan="2">2021.3.31</td><td rowspan="2">Chinese New Year's decorations, goods and snacks!
明日除夕，挂灯笼、贴对联、备好年货过大年啦！</td><td>习俗</td><td>3m30s</td><td>0.19</td></tr>
<tr><td>菜肴</td><td>13m12s</td><td>0.72</td></tr>
</table>

3. 产业化运营

李子柒初期投放的视频，其内容均由其个人制作。2017 年后，李子柒与杭州微念科技公司合作，此后，专业运营公司成为助推其境外走红的重要力量。随后李子柒在 YouTube 平台上的视频，引起了 WebTV Asia 的广泛关注，此后李子柒的境外视频的运营均由该公司承担。从 YouTube 网红品牌估计价值来看，李子柒视频账号单月收入在 45.2 万美元至 85.9 万美元之间，单个视频广告费为 111.9 万美元。李子柒与杭州微念公司合作之后，该运营公司在多项商品分类下注册“李子柒”“子柒”“东方美食生活家”商标近百项，打造李子柒个人商标。2017 年 7 月 20 日，李子柒成立四川子柒文化传播有限公司，实现人格化 IP。随着李子柒品牌化的不断发展，李子柒先后在天猫上成立专卖店。2020 年 7 月 29 日李子柒成立了食品公司，这家广西兴柳食品有限公司，注册资本为 200 万元，法定代表人为楼永健①。这几家公司均由李子柒所在的杭州微念品牌管理有限公司全资持股，经营范围包括食品经营（销售预包装食品）、食品进出口、货物进出口等。至此，李子柒的视频开始走上品牌化经营之路。

（三）文化话语转换力方面

1. 独特的图像语言

如表 5 分析所示，我们对李子柒 YouTube 视频账号中的 120 个视频进行文本样态分析发现，一方面，在语音文化处理方面，其在语音对话上主要采取无语音对话或不超过 5 次对话的方式，且善于运用无歌词的纯背景音乐进行处理；另一方面，在语言文字运用方面，其主要选择全球广泛使用的英语进行语言文字的话语转换，同时辅之以韩语、日语等语言对相关性视频进行针对性处理。由此可见，李子柒的视频大都“少说多做”，以展示人物亲自制作过程为主、语音语言对话为辅的独特化图像语言处理方式，在消解境外受众理解障碍的同时，也有效增进了视听化的视频传播效力。

① 该内容均引用自天眼查的官方网站。参见：https://www.tianyancha.com/human/1979404769-c3073002761.

表 5　李子柒 YouTube 视频账号 120 个视频的文本样态占比情况分析

文本样态	具体呈现	元素	数量		频次	时长
语音对话	有无语音对话及其时长	有语音对话	45 个视频	41 个视频	1~5 次	时长≤10 s
				4 个视频	5 次以上	时长>5 m
		无语音对话	75 个视频			
背景音乐	有无背景音乐及歌词	无歌词的纯背景音乐	75 个视频			
		带有中文歌词的背景音乐	5 个视频			
		其他	40 个视频			
视频标题	视频标题的语言文字呈现	英文翻译	101 个视频			3 m 30 s
		中文呈现	19 个视频			13 m 12 s
简介翻译	简介的语言文字呈现	单个外语翻译	翻译为英语	59 个视频		
		多重外语翻译	同时翻译为英语+韩语	5 个视频		
			同时翻译为英语+日语	1 个视频		

2. 真实的生活叙事

李子柒的视频虽是对其个人生活的选择性展示，但是其主要基于真实的生活场景，全景化展现从原材料的种植、收集到食材或原材料的处理，再到制作完成后的展示的全过程，且李子柒个人全程出镜、全程参与、全程纪实，此举极大地增强了视频的真实体验感，充分展示了其个人的动手能力与独特个性。如表 6 分析所示，李子柒的视频主要以兰州牛肉拉面、螺蛳粉、火锅等中国传统特色菜品的美食制作为主，并借助服饰、家具等中国传统手工艺技巧进行真实的生活化叙事，以其古朴自然、原汁原味的视频内容成功实现对受众粉丝的文化共情。

表 6　李子柒 YouTube 视频账号中常见视频题材内容汇总

视频分类		常见视频内容汇总
主题分类	美食制作	主食菜肴、零食点心、食材处理，酱料及茶饮等
	手工艺制作	服饰、家具厨具、中国传统手工艺、其他
场景分类	生活环境	农田、菜园、山林、溪流、荷花塘、农家小院、烧柴灶台、凉亭、卧室等
	时空镜头	日出日落、月亮、星空、云朵、林间、山间云雾、山泉等
	工具	木制品（案板、盆、桶）、竹制品（筐、水管、勺、筷）、石制品（石磨、碗）、木把刀具、柴火、锯子、锤子、镰刀、电钻、手机、电脑等
	动物	狗、猫、家禽（鸡、鸭、鹅）、家畜（猪、牛、羊）、兔子、狐狸、鸽子、麻雀、白鹭、大雁、蜜蜂、蝴蝶、萤火虫、蛇、青蛙、蝉等

3. 共存的文化符号

与其他局限于单一文化的视频制作者不同，李子柒的视频中并未囿于中华文化单一的文化题材或固定的文化模式之中，敢于跳脱已有的文化固有印象和传播思维定势。如表7所示，李子柒YouTube视频账号中出现数字化设备的频次及占比依次为手机、相机、电脑、高铁。该数据不仅反映了秉持开放随和、贯通古今中外、虚实相生的文化挖掘理念，巧妙借助数字化的媒介设备呈现中华文化之美，也从侧面印证了中华文化兼容并包、顺势发展的特征。这也正是李子柒的视频在境外引起广泛关注的一个重要原因。

表7　李子柒YouTube视频账号中出现数字化设备的频次及占比

数字化设备	频次	占比
手机	20	0.166
电脑	3	0.025
相机	8	0.066
高铁	2	0.016

（四）文化价值挖掘力方面

我们将李子柒在YouTube视频账号上发布的视频进行汇总（详见表8）后发现，视频中文化传播并非对抽象文化概念的直接传播，而是以丰富多样的视觉和听觉符号作为中国文化的各类表征而进行形象化传播。这些文化表征通过视觉化、故事化的展现，不露声色地经由受众自身的情感共鸣进行沟通，就会产生潜移默化的文化影响。在李子柒的视频中，同一文化表征往往具有不同的文化价值，同一题材的不同视频背后展现出的是李子柒对文化价值的深度挖掘。在YouTube视频账号上，李子柒将自己的投稿视频分为热门视频精选、适时而食、饮食以节、花开有声、东方非遗传承、传统工艺、春之卷、夏之卷、秋之卷、冬之卷、精选视频合集共11类。通过对这11类视频进行分类统计，我们可以发现其视频中蕴含了六种文化价值，分别是饮食文化、技艺文化、服饰文化、礼仪文化、乡土文化、节日文化，这六种文化类型相辅相成，共同构成了李子柒的视频中所传达的价值元素。其中饮食文化让全球的网友从李子柒身上看到了中华文化中的勤劳与朴实；在李子柒的视频中，技艺文化所携带的功能实用性展现了古人精细的工艺制作，同时又具有一定的审美意味；在李子柒的视频中，素色的中国传统服饰，不以时间、地点为转移，实现了服饰与画面的完美融合；不仅如此，李子柒与奶奶、邻里、动物的和谐相处，彰显了中华文化的孝悌、仁义以及尊重生命的礼仪文化；每逢重要的节日，李子柒都会发布与之对应的美食视频，这一行为令国外受众在节日中形成对中国文化新的认知。总的来说，李子柒的视频将蕴含了中国文化因子的各类文化价值融入精巧的画面语言之中，形象生动地构建出了一个透过视觉符号传播中国文化内涵的具象图景。

表8　李子柒YouTube视频账号内容一览

日期	视频名称	主要内容
2017年8月24日	用葡萄皮给自己做衣服，是一种怎样的体验	印染衣物
2017年8月28日	原来这才是七夕节的正确打开方式：入口即化的“巧酥”（第一次配上英文）	巧酥

表8(续1)

日期	视频名称	主要内容
2017 年 8 月 30 日	家里突然热闹了,做了一盘“傣味手抓饭”,顺便把做法也送给你们	手抓饭
2017 年 8 月 31 日	火焰醉鱼，这一定是我近几年来吃过的最好吃的鱼！没有之一！	火焰醉鱼
2017 年 9 月 1 日	黄桃罐头：炎炎夏日，来罐冰镇黄桃罐头怎么样?	黄桃罐头
2017 年 9 月 2 日	教你们一个手残星人也毫无压力的硬菜：荷叶糯米排骨	荷叶糯米排骨
2017 年 9 月 13 日	make natural lipstick with flowers 用鲜花给自己做了套胭脂，原来古代的胭脂眉黛膏是这样做出来的	胭脂
2017 年 9 月 25 日	Here's the super pal for reading and watching TV：spicy beef jerky 看书追剧必备小零食——麻辣手撕牛肉干	手撕牛肉干
2017 年 9 月 30 日	这绝对是一碗艺术：素有“面食文化活化石”之称的 正宗兰州牛肉拉面	兰州牛肉 拉面
2017 年 10 月 3 日	suzhou pork mooncakes 外皮酥脆，肉汁鲜香，触及灵魂的苏式鲜肉月饼	月饼
2017 年 10 月 13 日	念念不忘的是小时候那芋香弥漫的味道——芋头饭	芋头饭
2017 年 10 月 20 日	donkey hide gelatin paste 快入冬了，自己做些阿胶糕留着暖身子！	阿胶糕
2017 年 10 月 25 日	柴火慢烙出焦黄焦黄的玉米饼，香到流口水	玉米饼
2017 年 10 月 28 日	Mapo Tofu 素食界的香饽饽——麻婆豆腐	麻婆豆腐
2017 年 11 月 6 日	寒意渐浓的深秋，来碗暖人心脾的蜂蜜柚子茶可好	蜂蜜柚子茶
2017 年 11 月 18 日	papermaking 千年长安千年纸，原来最原始的纸张是这样造出来的	纸张
2017 年 11 月 23 日	香喷喷、火辣辣、让人垂涎三尺的川菜之魂——豆瓣酱	豆瓣酱
2017 年 11 月 27 日	The formula we used for years to make Sichuan dry meat and sausage 四川腊肉和川味香肠，家里做了几十年的方子	腊肉 与川味香肠
2017 年 11 月 29 日	Nothing you can't solve with a traditional Sichuan hot pot 这世界上没有什么事情是一顿地道老四川火锅解决不了的	火锅
2017 年 12 月 2 日	On the first snow night，cook a pot of chicken with firewood to get warm 初雪寒夜，煮上一锅热腾腾的川味柴火鸡暖暖身	川味柴火鸡
2017 年 12 月 7 日	I could eat three bowls of rice with this dish even without meat 肉可以不吃，这样一碟小菜，我能吃下三碗饭！	一碟小菜
2017 年 12 月 18 日	A multi layer sole shoes for my grandma，in memory of good old days 给奶奶做了双“千层底”，重温儿时一针一线的旧时光	布鞋
2017 年 12 月 24 日	The wild jujube is ripe，it's time to make some wild jujube cake 屋后的枣子熟了，正好做笼酸枣糕解解馋	酸枣糕
2017 年 12 月 29 日	Winter cuisine with great meaning—flower shaped shrimp 寓意吉祥的寒冬美味——花开富贵虾	虾

表8(续2)

日期	视频名称	主要内容
2017 年 12 月 30 日	Kimchi, this sweet and sour flavor food will amaze your winter. 温暖一冬的酸甜回味——辣白菜	辣白菜
2018 年 1 月 5 日	When spring comes, let's enjoy a pot of Sichuan stew dried ribs 春暖花开，来上一锅享誉巴蜀的盐排骨可好?	盐排骨
2018 年 1 月 14 日	The different tastes of steam dried meats make up new year's atmosphere 腊味合蒸，千滋百味方是年味!	腊味
2018 年 1 月 18 日	Long, tender and fresh: bean sprouts are nutritious and pollution-free（豆芽）	豆芽
2018 年 1 月 23 日	Laba congee, the heavy fragrance will stick to the chopsticks 一碗腊八粥，黏得住筷子的浓香，暖心又暖胃	腊八粥
2018 年 1 月 30 日	The delicious food from the mountain—Termitomyces mushroom oil 鲜香入味！来自大山深处的极致美味——鸡枞油	鸡枞油
2018 年 2 月 2 日	The favorite soup of food lovers, all tastes in one jar—Fo tiao qiang 吃货馋猫们的心头爱，一个陶坛糅杂百味——佛跳墙	佛跳墙
2018 年 2 月 6 日	I have the fragrant and sweet lotus wine, do you have a story to share? 我这儿有清香甘甜的荷花酒，你有故事吗?	荷花酒
2018 年 2 月 11 日	a bread kiln, to bake a crisp and sweet bread（面包窑）	面包窑
2018 年 2 月 16 日	NYE dinner, wish you all happy and health（年夜大餐）	年夜饭
2018 年 3 月 5 日	The best gift for woman—The rose paste of Damascus 女人最好的礼物——大马士革玫瑰酱	玫瑰酱
2018 年 3 月 13 日	Every one has a favorite food in their childhood! 每个人童年记忆里都应有这样一把又香又脆的馓子!	馓子
2018 年 3 月 16 日	Special pigeon soup, it's good for you when the spring comes 春暖花开，来一碗梅花鸽子汤补补元气!	鸽子汤
2018 年 3 月 16 日	How to cook fish in a traditional Chinese way? 收取人间一片白，焖得一罐鱼儿香——古法焖雪水鱼	焖雪水鱼
2018 年 3 月 30 日	Another year of Cerasus blossom season, come to the pot Cerasus tea 又是一年樱花季，来壶樱花茶吧	樱花茶
2018 年 4 月 1 日	made some desserts out of peach blossom 张罗了些桃花味的小甜点，碾作汁熬成浆，依旧香得固执!	小甜点
2018 年 4 月 13 日	handmade washstand for my bathroom 旧物新颜，古朴的纯手工实木洗手台	洗手台
2018 年 4 月 27 日	Acanthopanax 曾经让我挨过揍的一道菜！有“树人参”之称的刺龙苞	刺龙苞
2018 年 5 月 5 日	Pea jelly 结结实实来一顿豌豆凉粉，清凉消暑一整夏	豌豆凉粉

表8(续3)

日期	视频名称	主要内容
2018 年 5 月 17 日	cherry 应季甜点，樱桃的花样做法送给你们	应季甜点
2018 年 6 月 20 日	How to make a Chinese sour bean pickle? 吃不完的豆角晾足日头，做成干豇豆炖肉，喷香	干豇豆炖肉
2018 年 7 月 2 日	Eat a lot of food, soak the summer of the fruity fruit — passion fruit （百香果）	百香果
2018 年 7 月 16 日	How to make a Chinese red-cooked tomato beef soup? 驱散湿气的暖胃汤锅，番茄牛腩带来的味觉盛宴	番茄牛腩
2018 年 7 月 30 日	How to make a Chinese delicious mushroom meal? 胜于肉味的治愈美食，带些雨露的清甜——鸡枞菌	鸡枞菌
2018 年 8 月 9 日	How to make a Chinese secret sauce? 宫廷苏造酱，娘娘吃了都说好	宫廷苏造酱
2018 年 8 月 13 日	How to make a Chinese herbal honey? 长白山人参蜜：众参皆苦，而我是甜的	长白山 人参蜜
2018 年 8 月 16 日	How to make a Chinese herbal tea? 逍遥草本茶，泡一杯自在逍遥！	茶
2018 年 8 月 16 日	steaming pot of braised lamb in Jiangnan style 红烧湖羊肉，小鲜肉老味道	红烧湖羊肉
2018 年 8 月 20 日	Woodblock printing, engraved with the essence of the ancient Chinese culture （木活字）	木活字
2018 年 9 月 10 日	Slow-Boiled Autumn Pear Paste, Tasty, Cough Relief & Good for Lung 炉火慢慢熬炼出的秋梨膏，止咳润肺滋味好	秋梨膏
2018 年 9 月 25 日	为生活添一抹淡雅绿意，用砍下的竹子制些物件儿——竹沙发	竹沙发
2018 年 10 月 9 日	It's a red mountain, and in the fall, it's natural to make some sweet persimmons. （吊柿饼）	吊柿饼
2018 年 10 月 17 日	winter bedding from double-cocoon silk 古老的东方蚕桑文化，治愈每一个怕冷的人——蚕丝被	蚕丝被
2018 年 10 月 19 日	Hao'ban Beef Paste 好拌牛肉酱	牛肉酱
2018 年 11 月 9 日	Exquisite drunken crabs: freshness known only when drunk 玲珑熟醉蟹：醉过才知熟蟹鲜	醉蟹
2018 年 11 月 13 日	Providing warmth in the winter, quietly hidden in the bubbles of old brown sugar丨Liziqi channel 古法红糖	古法红糖

表8(续4)

日期	视频名称	主要内容
2018 年 11 月 26 日	I gooey sweet potatoes&hand-made noodles, in hot and sour soup 烤红薯 & 酸辣粉	烤红薯 & 酸辣粉
2019 年 1 月 3 日	the soup base to blanch sliced mutton in freezing days (铜锅涮肉)	铜锅涮肉
2019 年 1 月 7 日	Yummy pork backbone in the winter! 炖一锅酥烂入味的酱香大骨，冬天就得吃肉才痛快	酱香大骨
2019 年 1 月 21 日	Tasty preserved meat— Indispensable for the Spring Festival 年菜不可缺少的一分子：腌制入味的酱腊肉	酱腊肉
2019 年 1 月 31 日	A special program on New Year snacks (年货小零食特辑)	年货小零食
2019 年 2 月 11 日	Spring Festival dish（福气满满团圆菜，吉祥如意幸福年——年夜饭）	年夜饭
2019 年 2 月 25 日	a perfect breakfast 榨菜清粥 & 梅花酥，完美早餐	榨菜清粥 & 梅花酥
2019 年 3 月 3 日	Eat some meat and have drink in cold days, my favorite —pickle radish duck soap（酸萝卜老鸭汤）	酸萝卜老鸭汤
2019 年 3 月 6 日	Official Announcement from Liziqi Youtube Channel 李子柒 Youtube 官方频道（账号）声明	声明
2019 年 3 月 10 日	Ten Miles of Peach Blossoms, Making an Early Spring Dessert - Peach Resin（桃胶）	桃胶
2019 年 3 月 19 日	Weave a lamb wool cape for the freezing winter（羊羔毛斗篷）	羊羔毛斗篷
2019 年 3 月 25 日	scholars four treasures - an Epitome of Thousands Years of Chinese Culture（笔墨纸砚）	笔墨纸砚
2019 年 4 月 7 日	Riding a Horse to Find Magnolia Liliflora Blossoms for You 遛马寻花，摘下开得正盛的辛夷给喜欢的你们	摘花
2019 年 4 月 14 日	If You Miss the Best Days to Pick Wild Herbs, You've Missed the Entire Spring（采野菜）	采野菜
2019 年 4 月 22 日	How to make Salted Duck Egg Yolk Sauce (Chinese Mayonnaise) 蛋黄酱：起沙滋油，咸鲜酥软	蛋黄酱
2019 年 5 月 4 日	Picking Out Blooming Flowers to Make Aromatic Dew 摘下一朵朵盛放的花，凝结成香喷喷的露——纯露	纯露
2019 年 5 月 13 日	Best Time of Year to Comsume Juicy and Tender Bamboo Shoots; Pick As Much As You Like（笋）	笋、剪羊毛
2019 年 5 月 24 日	每个夏天一定要做的事情就是——吃青梅	吃青梅
2019 年 6 月 9 日	农忙时节，围一块儿喝点家酿啤酒，消暑又解馋	喝啤酒、农活
2019 年 6 月 15 日	I planted shiitake mushrooms in the mountain! 我把香菇种到山里啦！	种香菇

表8(续5)

日期	视频名称	主要内容
2019年6月23日	这一定是最适合在夏天做的吃食——各种果酱!	各种果酱
2019年7月2日	Ice cream made from sweet berries 凉冰冰甜丝丝的浆果蛋奶冰激凌，是夏天的味道!	蛋奶冰激凌
2019年7月12日	又闻荷香，索性荷花、荷叶、莲藕折腾了个遍	荷类食品
2019年7月30日	抢在番茄掉果之前，全收回来弄点好吃的——红宝石番茄酱	红宝石番茄酱
2019年8月4日	又到了瓜果蔬菜怎么吃都吃不完的季节，脑壳疼呐	杂食
2019年8月9日	Shu Embroidery 千年民俗蕴服章之美，蜀绣文化彰华夏礼仪	蜀绣
2019年8月11日	Liuzhou "Luosifen" 吃得满足，嘬得过瘾，辣得舒坦，就一碗柳州螺蛳粉	螺蛳粉
2019年8月23日	Peach Dishes 挂一盏观花月影灯，正配这一整桌的黄桃小吃	黄桃小吃
2019年9月6日	Golden season, full of preasure of harvest and sweet corn 金黄的季节，载满了收获的喜悦和玉米的香甜	丰收节
2019年9月14日	Full Moon, Fragrance of Ripe Rice, Farmers Busy Harvesting Crops 月儿圆圆，稻米飘香，正逢农家收谷忙	收稻子
2019年10月1日	make little funny items in sunning the millet these days 趁着晒谷子这些天，鼓捣了一堆温馨有趣的小玩意儿	手工制品
2019年10月13日	Autumn is the home of nuts, Chinese chestnut is sweet 秋天就是坚果的主场呀~板栗甜，橡果香	坚果
2019年10月21日	So this video called the life of chilli? chopped chili fish head, red oil sheet jelly	剁椒鱼头、油泼辣子
2019年11月5日	Kumiss and Roasted Whole Lamb 酿一罐子马奶酒，再配上吱吱冒油的烤全羊	烤全羊、马奶酒
2019年11月8日	soy milk, steamed rice cake 熬锅豆浆再蒸几块紫薯米糕，再忙都要好好吃早饭啊!	紫薯米糕
2019年11月11日	snow and hot pot, perfect match Snowy days go well with hot pot♥ "我就问你，下雪天不吃火锅吃啥?"	雪天火锅
2019年11月23日	In the cold winter, eat ginger, can warm the whole day/ 正值寒冬，吃点生姜，就能暖和一整天!	生姜
2019年12月4日	Traditional handicraft: Turn a soybean seed into a drop of soy sauce 一颗黄豆到一滴酱油：传统手工酿造酱油	酱油
2020年1月1日	When the flipping pan meets sesamecake, you think there will be a story? 当烙锅遇上缙云烧饼，你以为有故事?并没有!	烙锅和烧饼
2020年1月12日	Lap Mei claypot rice | pig maw and chicken soup with pepper 当腊味煲仔饭遇上胡椒猪肚鸡，你又以为有故事?还是没有!	胡椒猪肚鸡

表8(续6)

日期	视频名称	主要内容
2020 年 1 月 20 日	The Purpose of Cotton 棉花的一生，我保证下次想个新系列名字，哈哈哈	种植棉花
2020 年 3 月 20 日	(EP1) The life of blue calico dresses hand-dyed by Li Ziqi? 蓝草的一生？蓝印花布的一生？还是李子柒花裙子的一生？	花裙子
2020 年 3 月 20 日	(EP2) The life of blue calico dresses hand-dyed by Li Ziqi? 蓝草的一生？蓝印花布的一生？还是李子柒花裙子的一生？	花裙子
2020 年 4 月 1 日	Avoid crowds, and go spring outing nearby! 不能去人多的地方扎堆儿，赶在上巳节这天家门口春个游！	春游
2020 年 4 月 13 日	The life of garlic~ 蒜的一生，实在想不出有创意的名字了！下次你们帮我想！	种蒜
2020 年 4 月 27 日	So ... it goes like ... the life of peas! 那……只有豌豆的一生了！不是说好"下个视频"你们帮我取标题的吗？	种豌豆
2020 年 5 月 19 日	The life of wheat! Which is your favorite food made from wheat? 关于小麦的一生，你最爱吃哪种面食？	种小麦
2020 年 6 月 3 日	You wouldn't expect that today's video is called "The Life of Potato"! 你们都没想到这期的视频标题会叫“土豆的一生”吧！	种土豆
2020 年 6 月 19 日	"The life of rapeseed oil"“菜籽油的一生”之钵钵鸡， 蛋黄酥，油焖笋，咸蛋黄小龙虾，哈！哈！	菜籽油
2020 年 6 月 25 日	As a kid, I used to eat Zongzi wrapped in shells of bamboo shoots. 我小时候吃过的传统笋壳粽子，你那有吗？	粽子
2020 年 7 月 10 日	The life of tomato~番茄……的一生？	种番茄
2020 年 7 月 20 日	The life of cucumbers 黄瓜的一生	种黄瓜
2020 年 8 月 7 日	Finally, a different title! The life of okra and bamboo fence, LOL 这次可算有点不一样的标题了！秋葵和竹筒路(竹篱小径)的一生,嘻嘻	秋葵 和竹筒路 (竹篱小径)
2020 年 8 月 28 日	The life of roses. 玫瑰花的一生。	玫瑰花
2020 年 9 月 14 日	A pot of wine among watermelon fields. So ... The life of watermelons and grapes? 瓜间一壶酒，西瓜和葡萄的一生？	西瓜和葡萄
2020 年 10 月 11 日	The life of purple rice, pumpkins, and ... peanuts 紫米南瓜的一生……还有花生	紫米南瓜 和花生
2020 年 11 月 8 日	The life of taro ... and pepper is today's treat 芋头的一生，辣椒……是送的	芋头饭
2020 年 12 月 9 日	May the red, red persimmons bring you a happy, prosperous new year! ♥ 愿一串串的红柿子给大家带来新一年的柿柿顺心	柿饼
2021 年 1 月 9 日	The last episode of the "Life Series": The life of white radish! “一生”系列产品最后一个视频——白萝卜的一生	白萝卜
2021 年 2 月 10 日	Chinese New Year's decorations, goods and snacks! 明日除夕，挂灯笼、贴对联、备好年货过大年啦！	习俗

四、“李子柒现象”成功走红境外的多维因素分析及启示

（一）时代塑造：网络与数字时代引领文化交流热潮

1. 中华文化传播顺应全球化趋势

马克思认为，“物质生产的全球发展必然导致文化生产的国际化”①。全球化已经成为不可阻挡的历史潮流，并在经济、文化、意识形态等社会生活领域深刻体现②。李子柒的视频正是在文化全球化趋势下，打破了固有的文化壁垒，实现了全球性传播③。一方面，全球化激发了世界人民文化包容意识，在世界各国的文化产品逐步融入人们生活的过程中，潜移默化地提高了各国人民对他国文化的接受度，在这样的条件下，李子柒的视频中所蕴含的中华文化元素才能被世界各地受众接纳并喜爱；另一方面，全球化为文化传播营造了一个国际化的交流空间，催生了多样性的交流平台，李子柒借助这些平台分享自己的视频，观众也能随时反馈自己的看法，实现信息的跨时空交流。

2. 国家文化“走出去”战略形塑方向

文化作为综合国力的重要部分，在国际竞争中的重要性不断增加。对此，我国主动参与全球互动，强调文化开放，鼓励中华文化全球交流。针对中华文化“走出去”，习近平总书记强调，“要把中华传统文化以大家喜闻乐见、广泛参与的形式推广开来，把跨时空、超国度、体现文化魅力、具备当代价值的文化精神弘扬起来，把继承优秀传统文化又弘扬时代精神、立足本国又面向世界的当代中国文化创新成果传播出去”④。在新时代，坚持中华文化自信已经成为国家战略。李子柒作为文化“走出去”政策下中华文化传播的缩影，其成功背后离不开国家政策机遇；诸如李子柒、滇西小哥、办公室小野等这类火遍 YouTube 的中国网红，正是借力国家战略标杆、区域产业标杆⑤，实现她们短视频的跨国上线，可见国家关于中华文化战略走向的顶层设计深刻地影响着自媒体人。

3. 全媒体平台崛起推衍传播矩阵

社交媒体正在崛起成为一种强势的媒介形式和传播圈层，深刻影响着文化的生产方式，同时也对传统媒介生态和传播格局形成深刻渗透和冲击。所谓“时势造英雄”，中华文化“走出去”需要顺应时代潮流，尊重历史发展规律，同时要善于利用时代资源，搭载数字化技术“列车”，将中华文化向全球推广。李子柒正是善于利用时代资源，并依托自媒体平台走出了一条成功的品牌道路。一方面，李子柒与时俱进，将科技与文化表达融合，实现了对文化传承方式的全新建构，创造出独具特色的文化作品；另一方面，多元化的全球媒体平台给李子柒提供了多样化传播的渠道，同一视频能够在国内外多平台同时上线，全覆盖推广；同时，全媒体也让信息资源的流通、开放、利用变得更为有效，短视频能够全时段快速有效进入大众视野并到达目标人群，实现传播者与接受者间的沟通与交流，并建立与全平台粉丝的持续互动，迅速成为“全球网红”。

---

① 马克思，恩格斯. 马克思恩格斯选集：第 1 卷［M］. 北京：人民出版社，1995：276-277.
② 方克立. 经济全球化情势下的中华文化走向［J］. 中国社会科学院研究生院学报，2001（1）：15.
③ 徐照林，等.“一带一路”建设与全球贸易及文化交流［M］. 南京：东南大学出版社，2016：222.
④ 中共中央宣传部. 习近平总书记系列重要讲话读本［M］. 北京：人民出版社，2016：136.
⑤ 王海忠. 品牌管理［M］. 北京：清华大学出版社，2014：21-22.

（二）资源聚合：复合式开发增强文化传播效果

1. 整合内容资源

中华文化博大精深，内涵丰富，在文化传播中延续传统文化，整合文化资源，建立起丰富的文化素材生成库，能够给传播主体提供内容生成支持，同时稳定中华文化传播内容内核。李子柒的视频以传承中华传统文化为主线，表层文化元素、深层文化内涵都相当丰富。首先，从其视频直接呈现的题材内容上讲，包罗了衣、食、住、行的方方面面。李子柒将日常生活方面所需的元素聚合在一起，与中华传统文化结合，挖掘传统元素中当代价值的部分，继承创新，促进中华文化创造性转化。其次，在视频制作方面，以中国古典民族音乐作为基调。她的视频中包含着二胡、古筝、琵琶、笛子、箫、木鱼等，并与中国山、河、湖、海等自然资源契合，实现古典音乐与自然的和谐统一。李子柒的视频题材多样，涵盖素材丰富，搭载元素众多，体现着对中华文化资源的整合利用，并与时代发展成功结合，实现技术包装，在让文化传播内容具有浓郁中华文化属性的同时也更有利于推广和让人接受。

2. 打造多元人设

人物是影视叙事的基础和灵魂，世界上不存在任何一部叙事作品是可以与“人物”或“行动主体”割裂存在的，故事的精彩与否很大程度上取决于叙事中对人物的塑造与刻画①。李子柒的视频中的主人公就是李子柒本人，她根据不同主题塑造多元人设是其视频成功的内在因素。首先，从受众对李子柒的评价“娶妻当娶李子柒”可以发现，李子柒给观众塑造的第一重人设是完美的东方女性，即外形柔美、“上得厅堂下得厨房”，琴、棋、书、画样样精通，品性善良孝顺，这些品质都符合全球男性网友对妻子的理想期待。其次，从粉丝对李子柒的“柒爷”称呼中可以得知，她向外界传递的第二重人设是充满反差感的坚强女性。她虽然身材娇小，但在视频中却擅长和泥、砌砖、劈柴、木工等代表男性的力气活，极具反差感，契合着追求男女平权、独立坚强的现代女性设想。最后，李子柒通过其成功事例向全球传递着勇敢、励志、担当的新时代青年的第三重人设。她改造中华文化，创造出独具特色的“李子柒现象”，并推动了中华文化输出，传达着当代青年人也能通过奋斗为国家、为社会做出自己贡献的精神，符合大众对青年的期待，引发青少年的崇拜。

3. 专业团队运营

新媒体时代，文化创意产业蓬勃发展，各行各业涌现的文化创意产品种类繁多，品牌层出不穷，但知名度高并具备核心创意能力与文化影响力且受到认可的品牌却不多，而李子柒是一个成功的典范。文化传播要实现效果最优化也需要专业的团队支撑，深挖李子柒系列作品可以发现，专业化的团队运营发挥着重要作用。其一，营销团队助力文化传播。2016 年，李子柒与 MCN 微念科技签约，实现从个体到关键意见领袖的转变。这个营销团队为李子柒提供精准的受众画像、优质的资源和多样的营销手段②，实现传播对象精准化、传播效应放大化。其二，专业技术团队提供后勤支撑。2017 年，绵阳当地的主持人为李子柒推荐了专业摄影师，自此李子柒逐渐组建起专业的幕后团队，运用专业的技术进行视频拍摄与制作，在保持其视频独特性的同时又减轻了运营

① 托罗夫. 叙事美学［M］. 王泰来，译. 重庆：重庆出版社，1987：57-59.

② 陈伶. 文化传播视阈中的“李子柒现象”研究［D］. 成都：四川省社会科学院，2020：30-32.

的压力，提高了李子柒的视频的质量。其三，商业运营团队促进流量变现，提供文化传播资金支持。在李子柒拥有一定知名度后，其团队迅速注册“李子柒”品牌，并赋予其励志的品牌故事，而李子柒本人更是代表品牌形象，在商业化运营下，李子柒成功地打造了生产→宣传→销售的一体化渠道，实现了流量变现。

（三）价值折射：全景化价值呈现催生中华文化共情

1. 具象化的传播主体传递天人合一、和谐共生的价值理念

从“以和为贵”“矜寡孤独废疾者，皆有所养”到社会主义核心价值观；从“观天之道，执天之行”到“绿水青山就是金山银山”“天人合一”“和谐共生”，始终是中华文化的价值追求。李子柒正是通过镜头语言，以她为中心刻画出她与奶奶、邻居、自然界的和谐关系，向全球传递中华文化内涵，引发全球关注。李子柒记录了乡亲一起田间劳作，分享亲手做的美食等日常细节；展示了尊老爱幼，婆孙间尽享天伦之乐的情感；更是还原了食材摄取的循环绿色，如利用山上摘的野生树莓制作树莓酱，用吃剩的葡萄皮制作染料，将幼小的、未成熟的龙虾放回荷塘等，这一系列真实生活状态都体现出她对生命的敬畏和对大自然的热爱，而这也体现了“天人合一”“靠山吃山，靠水吃水”的人与自然和谐一体的哲学理念。通过对个体劳动、人与人、人与物、人与自然之间关联的描绘，李子柒的短视频向全球观众展示着不断更新的中华文化内涵，契合人类命运共同体的全球诉求，引发全球观众对人与人、人与自然关系的哲学思考。

2. 诗意化的田园生活回归自由殷实、诗意栖居的人类本真

自古以来，人类就有寻根的传统，不管是古希腊哲学家柏拉图发出的“我是谁？我从哪里来？我要到哪里去？”的疑问，还是中国陶渊明发出“久在樊笼里，复得返自然”的感慨，都道出了人类对自然、和谐、安宁生活状态的追求。在工业化发展的进程中，对故土的留恋和对乡村田园的回望与想象，成为人类心灵深处放松的渴望，李子柒的视频恰好构建出中国式的田园意境的美好画面，契合着人类的本真。在视频中，她用大量的镜头去展示中国绝美的自然风光，通过这些唯美的画面，李子柒向全球展示着中华的自然景色和地理环境，向境外观众传播着中国原生态的自然之美；通过聚焦个人田园生活，李子柒向全球民众打造了一个恬静、自由的东方人间仙境。这种田园牧歌式的生活所体现的生活场域、社会关系、生活状态，与当今现代社会喧嚣、快节奏、充满压力的生活形成强烈对比，在城市化裹挟下城乡问题频发之际，更容易引起各国网友的共鸣。正因为如此，李子柒以传统田园风光为主题的短视频能够做到“墙内开花墙外香。”

3. 精致化的美食制作折射热爱生活、寻求美好的生活追求

在文化的演进中，看似普通世俗的饮食生活，实际上却是每个人的现实状态，是凭借传统、习俗、经验以及血缘羁绊等文化因素而加以维持的自在的类本质的对象化领域。李子柒的视频将饮食置于一个普通人的日常生活和习俗中，将饮食与礼仪、节庆、自然联系在一起，将食物的采集、制作、享用融入视频题材中，实际上是对中华民族的族群仪式的再现。李子柒的视频中饮食制作所带来的仪式感，实际上是对千万普通人饮食经验与文化的确认，这一行为的背后是对普通人劳动智慧和价值传统的尊重。这样的价值取向超越了食物本身的意义，将美食的享用凝结为日常生活的仪式，能够让世界各地的网民在观看视频的过程中，唤醒对于日常生活的重视。饮食文化作

为一种象征符号体系，在看似简单却内里复杂、看似世俗却又最为神圣的日常生活中，彰显出一个民族的精神气质、生活格调、文化特质，体现着深层的道德、审美和世界观，即他们所认为的事物真正存在方式的图景。可以说李子柒对美食的精致化呈现，引发了网民对于日常生活仪式的重视，进而激发了网民热爱生活、寻求美好的精神追求。

（四）话语创新：视听符号化打破文化传播藩篱

1. 视觉感知符号抵消文化折扣

语言文字的差异一直是中华文化对外传播的主要障碍[①]，因为表达差异会造成理解偏差。李子柒的视频之所以能在境外也引起强烈反响，正是因为其善于弱化文字语言，采取视听符号传达价值理念。首先，李子柒运用镜头语言，在其每个视频中通过镜头的巧妙设计和不同视角的连接转换，呈现完整的叙事结构，清晰地展示了其视频的主题。简单的对白，纯净的字幕，抵消了语言差异造成的文化折扣。其次，李子柒将古风纯音乐作为视频背景音乐，利用音乐语言搭配视频，传递舒缓悠扬、静谧淡然的生活，与恬静的乡村镜像相得益彰；最后，李子柒以情感作为底色，与全世界观众建立情感共鸣，通过叮嘱奶奶不能吃冰、为奶奶做美食等画面展示婆孙间的温情脉脉。这种流淌着真实情感的中华文化故事更能直击人心，更能让全世界了解真实的、生活化的中国人与中国社会。

2. 日常生活符号构建共同感知

作为人类生存与发展的重要基础，饮食是人类历史的标尺，不同阶段、不同国家的人都能从饮食上寻找到共性。统计李子柒全部视频，我们可以发现其视频主题中最多的文化元素就是美食，此外还有服饰、礼仪、节日、技艺等。因此我们可以发现，首先，李子柒通过将传统文化融入普通人共有的衣、食、住、行中，与全球网民建立了共同感知，让全球网友都能被色、香、味俱全的中国菜吸引，激发受众的好奇心的同时也科普中国节日，这种充满趣味性的美食符号是文化跨国际传播的理解桥梁。其次，将文化元素简单化为生活必需品进行文化传承。例如在李子柒的视频中，她完整地展现过蜀绣，也展现过一整套衣服、被子的制作过程，而且在其视频中，不管是劳作、烹饪还是下地干活，她都穿着素色传统服饰，通过不同场景、不同时节的穿着变化[②]，在日常生活中展现服饰文化，加深受众对中国传统服饰的印象。共同的文化元素能够引发全球网友的情感共鸣，李子柒借助生活符号将中华文化融入一日三餐、衣着鞋袜等人类生活必需品中，能够潜移默化地在观众心里留下印象，扩大境外网友对中华文化的认知范围，拉近了中华文化与全球网友间的距离。

3. 影视美学符号延伸审美体验

“人是按照美的规律来塑造的”[③]，审美是人的本质需求，影像美学符号对人体感官具有强大的吸引力。正如居伊·德波所说，景象展现为某种不容争辩的和不可接近的事物，它传递的唯一信息是：“呈现的东西都是好的，好的东西才呈现出来。”李子柒

---

① 辛静，叶倩倩. 国际社交媒体平台中国文化跨文化传播的分析与反思：以 YouTube 李子柒的视频评论为例［J］. 新闻与写作，2020（3）：17-23.

② 陈伶. 文化传播视阈中的“李子柒现象”研究［D］. 成都：四川省社会科学院，2020：30-32.

③ 郑祥福，等. 马克思主义经典原著选读［M］. 杭州：浙江大学出版社，2018：435.

就在努力证明并呈现着对受众而言或远或近的“美好”。首先，她通过镜头的切换，构造一种人与自然融为一体的意境，将山川草木、田间溪畔、天气变换、四季更替展示在我们面前，并极力呈现出工笔画的质感，让全球网友感受中华河山的独特美，放大视觉审美体验；其次，还原自然本色，运用动植物最本真的色彩构建视频基调，并通过光影的配合，使用摄影技巧，运用特写、镜像给人们提供了广阔的想象空间①，激发了受众的情绪衍生；最后，将统一色调贯穿在所有视频中，在视觉、拍摄手法、滤镜、剪辑等方面给受众完整贯通的体验，维持 IP 的整体调性。正是在这种个性鲜明、极具辨识度的影视美学符号的助力下，李子柒的视频在全球备受好评。

（五）互动反馈：重视传播受众体验感

1. 关注用户视频反馈

Web2.0 时代逐渐将人与内容的关系转化为人与人的关系，在信息传播中主客体的情绪互动是增强用户黏性的重要因素，李子柒的视频也充分体现了这个特性。第一，李子柒制作的视频主题注重考虑用户反馈。在其作品发布的两大平台即 YouTube 和微博中，她都会参考境外观众发布的弹幕、留言来构想下一期主题，充分尊重粉丝偏好。第二，在国内平台微博中，她会即时与粉丝交流，针对境外粉丝不了解的文化元素也会及时进行科普，并通过制作完整的流程视频来为用户解惑，充分考虑用户兴趣点。不同地区的受众通过弹幕表达自己的想法，参与互动全过程，这种视频文本似的反馈方式拉近了李子柒与观众的距离，也更能加深用户的真实感受，增强用户与粉丝的黏性。

2. 主动分享日常，加强互动

个性化、平民化的内容生产更容易满足受众渴望被重视的心理需求，帮助传播者在浩如烟海的视频中脱颖而出。李子柒的视频正是充分考虑了用户心理。首先，她在国内外社交平台上都会及时告知自己的生活动态。例如在微博内分享日常，以平易近人的口吻与用户谈心互动，将其运营的重要节点如开设旗舰店与网友分享，并在视频停止更新时及时告知，向用户表达歉意。这些细节都加强了李子柒与粉丝的双向互动。其次，不定期抽取幸运用户派发礼物。李子柒经常会在各个平台给粉丝抽奖表示感谢，这些礼物大多来自其发布的视频。这种借助转发、评论、发弹幕、点赞等发放礼物的形式能够直接提升用户的参与度，建立传播者与粉丝的真实情谊。在全媒体时代，文化传播越来越需要重视用户体验，用户的参与行为能够实现传播者与用户的良性互动，达到情感认同，增强传播效果。

五、基于“李子柒现象”的成功启示，进一步推动中华文化“走出去”的良性循环模式建构与路径选择

基于对“李子柒现象”走红境外的宏观现状分析和其走红原因的多维探讨，本文试图将中华文化对外传播的过程和传播学中实现传播的条件相结合，建构出具有可操作性的“传播主体→内容生成→传播媒介→传播受众→传播反馈”中华文化“走出去”良性循环模式（见图 7），并试图从李子柒个案中文化传播的特殊性与典型性中，寻找中华文化对外传播的一般性路径选择，形成具有传播影响力的长效机制。

① 刘永昶. 关于时空、韵律与意境：从李子柒看短视频的影像美学［J］. 传媒观察，2020（2）：27-32.

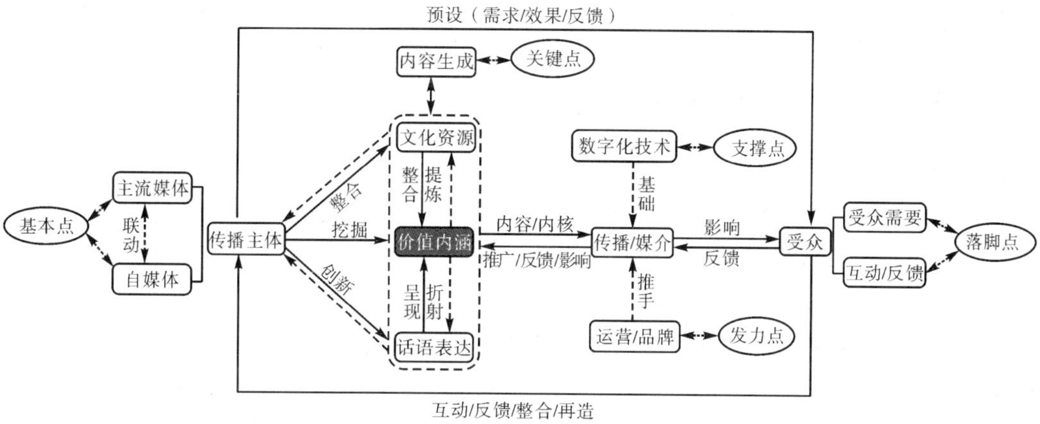

图 7　中华文化“走出去”良性循环模式

在这个良性循环模式图中，传播主体是出发点、内容生成是关键点、传播媒介中的数字化技术与媒体平台是支撑点，运营与品牌推广是发力点、受众的需要满足与意见反馈是落脚点。具体来看，作为基本点，传播主体决定着信息内容的取舍，主体通过预设受众的需要以及传播效果，通过对文化资源的整合挖掘其价值内涵，通过创新话语表达呈现和折射其价值内涵，完成传播内容的生成，这是中华文化“走出去”的关键点；以数字化技术作为支撑点，以运营和品牌推广作为中华文化传播的发力点，以实现助推中华文化在受众中取得良好的传播影响。同时以受众的需要以及反馈为落脚点，注重反馈意见的整合，在此基础上完成对内容的再生成、话语表达的再创新以及传播媒介的再调整，形成中华文化“走出去”的良性循环模式。

（一）以主流媒体与自媒体的联动发力为基本点

1. 发挥主流媒体的宏观引导作用

李子柒作为一个成功的自媒体，已逐渐成为中华文化对外传播的一张名片。但仅依靠自媒体进行中华文化传播，传播的效果有限，还需要发挥主流媒体的作用。从主流媒体角度来看，要转换以往的传播模式。一是拓宽文化创造的题材范围。既要从符合受众期待的方向进行文化产品创作，又要从地理、人文等多维度深入挖掘中华文化资源。二是打造具有人文情怀的品牌。挖掘“有温度、有厚度和有深度”的中华文化故事，并以受众喜闻乐见的方式传播，使受众于生活感受中领会中华文化内涵。三是与有影响力的自媒体博主合作，并通过激励机制，吸引更多优秀自媒体作者，提升文化题材的丰富性和文化内容的创新性。

2. 发挥自媒体的微观浸润作用

“跨文化传播是指来自不同文化背景的个体或组织间的交流活动，是各种文化信息在时空的流动、共享和互动过程，主要涉及人类文化要素的扩散、渗透和迁移。”① 李子柒的视频透射出她对中华文化的深刻理解，以生活化的微观叙事、影片式的视觉呈现，让境外民众在潜移默化中更深入地领会了中华文化的魅力。基于此，自媒体作为中华文化“走出去”的重要传播主体，一要提升对中华文化的深层理解，创造出优质的丰富的文化作品；二要强化个人在专业化传播、文化跨国际传播规律等方面的理解

① 邢祥，邢军. 新时代黄河文化传播创新路径研究［J］. 新闻爱好者，2020（3）：29-32.

与把握能力，让文化创作更加精准优良；三要注重粉丝的反馈意见，根据粉丝的反馈改进内容创作，实现主客体互动，提升粉丝黏性；四要充分认识自媒体平台的特征，根据不同粉丝群体、视频时长、播放机制等特征，灵活投放内容，拓宽粉丝受众。

（二）以对传播内容生成的时代化改造为关键点

1. 开发文化资源，构建立体中国的文化形象

当代中华文化是由传统文化、马克思主义思想与西方现代化思想共同作用而成的，李子柒的视频在全球传播正是将三种文化资源有机地结合起来，形成了文化的位势差，从而在世界范围收获了广泛好评。

文化势能是特定的文化基因稳定性的决定力量，文化势能越大，改变该文化特性所需的外力就越大①。中国文化形象是传统文化和现代文化共同作用的结果。中国是世界上唯一一个文明进程没有被中断的国家。近现代以来，中华文化的时代主题主要围绕优秀传统文化、西方文化和马克思主义文化三大体系进行文化整合。当今中华文化势能积蓄的主要途径，只能是将传统文化势能与这两种文化资源结合，以此增加文化势能总量，进而增强中华文化势能的比较优势，扩大全球影响力。

2. 凝练价值内核，催生中华文化共情

在李子柒的视频中，其衣、食、住、行的原材料大多来自大自然，而且其展现的与动植物、邻里亲友的景象都表现出人与自然和谐共生的“天人合一”基本价值，展示了当代中国人追求自由闲适，渴望人与自然和谐相处的心理状态。

中华文化具有多样性，但同时中华文化也具有共通性，民族的就是世界的，挖掘本土文化中与世界文化共通的价值是推动中华文化走向世界的前提。要在世界文化舞台上掌握话语主动权，借助文化传播向世界宣传介绍中国文化的独特价值与核心理念，展示中国历史深厚底蕴、各民族文化多样和谐的文明大国形象，必须仰赖于文化自信②。在新时代，中国正在日益走向世界舞台的中央，我们需要坚持中华民族的文化自信，才能坚定中华文化传播者不断将发展的中华文化价值理念向世界传播的自信。只有真正热爱并懂得自己的文化，才能挖掘出中华文化的价值精髓，并以全世界共通的内容与形式传播，从而打动更多的观众。

3. 转换话语表达，避免“文化折扣”

李子柒的视频善于运用视觉、听觉符号等世界通用的非语言符号，以“无声”的叙事化表达增强境外受众对内容的理解与接受。在视觉效果上，李子柒善于运用光影、特写、远近景配合，以及大自然原声与舒缓背景音乐的配合，使其视频呈现出电影般的质感，体现视觉观赏性，一定程度上提升了李子柒的视频的观赏性。

通过讲述中国文化的动人故事，有利于增强境外受众对中国文化的感知度。故事是“影响与说服的最佳工具”，通过挖掘细腻的文化故事，点燃文化的烟火气，由此提升境外受众对中国文化的感知度。当前城市化快速发展，快节奏的生活让大部分城市居民产生了各种压力，进而渴望寻求一种安逸宁静的避世生活。因此，在中华文化对外传播的过程中，要注重融合富于人情味的故事，减少宏大叙事主题下的文化疏离，通过生活化的表达，于潜移默化中传递中国文化的精华，加深境外受众的认同感。

---

① 韩源. 中国文化安全评论［M］. 北京：社会科学文献出版社，2016：105.

② 曲青山. 关于文化自信的几个问题［J］. 中共党史研究，2016（9）：5-13.

（三）以文化传播方式的网络化与数字化为支撑点

1. 充分利用网络平台，带动中华文化数字化传播

李子柒的短视频通过数字化拍摄，依托 B 站、YouTube 等平台，通过广告宣传推广等数字化渠道，将中华传统的手艺、美食、服饰文化以影像化的形式呈现出来，打破了语言、价值观念、意识形态等方面的壁垒，推动了中华文化的跨文化传播。

如今，中华文化“走出去”形成了以 B 站、YouTube 等代表性跨国媒介通过数字化技术实现电脑、手机等随时访问、交流的传播格局，让文化传播的内容生产者、网络媒体平台与文化体验用户三者之间构建起新型的视频网络文化传播形式。网络数字技术的发展为中华文化对外传播提供了契机，文化传播突破时空限制，打破了意识形态的壁垒，减少了中华文化在跨文化传播过程中的“异化和变形”，重塑了信息传播的生态。借力数字化技术，辅之以多样化的创作形式，融合现代人的审美需求，创新产品形式，可以提升中华文化在不同社会语境中的传播力和影响力。

2. 构建多层次立体化传播格局，拓宽传播受众面

在新媒体语境下，为适应传播环境、主客体的变化，中华文化的传播途径和方式也要改变。李子柒的短视频正是基于传播媒介理念，借助境外多元传播平台实现了传播路径的适配性，对传统文化进行了多层次的组合式传播。在“万物皆媒体、一切皆平台”的生态下，选择合适的途径，运用多样的平台，依据场景适配受众，是提高传播效率的重要手段。在宣传平台层面，因受到意识形态对立、媒体发展水平差异等阻碍，国内媒体在国外往往缺乏传播效力。因此，中华文化在“走出去”的过程中，可利用境外不同类型的网络社交平台，构建多层次、立体化的传播格局，提升文化传播的延展性，最大限度地吸引受众。

（四）以中华文化品牌化运营为发力点

1. 打造“需求侧”中华文化典型“IP”

李子柒的短视频具有个人 IP 特性。在粉丝眼中，李子柒的个人形象是“真正的才女”“东方生活美食家”和“农耕文明代言人”，是中国传统文化推广者，这是其IP 自身的吸引力。同时，李子柒的 IP 具有实用性和针对性，针对受众性别结构，打造满足用户喜好的文化产品。这种打造个人优质 IP 的模式能聚合资源，有效推动文化传播。

文化传播是否能顺利进行，其中一个重要因素就是传播内容能否满足受众的需求。“IP 是天生的品牌，集合了感情、文化、个性和价值，简而言之就是营造‘人设’。”① 根据受众的性别、年龄、情感需求等打造具备针对性和独特性的典型 IP，可以建立良好口碑，积攒人气，在潜移默化中提升受众对中华文化的认同感。

2. 发挥 KOL 在跨文化传播中的主力军作用

李子柒自 2016 年起在互联网平台上发布具有中国文化典型意义的短视频，如美食、刺绣等，尤其是在国外自媒体如 YouTube 获得了大量的点击率和粉丝流量，推动了中华文化跨国传播，逐渐成为中华文化传播 KOL（Key Opinion Leader，关键意见领袖）。

要推动中华文化“走出去”，需搭建起传播者与受众的交流桥梁。随着互联网平台的发展，KOL 所承载的文化传播形式愈发多元，因此要积极孵化中华文化传播 KOL，推动其利用在文化传播中的平民化与平等化优势，加强与受众的互动，并结合 IP 打造

① 邓庄，朱文静. 李子柒短视频的传统文化传播策略分析［J］. 中华文化与传播研究，2020（2）：33-41.

来提升粉丝黏性。依靠 KOL，以情感营销的方式建立与受众的情感纽带，在潜移默化的沟通与互动下，促使品牌形成强大的影响力，使中华文化能够突破文化边界，消融文化隔阂，形成自身的传播影响力。

3. 专业化运营+品牌化推广助推中华文化传播

专业化是 21 世纪发展的趋势，在新媒体时代，专业化运营能够促进优秀文化 IP 的打造。李子柒团队起步时期粉丝基数小，但通过与 MCN 公司合作，其优质的内容生产能力、独特的运营思维和品牌规模化能力、供应链端的布局，将李子柒团队运作成为中国较为火爆的 IP，由此李子柒团队才能获得较高的流量，成为中华文化传播的一个明星载体。

专业化的运营机构可以从 IP 打造、人设、广告宣传、技能培训等方面提供技术、运营以及数据等支持。通过孵化 KOL 延伸到消费品牌，以此提高受众黏性。在互联网空间，一些具有相同兴趣和关切的个体会构筑起不同的社群，但高频次、碎片化的媒介使用习惯使人们可以在不同社交平台拥有多重身份，并游走于各网络社群之间，导致群体之间呈现交叉性与流动性。要努力找到交叉的交集点，突破原有圈层壁垒，便能实现品牌影响力的跨社群传播，实现联动传播效应。

（五）以建立有效的受众意见反馈机制为落脚点

1. 量化分析传播效果，构建有效反馈系统

构建中华文化对外传播的反馈系统，主要是对境外受众的行为进行记录反馈，从而达到检测效果。李子柒制作的视频，只有在境外网友有效评论的情况下，其内容才会因网友的需求而产生相应的变化，并不能有效地将需求以数据的方式更为直观地表露出来，使得文化传播效果的反馈机制受到阻碍。因此在检测对外传播效果中，必须要利用一些现代媒介工具进行有效测量，而后借助数据分析软件得出较为准确的数据，再对中华文化境外传播的信息进行反馈研究，主要围绕中华文化的内容时代化改造、数字化运用、品牌化推广等方面展开。再根据反馈研究结果提出相应的策略，以此建立起行之有效的传播反馈系统，对中华文化的传播力度做出准确判断，以便在中华文化对外传播活动中进行及时的验证。

2. 借助媒体平台，完善评价机制

李子柒的视频走红境外以来，引发了国内外广大传播受众的回应，其中既有国内外各大平台对李子柒的讨论与采访，也有将其作为文化传播的典型案例进行的学术研究，但这些分析大体上只侧重于某个或某些方面，没有对其现象形成综合的评价机制。

要充分利用跨国媒体平台和境外受众反馈的有关数据进行有效分析。如果借助跨国媒体平台的访问量、浏览量和评价内容进行中华文化境外传播评价，一定要考虑中华文化的传播内容、传播定位的准确性，考虑其是否能对受众产生较好的影响，并且可以利用此类新兴媒体的自身特征，结合大数据进行更为细致的分析，从而起到行之有效的传播效果。而对于借助如 BBC、CNN 等传统的官方媒体传播的中华文化，虽然部分由于政治原因会产生一定程度的误读和偏差，但其仍然是西方主流媒体，有着数量相当庞大的读者和粉丝群体，研究其对中华文化报道的内容及其受众对中华文化的评价也是中华文化境外传播过程中必不可少的一环。

推动中华文化“走出去”不仅是建设中国特色社会主义文化强国的应有之义，也是维系国家文化安全、提升国家国际形象、争夺国际文化话语权的重要举措。本文通

过对“李子柒现象”个案的分析，结合中华文化传播的过程，尝试建构中华文化“走出去”的良性循环模式。在以后的研究中，我们可以上述五个节点为重点，进行评估指标分析，对当前一些案例进行指标论证，进一步验证该模型的有效性。

参考文献

[1] 徐照林，朴钟恩，王竞楠. “一带一路”建设与全球贸易、文化交流 [M]. 南京：东南大学出版社，2016.

[2] 吴瑛. 文化对外传播：理论与战略 [M]. 上海：上海交通大学出版社，2009.

[3] 陈晓莹. 文化传播学 [M]. 福州：福建人民出版社，2017.

[4] 费孝通. 文化与文化自觉 [M]. 北京：群言出版社，2010.

[5] 费斯克. 传播研究导论：过程与符号 [M]. 许静，译. 北京：北京大学出版社，2008.

[6] 项立刚. 5G 时代：什么是 5G，它将如何改变世界 [M]. 北京：中国人民大学出版社，2019.

[7] 徐翔. 中国文化国际社交媒体传播研究 [M]. 上海：同济大学出版社，2019.

[8] 谢清果，钟海连. 中华文化与传播研究：第 5 辑 [M]. 北京：九州出版社，2019.

[9] 周增妹. 中外自媒体视频关于中国形象的跨文化传播研究 [D]. 北京：北京外国语大学，2020.

[10] 何冰坤. 抖音“网红”短视频现象研究 [D]. 南昌：南昌大学，2020.

[11] 戚梦颖. 中国短视频自媒体的国际传播策略研究 [D]. 北京：北京外国语大学，2020.

[12] 聂延稳. “李子柒视频”跨文化传播现象研究 [D]. 兰州：兰州大学，2020.

[13] 邢静静. 短视频自媒体李子柒的品牌传播研究 [D]. 郑州：河南大学，2019.

[14] 鲍方. 自媒体短视频的影视审美特性研究 [D]. 武汉：华中师范大学新闻与传播学院，2017.

[15] 周洁. 原生态类美食短视频中的中国逸文化传播研究 [D]. 济南：山东大学，2019.

[16] 张颐武. 文化传播需要更多李子柒 [N]. 环球时报，2019-12-10.

[17] 任成金. 中国文化走出去的历史借鉴与现实选择 [J]. 中州学刊，2015 (2).

[18] 张兴润. 符号学视域下李子柒短视频的国际传播探析 [J]. 新闻研究导刊，2020 (16).

[19] 林晓华. 文化自信视域下中华文化“走出去”的话语权建构 [J]. 安阳工学院学报，2020 (5).

[20] 习近平. 坚定文化自信 建设社会主义文化强国 [J]. 求是，2019 (5).

[21] 黄小琴，黄南南. 中国传统文化的传播娱乐化策略分析 [J]. 新闻爱好者，2011 (13).

[22] 李小华，华凯纯. 后现代语境下中国传统文化传播新向度：基于李子柒的短视频分析 [J]. 中国出版，2020 (22).

[23] 曾一果，时静. 从“情感按摩”到“情感结构”：现代性焦虑下的田园想象——以“李子柒短视频”为例 [J]. 福建师范大学学报（哲学社会科学版），2020 (3).

[24] 辛静，叶倩倩. 国际社交媒体平台中国文化跨文化传播的分析与反思：以 YouTube 李子柒的视频评论为例 [J]. 新闻与写作，2020 (3).

[25] 刘浦. 短视频自媒体对中西文化传播的影响：以李子柒短视频为例 [J]. 新闻研究导刊，2020 (1).

[26] 王硕，张志勇. 慢生活 Vlog 传播内容分析：以微博平台 Vlogger 李子柒作品为例 [J]. 新媒体研究，2019 (19).

[27] 曹冉. KOL 助力传统文化传播：以李子柒视频为例 [J]. 新媒体研究，2019 (6).

[28] 高琴. 李子柒野食系短视频的内容生产和传播策略探析 [J]. 河北民族师范学院学报，2019 (3).

[29] 黄莉莉. 消费文化语境下美食类短视频的符号意义建构：以“李子柒”为例 [J]. 新媒体研究，2019 (7).

[30] 张壮壮. 个人维话语助力中国文化输出：以“李子柒”为例 [J]. 新媒体研究，2020 (21).

[31] 陈晓芳. 从文化符号的视角看李子柒短视频对中华文化的传播 [J]. 福建教育学院学报，2020 (10).

[32] 潘皓，王悦来. 短视频叙事与中华文化国际传播：以 YouTube 平台李子柒短视频为例 [J]. 中国电视，2020 (10).

[33] 张艳霞. 民间传播者与中国对外文化交流：以李子柒视频为例 [J]. 理论建设，2020 (1).

[34] 李习文. 李子柒走红海外的国际传播逻辑 [J]. 传媒观察，2020 (2).

[35] 任孟山，李呈野. 中华文化对外传播的新时代经验与可能路径：李子柒爆红海外给国际传播带来的思考 [J]. 对外传播，2020 (1).

[36] 方林浩，李菡. 李子柒短视频跨文化传播路径分析 [J]. 新闻研究导刊，2020 (3).

[37] 刘苏闽. 浅析本土 KOL 在新媒体对外传播中的作用 [J]. 传播力研究，2019(5).

[38] 童清艳，刘璐. 网络与数字传播：增强中华文化全球影响力的有效途径 [J]. 现代传播（中国传媒大学学报），2019 (6).

[39] 李梦阳. 以形式升华内容：短视频中视听语言的运用分析：以古风美食视频博主李子柒为例 [J]. 视听，2019 (4).

[40] 陈立勇. 美食类自媒体品牌传播研究：以美食博主李子柒为例 [J]. 传播力研究，2019 (20).

[41] 谢择月，张倩倩. 社会化创意下的内容营销策略研究：以李子柒为例 [J]. 视听，2019 (3).

[42] 杨越明，藤依舒. 国外民众对中国文化符号的认知与印象：“2017 外国人对中国文化认知调研”系列报告之一 [J]. 对外传播，2018 (10).

[43] 任凤伟.“一带一路”和“走出去”战略下提升中华典籍外译在异域文化语境传播中的受众认知度 [J]. 科技与出版，2018 (6).

[44] 黎斌. 媒体融合新思维：从“内容为王”到“‘内容+’为王”[J]. 中国广播电视学刊，2017 (1).

［45］董璐. 浅论微博签约自媒体的内容生产：以美食视频博主李子柒为例［J］. 新闻研究导刊，2017（23）.

［46］武汉大学，中国传媒大学，字节跳动. 抖擞传统：短视频与传统文化研究报告［R］. 字节跳动平台责任研究中心，2019. http://www.199it.com/archives/875154.html? weixin_user_id=1eo6ETQjgtlx9SOwtPxzKs5C2M_dZM.

［47］2018年中国短视频市场分析报告：行业深度分析与发展趋势研究［EB/OL］. http://baogao.chinabaogao.com/wangluomeiti/371749371749.html.

（编辑：曲成举）

乡村振兴视域下挖掘红色记忆的意义、困境和路径
——以革命老区南梁镇荔园堡村为例

宋婧琳　张跃平

【摘要】荔园堡村地处甘肃陇东地区，以刘志丹、谢子长、习仲勋等为代表的老一辈无产阶级革命家在此建立的西北第一个陕甘边苏维埃政权，是党中央和中央红军长征的落脚点、八路军奔赴抗日前线的出发点，留下了丰富的红色文化资源。当前，乡村振兴战略重点聚焦革命老区，开发红色文化资源对于弘扬革命精神、增强文化影响力、促进当地经济发展等具有重大意义。针对荔园堡村红色资源开发中存在的问题，未来应加强党建、科学规划，让红色文化“显”出来；夯实基建、多方融资，让红色文化“亮”起来；挖掘内涵、打造品牌，让红色文化“走”出去；拓宽渠道、大力宣传，让红色文化“响”起来，助推乡村振兴产业兴旺、生态宜居、乡风文明、治理有效、生活富裕目标的实现。

【关键词】乡村振兴；红色记忆；革命老区；南梁精神

【作者简介】宋婧琳，女，1990 年生，博士，西南财经大学马克思主义学院讲师，主要从事马克思主义理论研究；张跃平，男，1995 年生，西南财经大学马克思主义学院硕士研究生，主要从事马克思主义中国化研究。

【基金项目】本文系 2020 年四川省社科规划“党的十九届五中全会精神研究阐释”专项课题（SC20ZT013）、四川省教育厅思想政治教育研究课题资助项目（SZQ2021040）成果。

自党的十九大报告提出实施乡村振兴战略以来，习近平总书记就乡村振兴战略发表了一系列重要论述，深化了我们对乡村振兴规律的认识。2021 年 2 月，国务院发布《关于新时代支持革命老区振兴发展的意见》，强调“优先支持将革命老区县列为国家乡村振兴重点帮扶县”。荔园堡村作为革命老区，其红色文化资源丰富，为当地融入乡村振兴战略提供了重要契机。不仅如此，将红色文化资源开发与乡村振兴相结合，推动当地文旅产业的发展和创新，对于传承和弘扬红色文化，增强红色文化影响力和民族历史认同，促进革命老区转型发展，实现共享发展和共同富裕等都具有重要的推动作用。

一、乡村振兴视域下挖掘红色记忆的重要意义

2021年中央“一号文件”强调：把全面推进乡村振兴作为实现中华民族伟大复兴的一项重大任务。红色记忆承载了中国共产党自强不息的奋斗精神和文化氛围，是全面推进乡村振兴的重要助力来源。挖掘红色记忆，有助于促进乡风文明，实现从认知到实践的转化，为乡村振兴全面发展拓展新思路、新途径。

（一）挖掘红色记忆，增添乡村振兴“新使命”

在新民主主义革命时期，中国共产党领导人民辛苦创建的革命根据地（以下简称“革命老区”），是中国革命胜利的重要战略依托，也是新中国的摇篮。一方面，革命老区大多地处偏僻山区，自然与基础设施条件差，经济发展落后，成为乡村振兴战略重点关注和帮扶的对象。当前，我国革命老区所在乡镇有18 995个，分布在1 389个县。其中，一、二、三、四类老区，即乡镇为老区的县所占比重分别为90%及以上、50%~89%、10%~49%、9%及以下；其数量分别为409个、486个、419个、75个。另一方面，革命老区保存了党的历史记忆，承载了党的革命精神和先进的革命事迹，充分利用和保护当地的红色记忆，为乡村振兴增添了新的历史使命。据2018年统计数据，我国革命老区设有纪念馆和专题博物馆808家，已在册的红色革命旧址、遗址33 315处，抗战文物、长征文物、国家重点保护文物分别为3 000处、1 600处、447处。作为党组织广大人民缅怀革命先烈、弘扬革命精神、开展党史学习的重要历史基地，革命老区的红色记忆发挥着铸魂育人的重要功能，既能潜移默化地增强广大人民群众对党史的认知和领悟，同时也是拉动当地红色文化产业发展、助力乡村振兴的强劲引擎。

（二）挖掘红色记忆，赋予乡村振兴“新内涵”

文化振兴是乡村振兴的重要命题。革命老区的红色记忆凝聚着深厚的内涵底蕴，深深地影响和塑造着人们的价值观念、思维方式和行为准则，是中国共产党领导中国人民在艰苦卓绝的革命实践中，在选择、吸收、借鉴古今中外先进文化思想的基础上所形成的反帝反封建的、民族的、人民的宝贵精神成果。一方面，红色记忆引领乡风文明，为乡村振兴塑魂。红色记忆是乡村文化的重要组成部分，是乡村追根溯源的历史依据，也是文化振兴的关键所在。红色记忆具有博大精深的理论内涵和丰富的表现形式，对中国革命力量的发展和壮大产生着深远持久的影响。加强乡村红色记忆建设，既可以增强乡村文化软实力、文化影响力和吸引力，提升乡村整体文明建设水平，又能将优秀传统文化、社会主义先进文化与红色记忆所承载的价值观相衔接，共同为培育乡村文明发挥重要作用，助力形成家风优良、民风淳朴、乡风文明的新面貌。另一方面，红色记忆增强文化自信，为乡村振兴育根。红色记忆是坚定文化自信的理论根基和有力支撑。中国共产党成立100年来，红色记忆深深地扎根于民族生命力、凝聚力和创造力之中，始终为推进改革与发展提供强大动力支持。其间，通过反驳和批判历史虚无主义，持续为坚定文化自信提供理论指引，既满足了人民对精神生活的需要，巩固了人们对红色精神的认知、认同和践行，又彰显出乡村振兴的时代意蕴，推进了党和人民共绘美好乡村蓝图的进程。

（三）挖掘红色记忆，开辟乡村振兴“新方向”

红色记忆是助力乡村产业振兴的“宝库”，它有着久远的历史足迹和特色鲜明的时代烙印，成为乡村红色旅游文化产业兴起和发展的关键。一方面，以红色记忆带动乡

村产业振兴。产业振兴是实现物质文明的重要手段，开发红色旅游产业，借助产业优势增加乡村就业，带动当地人民增收致富，夯实乡村振兴的经济基础。构建红色文化旅游产业链，依靠红色记忆、军事遗址、建筑群落、红色文创等开发出红色与党性教育相融、红色与产学研结合、红色与观光旅游一体的特色红色文旅线路，推动红色文旅与乡村协同发展。在以国内大循环为主体、国内国际双循环发展的背景之下，红色旅游文化产业的表现形式要注重需求分析和类型创新，既体现新时代特征，又契合消费者的消费倾向。从国内旅游业市场来看，红色文化旅游越来越受到游客青睐，2004年时为1.4亿人次，2015年首次突破10亿人次，2017年达到13.04亿人次，累计人数超过74亿人次，累计收入达3 613.27亿元，为乡村产业振兴带来了新的发展机遇。另一方面，以红色记忆增进中外文化交流互鉴。在国外，诸多国家向中国游客推出了红色旅游路线和产品。其中，法国打造并推出了红色旅游项目，包括：巴黎公社区、邓小平和其他中国留学生留学的小城蒙塔日等；德国积极推介马克思和恩格斯的故乡，凸显红色旅游特色；俄罗斯推出了红色旅游系列，包括中共六大会址常设展览馆、列宁故乡、阿芙乐尔号巡洋舰等，向中国游客发起红色旅游倡议。如今，我国红色旅游文化产业也正式迈向国际舞台，要学会把红色记忆蕴含的价值进行“再编码”，用国际上通俗易懂、便于传播的话语方式讲述中国红色经典故事、展示中国形象。以“一带一路”倡议为背景，中国红色文化旅游在促进国际文化交流、增进国际友谊中发挥了重要纽带作用，来华游览红色文化圣地的外国旅客数量也逐年增多。中国推出的红色文化旅游路线正在将中国革命老区的红色记忆传递到世界各地，为乡村振兴开辟新的方向，而革命老区也积极顺应了这一时代潮流，为自身发展增添了新动力。

二、荔园堡村挖掘红色记忆的现状

荔园堡村位于甘肃庆阳，地处甘宁红色旅游区域和丝绸之路旅游带，是关中地区的天然屏障和兵家必争之地。20世纪20年代后期，这里成为孕育红色记忆的重要发源地之一，造就了荔园堡村特有的红色文化气息。1929年，刘志丹、高岗等革命党人在此组建武装革命队伍；1934年，陕甘边区革命委员会成立，习仲勋任主席。在反“围剿”斗争期间，陕甘边和陕北革命区域联合组建陕甘革命根据地，是党中央和中央红军长征的落脚点、八路军奔赴抗日前线的出发地，形成了党中央的指挥中心——陕甘宁边区大本营，为全国革命顺利推进提供了坚实的保障，在中共党史上发挥着特殊作用。

荔园堡村红色记忆成果丰硕，涵盖了土地革命、抗日战争和解放战争三个时期的内容，包括红色精神文化、物质文化、制度文化等领域，是中国共产党在陕甘边区发展史上的成长缩影。我们根据已有资料，结合《国家旅游资源分类、调查与评价》（GB/T18972-2003）国家标准，对荔园堡村红色记忆进行分类整理，并将其资源以4级指标形式呈现（见表1）。

表 1　荔园堡村红色记忆 4 级指标框架

一级指标	二级指标	三级指标	四级指标
红色记忆	遗址遗迹	军事、历史事件场所	南梁陕甘边区军委政府
			陕甘边区第二路游击队总指挥部
			十大部委政府旧址
			阎洼子会议旧址
			金岔沟农民联合会
			42 烈士殉难处
			荔园堡古城
		文化、教学活动场所	列宁小学旧址
			红军干部学校
			陕甘边区苏维埃政府机关报《红色西北》
			党内刊物《布尔什维克的生活》
	甘肃省非物质文化遗产	艺术作品	《珍珠汗衫记》
			《金镯玉环记》
			《五女新唐传》
	单体纪念场所	全国爱国主义和国防教育基地	南梁革命烈士纪念塔
			南梁革命烈士纪念馆
			展示厅(1 个综合展厅和刘志丹、习仲勋等 4 个专题展厅)
	民俗群众文化	民歌	《刘志丹颂》
			《南梁建立苏维埃》
		社火	《搬船》
			《耍狮子》
			《张良卖布》
			《小姑贤》
	人物记录	代表人物	刘志丹、谢子长、习仲勋等
	自然人文景观	景观建筑及附属	窑洞
			城堡村寨
			传统市集

资料来源：荔园堡村村史馆提供。

由表 1 可以看出，荔园堡村的红色记忆种类多样，涵盖了遗址遗迹、非物质文化遗产、单体纪念馆、民俗群众文化、人物记录以及人文景观等多项二级指标。近年来，当地的红色记忆也得到了国内外游客的喜爱，红色记忆逐渐走进了人们的视野。据统计，2019 年荔园堡村累计接待参观者 115.96 万人次，旅游业收入超过 3 000 万元，人均纯收入 9 680 元，旅游收入所占比重逐步提高。但是，由于受到经济、基础建设、开发技术手段等多重因素制约，该地挖掘红色记忆和建设尚未形成体系，产业化发展较为滞后，未来还有待进一步挖掘、整合和保护。

三、乡村振兴视域下荔园堡村挖掘红色记忆中存在的问题

近年来，荔园堡村在国家政策支撑下赢得了继续发展的良好基础，挖掘红色记忆也顺应了乡村振兴的战略要求，为当地经济发展做出了实质性贡献。但在挖掘红色记忆中，仍存在管理机制不健全、保护意识不强、过度依赖财政、文化内涵欠缺、宣传不到位等一系列问题。

（一）管理机制不健全，缺乏统筹规划

科学的规划、宏观的布局和高效的管理是红色资源开发的前提。据调查，荔园堡村红色文化资源的开发和管理机制仍不够健全，缺乏有效的统筹规划。

第一，缺乏长效管理的机制。科学的管理可以有效地发挥制度优势，突出党的领导地位，引领红色文化产业发展和壮大。但从实际来看，基层层级较多、任务繁重、奖励制度不健全等因素制约了红色文化资源的开发和利用。第二，缺乏科学规划和长远布局。荔园堡村对红色文化资源的开发存在一些重复建设、盲目跟风的现象。有些管理者对政策理解不到位，过于看重经济利益，轻视了红色文化的真正价值所在。红色文化资源开发整体处于“外扩内空”的状态，造成了红色文化资源一定程度的浪费。第三，保护意识不够强。农村地区由于经济发展的局限和社会结构的变迁，一些早期的公共红色文化资源不受村民重视，导致一部分红色文化资源彻底消失。

（二）配套设施不完善，过于依赖财政

完善的基础设施是一个地方提升综合实力的必要条件。相对于周边其他红色资源地区而言，荔园堡村整体经济比较落后，基建以及公共服务配套设施滞后，融资制度体系不健全。

基础设施建设主要体现在交通、食宿、文娱设施等方面。从县城到荔园堡村有60千米的路程，每天只有一趟大巴车往返，间隔时间长，部分道路已经老化、破旧，停车位不够用；在旅游旺季，农家客栈会出现客满为患的现象，部分旅馆卫生不达标；村里有很多地方垃圾随处可见，村民环保意识不强，影响乡村整体形象；娱乐设施不齐全，部分景点开放时间晚而关闭时间早，也没有成熟的旅游专线，部分景点游客很难到达。

在融资体系建设上，荔园堡村还没有健全的融资体系、规范的财务制度和良好的经营团队，加之金融机构很难对农村资金运营情况和抗风险能力进行评估，因而，部分企业对此地发展前景并不看好，取得企业信任和资本支持的可能性较小，资金来源主要依赖政府财政拨款。

（三）产品特色不突出，内涵价值缺失

打造具有代表性的产品是快速扩大地方知名度的重要手段之一。荔园堡村具备相应的开发优势和潜力，这里的一草一木见证了红色革命从星星之火到遍地开花的整个过程，也培育出了特有的“南梁精神”。然而，荔园堡村所呈现出来的红色记忆产品与它享有的历史声誉大相径庭。

第一，产品特色不突出。南梁电商体验馆距离荔园堡村革命纪念馆比较远，馆内收藏的物品主要以手工艺品和农产品为主，比如剪纸、香包、刺绣、果蔬之类，外加

一些书籍。馆内陈列方式单一、内容不够充实，很难看到颇负盛名的革命文化元素和彰显“南梁精神”的产品。这些物品设计理念较为传统、特色不明显，与其他地方的物品没有本质区别，大多数外地参观者在此处停留时间短暂，购买欲低下，难以满足他们的需求。

第二，内涵价值有待挖掘。南梁革命纪念馆是颇有影响力的景点之一，每逢纪念日或者节假日前后，纪念馆都会有不同地区的红色旅游客慕名前来参观，其中也有一部分单位、组织等在此开展红色教育活动。红色记忆显然已经成为一道爱国主义的政治风景。然而，很多参观者虽是第一次来此游览，但重返该地的可能性不大。归根到底是红色记忆内涵挖掘深度不够，呈现的元素很难让游客产生共鸣，未能给参观者留下深刻的印象。

第三，南梁革命纪念馆是静态展览，虽然在部分内容的展示上用到了现代化技术支撑，却并没有体现出太多新意，缺乏互动式参与。同时，反映革命年代的经典作品，如《金镯玉环记》《跟上刘志丹上南梁》《军民大生产》等所凝聚的时代精神没有得到充分彰显。当然，文化内涵缺失的现象不仅仅受设计理念、理论研究不足等方面的制约，也受文化本身的抽象性影响。但就实际来看，荔园堡村红色记忆品牌的塑造任重道远。

（四）宣传理念不先进，宣传途径单一

荔园堡村作为陕甘边区苏维埃红色政权的诞生地，拥有丰富的红色记忆，然而其社会影响力在全国范围内极其有限，究其原因，我们认为有：

第一，对红色记忆的整合能力较弱，内容宣传不深刻。例如，荔园堡村有历史悠久的说唱艺术，在当地广为人知，其中展现了红色南梁的革命精神。但这种文化的传播途径单一，主要以口口相传的方式表达，内容上分散，且以中老年人传承和表演为主，对于年轻人没有太多吸引力，缺乏活力。除此之外，这种艺术不但没有相关的文化载体将其完整准确地记载下来，也没有将其打造成文化艺术品对外输出，因而很难在大范围内流传，相对弱化了其影响力。

第二，对红色记忆的传播途径缺乏跟踪。红色记忆内容的传播与传播方式、传播媒介、传播对象等密切相关。然而，在实际当中，红色记忆管理主体对这方面的研究和跟踪程度不够，没有对不同层次的受众精准把握，传递过程只是单向输出，没有重视或者很少重视目标群体反馈内容，使其红色记忆的吸引力和趣味性丧失，受众群体积极性下降。

第三，缺乏专业宣传队伍。荔园堡村公路、网络已经基本联通，对外宣传方式也有了明显提升，借助网络平台多渠道对外传播红色记忆，如荔园堡村红嫂绣坊，通过手机直播的方式将本地特有的刺绣向外销售。然而由于团队专业性不足，缺乏对市场的精准定位，致使宣传长期局限于表层推广，难以产生规模效应。

四、乡村振兴视域下荔园堡村挖掘红色记忆的路径选择

红色记忆的开发是一项系统工程，运用和实施好这项工程是实现红色记忆旅游高质量发展的重要途径。红色记忆兼具政治属性、文化属性和育人属性。红色记忆的开发要结合存在的问题制定切实可行的实施方案，做好红色记忆定位，突出品牌价值。

（一）加强党建、科学规划，让红色记忆“显”出来

农村红色记忆的开发要坚持党的领导，发挥各级政府的主导作用，以健全的制度保障村民的根本利益；以科学的规划深度整合优质红色记忆，以科学的技术手段保护好红色记忆，助推乡村振兴深入开展，让红色记忆“显”出来。

第一，强化农村党组织建设，提高农村治理水平。荔园堡村红色记忆的开发离不开强有力的党组织领导。首先，要重视村支部书记人选，加强对村支部书记的教育和培训，组织村支部书记前往发达地区乡村学习有益经验，转变工作作风，增强自身解决问题的能力。其次，解决好村党组织弱化、虚化、边缘化的问题，引导党员主动发挥带头作用，积极为村民办实事，真诚服务村民，赢得村民认可和支持。最后，健全基层治理机制，优化农村治理工作，在挖掘红色记忆中善于协调和兼顾各方利益，汇聚各方合力，以红色革命信仰引领乡村民风建设，共同推动荔园堡村各项工作机制有效运转。

第二，统筹红色记忆空间布局，创新合作机制建设。首先，要根据红色资源禀赋和生态特征优化荔园堡村的空间形态，对农村布局进行合理化调整，形成错落有致、疏密有度的空间格局。其次，不断拓宽红色记忆辐射范围，促进红色记忆要素流动，重视对红色记忆的整合和文化植入，突出本地红色记忆的独特优势，避免在融合的过程中导致红色记忆弱化或者消失。最后，发挥文化产业集群优势和联动效应，推动文化合作机制建设，增强荔园堡村文化核心竞争力，形成红色记忆产业和农村绿色生态协同互促的良好局面。

第三，开展红色记忆修复和保护工程。首先，要坚持保护第一、适度开发的原则，保护好党史文献等资料。实施对荔园堡村十大部委政府旧址、关帝庙、清音楼等红色记忆遗址检修工程。其次，从文化治理的长远发展考虑，制定完整、系统、可行的治理方案，对革命遗址遗迹集中连片进行保护和开发，增强与红色景区的关联度。最后，利用 3D 或 4D 技术建立荔园堡村红色记忆空间结构模型，分析地质条件的复杂性和多元性，使其得到更好的保护和安置。加大对红色记忆的保护和宣传力度，把红色记忆融入课堂教学之中，设立专属保护基金，探索一条从自觉保护到习惯保护的新路子。

（二）夯实基建、多方融资，让红色记忆“亮”起来

改善基础设施建设是提升荔园堡村整体形象和红色景区接待能力的重要体现，要结合发展需要制定发展战略，引进投资、融资项目，推动乡村发展。一方面，加大荔园堡村基础设施建设力度，提高当地居民生态保护意识。要围绕荔园堡道路建设、食宿供应、污水处理、垃圾分类四个方面展开综合整治。道路建设方面，要改善交通状况，健全景区观光路线，配备充足的观光车辆，解决停车难、景点分散等问题；食宿供应方面，增加一部分娱乐休憩场所，建设红色记忆主题酒店，提升景区接待能力，对农家客栈和“农家乐”开展食宿环境问题专项检查，提高住宿和餐饮标准；污水处理方面，大力整治农村污水乱排放问题，对其定期进行检查，确保农村饮水安全、可持续；居民素质方面，帮助村民树立“绿水青山就是金山银山”的生态理念，落实好垃圾分类政策，优化红色记忆景区形象，增强综合竞争力。另一方面，拓展荔园堡村融资途径，创建融资平台。荔园堡村挖掘红色记忆最主要的是解决好资金匮乏问题。由于红色记忆的管理单位大多有公益性质，不能以营利办法搞经营，但革命遗址遗迹修缮与保护、举办各种活动都需要大量资金。因此，政府要转变职能，积极提供优惠

的融资政策和融创环境，为民间资本进入搭建良好的平台。荔园堡村要以国家级 4A 级旅游景区和非物质文化遗产为依托，做实红色文旅市场，开创文旅新局面，让红色记忆“亮”起来。此外，政府要促进红色记忆向产业化和效益化转变，推动红色文化产业与融资机构有效衔接，拓展产业链，促进红色文化产业纵深发展，突破资金不足的瓶颈，确保资金来源可持续、有保障。

（三）挖掘内涵、打造品牌，让红色记忆“走”出去

荔园堡村有着得天独厚的红色记忆优势和文化优势，未来应加强对其进行有效整合，深度挖掘文化内涵，将红色记忆与黄土人文情怀、生态理念相结合，走荔园堡村特有的文化品牌路线，推动红色记忆“走”出去。一方面，挖掘红色记忆内涵，增加文化魅力。文化创意是对红色记忆内涵的再提升，要立足红色记忆，以荔园堡村为纽带开发具有陇东和黄土高原特色的创意产品。创意主题要符合红色记忆的意蕴，融入荔园堡村的传统艺术风格，突出艰苦奋斗、饮水思源、不忘本来的故事情节，丰富创意价值。要广泛收集整理与红色记忆有关的传说、人物事迹、历史典故或者歌谣、舞蹈、绘画，增添纪念馆珍藏品，厚植红色记忆深度。另一方面，创建红色记忆品牌，共塑文化氛围。实施红色记忆品牌战略，对荔园堡村的红色记忆进行分类管理和科学评估，重点培育具有典型性和代表性的红色记忆，建成一批红色记忆示范区，全力打造有特色、质量高的红色文创产品。要坚持市场化导向，打破分散发展的格局，增强与周边红色景区的联系，塑造全域红色旅游新景象。红色记忆景区里的餐馆、客栈、娱乐场所要融入红色记忆元素，工作人员着装要与岗位相匹配，最大限度共建红色记忆氛围，引领红色文化产业大发展。

（四）拓宽渠道、大力宣传，让红色记忆“响”起来

习近平总书记要求：“讲好红军的故事，讲好西路军的故事，把红色基因传承好。”这就需要将中国共产党的革命精神和红色记忆以大众喜闻乐见的形式呈现出来，奏响红色记忆主旋律。

第一，继续深入开展红色教育工程。荔园堡村要协助当地列宁小学等单位进一步挖掘红色基因，支持相关工作人员编写好《红色南梁故事》《“南梁精神”读本》等，把传承红色基因作为一门必修课。红色教育要与全面教育相结合，以丰富多彩的形式传递红色教学理念，把红色诗词、歌曲、剪纸、革命事迹等内容凝练起来，推动红色基因薪火相传。

第二，继续拓宽红色记忆传播路径。红色记忆的传播始终要坚守党性，广泛利用各种媒体平台加强舆论宣传。可以在甘肃省主流媒体和陇东地方性报刊上开设红色记忆特别栏目；制作红色动漫短片、微电影等作品，将其以立体、多维、互动的方式呈现出来，针对用户的喜好，使用不同的传递形式，以多元化的方式传达红色记忆内容；红色声音传播也要提倡线上线下共同发力，充分调动群众积极性，让游客自觉接受红色记忆的熏陶，形成红色传播合力。

第三，组建专门的宣传队伍。应设立专门负责调查研究和宣传的部门，让农村党员参与其中，发挥模范作用；要研究和分析红色记忆在传播过程中被边缘化的现象，及时采取补救措施，避免影响传播的空间维度，必要时在其他地区设立分部门，实现红色记忆宣传和服务精细化操作。另外，当地要有序地开展红色记忆宣传活动，围绕生态文明、基层党建、红色纪念日、红色文旅等主题举办教育论坛，开辟红色记忆传

播新路线，争取荔园堡村红色声音唱响国际。

综上所述，挖掘红色记忆是落实乡村振兴战略的重要途径，将红色记忆与教育行业、旅游业、生态发展、科学技术等要素相融合，是延伸红色记忆的重要手段，能够厚植红色记忆落地生根的土壤，实现红色记忆向文化生产动力转变。此外，红色记忆赓续了中华优秀传统文化，要善于激活红色记忆的时代伟力，发挥其铸魂育人的独特优势。以红色记忆浇筑社会善治基础，凸显乡村振兴红色意蕴，共建美好生活新秩序，确保美丽乡村沿着高质量发展道路行稳致远。

参考文献

[1] 新华社记者. 支持革命老区振兴发展，完善政策体系 [N]. 新华每日电讯，2021-02-21 (002).

[2] 梁银湘. 红色记忆与巩固中国共产党执政基础研究 [J]. 广西社会科学，2015 (7)：1-6.

[3] 中共中央 国务院关于全面推进乡村振兴 加快农业农村现代化的意见 [N]. 人民日报，2021-02-22 (001).

[4] 中国老区建设促进会. 让革命老区人民过上更加幸福美好的生活：学习习近平总书记关于革命老区建设发展的重要论述 [J]. 中国老区建设，2015 (3)：6.

[5] 中国老区建设促进会. 中国革命老区 [M]. 北京：中共党史出版社，1997：595.

[6] 卢世主，朱昱. 革命文物保护利用研究的现状与进展 [J]. 江西师范大学学报 (哲学社会科学版)，2020，53 (6)：147.

[7] 周宿峰. 红色文化基本问题研究 [D]. 长春：吉林大学，2014.

[8] 陶冶. 清明小长假将至，红色旅游成出行新热点 [N]. 北京晚报，2019-03-13.

[9] 田蕊. 红色旅游成吸引中国游客新卖点，走上国际舞台 [EB/OL]. http://travel.iqilu.com/news/2016/0718/2908451.shtml.

[10] 欧阳淞. "两点一存"的独特历史地位及其历史条件 [J]. 中共党史研究，2014 (11)：10.

[11] 李治国. 利用红色文化资源优势促进县域经济发展：对华池县南梁镇红色旅游发展现状的分析及对策 [J]. 今日财富，2021 (2)：11.

[12] 董洪亮，付文，等. 加快建设幸福美好新甘肃——习近平总书记甘肃考察重要讲话引发热烈反响 [N]. 人民日报，2019-08-24.

（编辑：秦慧）

中国共产党领导我国西南民族地区乡村治理的历史实践与经验及启示[①]

肖杨飞英　任志江

【摘要】西南民族地区乡村治理是我国国家治理的重要组成部分。鉴于这一地区乡村治理工作的重要性、复杂性、艰巨性，在准确理解现代治理和乡村治理内涵的基础上，对中国共产党领导这一地区乡村治理的历史实践进行回顾和梳理，并由此总结提炼出相关经验与启示，对有效推进新时代乡村治理和乡村振兴工作具有积极意义和巨大价值。

【关键词】中国共产党；西南民族地区；乡村治理；经验启示

【作者简介】肖杨飞英，女，1997 年生，西南财经大学马克思主义学院硕士研究生，主要从事中国近现代史基本问题、乡村治理等研究；任志江，男，1976 年生，博士，西南财经大学马克思主义学院教授，博士生导师，党建学科带头人，主要从事中共党史、党的建设、中国特色社会主义理论与实践等研究。

【基金项目】本文系 2021 年国家社科基金后期资助项目“新时代中国共产党依规治党研究”、2019 年教育部人文社科规划项目“中国共产党制度治党思想的历史由来与经验启示研究”（19YJA710032）、2020 年四川省社科规划重大项目“四川乡村治理制度创新研究”（SC20ZD010）、2020 年西南财经大学基层党建创新项目（重点一类）“健全完善高校党的政治建设研究”成果之一。

西南民族地区既是区位环境广袤多样、自然资源蕴含丰富、民族宗教交融多彩的地方，也是脱贫攻坚基础最差、全面小康底子最薄、乡村振兴和民族复兴难度极大的地区之一。新中国成立几十年来，这一地区的乡村治理成就斐然。在中国共产党百年华诞这一承前启后、继往开来的历史性时刻，通过对党领导这一地区乡村治理的历史实践进行回顾和梳理，总结提炼出相关的经验与启示，对有效推进新时代的乡村治理和乡村振兴工作，具有积极意义和巨大价值。

一、对治理含义的辨析与乡村治理内涵的阐释

党的十八届三中全会和十九届四中全会的关键词都是“国家治理现代化”，因此对其词根“治理”的准确理解，对深入贯彻落实中央精神和在有效推进边远民族地区乡

① 本文原载于《攀枝花学院学报》，2022，39（1）：56-63.

村治理基础上如期实现国家治理现代化，具有不言而喻的重大意义。

（一）“治理”一词的历史由来及含义变迁

“治理”一词最早可追溯到古希腊和古拉丁语中的“操舵”一词，意为“控制”“操纵”。到13世纪时才正式形成“治理”一词，意为“统治”“管理”。直到20世纪90年代之前该词的这一含义都没有太大变化，并且长期属于低频使用词汇。与此相似，古汉语中的“治理”一词虽也早已有之，并且亦有“统治”“管理”之意，但同样较少使用。反倒是这一词汇所具有的另一汉语含义——“整修”“处理”，则相对使用较多，如治理河流、治理腐败等。作为现代意义上的治理，是在20世纪80年代末世界银行使用“治理危机”一词来描述当时非洲的发展困境后，特别是20世纪90年代西方国家在市场机制失灵和政府效率低下的情况下，作为对传统统治方式与管理制度主动回应的产物，这一词汇才开始在西方政治、经济、文化、社会等领域的研究中被大量使用从而成为一个“时髦词语”。这就使其“不再局限于政府机构和行政部门的运作，而是涉及公民、团体和社区与国家的关系这一更广泛的问题”。

（二）治理与乡村治理的基本内涵

治理是指多元化的参与主体以一定的价值目标为原则，通过民主、法治、公开、合作的行为模式共同参与到社会公共事务的管理中，在政党、政府、社会、市场、公民之间良性互动的基础上实现善治。显然，它不同于传统的统治或管理。乡村治理则是指性质不同的各种组织以公共利益最大化为目标导向，通过一定的制度机制共同把农村事务管理好。实际上，乡村治理是一个由国家和社会共同作用而形成的公共权威，以实现对乡村社会调控和管理的动态过程。

二、中国共产党领导我国西南民族地区乡村治理的历史实践

中国共产党领导我国西南民族地区的乡村治理经历了新中国成立初期、人民公社时期、改革开放新时期三个阶段，正在经历新时代乡村振兴阶段，不仅形成了各具特色的乡村治理思想，还在此基础上取得了令人惊叹的治理成就。

（一）新中国成立初期：“破旧”与“立新”并举下的乡村治理

新中国成立初期，围绕着“破旧”和“立新”两大主题，西南民族地区在党中央领导下开始了如火如荼的乡村治理。由于偏远落后、多年战乱和国民党的反动统治，这一地区不仅经济凋敝、民生困顿，而且封建会道门盛行、匪特猖獗。这些黑恶势力相互勾结，控制乡村，欺压百姓，妄图影响和颠覆新生政权，加剧了乡村治理的难度。有鉴于此，在党的领导下，我们通过以下措施打开了乡村治理的局面：①通过对旧式乡保政权进行改造，清除残留在乡村社会中的封建势力，逐步建立起新的乡村治理机构和制度。②通过领导农民开展征粮、剿匪、反霸、减租、退押等一系列群众运动，提高农民的政治觉悟，为建立和完善新的基层政权奠定了思想基础和组织基础。③通过成立农民协会、建立村级权力组织、设立乡（镇）政权机构，完成这一地区的基层政权建设工作。④针对这一地区的特殊情况，在初步完成基层政权建设的基础上，地方党委和政府通过镇压反革命、开展禁烟禁毒活动、出台婚姻法等措施引导这一地区乡村社会健康有序发展。⑤在上述工作基础上，各级党政机关和农村干部通过宣传教育积极引导农民群众开展民主改革和成立农牧业合作社。这一时期的乡村治理工作极大地解放和发展了西南民族地区的生产力，当地社会经济得到快速恢复和发展。

（二）人民公社时期：高度集权下的乡村治理

随着“反右”扩大化和“大跃进”的快速推进，我国乡村治理进入人民公社时期。西南民族地区根据党中央的要求，一方面迅速开展反右派斗争、掀起“全民大炼钢铁”的浪潮，另一方面在乡村急遽地建立起政社合一的人民公社。这一制度加强了中央对西南民族地区乡村社会的控制，国家政权迅速下沉到这一地区的每一角落，从而使乡村治理成为国家治理的微缩版，具有明显的集权—运动式特点。在此过程中，这一地区的传统乡村乡绅阶层逐渐消失，乡村干部的培养选拔具有浓厚的政治色彩，农民的生产生活被集体化，整个社会对组织的依附性大大增强。这一时期的乡村治理制度虽然对稳定西南民族地区的乡村社会秩序起到了重要作用，但权力的高度集中不仅限制了这一地区的经济社会发展，也束缚了广大农民的积极性、主动性和创造性。

（三）改革开放新时期：“乡政村治”制度的创立与发展

1978 年后，家庭联产承包责任制的建立和推广，推动了农村政治体制改革。四川省“广汉金鱼公社模式”在全省的快速推广加速了西南民族地区人民公社体制的解体，基层政权内部初步形成党、政、企分开办公的格局，随后在乡上和村里纷纷建立起各自的组织和行政机构，乡村治理随之进入“乡政村治”的新阶段。乡村改革带动了县级机构的改革。经中央批准，西南民族地区陆续撤销了部分直辖地区，重新建立起市（地）行政单位，推行市领导县的新体制。在“乡政村治”制度的引导下，这一地区的农村基层组织在机构、职能、财政等方面都实现了规范化改造，行政组织表现出专业化、职能化特征，在农民管理方面则表现出扁平化特征，乡村政权与农民之间的联系变得更加紧密，农民参与乡村治理的积极性和主动性被调动起来，乡村治理迈向了新阶段。

（四）新时代：现代化进程中的乡村治理

党的十八大召开以来，以习近平同志为核心的党中央立足我国西南民族地区乡村发展实际，深刻剖析当前这一地区所面临的治理难题，提出实施“乡村振兴”这一伟大战略，将民族地区乡村治理作为推进国家治理体系和治理能力现代化的重要组成部分，开启了新时代乡村治理现代化的新征程。因此，党中央通过实施以下政策措施和不断实践来推进新时代西南民族地区乡村治理现代化进程：①以基层党建引领乡村治理。党中央不断强调基层党组织在民族地区乡村治理中处于领导核心地位，充分发挥基层党组织在乡村地区的战斗堡垒作用。因此，2012 年以来，党中央一方面通过全面从严治党加强农村基层组织建设，不断做强这一农村各项工作的“战斗堡垒”；另一方面积极稳妥地推进乡村治理，有效提升乡村治理体系和治理能力的现代化水平。如在全国各地积极探索和创新乡村治理模式的过程中，涌现出浙江省象山县的“村民说事制度”、北京顺义区的“村规民约推进协同治理制度”、陕西省汉阴县的“三线联系群众工作法”等各种独具特色的乡村治理模式，为乡村治理注入了新鲜血液，乡村善治格局初露头角。②打赢脱贫攻坚战，创造人类减贫奇迹。2012 年以来，以习近平同志为核心的党中央将脱贫攻坚上升到“两个一百年”奋斗目标的高度，要求将这一任务作为“五位一体”总体布局和“四个全面”战略布局以及全面建成小康社会的底线任务来看待。经过八年努力，“现行标准下 9 899 万农村贫困人口全部脱贫，832 个贫困县全部摘帽，12. 8 万个贫困村全部出列，区域性整体贫困得到解决，完成了消除绝对贫困的艰巨任务”①，创造了中国减贫史乃至人类减贫史上前所未有的伟大奇迹。③实施乡村振兴战略，促进城乡融合发展。习近平一方面指出乡村振兴事关国家发展战略全局，要利用乡村振兴战略推动国家现代化建设进程；另一方面对这一战略的内涵要求、实施路径、奋斗目标等做出部署安排，要求从产业、文化、人才、生态、组织五个维度，按照“产业兴旺、生态宜居、乡风文明、治理有效、生活富裕”的标准，争取到2035年基本实现农业现代化，到2050年农村各项事业得到全面振兴，农业发展势头更加强劲，农民生活质量迈向新阶段。

三、经验与启示

当前，我国社会主要矛盾已经转变为人民日益增长的美好生活需要与不平衡不充分的发展之间的矛盾，而最大的不平衡和不充分就是乡村与城市之间的不平衡，民族地区乡村发展是整个乡村治理的短板。总结提炼中国共产党领导西南民族地区乡村治理的经验教训，对于新时代更好地推进西南民族地区乡村治理现代化具有重大意义。

（一）加强基层党建对民族地区乡村治理的引领

民族地区农村基层党组织是党在这一地区全部工作和战斗力的基础，是贯彻落实党在这一地区路线方针政策的战斗堡垒，基层党建为推进民族地区乡村治理的有序开展提供了根本保证，通过党建引领乡村治理可以有效推进这一地区乡村治理的现代化。因此，必须坚持党管一切的基本政治原则，不断巩固和发挥农村基层党组织在乡村治理中的领导地位和战斗堡垒作用。这就需要做到：①农村基层党组织要树立现代治理理念，改变传统的管理方式，实现从管理到治理的有效转变，将善治思维和相关方法运用到民族地区农村治理的各项工作中，通过构建服务型、民生型基层组织，有效提高治理效能。②要以新时代党建“五加二”总体布局为基础，加强民族地区乡村基层党组织的先进性建设，优化基层党员结构，提高干部队伍质量，将当地优秀少数民族青年吸收到农村基层党组织中，扭转民族地区乡村基层党组织“虚化”“弱化”“边缘化”等问题。③要完善民族地区村“两委”班子，从制度上对“两委”班子的成员构成和职权、责任等做出清晰规定。④加强基层党组织对民族地区乡村传统治理习俗的引导和管理，强化基层党员干部对民族传统治理习俗特点和规律的了解与运用，重视对民族精英和宗教人士的教育引导，充分发挥其在改进传统治理习俗中的正面作用。

（二）因地制宜、因势利导地构建和完善民族地区乡村治理体系

西南民族地区的乡村治理制度在历史上经历过几次较大的历史变迁。随着改革开放40余年来翻天覆天的沧桑巨变和国家治理现代化任务的提出，原有的治理体制已不适应当前乡村发展的需要，出现了广大农民群众对乡村治理的现实需求与原有乡村治理体制脱节的状况，致使不少现有制度形同虚设。鉴于这一地区的特殊性，今后在构建该地区乡村治理体系的过程中，要因地制宜、因势利导，不能搞“一刀切”和“千篇一律”的治理方式，要在完善治理体制的基础上充分考虑到西南民族地区的经济社会发展情况、民族宗教问题、文化习俗特征等，通过将其本土化和具体化后更好地发挥其治理功能。

① 习近平. 在全国脱贫攻坚总结表彰大会上的讲话［EB/OL］. https://www.ccps.gov.cn/xtt/202102/t20210225_147575.shtml.

（三）加快推进法治乡村建设

法治乡村社会的形成是构建法治国家的重要基础，法治建设对于民族地区乡村治理起着不可或缺的规范和保障作用，只有将乡村治理纳入法治化轨道才能保证民族地区的乡村治理朝着现代化方向发展。需要做到：①以法治为价值旨归和根本遵循、以法律法规作为唯一准绳来规范民族地区乡村治理的所有行为主体，加快构建和完善符合民族地区乡村实际情况的法治体系和相关法律法规，为民族地区乡村治理提供法治保障。②法治文化建设是民族地区乡村法治社会建设的重要支撑，因此要加强对民族地区乡村的普法宣传教育工作，营造良好的法治氛围，从思想上引导民族地区乡村农牧民学法、知法、懂法、信法、守法。对于涉及民族地区乡村农牧民切身利益的问题要依法、依规办理，对其加大司法救助和法律援助力度，为调解基层矛盾纠纷提供优质的公共法律服务。③要依法严厉打击民族地区宗族势力、黑恶势力干预农村基层治理的行为，积极引导民族地区农村宗教事务朝着法治化方向发展，用法律代替传统习惯，用法定权威代替传统权威，为推进和完善民族地区法治乡村建设提供思想基础和组织基础。

（四）大力发展民族地区农村经济，建立健全促进农牧民增收的长效机制

落后的经济发展水平是制约有效乡村治理的重要因素之一，因此要提高民族地区乡村治理的效能，首先就要改变农民的经济地位。这就需要通过建立健全促进农民增收机制，结合地区实际发展特色农业经济，加快推进民族地区农产品市场化进程，鼓励外出务工人员回乡创业和当地农民自主创业，积极引导农村富余劳动力向非农业产业和城镇转移，加快推进民族地区小城镇建设进程，最终让民族地区的农牧民在彻底摆脱贫困之后尽快过上富足美满的生活，这样才能为提高民族地区乡村治理效能提供坚实的物质保障。

（五）加大对民族地区农村教育的投入力度

农民素质的提升是提升民族地区乡村治理效能的关键，而提升农民素质的关键在于发展民族地区的农村教育。为此就要做到以下几点：①要加快推进民族地区农村教育体制机制的改革工作，通过建立以国家办学为主体、社会办学多样化的民族地区农村办学体制，打破传统办学模式所固有的局限。②加强民族地区的教师队伍质量建设，通过大力发展地区师范类院校、鼓励发达地区高校毕业生积极投入民族地区教育事业、进一步推广民族地区支教活动和中小学教师综合素质培训活动，来提高民族地区教师队伍的整体素质。③加强和完善对民族地区的扫盲和义务教育宣传普及工作，在政策和资金支持上对农村地区给予重点倾斜。④大力发展民族地区职业技术教育，根据地区实际情况和经济发展需要培养应用型人才，为地区经济与社会发展服务。⑤正确处理好多种文化在乡村治理中的作用，协调好传统文明、现代文明、民族文化、宗教文化、社会主义先进文化之间的关系，积极引导它们同现代文明和社会主义先进文化相融合，充分发挥先进文化在民族地区乡村治理中的导向作用。

（六）完善民族地区的村民自治制度

村民自治是改革开放后农村基层民主建设的产物，是广大农民寻求政治话语权、参与国家基层民主政治建设的伟大创举。近年来，民族地区的村民自治取得了一些重要成就，如村委会换届选举更加规范化、村民民主意识不断提高、村民的自治权利得到有效保障等。但不可否认的是，当前民族地区村民自治依然存在不少问题，如村民

自治的相关体制机制还不完善、个别村委会依然按照民族传统习俗办事、违规违章操作、自治主体多元化格局尚未形成等。因此要结合区情、村情加快完善村民自治体制机制，为村民自治提供法治保障，加强对村委会的监督和管理，通过理性制度代替传统习俗管理村务。要大力培育各种民间组织和农民协会，将乡贤、长老、寨主等传统权威力量纳入村民自治体系，加快构建治理主体多元化的格局，实现各种社会力量在乡村治理中的良性互动。

参考文献

[1] 陈蒙. 新时代民族地区乡村治理现代化瓶颈及对策 [J]. 中南民族大学学报，2018 (12).

[2] 潘善斌，宋才发. 民族地区乡村治理的法治探讨 [J]. 学习论坛，2020 (5).

[3] 李进. 凉山民族地区村民自治存在的问题及对策研究 [J]. 西昌学院学报，2013 (4).

[4] 任志江，胡小娇. 从“脱贫攻坚”到“乡村振兴”战略转轨阶段的农村基层党建工作研究：以四川省凉山彝族自治州为例 [J]. 阿坝师范学院学报，2021 (1).

（编辑：苏正道）

乡村振兴战略视角下优化农村服务业发展路径研究

陈倩

【摘要】随着全面小康的实现，乡村振兴战略实施进入新阶段。乡村产业振兴有利于推动乡村振兴，发展农村服务业对于产业兴旺、促进农村产业发展的内生式增长有着重要作用。农村服务业是随着第一产业和第二产业的发展，并以之为基础不断发展起来的，在现代服务业中占有重要地位。如何实现农村服务业的优化发展，促进产业兴旺，是当前迫切需要解决的现实问题。本文通过分析农村服务业面临的发展问题及其成因，指出了推动农村服务业发展的优化路径。

【关键词】乡村振兴；农村服务业；优化路径

【作者简介】陈倩，女，1997 年生，西南财经大学马克思主义学院硕士研究生，主要从事马克思主义中国化研究。

党的十九大报告指出，在乡村“五个振兴”系统性总要求中，乡村产业振兴处于中心环节。推动产业兴旺加快建设，除了加快传统产业的发展更新外，还应加大新产业、新模式的发展力度。其中，农村服务业是农业社会化发展到一定阶段的产物，它服务于农业再生产和农村经济社会发展，是经过一系列经济形式、经营方式、多层次多环节发展起来的一种产业模式，能够有效加强农业与服务业的深度融合，推动农业农村产业结构转型升级，为农村发展提供新型动力。自乡村振兴战略提出以来，我国对农村服务业尤其是农业生产性服务业的探索较为广泛，但是对于农村服务业融合发展的探索较少。本文主要探索强化农村服务业对农业发展的推动融合作用，以助力乡村振兴战略的实施。

一、农村服务业与乡村振兴

（一）农村服务业的发展是乡村产业兴旺的内在动力之一

农村服务业主要存在于农村农业发展的产业链当中，有利于整合农村中人、财、物等复杂的生产要素。农村服务业主要包括农民生活服务业、农村公共服务业、国有企业在农村兴办的服务业等。当前，农村服务业发展受到高度重视，主要目标是促进其高质量发展：推动新型服务业升级优化以及传统服务业的转化，加快实施农村服务业的利益联合体制机制，满足农业农村服务业发展的多元化主体需求。农村服务业的发展是乡村产业兴旺的内在动力之一，它有助于发展和壮大乡村产业以推动农村一、

二、三产业融合发展，有助于创造市场以拓宽农民就业渠道，推进农民收入实现多元化，有助于加强农业农村创新创业动力、培育农业农村发展新动力以实现乡村主体功能价值、丰富乡村振兴的内涵，有利于推动乡村产业科学发展以实现乡村三次产业有机结合，进而实现农村产业高质量发展。因此，农村服务业正在逐步成为现代乡村产业的重要发展要素，对于三次产业相互融合发展具有重要益处。在保证农业在其他两个产业中的主体基础性地位的同时，通过农村服务业产业链延伸和扩大，可以扩大农村产业发展空间，增强乡村产业发展的内在动力。

（二）农村服务业的发展有利于推动社会交往进而增加乡村人力资本

人力资本主要是指体现在劳动者身上的资本，例如其基础知识技能、文化发展水平以及个体健康状况。从事农村服务业的人必须掌握一定知识和技能。例如现在所发展的农村直播带货这种营销技能和一定的服务能力，以及交流沟通能力和农村特色食物烹饪能力等。农村服务业在一定程度上与传统农业的劳动方式有所不同，例如乡村旅游业需要从业者善于与游客沟通，从与外来人员的交流互动中促进自身生活生产方式的转变。基于此，农村服务业能够促使村民与外界的联系更加密切，加强社会网络体系建设。此外，服务业与传统农业经济活动之间相互融合可以扩大农村就业岗位，拓展就业渠道，从而将一些农村青壮年留在农村，减少农村人才流失，为乡村振兴建设提供有一定质量的人力资本。除此之外，由于农村第三产业的发展壮大，一部分高素质的中青年人可能会被吸引回到自己的出生地，为自己的家乡建设贡献自己的力量，进而使乡村人力资源总体质量得到提升，留守儿童等情况也能进一步减少，进一步促进农村家庭关系和谐，促进社会稳定发展，促进农村家风、乡风建设等，对于乡村振兴以及促进农村社会持续健康发展具有重要推动作用。

（三）农村服务业的发展有利于促进新型服务主体产生和传统农村产业转型升级

支持和推动农村服务业发展的最佳举措是培养多元化的农村服务主体。其中，既包括对于农村服务业发展主体具有支持作用的传统服务主体，如乡村经济合作组织、邮政公司等，还包括一系列新型服务主体，如农村产业化的龙头企业、家庭农场、田园综合体、服务企业、投资农村产业的一些工商资本等，同时还包括一些新型农业服务主体。通过培育农村服务业的新型主体，有助于激励不同形式（类型）的服务主体发展农村服务业的积极性、主动性和创造性，同时也有利于完善不同主体之间的竞争合作关系，推动其互相合作以达到共赢的目标，使其能够扬长避短，相互借鉴，相互融合联通，也有利于提高农村服务业的发展质量，进而提高农业发展的社会化水平，促进相关组织的融合发展。

二、农村服务业发展面临的问题以及挑战

总的来说，近几年来的国家政策满足了农村服务业发展进步以及乡村振兴战略实施的基本需要，在现实中表现出不断完善、精细化、实际化的发展态势。与此同时，合理优化配置农村可利用资源以充分发挥其作用和效力，一直是一个比较重要的问题。但是在现实中，农村服务业却面临了诸多问题，具体如下：

（一）产业发展不够协调，创新能力不足

当前农村服务业发展的问题主要体现在一、二、三产业发展不平衡，各地没有形成突出的产业发展优势，部分地区的第二产业发展比重较大，第一产业和第三产业发

展较为滞后。由于农村服务业没有专门的综合协调管理机构，农村科技服务、健康以及养老、相关物流服务的相关内容管理也较为分散，主要是村委等相关部门在负责。形成这一现象的主要原因在于农村服务业是一个范围比较广、专业针对性比较强、形式类别差异比较明显的行业。想要发展农村服务业，需要同一、二产业进行融合，进一步扩大和升级市场，才能发挥出自身对农村产业经济发展的促进作用。由于综合性管理不够充分，农村服务业在国家政策方针上没有得到有效协调和规划，造成产业发展不够协调，后期创新能力不足，消极影响农业、农村服务业以及工业的政策协调性和进行三产融合的良性互动。除此之外，农村服务业缺少一些长期计划以及合理规划布局，其中，农村三次产业比重不平衡，农村投入大多集中在农业生产资料的生产过程、销售以及技术推广等方面，会在很大程度上制约农村经济发展。此外，随着社会生产力的提高，产业不断升级和转型，市场信息推广等经营性服务会相对匮乏，以至于传统农业缺乏核心竞争力，不利于农村服务业长远发展，同时还会造成农村资源的浪费。

（二）农村服务业占比较低，战略性新兴产业发展后劲不足

农村产业发展的主要问题之一是第三产业占比较低，而且和现代科技的融合程度较低。虽然近年来各地乡村都在大力推进农村服务业的发展，但是其占乡村产业经济比重仍然较低。农村现代服务业以商贸商务、文化旅游等传统服务业为主体，与现代科学技术融合程度较低，而以服务制造业为主体的生产性服务业发展还不够成熟。农村服务业没有突出特色，有些地区缺少本地区相关的文化产业以及现代科学技术产业的支持，进而不能适应农村相关第三产业的发展需求。近年来国家虽然鼓励并推动现代农业产业园、农村产业发展示范园、农村产业强镇建设等，然而由于对这方面的重视程度仍不够，发展支持仍显单薄，导致农村服务业主要集中在一些传统的、低水平的交通运输业、商业、餐饮业等相关领域，企业规模比较小，专业化、社会化、产业化发展水平比较低，在社会主义市场经济条件下没有突出的竞争优势，导致所能够吸纳的劳动力少，不利于农民扩宽增收渠道和收入的增长。在一些农副产品比较丰富的地区，因为一些龙头企业不足、中介组织少、品牌开发不够充分，农副产品的科技含量较低，标准化生产没有形成足够规模，监测力量薄弱以及质量检测手段落后，不能满足市场的需求，对于农副产品进入大城市市场以及高档超市进行销售形成阻碍，很难发挥农村服务业以及战略性新兴产业的独特优势，进而导致难以将农村资源优势转化为经济优势。

（三）“互联网+”背景下农村服务业缺乏高素质人才

要实现“互联网+”背景下农村现代服务业的发展延伸，必须依赖于相关人力物力资源，特别是现代服务业中所需要的具有专业性以及相应层次性的人力资本，比如说通过“互联网+”从事现代服务业的人员、农产品技术性人才、农村中介组织性人才、从事相关工作的农业协会人才，还有农村科研和管理人才、现代服务业综合型人才，以及上述领域的复合型人才。但是以目前农村现代服务业发展状况而言，普通的村民只是参与其中的农业生产的主体，而农村服务机构以及相关服务人员和其所具备的技术都缺少专业性以及层次性，农村相关从业人员的信息获得水平受到一定限制，农民在从事相关农业劳动中对科学技术、保健类的服务在“互联网+”时代很难得到充分满足和发展。虽然我国目前农村的网民已经具备相当规模，其需求和服务能力有所提高，

但是“互联网+”相关农村服务业专业人才仍然匮乏，进而导致农村服务业整体水平以及服务质量和专业化程度比较低下，与当下的现实诉求具有较大差距。

（四）农村服务业规模小，管理质量和规范化水平较低

由于各地农村资源、地理位置以及人口具备一定的不平衡性，农村服务业发展在空间范围内存在一定差距，这会直接影响到农村服务业发展的规模以及质量。我国农村服务业大多处于一个相对“规模小、质量低、组织散漫”的状态，缺少具有核心竞争力、实力雄厚、有一定名气的龙头服务业企业和品牌，不能有效联通上下游相关产业，同时在交通基础设施、农村现代金融领域、公共产业和事业服务等多数服务领域，农村相关企业难以达到要求，一些地方会出现区域垄断情况，因此难以发挥市场配置资源的决定性作用，进而导致农村服务业相关企业的竞争力比较低，也会导致收入分配不平衡，难以保证公平。同时，大多数农村地区还未形成相关的管理部门，对农村服务业的健康发展形成了一定的阻碍。管理部门职能缺失会导致相关规章制度不完善，管理效率低下，无法保证农村服务业企业的合法权益。

三、加快农村服务业发展的路径选择

（一）为农村服务业发展创造适当的政策环境

要深化制度改革。充分发挥政府的监督、协调各方的作用，完善和规范农村服务业，使相关法律体系更加完善。设立相应的行业规章制度。其中，对于当下农村服务业发展的主要方面以及新兴领域，在相关法律指导下设立各个地方的行为准则、规章制度等。政府应该发挥协调作用，扩大不同的经营主体，通过公平招标的形式引入社会资本，以商业化形式进行农村服务业的运转。其一，通过不同主体融合的方式，发展农产品加工、仓储物流等市场化运行模式，使政策、资金等向融合项目倾斜。其二，建立相应的利益联系体制机制，增强各地龙头企业“连接农民、带领农民”的动力和完善国家相关政策支持的激励体制机制。其三，增强农村服务业的产品供给能力。国家政策措施要具有针对性，主要在农村教育资源相对匮乏的地区进行资源投入，加强医疗卫生、社会保障体系、农村基础设施公共建设等方面的供给，提高农村相对发展薄弱地区的基本公共产品服务水平，进一步振兴乡村产业，促进农村生活质量以及水平的不断提高。

（二）制定和优化农村服务业的产业结构布局

加快推进农村新型工业化，培养具有农村特色的相关产业群，不断发展和推动实施健康农业。首先，推进智慧农业的发展。要通过把现代互联网技术、物联网、大数据、云计算、人工智能等现代科学技术与第一产业农业进行深度结合，实现农业信息获取迅速、做到精细准确投入，突出农业生产的个性化服务特征等新兴的农业生产模式。各地农村应该因地制宜，结合本地自身发展实际，推进精准农业、智慧畜牧业、智慧渔业等建设。其次，优化各农村地区的产业结构布局和发展。推动传统农业在农村服务业的帮助下，实现由信息化向数字化、网络化以及智能化发展，为农村现代服务业注入新的发展动力。最后，实现农村服务业优化升级，通过发展农业生产性服务业推动劳动力非农化、老龄化问题的解决，推动农业发展方式转型升级。同时，大力发展农村生活性服务业，有效解决农村人口老龄化问题，通过一些农村休闲养老、农村婚嫁等有关农民生活型服务业加快农村经济发展，提高老年农民的幸福感。此外，

结合各地区实际情况，例如在自然风景秀丽的地区发展休闲旅游产业，提高农民收入，拓宽收入渠道，进而促进乡村产业发展，实现乡村振兴。

（三）重视现代信息产业技术，以农村服务业发展助力乡村振兴

促进农村服务业发展需要发挥科学技术的作用。我国农村服务业发展需要改变过去简单投入资金、简单运行模式的发展方式，解决农村服务业发展规模较小、质量低以及专业化程度低下等问题，推动农村服务业实现跨越式变化发展。首先要做到深入各地调研，因地制宜，提出适合本地服务业发展的模式（方法），同时利用信息化平台进行信息传播，打开各地知名度。其次要利用相关科学技术来进行农业生产，同时促进服务业发展，形成农村服务业的竞争优势。再次要在农村服务业内部进行一系列改革来提高其效率，例如结合现代管理方式、手段以及积极的激励方式等。最后要利用互联网技术，通过大数据分析、云计算等技术手段，进行信息宣传和获取，同时发挥新兴媒体的作用，例如直播带货等手段进行网络宣传和销售，发挥网络开放共享、效率高以及投入人力物力少等优势来促进农村服务业的业绩提高。由此，农村服务业相关组织需要提高其信息化水平，加强建设和完善组织机构，进而能够形成具有核心竞争力的农村服务业品牌，进而实现乡村产业发展，实现乡村振兴。

（四）促进农村现代服务业与互联网融合发展

提升互联网技术与农村服务业二者的融合程度，可以从以下几个方面入手：首先是加快拓宽“互联网+农村现代服务业”的发展领域。不要局限于农村电商这一领域，加快形成包含农业生产前资源供给服务、农业生产过程中的农业技术提供服务、农业生产后农产品流通服务以及相关运输物流服务在内的全过程全领域覆盖。其次是加快农村服务业的发展方式转变，在农村现代服务业相关领域投入相关科技资源，例如云计算、物联网等先进技术，实现智能化与集约化生产，进而形成生产与生活型农村现代服务业体系。最后是围绕农村服务业的服务对象，形成互联网+消费者需求，针对消费者具体需求提供个性化的特色服务，且服务对象不能单一局限在农民这一群体，还应包括相关组织和管理人员，例如农村现代服务企业，通过深入挖掘需求，促进其教育、医疗、生活等基本需求得到满足，提供个性化服务，提高村民的获得感和幸福感，进而实现乡村振兴。

（五）加快人才培养体系建设，充分利用各地高校资源

农村服务业发展中，人力资源是最重要的因素。农村服务业发展对于人才的素质和质量等具有较高的要求。农村服务业的从业者需要掌握一定的科学理论知识以及相关组织技能，除此之外还需要能够结合各地实际进行实践探索。“互联网+”的逐步提出并成为潮流，需要相关人员具备更高层次的专业素养。因此，各地应该加强人才引进机制等，提高农村的劳动力素质。而培训高素质的农村服务业相关人才，则需要充分发挥各地高校资源优势，实现乡村人才回流，为农村服务业转型升级提供一大批人力资源。具体而言，首先，进行人才储备工作。例如高校可以开设一些农村服务业所需技能的课程，满足培养农村服务业人才的需求。其次，培育高质量高技能的服务管理型人才。再次，农村需要与高校进行合作，提供农村服务业相关实习岗位，同时要加大政策优惠力度，吸引各地优秀人才到农村进行发展。最后，加强农村基础设施建设，对当地农民进行教育培训，尤其是提供一些生产技能以及现代科技应用培训等，进一步提高农民的专业化程度以及综合能力，增强农民收集市场信息和分析市场机会

的能力，促使农民能够正确运用互联网技术，不断探索互联网+农业服务业的模式，推动农业现代化的发展，提高农村产业发展水平，助力乡村振兴可持续健康发展。

参考文献

[1] 刁统菊，林德山，申作兰. 乡村振兴战略中乡村旅游可持续发展：关联、机理与路径 [J]. 山东行政学院学报，2020（5）：84-90.

[2] 本刊记者. 大力发展乡村产业 奠定乡村全面振兴基础 [J]. 农村百事通，2020（18）：14-17.

[3] 杨文光，陈伟，朱俊峰. 乡村振兴视野的农业生产性服务业发展模式与适应性研究 [J]. 东北农业科学，2020，45（4）：124-128.

[4] 姜长云. 我国农业农村服务业发展及其政策精神和主要问题 [J]. 经济研究参考，2020（15）：5-20.

[5] 张训云. 农村一二三产业融合用地制度创新研究：基于乡村振兴视角 [J]. 中国地名，2020（5）：74-77.

[6] 王从盛. 乡村振兴背景下农村电商发展对策研究 [J]. 现代营销（下旬刊），2020（1）：185-186.

[7] 刘同山，尤思琦. 以产业兴旺推动乡村振兴：基于农业及农业农村服务业视角 [J]. 新疆农垦经济，2019（11）：16-25.

[8] 沈婷，李伟. “互联网+现代农业”在中国乡村振兴中的作用思考 [J]. 现代商业，2019（19）：47-48.

[9] 姜长云. 后小康社会推进农业农村服务业高质量发展的思路与对策 [J]. 开放导报，2020（5）：54-69.

[10] 李海燕. 新时代背景下农村服务业发展的反思与探索 [J]. 科技经济导刊，2020，28（25）：207-208.

[11] 李小倩. 农村一二三产业融合发展研究：以保定市为例 [J]. 统计与管理，2019（11）：23-26.

[12] 朱肖峰. 农村现代服务业发展视角下电子商务产业创新创业型人才需求分析 [J]. 农业经济，2019（6）：88-90.

[13] 祁欢. “互联网+”视域下农村现代服务业发展研究 [J]. 农业经济，2017（2）：45-47.

（编辑：宋婧琳）

从"三次对谈"看中国共产党的忧患意识

李顺鑫

【摘要】前进路上常怀忧患意识，身处安逸不忘隐患危机，是我们党从历史兴替中总结的重要经验，也是我们党百年来永葆旺盛生命力和强大战斗力的重要法宝之一。从抗日战争时期到解放战争时期，面对外有日寇铁蹄践踏、内有国民党反动派压迫的逆境与危难，以毛泽东同志为核心的党中央不仅要思考如何完成抗战的收尾工作，而且对中国共产党在胜利后如何不重蹈历史王朝覆辙的问题产生了深深的忧虑。正是基于这样一种深刻的忧患意识，毛泽东在三次"重要对谈"中提出了诸多关于党的建设的重要观点。这些观点不仅在当时产生了巨大功效，而且为我们党在新时代树立居安思危、慎终如始、自我革命的忧患意识，自觉忧党之安危、忧国之兴衰、忧民之苦乐，推动忧患意识的传承在新时代创造性转化和创新性发展，提供了遵循，指明了方向。

【关键词】忧患意识；中国共产党；作风建设；执政能力

【作者简介】李顺鑫，男，1998年生，西南财经大学马克思主义学院硕士研究生，主要从事思想政治教育理论与实践研究。

古人云："安而不忘危，存而不忘亡，治而不忘乱。"中华民族几千年兴亡交替，中国共产党百年风雨兼程，无处不存在着忧患意识的身影。正是基于这样一种深刻的忧患意识，毛泽东在"甲申对""窑洞对"和"赶考对"这三次对谈中，提出了很多关于忧患意识的重要观点。这些观点不仅在当时产生了巨大功效，而且对我们新时代的建设发展也具有重大的启迪意义。

一、"甲申对"：自我革命的忧患意识

1944年，在中国人民即将夺取抗战胜利之际，郭沫若的一篇《甲申三百年祭》在全国引起了巨大震动，但在发表后不久就因"映射当局"而遭到了国民党的封禁。这篇文章虽然在国统区遭到了反动派的恶意封禁，却在遥远的陕北延安受到了中共领导人毛泽东的极大重视和高度评价，并把它作为整风文件在全党进行普遍学习。紧接着，毛泽东在延安高干会议上做了《学习和时局》的演讲，对党员领导干部进行了谆谆教导："我党历史上有过几次大的骄傲，都是吃了亏的……全党同志对于这几次骄傲，都要引为鉴戒。近日我们印了郭沫若论李自成的文章，也是叫同志们引为鉴戒，不要重

犯胜利时骄傲的错误。”① 这篇文章所蕴含的深远意义与当时我们党正在如火如荼进行的整风运动实现了完美契合，其在整风运动中发挥了重大作用。不久之后，毛泽东在给郭沫若的回信中说：“我们把《甲申三百年祭》当作全党的整风文件来看，小胜即骄傲，大胜更骄傲。……我虽然兢兢业业，但仍怕出岔子，有时候说不定从什么地方就会跑出来岔子；你看到了什么错误，希望随时示知。”② 这次对谈，虽然字数寥寥，但是理论深度却早已超出史学领域，他们的探讨内容包含着对国家前途命运的深层次忧虑和对执政规律的全方位探索，许多针砭时弊的思考对胜利在望的共产党人起到了关键的鞭策作用，激发了他们的忧患意识。

“以古为镜，可以知兴替。”《甲申三百年祭》通过讲述李自成农民起义军在前期凭借清正廉洁、从严治军的作风取得胜利而后又转瞬陷于败亡的过程，用两种截然不同的结果的巨大反差揭示了李自成因胜而骄、因胜而腐，最终功败垂成的教训，并再次强调了“得民心者得天下”这条亘古不变的执政定律。这篇文章对当时正处在十字路口的中国共产党是一个及时的提醒，对党员领导干部起到了极大的警示作用，引发了包括毛泽东在内的党中央的深刻思考。毛泽东认为中国革命战争的实质是中国共产党所领导的农民战争，党员中农民出身的比例占到了绝大多数，因而共产党现在所处的环境、面临的挑战同当年李自成的农民军存在着很多相似之处，其中一个重要方面，就是二者都面临着革命胜利后农民阶级局限性的挑战，在革命的动荡时期这种局限性尚能被时局抑制，但是胜利后的安逸环境最容易使农民阶级的狭隘性、自私性彻底暴露出来，导致“其兴也勃焉，其亡也忽焉”的悲剧在中国的历史中不断上演。对于这个问题，无论是李自成还是后来的太平天国和国民党，显然都没有很好地解决。究其原因，缺乏执政忧患意识是一个很重要的方面。不少英雄豪杰虽能在“打天下”的过程中，在对他人进行革命时可以发挥出一往无前的拼搏精神，却缺乏在“坐天下”前对自我进行革命的忧患意识，导致“打天下”到“坐天下”中间缺少了一座有效衔接的桥梁。基于对李自成农民军失败的惨痛教训的深刻反思，以毛泽东同志为核心的党中央开始重新审视中共自身存在的各种隐患和危机，并用历史思维去重新思考党和国家的前途命运问题，在之后的各种不同场合都不断强调党自身作风建设的极端重要性，并通过之后进行的“整军运动”将自我革命的忧患意识付诸实践。“前事不忘，后事之师”，正如文中所预示的那样，不久后蒋家王朝就因缺乏在“坐天下”时整治腐朽的自我革命精神而在解放战争中失败，而取得胜利的中国共产党面对即将实现执政党身份转变的新形势，迫切需要完成对自身的自我革命。为了达成这一目标，不重蹈前者覆辙，在全国解放前夕的七届二中全会上，毛泽东向全党提出了旨在加强党自身建设的“两个务必”口号，告诫全党务必“继续保持谦虚、谨慎、不骄不躁的作风，务必使同志们继续地保持艰苦奋斗的作风”③，我们党通过数次整风运动为不久后的建国大业扫清了思想上的障碍，做了精神上的铺垫，并最终顺利实现执政党身份的转变。在改革开放初期，我们同样能看到忧患意识的身影。随着物质生活的充裕，奢靡腐败之风在部分党员领导干部中蔓延。面对党内出现的歪风邪气，以邓小平同志为核心的第二代

① 毛泽东．毛泽东选集：第3卷［M］．北京：人民出版社，1993：948.

② 毛泽东．毛泽东书信选集［M］．北京：人民出版社，1983：230.

③ 毛泽东．毛泽东选集：第4卷［M］．北京：人民出版社，1991：1438-1439.

中央领导集体，基于自我革命的忧患意识，再次审时度势地强调作风建设的重要性，邓小平谆谆告诫全党：“这股风来得很猛。如果我们党不严重注意，不坚决刹住这股风，我们的党和国家确实要发生会不会‘改变面貌’的问题。”① 时至今日，距离“甲申对”的提出已经过去了 70 多个年头，但是两位伟人对谈中所蕴含的“勇于自我革命，从严管党治党”，关乎党自身纯洁性建设的忧患意识却一直是我们党推进作风建设的强大内生动力，并将作为我们党最鲜明的品格和永恒的信条继续流传。

二、“窑洞对”：慎终如始的忧患意识

为了缓和国共两党的关系，促成和平建国大业，民主人士黄炎培先生在延安的窑洞中同毛泽东进行了一场针对历史周期律的深刻探讨——“窑洞对。”在“窑洞对”中，黄炎培不仅解释、说明历史周期律这一现象，还深刻剖析了历史周期律之所以存在的深层次原因及其外在的特征表现。他认为历史周期律，是指古往今来不同的政权不断更替所表现的从盛到衰、由存至亡的周期生命现象，归根到底是一种周期性的政治兴亡状态，无论是个人、家庭、社群、地方还是国家，都无法逃脱这个周期律的控制和支配。

中国 5 000 年历史，实际上也是一段不同政权兴亡周期性循环不息的历史，历朝历代的执政者无不幻想能实现王朝万代和江山永固，但现实往往事与愿违。虽然历经战乱征伐、社会动荡而建的新王朝，在创立初始尚能保持聚精会神，没有一事不用心，没有一人不卖力，并以实行轻徭薄赋、与民生息的政策取得一定功绩，所以历史上出现过诸如“文景”“贞观”“康乾”的盛世，但这样的好景往往难以长久维持。随着执政时间延长、执政条件好转，奋斗伊始的创业精神也就渐渐被淡忘了，自然地惰性发作，以致养成无法扭转、无法补救的不良风气，引发“其兴也勃焉，其亡也忽焉”的结局②。历史周期律看似左右着世间的一切，但它也并不是牢不可破的，对此毛泽东认为，只有坚持民主的新路才能最终跳出历史周期律，为中国人民谋幸福从来就是共产党人的初心和使命。虽然立初心已经很不容易，想要慎终如始地守住曾经的初心更是难上加难。“一个政党，就如同一个人一样，最宝贵的是历尽沧桑之后，还怀有一颗赤子之心。”苏共在建党之初又何尝不是先进革命的？因而苏共在仅有 35 万党员时就完成了建国大业。具有讽刺意味的是，苏共却于执政 74 年后，在拥有近 2 000 万党员之时惨遭亡党亡国，陷入历史周期律之中，而最终酿成这个惨剧的原因就是苏共在长期执政中丢掉了执政初心，背离了人民，将执政的忧患意识抛于脑后，从而导致党内各种不良风气抬头，在苏联人民心中逐渐丧失了公信力。苏共的惨痛教训对于普罗大众仅是尘封在教科书中的历史素材，但对同属马克思主义理论指导下的中国共产党而言，这段历史则是唤醒不少党员领导干部忧患意识的一剂良药、猛药，值得我们永远铭记。

“胸怀千秋伟业，恰是百年风华”，中国共产党已经走过了殊勋茂绩的百年征程，这对于中国共产党来说是具有里程碑意义的一个日子，但就整个社会主义将要演进的进程来言，这仅是一个开端，我们今后还需要几十代人始终不渝地努力拼搏去进一步完善、发展社会主义制度，并最终跳出周期律的束缚，实现共产主义理想。在这样一

① 邓小平. 邓小平文选：第 2 卷［M］. 北京：人民出版社，1994：403.

② 黄炎培. 八十年来［M］. 北京：文史资料出版社，1982：148-149.

个漫长的奋斗过程中，难免会出现一时的怠惰，无论是对初心的坚守还是对理想的追求都面临着许多或有形或无形的阻力。面对将会出现的种种荆棘，除了外在硬性制度的约束外，我们仍需要慎终如始地坚持忧患意识，时刻牢记任务的长期性和艰巨性。中国共产党建立至今的百年历程中，不断用事实印证着忧患意识对于党和国家建设所具有的重大意义，这中间不乏因盲目自大，丢掉忧患意识而导致错误结果的惨痛历史教训，大革命的失败和第五次反“围剿”的失败都是忧患意识缺乏招致的惨痛教训；但百年间凭借坚守忧国、忧党、忧民意识化险为夷，推动革命胜利的成功经验更是数不胜数，不论是战争中的政党和根据地建设还是新中国成立后的“三大改造”“原子弹研发”乃至当下的疫情防控工作中，都无不体现着中国共产党人深谋远虑、慎终如始的忧患意识。忧患意识深深熔铸在中国共产党的百年历史中，一直在默默地影响着党的各项工作，在党的发展中发挥着举足轻重的作用。也正因为如此，习近平总书记强调：“我们党的全部历史是从党的一大开启的。我们走得再远都不能忘记来时的路。”① 无论走多远，都要铭记历史上的经验和教训，将防范风险一以贯之。悲剧并不可怕，可怕的是重复悲剧。要避免王朝更替周期律悲剧的重演，我们仍需常怀慎终如始的忧患意识，以忧患意识终结历史周期律。

三、“赶考对”：居安思危的忧患意识

“赶考对”是毛泽东与周恩来在赴北平前夕于西柏坡所进行的一次意义深远的对话。随着革命最终胜利的到来，中国共产党面临着从领导型革命党向领导型执政党转型的考验。在挑战面前，中国共产党的领导人表现出了高度的自信，周恩来对党即将经历的大考提出了殷切的期望：“我们应当都能考试及格，不要退回去。”毛泽东也说：“退回去就失败了。我们决不当李自成，我们都希望考个好成绩。”② 这一次谈话体现了以毛泽东为核心的党的第一代中央领导集体对党未来将要面临的执政艰巨挑战以及所要肩负的繁重建设任务的充分估计，饱含着我们党浓厚的心系天下的忧患意识和重视忧患意识的优良传统。

忧患意识作为一种防范意识和前瞻意识，在我们社会转型时期或关键时期发挥了巨大作用，是中国共产党从革命党向执政党成功转化的重要思想支撑。“进京赶考”是我们党实现身份转变的显著标志，意味着中国共产党已经由一个带领亿万工农为实现革命理想而战斗的革命党，变成一个领导全国人民执掌中国政权的长期执政党。虽然党的执政地位和环境都发生了改变，但是这并不意味着党所肩负的担子就有了丝毫的减轻，相反中国共产党面临着迅速恢复遭到数十年战乱破坏的国民经济和继续完成全国解放的艰巨任务，这场巩固执政地位的全新考试无疑对党的执政能力建设提出了更高的要求。“我们除了要打碎旧的国家机器，还将必须学会去建设一个新的国家机器。”③ 执政能力是一个党能否长期执政、稳定执政的关键。毛泽东把夺取全国胜利形象地比喻为“万里长征走完了第一步”，接下来中国共产党还要带领中国人民翻过千山万水，实现由农业国到工业国，由新民主主义到社会主义的历史性转变。随着工作性

① 习近平. 决胜全面建成小康社会 夺取新时代中国特色社会主义伟大胜利：在中国共产党第十九次全国代表大会上的报告［M］. 北京：人民出版社，2017：67.

② 金冲及，中共中央文献研究室. 毛泽东传（1893—1949）［M］. 北京：中央文献出版社，1996：917.

③ 毛泽东. 毛泽东选集：第4卷［M］. 北京：人民出版社，1991：1439.

质与重点的变化，仅仅依靠过去的旧经验、旧做法是肯定不够的。毛泽东在《论人民民主专政》中指出："我们面临着严重的发展建设任务。我们熟悉的东西有些快要闲起来了，我们不熟悉的东西正在强迫我们去做。"① 党员干部队伍迫切需要实现量的增加和质的提升，所以党除了继续保持自身的清正廉洁、拒腐防变的可贵品格外，更要常怀能力不足的危机感并树立不断学习的自主意识。正是基于对执政能力不足的忧患，以毛泽东为首的中央领导集体极为关注对党员干部执政能力的培养，采取一系列针对性的举措，在社会主义实践中锤炼党员领导干部的执政能力，储备执政所需的经验和知识。

一个发展的社会，永远都会有新的目标、新的矛盾。无数事实都已昭示，危险往往是由自以为安定造成的。"前进的道路不存在永远的一帆风顺，越是身处于安逸的环境中，越是要保持头脑清醒，树立忧患意识，综合、全方位认识和充分处理一些重大挑战和风险，做到居安思危。"今天的中国正处在一个关键时期，实现现代化的蓝图虽已绘就，但新的风险和挑战依然如影随形，时代不断催生出崭新的、不断变化的考试内容和主题，无论是疫情下动荡不安的国际局势，还是经济下行压力下仍存隐患的国内环境，都对我们党在新时代的执政兴国能力提出了更高要求。面对挑战，固步自封、得过且过，显然不是中国共产党人应做的选择，唯有居安思危，常怀能力不足的忧虑，在新挑战中磨砺新本领，于变局中开新局，不断推进党的执政能力建设这个常做常新的历史课题，才是共产党人与时俱进的政治本色，才能实现党和国家在时代变革中的接续发展。

四、结语

中国共产党生于忧患，成长于忧患，壮大于忧患。凝望中国共产党筚路蓝缕的百年征程，无论是在面临生死抉择和重大挑战的关键时刻，还是把握发展机遇和前进方向的历史节点，忧患意识始终贯穿在党的全部理论与实践中。虽然忧患的具体内容会因世情、国情而有所变化，但其居安思危、慎终如始、自我革命的精神特点始终一脉相承。复兴路长，逐梦路艰，在中国共产党领导人民迈向民族复兴的新征程中，忧患意识依然是中国共产党永葆生机活力、立于不败之地的重要源泉。只有常怀忧患之心才能化解前进道路上的各种风险，推动党和国家事业行稳致远。

参考文献

[1] 毛泽东. 毛泽东选集：第3卷 [M]. 北京：人民出版社，1993：948.

[2] 毛泽东. 毛泽东书信选集 [M]. 北京：人民出版社，1983：230.

[3] 毛泽东. 毛泽东选集：第4卷 [M]. 北京：人民出版社，1991：1438-1439.

[4] 邓小平. 邓小平文选：第2卷 [M]. 北京：人民出版社，1994：403.

[5] 黄炎培. 八十年来 [M]. 北京：文史资料出版社，1982：148-149.

[6] 习近平. 决胜全面建成小康社会 夺取新时代中国特色社会主义伟大胜利：在中国共产党第十九次全国代表大会上的报告 [M]. 北京：人民出版社，2017：67.

① 毛泽东. 毛泽东文集：第6卷 [M]. 北京：人民出版社，1999：396.

[7] 金冲及，中共中央文献研究室. 毛泽东传（1893—1949）[M]. 北京：中央文献出版社，1996：917.
[8] 毛泽东. 毛泽东选集：第4卷 [M]. 北京：人民出版社，1991：1439.
[9] 毛泽东. 毛泽东文集：第6卷 [M]. 北京：人民出版社，1999：396.

（编辑：曲成举）

逻辑·意蕴·路径：中国共产党人初心与使命的三维向度

余舒雅

【摘要】回顾百年大党发展历程，中国共产党“为中国人民谋幸福、为中华民族谋复兴”的初心和使命具有深刻的内涵。从逻辑架构看，党的初心和使命植根于传统民本文化，形塑于马克思主义政党学说，发展于对中国革命探索成果的科学把握；从价值逻辑看，坚守党的初心和使命是中国共产党跳出历史周期律的本质要求、加强使命型政党建设的现实需要。因此，践行初心与使命，需要中国共产党不断完善执政方式，提升执政能力；加强教育机制建设，加强党性修养；健全群众工作制度，坚持人民至上理念；建立政治体检制度，完善党内政治生活制度。

【关键词】初心；使命；路径

【作者简介】余舒雅，女，1998年生，西南财经大学马克思主义学院硕士研究生，主要从事党的建设研究。

以习近平同志为核心的党中央高度重视党员的初心与使命意识，党的十九大正式提出开展“不忘初心、牢记使命”主题教育活动，活动旨在夯实党员思想基础、提升党内治理能力。早在2013年12月26日，习近平总书记指出，“勿忘昨天的苦难辉煌，无愧今天的使命担当，不负明天的伟大梦想”；2019年10月，党的十九届四中全会提出建立“不忘初心、牢记使命”制度，体现了党对百年历程经验的深刻总结，彰显了百年大党的政治自信与崇高的政治信仰。不忘来时路，方知向何行，从逻辑架构、价值意蕴、实践路径三维向度剖析中国共产党的初心与使命，对探寻中国共产党为何永葆活力与朝气这一问题具有重要意义。

一、中国共产党人初心与使命的逻辑架构

（一）植根于民本文化底蕴

博大精深的中华文化中蕴藏的民本思想是习近平总书记关于不忘初心、牢记使命重要论述的理论来源之一。《尚书·五子之歌》中“民惟邦本，本固邦宁”强调了人民的重要性[①]。《论语·颜渊》记载，子贡向孔子询问治理国家之道，孔子回答“足食，足兵，民信之”，若必选其一，在三者权衡下，孔子则认为“人民的信任”尤为重要，

① 王世舜，王翠叶，译注. 尚书［M］. 北京：中华书局，2012：369.

如果老百姓不信任统治者，则国家无存在之根基。孟子则将孔子“养民”思想进一步凝练升华，提出了“民贵君轻”等重要观点，阐明了民对于君的重要性，“保民而王，莫之能御也”“得民心者得天下”。虽然传统的民本思想与君王统治密切相关，其只是作为统治阶级维护社会稳定的一种手段，受限于专制制度，但君主仍将尊民意、得民心作为执政的根基和国家存在与否的重要基础。有鉴于此，“为中国人民谋幸福、为中华民族谋复兴”的初心与使命是在厚植于传统民本文化的过程中形成的，并将其作为文化基因不断发展升华，人民是社会发展的基石同时也是动力之源。中国共产党秉持“立党为公、执政为民”的执政理念，以人民支持作为执政的最大底气，始终坚持以人民为中心，推动党和人民事业不断向深、向实发展。

（二）形塑于马克思主义政党学说

马克思在《1844 年经济学哲学手稿》中深入分析人的本质，体现了对人本身的关照，并在《共产党宣言》中明确指出，“无产阶级的运动是绝大多数人的，是为绝大多数人谋利益的独立的运动”①，表明无产阶级的价值追求是为了人民。1871 年，在共产主义运动中诞生的巴黎公社主张政府应是人民的公仆，其倡导的民主原则鲜明地彰显了无产阶级革命的方向。同时，马克思主义政党坚持人民至上，提出“共产党人不是同其他工人政党相对立的特殊政党。他们没有任何同整个无产阶级的利益不同的利益”②，由此可见，马克思主义政党的人民性特征与中国共产党的初心和使命高度契合。中国共产党成立之初，就明确了建党究竟是为了谁、终极目标是什么，怎样实现终极目标，并将马克思主义政党理论与中国内忧外患的艰难处境相结合，做到人民、民族乃至国家利益的内在统一，将人民性的价值理念转化为执政所应遵循的重要原则，在实践中丰富建党治党理论，以马克思主义科学理论的人民性原则作为不忘初心、牢记使命的价值起点和理念指引，在传承初心中谱写新篇章。

（三）发展于对中国革命探索成果的科学把握

中国共产党始终以马克思主义为指导思想，将马克思关于人类彻底解放的学说与中国现实境遇相结合，将抽象的“初心与使命”具体化、阶段化，在不同的时期制定不同的任务，明确各阶段奋斗目标。党的二大制定了最高纲领，即“组织无产阶级，用阶级斗争的手段，组织劳农专政的政治，铲除私有财产制度，渐次达到一个共产主义社会”③。正如毛泽东所说，“共产党是为民族、为人民谋利益的政党，它本身决无私利可图”④。以此为价值引领，中国共产党始终不忘初心，践行使命与担当，领导群众打土豪、分田地，在困顿逆境中奋勇前进；革命胜利后，面对着重获新生却千疮百孔的新中国，党带领人民加强政治、经济等领域建设，政治制度、经济体系和工业体系的建立，为民族复兴提供了肥沃土壤；在改革开放新时期，党绘制出市场经济的新蓝图，同时思想的不断创新发展为开辟新征程提供了强有力的支持，向“强起来”不断探索；在新时代，党统筹推进社会结构的调整，在追求美好生活的过程中不断创造“中国奇迹”。中国共产党在百年探索的奋斗历程中实现了三大历史性飞跃，逐渐形成了以“长征精神”等为主要内容的百年精神谱系，涌现出无数的先锋模范党员。习近

① 马克思，恩格斯. 共产党宣言［M］. 北京：人民出版社，2018：39.

② 马克思，恩格斯. 马克思恩格斯文集：第 2 卷［M］. 北京：人民出版社，2009：44.

③ 中央档案馆. 中共中央文件选集：第 1 册［M］. 北京：中共中央党校出版社，1989：116.

④ 毛泽东. 毛泽东选集：第 3 卷［M］. 北京：人民出版社，1991：809.

平总书记曾说，“初心不会自然保质保鲜，稍不注意就可能蒙尘褪色，久不滋养就会干涸枯萎，很容易走着走着就忘记了为什么要出发、要到哪里去，很容易走散了、走丢了”①，而“不忘初心、牢记使命”主题教育的开展旨在提醒全国9 000多万党员记住为何出发，激励全体党员保持高昂斗志，迎难而上，坚守初心，将中华民族推进“强起来”的新时代。

二、中国共产党人初心与使命的价值意蕴

（一）目标维度：跳出历史周期律的本质要求

黄炎培在延安考察时与毛泽东谈到历史周期律的问题，黄老认为“历史周期律”即是通览中国历朝历代，早期执政者励精图治，随着环境好转，后继者安于现状，不求发展，腐败盛行，最终无法补救，直至国势衰落，形成“开国→中兴→平稳→衰亡”的历史规律。时隔76年后，关于中国共产党如何在向第二个百年目标进军的背景下跳出历史周期律仍是目前亟待解决的问题，“不忘初心、牢记使命”主题教育的开展是对中国共产党跳出历史周期律的时代回答。

坚守初心与使命为党内自我革命提供了重要遵循。首先，牢记初心与使命有助于抓住党内存在的矛盾，解决主要问题，加强党的建设。习近平总书记明确指出，“做到不忘初心、牢记使命，并不是一件容易的事情，必须要有强烈的自我革命精神”②，在充分认识执政规律的基础上，必须高度警惕党员的腐化堕落，在正视自身的同时加强自我管理能力，在实践中寻找思想上的差距，自律自省，加强理念信念的教育和学习。

其次，坚守初心与使命是从严治党纵向开展的重要保障。目前党员人数不断上升，如何治理党员人数众多的政党是一个极为重要的问题。“办好中国的事，关键在党”，新时代下党内规章制度建设已见成效，守住党的初心和使命有助于构建风清气正的党内生态，推动从严治党向党内各领域、多环节持续推进，建设充满朝气、与时俱进的先进政党，圆满完成“进京赶考”课题。

最后，牢记初心与使命体现党的优良政治传统，提出了加强监督的迫切要求。毛泽东指出，我们党已经探索到了以民主为主要内容的新路径，那就是“让人民来监督政府”。目前党内存在着一些贪污腐败的问题，部分党员无视党章党纪、无视政治纪律，这都要求加强党内外的监督。这必然要“让人民监督政府”，推动监督体系向可操作、科学化发展，让党内“透明化”，受到人民群众的有效监督，避免权力异化，让政府取信于民，同时扩大人民民主，群众以自下而上的方式有序且广泛地参与政治生活，实现政府运行与人民监督的深度融合。

（二）主体维度：加强使命型政党建设的现实需要

马克思主义从诞生之初就将人民放在重要位置上，提出人民是社会历史发展主体的历史唯物主义学说，主张全人类的解放、人自由且全面的发展。基于此，中国共产党作为马克思主义政党，坚定不移地将人民群众的发展放在显著地位上③。

党的历代领导人格外重视人民问题。毛泽东阐明了人民与党的关系，指出人民对

---

① 习近平．在“不忘初心、牢记使命”主题教育总结大会上的讲话［N］．人民日报，2020-01-09（2）．

② 习近平．全党必须始终不忘初心、牢记使命，在新时代把党的自我革命推向深入［N］．人民日报，2019-06-26．

③ 麻磊．改革开放以来中国共产党化解重大挑战与风险的经验研究［D］．济南：山东师范大学，2018．

于党的根本意义，党员要明确任务和权利，在工作和生活中落实人民观；邓小平在认识到社会主义总趋势的背景下，充分发扬民主，重视群众幸福感、满意度，为建设社会主义提供了重要思想指导；江泽民鲜明指出中国共产党的先锋队属性，要坚持群众路线，将人民观具体落实在“全面建设小康社会的战略”中，保证人民群众的根本利益；胡锦涛则进一步强调深入基层的重要性，提出“三种公平”助力和谐社会建设，为人民办实事、改善人民生活水平；习近平主张在调研的基础上加强党群关系，并将人民发展上升为治国理政的价值引领，指出始终牢记初心与使命是得到群众拥护的关键因素。

而当下执政环境的复杂化使党面临着脱离群众的危险，长期的执政地位使部分党员养成了惰性，高高在上，在情感上远离群众，使得党与人民群众的缝隙逐渐拉大，矛盾增多，使党与人民的关系发生错位。近年来，党的重要会议中多次提及“人民”相关内容，明确了党的初心与使命的核心价值取向，使得中国共产党回到了使命党的特质，践行与人民的精神契约，将以人民至上作为价值宗旨，有效加强了党的思想引领，建立了与人民有效互动的新模式，为使命党建设及其蓬勃发展增添了民主的砝码。

三、中国共产党人初心与使命的现实进路

（一）完善执政方式，提升执政能力

1. 坚持科学、民主、依法执政相统一

党内自身发展和外部环境的不确定性变化要求中国共产党要顺应时势，不断优化党的执政方式，为党初心与使命的落实提供坚实的组织保障。一方面，我国目前正经历着最为深刻的社会变革，面对纷繁复杂的局势，中国共产党只有做到科学、民主、依法执政三者结合，才能不断寻求新突破，永葆革命本色。在新时代，党的任务非常艰巨、面临的矛盾非常尖锐，而初心与使命中“二为”涵盖的范围广泛，实现使命过程漫长。有鉴于此，首先，党必须在实践中把握历史发展规律，深入了解中国实际情况，进而有助于研究党自身的执政规律，做到科学执政；其次，中国共产党作为执政党，是中国发展的主心骨，这就决定了党必须要民主执政，充分听取民意，以党内民主的方式唤醒人民民主，为党的初心与使命凝神聚力；最后，为实现党的初心与使命，必然需要有相关系列的法律条规作为支撑，其涵盖内容之多，必然要求党深化对执政规律的认识，加强自身法治化建设，妥善处理党与民主党派等关系，增强党执政的规范性、自身治理的有效性。

2. 推动执政方式向现代化发展

信息化技术的迅猛发展和我国治理体系现代化的不断推进对党的执政方式提出了更高的要求，启示党内要实现执政方式的现代化。首先，充分运用科学技术的有益成果是提升工作效率的强有力手段。现阶段，在各级党组织进行组织决策时，应充分发挥科技作用，统筹谋划以提升决策的可预见性。同时，将民主化管理与我国特有的集中力量办大事的政治优势相结合，构建专业化的党建工作体系建设，提升各项工作效率。其次，推动执政能力的现代化。党员干部的执行力是党执政能力的集中表现，因此，要构建高素质的党员干部队伍，例如科技工作者或管理专家。在提升科技素养的同时加强对干部的教育和培训，为党组织打造坚强的人才队伍。总而言之，执政方式向现代化方向发展是必然趋势，要通过科技化手段对加强党的建设的新途径探索，以

实现党的执政方式不断完善。

（二）完善教育机制建设，加强党员党性修养

1. 开展警示教育活动

党员的举止行为不仅仅代表其自身，更是向外界展示了执政党的形象。近年来，人民大众从党内反腐的力度和成效中深刻体会到了党的初心和使命，因而党和政府的公信力得以提升。同时，反腐或廉政事迹也为开展一系列警示教育活动提供了鲜活的素材。例如组织党员干部观看反腐专题纪录片，以告诫自身牢牢守住政治底线，吸取教训以避免踏上不归路；开展廉政教育，聆听相关事迹汇报，从中获取精神养分。通过开展正反两方面的警示教育，以加强党员的思想建设，从思想源头加强党员意识形态建设，使其时刻牢记初心和使命，铭记党和人民的嘱托。

2. 不断加强理论教育

中国共产党作为学习型政党，必须要不断加强理论学习，以扎实的理论功底作为支撑，明晰时代需求。首先，要加强马克思主义的基本立场、观点和方法的学习，以习近平新时代中国特色社会主义思想为思想主线。纵观共产主义运动史、苏共亡党亡国史，究其根本是党内意识形态受到腐蚀，导致思想混乱，偏离了正确的治国方向，最终酿成苦果。践行初心与使命要求深入学习习近平新时代中国特色社会主义思想，掌握其精神基点和内核要义，并作为检验工作有效性的隐性标准和重要遵循，保证该制度沿着正确的轨道扎根落实，并在实践的过程中深入党员教育中，推动理论学习往实处发展，增强党员凝聚力和政治自觉，用初心引领广大党员，增强实现共产主义的信心、信念和信仰，建设有能力、有责任、敢担当的先锋党。其次，要在深入实践的基础上让马克思主义的科学理论贴合当下中国现实情况，让政治话语在社会实践中汲取养分，为理论创造提供实践依据。同时，以正确旗帜为引领，以初心和使命为思想红线，使全体党员在投身实践中涵养党性，做到知行统一。纵观党的百年发展史，党的成长壮大不仅仅来源于对实践的探索，更是体现在对马克思理论的相关学习中，通过学习马克思主义中国化最新理论成果将现实与理论相对照，在实践中检验理论成果。

（三）健全群众工作制度，坚持人民至上理念

1. 完善群众利益表达机制

目前我国的社会主要矛盾集中在“发展”与“需求”二者间，人民群众对美好生活的追求与向往是推动社会向更高台阶迈进的动力因素。当前，我国党群工作仍面临着诸多问题，影响群众工作的顺利开展，其中最为明显的是群众利益表达机制仍有漏洞。我国正处于利益多元化的时代，新社会阶层的出现要求对现有的群众利益表达机制进行再发展。完善利益表达机制，最关键的是创新和畅通相关利益表达渠道。首先，实现群众与干部的双向互动以实现信息对等，党员干部和政府应真正从实际调研中了解转型期不同阶层的需求，以举行座谈会等方式听取群众的核心利益需求并加以整合，最终形成能反映民意的相关制度并最终得到有效落实。其次，要充分发挥党员的先锋模范作用构建组织网络。各地基层党组织要充分发挥阵地作用，扩大利益表达平台，充分调动各类群体的积极性，以最大限度地覆盖各个群体，通过规范且有效的途径实现群众的利益需求，实现上通下达的良好效果，体现广泛的民意。

2. 推动党群关系融合发展

中国共产党的初心与使命要求必须树立人民主体意识，推动其有效转化为实践效

能的关键途径是要实现与群众的深度融合，将人民大众纳入党的话语语境中。“为人民谋幸福”并不是空喊的口号，要落实在党的各项工作中，以此提升人民对党的认同度。当前互联网所独具的智能化等特点要求各级党组织要逐渐转变工作方法，充分发挥“互联网+”效应，提升群众工作的效率，运用“两微一抖”（微信、微博、抖音）平台进行信息发布、政务公开，便于群众实时掌握相关动态。党也要善于利用互联网实时掌握民意，在制定决策的同时征求各方意见和建议，并在决策后建立反馈机制，实现党和群众的有效沟通，使得党群关系的良好发展成为新常态。

（四）建立政治体检制度，完善党内政治生活

1. 完善党员监督机制

目前，中国共产党正处于百年历史的交汇点，党内是否能够长期形成良好的政治风气是关系党是否能够实现长期执政的关键因素。建立政治体检制度是保持党员初心与使命的重要路径，通过考察、检验等方式锻造纯洁的党员队伍。中国共产党作为唯一的执政党，党员的权利必须要受到监督，运用自身约束与外部制度监督来防止权利“异化”，为政治体检提供有效依据。首先，加强法规制度建设。所谓“政治体检”不仅仅体现在政治生活层面，更体现在思想建设层面，“体检”是否合格需要以强有力的法律法规作为标准，将其作为审视党员言行举止的准绳，通过硬性化、规范化的制度约束党员行为，提升监督机制的效度和信度。其次，建立健全考核评价机制，实现对党员的有效监督，做到批评与自我批评相统一。一方面，党员在生活与工作中需时刻思考是否做到了“吾日三省吾身”，通过发现自我存在的不足并加以改进从而实现个人的进步；另一方面，要运用好“批评”的武器，广泛接受人民群众的监督，并对所发现的问题及时整改，确保“体检”的有效性。

2. 加强党内政治生活建设

党的初心与使命的落实需要以党内政治生活的良好发展的态势为重要前提。目前党内政治生活要顺应时代要求不断进行创新与发展，但诸多党组织政治生活形式上仍偏于陈旧，内容上偏于传统，使得党员干部凝聚力弱化、政治意识淡薄等情况不时出现。为解决此种情况，应在立足于党的建设总目标的基础上将时代问卷融入党内政治生活中，以正确思想指导工作，将初心与使命厚植于伟大的实践中；同时，以调动党员的主动性来形成良好的政治生态，永葆党的生机与活力。将创新党内政治生活方式作为关键一环，贴合时代需求，鼓励各级党组织利用当地特有的红色文化元素，采用多样化的方式增强组织生活的活力，坚持以党章作为根本遵循，严格执行相关规章制度，推动政治生活高质量开展，发挥党员的主体性，为党员铭记初心与使命提供坚实的政治保障。

参考文献

[1] 龙念. 朱子学研究：2008 年卷 [M]. 合肥：安徽大学出版社，2008.
[2] 马克思，恩格斯. 共产党宣言 [M]. 北京：人民出版社，1949.
[3] 马克思，恩格斯. 马克思恩格斯文集：第 2 卷 [M]. 北京：人民出版社，2009.
[4] 李蓉. 中共二大轶事 [M]. 北京：人民出版社，2015.
[5] 毛泽东. 毛泽东选集：第 3 卷 [M]. 北京：人民出版社，1991.

[6] 习近平. 在“不忘初心、牢记使命”主题教育总结大会上的讲话 [N]. 人民日报, 2020-01-09 (2).

[7] 习近平. 全党必须始终不忘初心、牢记使命, 在新时代把党的自我革命推向深入 [N]. 人民日报, 2019-06-26.

[8] 麻磊. 改革开放以来中国共产党化解重大挑战与风险的经验研究 [D]. 济南: 山东师范大学, 2018.

(编辑：曲成举)

历史·价值·实践：中国共产党榜样教育的三重逻辑

张若瑾　施银花

【摘要】选树先进典型，进行榜样教育，是中国共产党开展思想政治教育工作的优良传统，已经形成了较为完备的逻辑体系。从历史逻辑来看，中国共产党榜样教育大体上可划分为新民主主义革命时期、社会主义革命和建设时期、社会主义建设新时期、党的十八大召开以来新时代四个阶段。从价值逻辑来看，国内树标杆、国际展风采，彰显了中国共产党榜样教育的时代价值。从实践逻辑来看，中国共产党需要从循原则、重宣传、强实践三个层面，探寻榜样教育的精度、拓展榜样教育的广度、发掘榜样教育的深度。

【关键词】中国共产党；榜样教育；三重逻辑

【作者简介】张若瑾，女，1998年生，西南财经大学马克思主义学院硕士研究生，主要从事学校思想政治教育研究；施银花，女，1997年生，西南财经大学马克思主义学院硕士研究生，主要从事学校思想政治教育研究。

近些年，习近平总书记多次强调榜样的重要性，如“伟大时代呼唤伟大精神，崇高事业需要榜样引领”① 等。中国特色社会主义建设正行进在“十四五”规划的新征程中，中国共产党榜样教育作为先进的意识形态教育，有助于指引全国人民为实现中华民族伟大复兴攻坚克难、奋勇前进。在中国共产党百年华诞之际，本文以“榜样教育”为切入点，从历史、价值、实践三重逻辑对中国共产党榜样教育进行探究。

一、历史逻辑：中国共产党榜样教育的脉络梳理

根据我国不同历史时期社会发展的时间线索，可将榜样教育划分为新民主主义革命时期、社会主义革命和建设时期、社会主义建设新时期、党的十八大以来新时代四个阶段。

（一）新民主主义革命时期（1921—1949年）：以革命性为主的英雄式教育

1921—1949年，是中国共产党带领中国人民进行革命斗争，推翻帝国主义、封建主义和官僚资本主义“三座大山”，实现民族独立和解放的历史时期。此时的榜样文化

① 习近平．习近平谈治国理政：第1卷［M］．北京：外文出版社，2018：159.

建设，呈现出以“投身革命、追求解放”为主题的革命英雄主义价值观教育①。在党成立之初，榜样教育还处于萌芽阶段，主要是采取纪念活动的形式，树立马克思主义经典作家的榜样形象，增强群众对马克思主义的了解。在这一过程中，涌现出不少领导工农运动的先进典型，如“农民运动大王”彭湃、“工人运动领袖”邓中夏等。之后随着土地革命、抗日战争、解放战争的爆发，榜样教育也在不断推进，如“民族英雄”赵一曼、“模范军人”左权等。这一时期从组织工农运动到农村革命根据地的开辟，从战斗英雄到劳动模范，实现了革命性榜样文化的社会化，充分发挥了榜样的示范引领作用，推动着革命的发展。

（二）社会主义革命和建设时期（1950—1978 年）：以政治性为主的奉献式教育

1950—1978 年改革开放前，巩固新生的人民政权、恢复和发展国民经济是这一时期的主要任务。此时的榜样文化建设，呈现出以“政治动员、发展生产”为主题的集体主义价值观教育。如抗美援朝战场上的黄继光、邱少云等烈士，以不惧个人牺牲、赤诚为国奉献的精神，指引着更多热血男儿为祖国的边疆安全而奋斗终生；还有雷锋、焦裕禄、王进喜等一大批投身社会主义改造和建设事业，无私奉献的道德榜样，引领了社会主义道德新风尚。

（三）社会主义建设新时期（1979—2012 年）：以多元化为主的复合式教育

1979 年，中国进入了改革开放的新时期，此时整体的榜样文化建设逐步转型为以“坚定理想，投身建设”为特征的新时期价值观。其中包括攻破世界数学难题“哥德巴赫猜想”的陈景润、以历史性的五连冠书写“顽强拼搏”精神的中国女排、“文体标兵”刘翔、“青年楷模”张海迪、民间英雄丛飞等，涵盖了党政干部、工人、学者、文体标兵、自由职业者等多元身份和职业。他们积极投身社会主义现代化建设事业，用行动书写着勇往直前、无私奉献的精神，充分激发了国人的自信和干劲，尤其是激励着青少年发愤图强，使“拼搏进取”成为响亮的时代口号。此外，榜样文化建设的运行机制更加规范化，宣传形式和手段也更加多样化。

（四）党的十八大召开以来新时代（2013 年至今）：以科学性为主的系统式教育

党的十八大召开以来，党和国家的各项事业发生了历史性变革，取得了历史性成就，中国特色社会主义进入了新时代。这一时期，整体的榜样文化建设逐渐呈现出系统化、科学化的特征。党和国家积极选树先进典型，并将榜样教育继续作为凝聚社会共识、助力实现中国梦的重要精神力量。其中包括为全球粮食安全做出巨大贡献的“杂交水稻之父”袁隆平；将爱国情、报国志融入国计民生主战场的科技人才黄大年等。从他们的身上，既能看见信仰信念，也能看见人格风骨，更能看见为中国梦不懈奋斗的至诚大爱。此时榜样评选的内容形式灵活多样，表彰趋向常态化，选树榜样的方法也更加规范化，相关制度建设日益完善。

综上所述，我国榜样教育的发展历程与中国共产党的发展历程基本一致，虽迂回曲折，但总体趋势是前进上升的。无论是新民主主义革命时期的战斗英雄，还是新中国成立后的劳动模范，抑或是改革开放后的改革先锋，或是新时代各个行业涌现出的道德楷模，都顺应了时代发展的趋势，为党各个时期中心工作的完成发挥了重要的精神引领力和行动感召力，为未来的社会主义建设提供了宝贵经验。

---

① 李蕊．中国共产党榜样教育的历史考察与现实思考［J］．河南社会科学，2017，25（7）：41.

二、价值逻辑：中国共产党榜样教育的时代意蕴

人无精神则不立，国无精神则不强。中国共产党作为中国特色社会主义事业的领导核心，在世界百年未有之大变局加速演进的情况下，为了实现中华民族的伟大复兴，必须加强榜样教育，凝聚中国力量，筑牢实现中国梦的精神根基。具体来看，中国共产党开展榜样教育，其时代价值具有国内、国际的双重意义：国内树标杆，凝聚实现中国梦的强大力量；国际展风采，塑造良好的国家形象。

（一）国内树标杆，凝聚实现中国梦的强大力量

中国共产党的榜样教育为人们提供了思想引领。榜样教育的内容始终是社会主流价值观念和思想意识的反映，也是中国精神的生动体现。新时代无数优秀的中华儿女用脚踏实地的拼搏、不达目标不罢休的坚韧、勇扛责任的担当、敢于创新的勇气引领着新的社会风尚，感染并影响着无数中国人朝着民族伟大复兴的方向奋斗。无论是编织“禾下乘凉梦”的“杂交水稻之父”袁隆平，还是用知识改变贫困山区女孩命运的张桂梅，抑或是秉承医者仁心、救人无数的钟南山，他们的突出贡献推动着历史的年轮滚滚向前。这些榜样总是以朴素的人格魅力、精深的知识智慧提供强大的思想引领力，潜移默化地给予中国人民强大的精神感染力和心理感召力，在增强民族自信心和自豪感的同时，凝聚实现中国梦的强大精神力量①。

新时代中国共产党的榜样教育为人们提供了行为示范。随着改革开放的深入推进，社会上难免会出现一些不良思潮和行为，这时就需要发挥榜样的行为引领作用，以强化社会主义核心价值观的主流地位。榜样的力量是巨大的，是我们衡量自身的一把“尺子”。在日常生活实践中，个体可以通过对比榜样的模范行为，来反省自身行为的合理性，进而做出调整。榜样教育通过宣传正面的人物形象和先进事迹，在潜移默化中引导受众看榜样、学榜样、做榜样，不断向榜样看齐。泱泱华夏，大国之邦。现如今，在实现中国梦的道路上，张宏、杜云、达娃仓决、汪勇、张西京等新时代榜样，以孜孜以求、无私奉献、大胆创新的精神，在平凡的工作岗位上做出了不平凡的成绩，凸显了新时代追梦人的爱国豪情与报国志向，为我们提供了强大的行动示范力。

无论是思想层面还是行动层面，新时代的榜样教育总是以榜样所彰显出的优秀品质激励中国人民团结奋进，凝聚起了实现中华民族伟大复兴的磅礴力量，使得中国梦在社会主义新时代熠熠生辉，产生了强大的震撼力、影响力和感染力。

（二）国际展风采，塑造良好的国家形象

榜样教育有助于展现“爱和平、负责任”的大国风采。多年来，中国始终坚持独立自主的和平外交政策，为与全世界同发展、共进步，提出了“一带一路”建设倡议、建设“人类命运共同体”等一系列中国方案，致力于做世界和平的建设者、全球发展的贡献者、国际秩序的维护者。作为联合国安理会常任理事国，我国是派遣维和人员规模最大的国家，彰显了“爱和平、负责任”的大国风范。2020 年，当新冠肺炎疫情席卷全球，仍处疫情困境的中国政府挺身而出，为他国捐助医疗物资、派遣医疗队伍、分享抗疫经验，为全世界的防疫工作做出了极大的贡献。我国的国际维和部队、医疗

① 赵李叶. 历史、现实与价值：新时代中国共产党榜样教育的三重逻辑［J］. 南京理工大学学报（社会科学版），2021，34（1）：42-43.

援助队伍，就是我国榜样文化“走出去”的形象代言人。正是中国共产党的榜样教育，激发了中华儿女勇当时代新人、勇担时代使命的豪情壮志。他们在世界舞台上，用实际行动诠释了新时代我国榜样人物的风采，向世界展示了一个负责任的大国形象，不断提升着我国在世界民族之林中的影响力。

中国共产党的榜样教育，有利于增强文化自信。当今社会仍然存在意识形态和不同文明之间的冲突与对抗，特别是一些西方国家企图扶持在华反动势力，污蔑我国社会主义建设的伟大成就，抹黑共和国历史上的榜样英雄，西化、分化、丑化中国的言论甚嚣尘上，对我国的文化自信构成了挑战。新时代中国共产党榜样教育，通过引导中国人民正视历史事实，正视历经革命、建设、改革仍焕发出生机与活力的榜样文化，体悟榜样教育所蕴藏的浓厚文化底蕴和鲜明的文化底色，有利于坚定文化自信。我们需要坚持以时代最强音传递好中国声音、讲述好中国故事，向世界客观地呈现一个动态、立体、全面的中国形象。

三、实践逻辑：中国共产党榜样教育的现实指向

客观来讲，在目前情况下，由于自身模式的局限性，导致榜样教育面临着形象选树机制不完善、宣传方式单一化、榜样教育收效欠佳等困境。要提升榜样教育的实效性，必须从循原则、重宣传、强实践着手，探寻榜样教育的精度、拓展榜样教育的广度、发掘榜样教育的深度。

（一）循原则，探寻榜样教育的精度

舟循川则游速，人顺路则不迷。榜样教育作为中国共产党凝聚国内人心、展现国际风采的重要方式，为优化教育效果，需遵循党性原则、时代性原则、多元性原则。

其一，党性原则。党性是一个政党所固有的本性，是区别于其他政党的标志。纵观马克思主义政党的发展历史，一个政党如果具有坚强的党性，其就会增进民生福祉、促进社会进步、推动国家富强①。习近平亦指出：“党性是党员干部立身、立业、立言、立德的基石。”② 因此，中国共产党在开展榜样教育时必须坚持党性原则，选取的榜样需坚定“四个意识”、做到“两个维护”、增强“四个自信”，自觉抵制“中国威胁论”“政府无用论”等错误思潮，成为党倡导民众、引领风尚的旗帜。

其二，时代性原则。榜样是时代的产物，中国共产党开展榜样教育时，要选树和宣传符合社会发展和时代要求的榜样形象。如 21 世纪以来，“排雷英雄”杜富国、“全国脱贫攻坚楷模”黄文秀、“马班邮路”忠诚信使王顺友等，以坚定的信念、崇高的信仰成为中国共产党倡导学习的榜样。当然，榜样并非随意创造的，需要注重真实客观性。因此，由于不同的时代具有不同的国情，社会主流价值观也会随之改变，新时期中国共产党开展榜样教育需遵循时代性原则，选取真实的具有时代意义的典型，以达到与时俱进的效果。

其三，多元性原则。榜样的力量是无穷的，为了使榜样教育更具有普适性，中国共产党需要考虑劳动者、青年学生、党政干部等不同阶层、不同群体的教育需求，遵

① 曹泳鑫，卢汉. 论中国共产党对马克思主义政党党性的守正创新［J］. 毛泽东邓小平理论研究，2020（3）：42.

② 中共中央宣传部. 习近平总书记系列重要讲话读本［M］. 北京：学习出版社、人民出版社，2016：114.

循多元性原则，尽可能避免榜样人物类型单一化，丰富榜样人物的类型，如坚持“创新创造、孜孜以求、精益求精”理念的工匠、坚守“全心全意为人民服务”宗旨的干部、保卫祖国和人民安全的战士等。唯有如此，各行各业的受教育者才能找到适合自己学习的典范，并将其作为自身砥砺前行的力量。

（二）重宣传，拓展榜样教育的广度

中国共产党榜样教育功能的发挥和实现，需要重视宣传的作用。榜样教育所蕴含的丰富价值，只有在宣传中才能被人感知、认同和接受。在新的社会历史条件下，加强榜样文化宣传，需从内容建构、话语创新、手段变革等方面着手，以推动榜样教育的实施和榜样文化的建设，增强宣传的实效性。

其一，重视内容建构，充实榜样教育的人物形象。内容建设是榜样教育获取实效的重要基石，只有优质的内容才能持续吸引和获取受众的注意，引起受众的共鸣，进而达到榜样教育功能的实现。第一，榜样宣传要注重与时代同行，要选树和宣传符合社会发展和时代要求的榜样形象，积极利用大数据、人工智能等新媒体技术增强内容宣传的生动性。第二，榜样宣传的内容要注重与时俱进，应紧密联系实际，积极回应和解决现实问题。第三，榜样宣传要注重内容的丰富性，在坚持社会主义核心价值观指引的前提下，积极选树不同类型的榜样形象，以满足不同群体多层次多方面的精神需要。

其二，坚持话语创新，强化榜样教育的表达效果。话语表达是榜样教育获取实效的重要环节。在内容建构的基础上，第一，坚持官方的权威话语与民间的通俗话语协同驱动。通过理论宣传、价值解构等官方权威性的话语，宣传要对民众进行理性的价值观引导，辅之以通俗易懂、平易近人的民间沟通话语，对民众进行感性的价值观塑造。第二，坚持集体性话语与个体性话语双重并进。积极顺应全媒体时代宣传工作的发展态势，在榜样形象的宣传中，既要强调以集体性话语表达突出主流价值观教育，也要注重以个体性话语阐述彰显榜样不同的人格魅力。第三，坚持政治叙事与生活叙事协同推进。榜样教育宣传，既要注重以政治方式歌颂国家富强、民族复兴、人民幸福，也要强调以身边典型、生活小事宣传榜样事迹，弘扬榜样精神。

其三，坚持手段创新，丰富榜样教育的宣传形式。手段的运用对榜样教育功能的发挥起着重要作用。榜样宣传在重视内容建构、话语表达的同时，更要大胆进行手段创新，不断丰富榜样教育的宣传形式，增强宣传效果。第一，创新性运用传统手段。我们党在百年实践中，探索出的传统榜样宣传方式，包括集体组织的先进事迹报告会、座谈会，公布榜样日记、将相关事迹编入教材，等等。随着社会发展形势的日新月异和全媒体时代的推动，必须要更新传统的宣传手段，打破单向的灌输模式，注重探索受众广泛参与的新模式，加强榜样人物、媒体与受众之间的互动，增强宣传的效果。第二，开发和运用新手段。随着当前信息技术的发展，手机、电脑、数字移动电视等，成为人们获取信息的主要来源。这为榜样教育的宣传工作提供了新的契机，要积极把握新媒体的阅读特点，设置醒目且有吸引力的宣传标语；把握新媒体的自主传播优势，及时更新榜样的相关报道；把握多媒体的广泛传播优势，营造学习榜样人物的宣传声势。第三，综合运用多种传播手段。充分利用当代网络新媒体发展所创造出的个性化、易表达的新型传播手段，弥补报纸、电视等传统媒体单向式传播的劣势。积极运用群众活动、文学艺术等隐性传播手段，与宣讲报告、通讯评论等传统显性传播手段相补充。

（三）强实践，发掘榜样教育的深度

榜样教育是引导受教育者学习榜样事迹、认同榜样文化、践行榜样行为的过程，也是受教育者认知、情感和行为逐步深化的过程，其最终目的就是要引导受众进行积极健康的道德行为实践。因此，提升榜样教育的实效应围绕认知、情感、实践三个方面展开。

其一，认知体验。认知体验是情感共鸣和身体力行的前提和基础，因此首先要解决好“学习谁、学什么”的问题。通过多种形式的宣传教育，让受教育者首先了解榜样的先进事迹，体悟榜样的高尚品质。一要注重挖掘先进榜样人物的事迹，打造具象化（形象化）的榜样形象。在中小学的课程教材体系建设中，要注重吸收先进人物的具体案例素材，着力改变榜样人物选取中脱离学生实际、榜样事迹描述简单抽象、榜样人物案例陈旧、缺乏时代性等不足，突出榜样在何时何地何种情况下做出的何种行为选择，塑造具体可学的榜样形象，将课本上的榜样文化变“鲜活”，改变以往大而空的榜样角色。二要注重挖掘榜样人物所承载的精神文化，强化榜样学习的深度。榜样教育所蕴含的优秀文化特质，是中华优秀传统文化的重要组成部分。深入学习榜样行为背后表现出的道德文化，为个体的道德实践提供精神力量，将课本上的榜样文化变“深入”，改变先进人物事迹停留在表面的不足。

其二，情感共鸣。情感共鸣是认知体验向行为实践转化的催化剂。在宣传榜样事迹的同时，一要注重关心受众的情感体验和道德思维，积极回应受众的兴趣偏好和利益诉求，使受众“愿学”榜样事迹。二要注重挖掘榜样身上与受众的承受力、理解力、行动力相匹配的道德品质，寻求受众意愿的最大公约数，使榜样事迹和品质“可学”。三要引导受众产生情感上的共鸣，在潜移默化中让受众敞开心扉，真正形成对榜样的敬佩感、信服感，进而“学到”榜样事迹和文化，将榜样身上的优秀品质和良好道德、行为习惯内化为自身的价值取向和行为准则，以达到知情交融、以情促知。

其三，身体力行。榜样教育的目的和最终归宿就是引导受教育者形成良好的道德及行为习惯。在认知体验和情感共鸣的基础上，要善于为受教育者搭建榜样教育的多种实践基地和平台，使他们能够有较多的机会践行榜样的精神，进行直接的行为体验。一要丰富实践活动形式。通过开展走进基层、课题调研、志愿服务、劳动实践等活动，丰富榜样践行的活动形式。这不仅可以帮助人民群众在实践中增长才干，也能为基层社会提供源源不断的人力支撑。二要拓宽榜样实践的内容。实现榜样人物与平常百姓的有效互动，不能仅仅局限于通过理论说教让榜样精神走进群众生活，还应当积极创立榜样教育实践基地，或者借助 VR（虚拟现实）技术手段形成场景模拟，让人民群众有较多机会深入榜样人物的日常生活和工作中，形成直接的情感体验和行为选择。三要设置基层榜样示范岗。以竞选上岗的方式，择优选出不同职业和岗位的先进人物，并给予一定的物质和精神奖励，为各个行业树立模范和带头人，努力在社会中形成“人人学榜样，人人皆可为榜样”的良好氛围。

四、结语

实现中华民族伟大复兴是一项庞大的工程，需要夯实物质基础和强化精神力量。党的百年征程中涌现出的众多榜样人物，总是以高尚的品质和行为为榜样教育注入活力，为时代的发展贡献力量。新时代榜样教育要接续优秀基因的力量，指引中国人民以时不我待的精神状态和昂扬向上的奋斗姿态，共筑中国梦。

参考文献

[1] 习近平. 习近平谈治国理政：第1卷 [M]. 北京：外文出版社，2018.

[2] 李蕊. 中国共产党榜样教育的历史考察与现实思考 [J]. 河南社会科学，2017，25（7）.

[3] 赵李叶. 历史、现实与价值：新时代中国共产党榜样教育的三重逻辑 [J]. 南京理工大学学报（社会科学版），2021，34（1）.

[4] 曹泳鑫，卢汉. 论中国共产党对马克思主义政党党性的守正创新 [J]. 毛泽东邓小平理论研究，2020（3）.

[5] 中共中央宣传部. 习近平总书记系列重要讲话读本 [M]. 北京：学习出版社、人民出版社，2016.

[6] 庞申伟，柳礼泉. 改革开放40年中国共产党榜样文化建构的回顾与省思 [J]. 思想教育研究，2019（1）.

（编辑：苏正道）

马克思平等观视域下当代中国贫富差距问题浅析

杨敏

【摘要】平等观是马克思主义的重要内容，追求平等是社会主义制度的本质要求。目前，我国正处于社会主义初级阶段和经济转型的特殊时期，由于自然、历史、经济体制、政策导向等原因导致的贫富差距问题比较突出，具体表现在城乡差距、区域差距以及行业差距等方面。因此，在探究马克思平等思想的基础上，把平等的理论问题落脚到我国现实的贫富差距问题上，用马克思的平等思想分析我国目前的贫富差距问题，洞悉马克思的平等观对当下中国缩小贫富差距的启示，具有重要的理论意义和现实意义。

【关键词】马克思；平等观；中国贫富差距

【作者简介】杨敏，女，1998 年生，西南财经大学马克思主义学院硕士研究生，主要从事马克思主义中国化研究。

平等是人类自认识到不平等问题以来就一直渴望得到并努力追寻的价值取向，人类追求平等的活动在历史长河中一直不断进行，随着人类社会生产力及人类文明的发展，平等的程度正在逐渐上升，然而，人类社会迄今为止还从未达到过真正平等的状态。启蒙思想家们让人们知道了“人人生而平等”，人们也更加深刻地认识到了“法律面前人人平等”，“平等”这种思想和价值观念被人们广泛认可，深入人心，然而，“法律面前人人平等”这样的规定还是不能真正地使人平等。我们渴望平等，但我们身边的不平等现象依然层出不穷，种族、阶级、宗教、机会、性别等的不平等仍然是不可忽视的社会问题，值得我们深入关注。马克思和恩格斯也正是由于特别关注了工人阶级的生活现状和社会的巨大贫富差距才能写出《资本论》这样的巨著。马克思早年著作《关于林木盗窃法的辩论》等是对社会不平等现象的抨击，那么中后期的著作《资本论》《哥达纲领批判》等则是对社会不平等现象背后本质的挖掘。

本文尝试运用马克思的平等思想来分析目前中国社会所面临的社会贫富差距问题，将理论充分运用到实处。当代中国的不平等问题最直接的表现是在经济层面上的巨大差距，体现为人们在物质层面和经济领域的不平等。这种不平等既可以说是其他方面的不平等所造成的结果，也可以说是造成其他诸多不平等的重要原因。比如，经济上的差距既可以说是就业、教育、机会等不平问题所造成的结果，也可以说是经济上的差距进一步导致了就业、教育、机会等方面的不平等。因此，本文旨在立足马克思的平等思想去分析中国贫富差距这种不平等现象以及造成贫富差距的原因，进一步分析缩小中国贫富差距的必要性，以期能为遏制贫富差距进一步拉大提供一些对策。

一、马克思平等观的主要内容

马克思并没有专门针对“平等”这一范畴做专门的研究，他没有对他的平等思想做一个概括性的总结和梳理，但这并不代表马克思不关注平等问题。通过梳理马克思的相关著作，我们可以发现马克思恰恰特别关注社会的不平等现象，具有丰富而深刻的平等思想。马克思的平等思想主要内容如下：

（一）平等是一个具体的历史的范畴

“平等”这一概念往往是与特定的具体的历史条件相结合的，它是具体的而不是抽象的。在不同性质的社会，或者在同一性质社会的不同阶段，由于具体的社会背景不同、社会的生产力与生产关系的不同而产生不同的不平等问题。因此，平等的内涵也是随着社会的具体发展而变化的，它是一个与时俱进、因时而变、因势而变的范畴。同时，平等的实现也是一个渐进的过程，一个具体的平等问题可能会关涉或包含多个平等问题，其中包含的社会关系非常复杂。因此，不同时代的平等问题都是具体而复杂的，追求平等应根据每个时代的具体发展情况而定，脱离社会具体发展情况提出的平等要求只能是天方夜谭。在社会物质生产尚不发达、社会物质条件很差的情况下，平等只能提出较低层次的要求。

（二）平等的实现与生产力的发展密切相关

在马克思之前的平等都是基于一种抽象的人来谈，这种基于抽象意义的人来谈的平等只是一种形式上的平等，不是真正的平等，并没有实际意义。马克思认为这种平等观是虚假的，是极为不合理的，他对这种平等观进行了猛烈的批判。马克思对平等问题的考察以及对不平等问题的解决方案都是基于现实人的，从现实的人出发使马克思摆脱了之前哲学家们谈论平等的那些空洞理论。另外，马克思在批判资本主义平等观的基础之上，将平等观提升到了生产力和生产关系的高度。马克思认为平等是人与人之间的关系问题，也就是一种社会关系，而社会关系包含在生产关系中，生产关系会随着生产力的发展而发展。在社会生产较为落后的阶段，社会的不平等具有它的合理性，要解决社会的平等问题，关键点在于发展社会生产力。譬如在封建社会，社会生产力非常落后，因此社会所生产出的产品并不能够满足所有人的需求。在这种物质资源较为匮乏的时候，必然导致人与人之间进行资源的争夺，在物质利益的争夺过程中必然会导致不平等的现象和关系发生。另外，由于生产关系具有一定独立性，所以，适时适当地调整生产关系也有助于促进社会平等。

（三）平等的实现路径是实现共产主义

前面说到马克思认为资本主义的平等观是虚假的，是形式上的平等，马克思尖锐地批判了这种平等观。马克思的理论通常是批判和建构同时进行的，因此马克思在批判这种虚假的、形式化的平等观的同时，在带领无产阶级进行革命的基础之上提出了一种真实的平等观。相对于在理论上阐述平等而言，马克思更倾向于在现实的斗争中去实现平等，他关注的是在现实世界中如何实现最大的平等。马克思认为不平等源于私有制的确立，私有制确立后对生产资料的不同占有程度则会导致实际上的不平等。平等又可以分为政治上的平等和经济上的平等，马克思认为经济上的平等主要是“各尽所能，按需分配”，政治上的平等则是“每个人自由而全面的发展”。马克思在《共产党宣言》中对未来社会的发展方向做了科学的预测：“代替那存在着阶级和阶级对立的资产阶级旧社会的，将是这样一个联合体，在那里，每个人的自由发展是一切人的自由发展的条件。”① 因此，只有到了共产主义社会，生产力极度提高，物质财富极大丰富，每个人都实现自由而全面的发展后，才能实现真正的平等。

（四）平等不等于绝对的等同或者平均

我们常常误认为平等就是绝对的等同或者平均，但是平等是不是就是绝对的等同或者平均呢？其实并不是。平等和绝对的等同或平均绝对不是同一个意思，这也是马克思的平等观。譬如，法国政论家蒲鲁东认为平等要求平等的工资，马克思则批判这种观点并认为平等的工资看似实现了平等，但是这种平等只是表面上的平等，它并没有使人从异化劳动中解放出来。绝对的平等是不存在的，平等只是一种相对合理的、相对公平的关系。

二、当代中国贫富差距的现状及不平等问题的体现

（一）当代中国贫富差距的现状

国际上对贫富差距的判定有不止一种方法，其中，基尼系数②是国际上最为认可的测量贫富差距的工具。基尼系数如果低于 0. 2 表示收入的绝对平均；基尼系数在 0. 2~0. 3 表示比较平均；基尼系数在 0. 3~0. 4 表示中等的不平等程度；基尼系数在 0. 4~0. 5 表示收入的差距较大；基尼系数超过 0. 5 则表示收入差距悬殊。因此，国际上通常以基尼系数 0. 4 作为贫富差距的警戒线。图 1 是中国 2001—2019 年基尼系数。

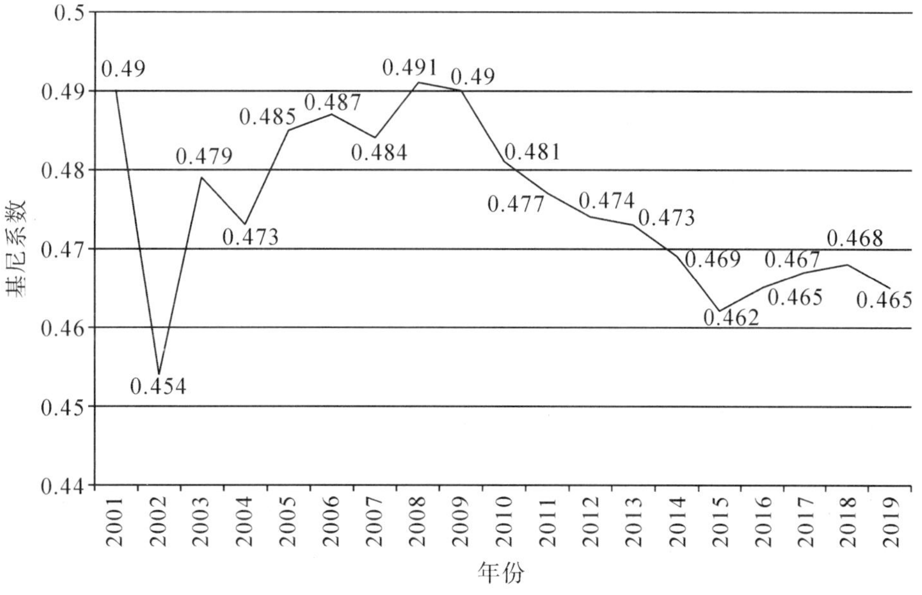

图 1　中国 2001—2019 年基尼系数

数据来源：查询历年《中国住户调查统计年鉴》所得。网址：http://www.stats.gov.cn/tjsj/ndsj/.

① 马克思，恩格斯. 马克思恩格斯文集：第 2 卷［M］. 北京：人民出版社，2009：53.

② 基尼系数：意大利经济学家基尼 1922 年在洛伦兹曲线的基础上，提出了评判收入分配平等程度的指标，是国际上通用的衡量一个国家和地区居民收入差距的常用指标。

从图 1 数据可知，2001—2019 年，我国基尼系数一度快要接近 0.5 这个数值。根据参考标准，我们不难看出近些年来中国的贫富差距较大，几乎接近贫富悬殊的地步。近年来，我国的基尼系数有减小的趋势，精准扶贫、西部大开发等战略和政策的实施取得了很大的成就，对促进社会平等起到了一定的积极作用。但是总体来看，我国目前的贫富差距依然较大，具体表现在城乡收入差距、行业收入差距以及区域间的贫富差距等方面。要缩小我国居民贫富差距，增强社会平等，还有很大一段距离。

（二）当代中国贫富差距背景下的不平等问题

1. 贫富差距较大本身就是不平等问题

我国法律明确规定人人都是平等的，有相同的权利和义务。然而事实的发展和法律规定总会有一定的差距，我国人与人之间、行业与行业之间、区域与区域之间还存在着较大的贫富差距。这种较大的贫富差距本身就是一种极为突出的不平等问题，这种不平等问题体现为财富和收入的不平等，是不同地区、不同行业的人在物质基础和生活条件上的不平等。贫富差距这个不平等问题似乎只表现在经济层面，实则不然。

2. 贫富差距问题会引起其他不平等问题

贫富差距最直接地表现在经济层面，然而人们的社会生活涉及方方面面，人们社会生活的各个维度都是密不可分的，经济维度只是人们社会生活的最基本维度。经济维度对人们的社会生活有很大的影响，甚至在特定条件下，经济维度能直接决定人们的其他社会生活。因此，贫富差距这种经济上的不平等不仅仅只表现在经济层面，而且会直接或者间接地造成其他方面诸多的不平等问题，尤其是在受教育、机会获得、社会资源享有、社会地位等方面。对于一个具体的人而言，自身的经济条件与他的发展境遇、社会处境息息相关，也与他能否享有一些平等的权利密切相关。

（三）当代中国贫富差距较大的原因

贫富差距是一种不平等的现象，这种不平等问题自私有制被确立以来就一直存在。特别是在改革开放后，我国的贫富差距进一步拉大。在这种不平等现象后面又产生了诸多不平等问题。要想解决这一经济层面的不平等问题，缓解经济不平等背景下的其他不平等问题，需根据中国具体国情进一步探讨造成中国贫富差距的原因。

1. 自然因素

地理位置和自然资源在很大程度上影响着本地区的经济发展情况，也自然会影响当地居民的收入高低。从古至今，我国的东、中、西部就因地理位置、自然资源等原因呈现出发展不平衡的状况。东、中部地区气候温和、地势平坦、土壤肥沃、自然灾害发生频率较小，同时交通也较为便利，这为当地经济发展提供了优良的条件，特别是东部沿海地区有着更加优越的自然条件去发展经济。而西部虽自然资源较为丰富，但是地处内陆，交通设施相对于东、中部来说发展不足，资源开发率较低，这也在很大程度上导致了西部地区经济发展缓慢。

2. 生产力因素

马克思认为生产力的发展是实现平等的终极动力，平等在一个社会一定时期的最大化程度，在根本上是由生产力和生产关系决定的。我国现阶段贫富差距和社会存在的一些不平等问题的根本原因就在于生产力的发展水平还不够高。实行改革开放后，我国经济实现了飞速发展，社会财富以极快的速度增加。随着经济的快速发展，社会面貌日新月异，我国的主要矛盾也悄然转变。我国的生产力虽然得到了极大的发展，但是我国却仍然处于并将长期处于社会主义初级阶段。我国现阶段的生产力虽然已经算不上落后，但是离实现共产主义还有很长的路，在这相当长的时期内，我国存在贫富差距这种不平等问题是不可避免的。我们只有在实践中，在生产力不断发展的过程中慢慢缩小贫富差距，向更高水平的平等迈进。

3. 经济体制因素

我国实行的是社会主义市场经济体制，如果政府不加强宏观调控，那么市场竞争一方面会带来优胜劣汰，另一方面资源和财富就会逐渐向少数人聚集，贫富差距拉开不可避免。这种贫富差距一旦拉开，就会以马太效应的方式发展，穷者越来越穷，富者越来越富。

在经济制度方面，社会保障制度不完善也是我国贫富差距较大的又一重要原因。社会保障制度是促进社会平等发展的重要调节器，一个社会的良性运作离不开社会保障的支持。然而，尽管我国现在的社会保障制度在不断完善可是还是较为落后，主要体现在城市居民和农村居民的保障程度高低差别显著，不同性质单位的社会保障也差别显著等问题。

4. 政策导向因素

改革开放初期的经济发展战略是：渐进改革、区域倾斜、梯次开放。这种政策上的倾斜在很大程度上直接拉开了东、中、西部的贫富差距。有一些人受惠于这些政策，通过自身的诚实劳动和苦心经营确实先富起来了。这样的经济政策确实在改革开放初期发展了我国的市场经济，对社会和经济的发展起到了不可估量的积极作用，但是“效率优先，兼顾公平”这样的举措有一定的时代局限性，不利于社会的公平和平等的发展。

新中国成立后，为加快经济发展，优先发展城市，我国在计划经济体制框架下逐渐形成城乡二元经济结构。这种经济结构导致了城乡分割，它将我国人口分为两类：城市人口和农村人口。在20世纪，拥有城市户籍是很多农村人梦寐以求的事情。因为城市的基础设施、日常生活用品的供应、就业机会、受教育的机会以及社会福利等都远远好于农村，这也在客观上导致城市的收入和福利远远高于农村，导致了城市人和农村人之间的贫富差距。

除了以上这些主要因素之外，还有其他的历史、社会制度等因素的影响，这些因素相互作用，共同发力，导致了人与人之间的发展起点就不平等，这是一种无法跨越的差距。

三、缩小当代中国贫富差距的必要性

（一）促进社会平等建设的内在逻辑

平等是人们矢志不渝追求的价值理念，也是社会主义核心价值观中不可或缺的重要内容。平等不是绝对的平均，因此，社会存在一定的贫富差距是一种合理现象，或者说社会存在一定的贫富差距本身正是平等的一种体现。在经济上，有些人付出了更多的劳动，付出了更多的努力，理应得到更多的回报。如果社会不分个人的付出多少而对收入一概而论搞平均，反而造成了不平等。一个社会的贫富差距需要被控制在一定的度内。在当代中国，贫富差距这种不平等的问题已经不是单纯地充分发挥个人主观能动性就能解决的了，较大的贫富差距背后必然会导致社会不稳定因素增多。因此，缩小我国贫富差距是构建社会主义和谐社会，大力推进社会平等建设的内在逻辑。在缩小贫富差距的过程中，无疑会对社会主义和谐社会的建设起到积极的促进作用，同时社会主义和谐社会的建立又会反过来促进社会平等的建设。

（二）为中国人民谋幸福的必要举措

贫富差距这种社会不平等问题不仅事关社会平等建设，事关社会主义和谐社会的建设，更加重要的是事关中国人民的民生幸福问题。习近平总书记指出，民生是最大的政治。民生事关人民生活的方方面面，其中最大的一面则是经济，换句话说就是人民的收入问题。人民的收入稳定关系到人民其他方面的幸福，因为经济是民生的基础。在社会资源和社会财富一定的情况下，我们要将社会财富、社会资源这块蛋糕分好以保证人民幸福，不能搞平均主义但是也不能差距过大，保障人民都能享受国家的发展成果，实现共同富裕。

（三）增强社会活力，防止阶层固化的必然要求

劳动群众普遍相信“知识改变命运”，但近年来“二代”“拼爹”现象以及“寒门再难出贵子”等社会话题受到广泛热议，“读书无用论”“知识无用论”“农村读书出来的大学生大都混得不好”等言论也有一定的市场，这从一个侧面反映出中国社会的阶层流动性、社会活力正在慢慢减弱，社会阶层固化趋势日益明显。社会流动受阻，阶层继承性增强，优势阶层人群运用市场排斥机制进行优势阶层再生产，而没有社会资源和背景的人难以依靠自己的力量实现阶层的跨越，这已成为严峻的社会问题①。穷人越来越穷，富人越来越富，这无疑会形成一种恶性循环。如果在某一时期内社会阶层向上流动的机会大于向下流动的机会，说明社会在进步；反之，则说明社会在倒退②。社会的进步绝不是大部分的努力换来一小部分人的幸福，而是大部分人的努力换来大部分人的幸福，因此要缩小贫富差距，促进社会平等建设，创造更多的机会使穷人能有更多机会向上走，创造更多跨越阶层的途径。这是增强社会活力，促进社会进步，防止阶层固化的必然要求。

四、马克思平等观对缩小当代中国贫富差距的启示

（一）正视中国的贫富差距问题

我国现在仍处在社会主义初级阶段，发展的不平衡不充分导致存在贫富差距问题属于正常的现象，但如果贫富差距过大，会影响社会公平甚至导致阶层固化。马克思的平等观认为平等不是绝对的平均，这是绝大部分人都认可的一个观点，因此，并没有人去追求绝对的平均。我国是一个人民当家做主的国家，在合理的范围内，人民去追求相对合理的财富分配是非常合理的。但是在现实中，人民运用自己的权利获得财富分配的相对公平还是较为无力和被动。我们需要正视目前中国社会存在的贫富差距问题，找到问题的症结。另外，贫富差距问题带来的不仅是经济问题，更是关系到经济问题背后的政治问题、社会问题、民生问题，关系到社会的发展和民生建设的方方

① 赵红霞，王乐美. 促进还是抑制：高等教育对社会阶层流动的影响：基于 CGSS 混合截面数据的实证分析［J］. 高教探索，2020（9）：5-11.

② 赵红霞，王乐美. 促进还是抑制：高等教育对社会阶层流动的影响：基于 CGSS 混合截面数据的实证分析［J］. 高教探索，2020（9）：5-11.

面面。当贫富差距变成严重的社会不平等问题出现在人民和政府面前时，我们只有去正视它，去挖掘其背后的深层次原因，去寻找促进社会公平、缩小贫富差距的举措，才能一步步地解决问题。马克思的平等观是从现实的人出发的，从辩证唯物主义的角度来看，物质决定意识，意识又对物质具有能动的反作用。贫富差距是当今社会存在的一个现实问题，是人民在经济层面存在的一个严重的不平等问题。除了各类统计数据，人们在现实生活中的切身感受是最有力的证据。因此，应该将更多关注点放在如何解决不平等问题的方法上，而不是将关注点集中在当代中国是否存在贫富差距过大的不平等问题上。

（二）解放和发展生产力，夯实社会主义平等的物质基础

生产力的发展是解决平等问题的关键，平等也是随着社会生产力的发展而发展的。当下我国已经是世界上第二大经济体，生产力发展迅速，但是我国现在还处于社会主义初级阶段，对于共产主义社会来说，我国生产力的发展还远远不够。马克思认为未来社会平等的实现是需要高度发达的生产力和物质资料极大丰富作为条件支撑的，在这样的现实条件下，人们可以实现按需分配；而在劳动力方面，则需要劳动者这一主体的能力得到全面发展，以至于每个人都能得到自由的发展而不受物的束缚。马克思所处的时代，或者是我们当下所处的这个时代，这两个条件都是不具备的。因此，我们需要继续大力发展生产力，充分清除阻碍生产力发展的各种因素，这是使社会更加平等的必要条件。市场经济在中国实行了40余年，取得的成就举世瞩目。但是，我国的市场经济发展还不成熟，还存在着很多问题。因此，接下来需要在继续深化市场经济体制改革的基础上大力发展生产力。

（三）保障和改善民生，让人们平等享有发展成果

马克思认为要促进社会的平等，建立完善的社会保障制度是一个重要的方面。因此，保障和改善民生，建立健全社会保障制度是促进社会平等发展、缩小社会贫富差距的必要举措。当前，我国仍然处于中高速发展阶段。改革开放前期，我们更加注重效率，在一定程度上造成了当今的贫富差距。而今，我们应在注重效率的同时更加注重公平，更加注重人民群众的幸福感和获得感，把改善人民群众的生活作为出发点和落脚点。除了在政策上扶持相对贫穷的人，缩小贫富差距外，马克思的物质与意识相互作用的观点给予我们启示：当代中国的不平等问题是一个事实问题，要促进平等必须让人民认识到现在的不平等问题，不仅是穷人要认识到当今的贫富差距，富人更应该认识到贫富差距问题，并主动帮助穷人，实现共同富裕，实现平等。改革开放之初，总设计师邓小平曾提出“让一部分人先富起来，先富带动后富”，因此，现如今先富们必须正视自己身上的责任，帮助困难群众改善他们的生活，缩小社会贫富差距。

（四）深化收入分配制度改革，完善社会主义分配制度

改革收入分配制度是一个非常复杂的难题，这不仅是我们中国所要面对的难题，更是世界性的难题，或者说是人类历史上的难题。为了促进平等建设，马克思认为在共产主义的第一阶段要实行“按劳分配”的分配方式，每个人按照自己的具体劳动获得相应报酬。但是在马克思看来，这种看似平等的分配方式其实也是不平等的。“按劳分配”虽然破除了阶级特权，但是“按劳分配”承认了先天的原因导致的禀赋差异，因此，这种看似平等的分配，在根源上就是不平等的，相应的也就造成了分配事实上的

不平等。因此，马克思说："权力就不应当是平等的，而应当是不平等的。"① "按劳分配" 表征的是事实上的不平等，但是 "按劳分配" 相对于资本主义 "雇佣劳动制" 已经是很大的进步。资本主义 "雇佣劳动制" 意味着一个阶级对另外一个阶级的压迫和剥削，而 "按劳分配" 意味着阶级特权的破除，意味着剥削现象不复存在。"按劳分配" 是一种进步的分配方式，也是我国处于社会主义初级阶段唯一可能的分配方式，因此，未来需要深化改革 "按劳分配" 的方式，尽可能实现相对的平等。

（五）大力促进教育公平，促进教育资源均等化

马克思在《共产党宣言》中指出，在刚刚建立的新社会要 "对所有儿童实行公共的和免费的教育，取消现在这种形式的儿童工厂劳动"②，其实质就是要在新社会促进教育平等。一个人成年后的收入水平在一定程度上与他的受教育程度正相关，因此，缩小贫富差距，促进教育平等问题不容忽视。在当代中国，经过几十年的发展，我国早已普及九年制义务教育，但是教育的资源分布还是不均衡，教育资源东西部、城乡差异显著。因此，我们要继续加大对教育的财政投入力度，特别是要扶持西部地区、农村地区的教育。要继续坚持教育资源配置向偏远地区、相对贫困和落后的地区倾斜的政策，争取使人人都获得相对平等的教育机会，促进社会平等建设。

参考文献

[1] 吝常青. 马克思主义平等思想研究：兼析中国贫富差距问题 [D]. 上海：东华大学，2014.

[2] 王辉. "一带一路" 助力区域协调发展 [J]. 中国经济报告，2015 (5).

[3] 黄秋香. 马克思平等观及其对当代中国的重要价值研究 [D]. 重庆：西南大学，2017.

[4] 吕世荣，孙炳炎. 马克思恩格斯的平等思想及其当代意义 [J]. 学习与探索，2016 (9).

[5] 般欣欣. 论马克思平等思想及其当代意义 [D]. 北京：中国政法大学，2014.

[6] 胡贤鑫. "经济学批判" 中的平等理论：马克思经济学视域中的平等观 [J]. 马克思主义研究，2006 (6).

[7] 李孟杰. 现代性视域下的马克思平等观及其当代价值 [D]. 乌鲁木齐：新疆大学，2017.

[8] 陈一壮，谢新. 资本主义社会的 "形式上平等、实质上不平等" 问题论析：兼比较马克思和罗尔斯的平等观 [J]. 河北学刊，2011 (4).

（编辑：罗杰）

① 马克思. 哥达纲领批判 [M]. 北京：人民出版社，2018：16.

② 马克思，恩格斯. 马克思恩格斯文集：第 2 卷 [M]. 北京：人民出版社，2009：53.

依规治党视域下优化农村基层党内政治生态探索

邝永霞

【摘要】农村基层党组织是乡村治理和乡村振兴工作的领导核心。风清气正的农村基层党内政治生态是实现乡村治理现代化和乡村振兴的基础。党的十八大召开以来，伴随着全面从严治党向基层延伸，依规治党作为全面从严治党的有力抓手，在加强农村基层党组织建设、优化农村基层党内政治生态等方面发挥了重要作用。全面从严治党永远在路上，依规治党尚有诸多问题亟待解决，加之农村基层党内政治生态尚未彻底转变，因此仍需在全面从严治党大背景下通过依规治党不断优化农村基层党内政治生态。

【关键词】依规治党；农村基层党组织；党内政治生态

【作者简介】邝永霞，女，1997年生，西南财经大学马克思主义学院硕士研究生，主要从事党的建设研究。

党的十八大召开以来，依规治党作为全面从严治党的有力抓手，在各级党组织加强自我管理与自我约束过程中发挥了重要作用。从中国共产党纵向组织结构看，农村基层党组织是党在农村地区的领导核心和坚强战斗堡垒，是执行党的路线方针政策和贯彻党的决策部署的神经末梢，在农村地区发挥着总揽全局、协调各方的作用。“做好各方面工作，必须有一个良好的政治生态。”① 农村基层党内政治生态是农村党员干部作风、党组织党风等多种因素的综合反映，其好坏与否直接影响党的凝聚力、领导力、组织力在农村地区作用的发挥。基于此，在依规治党大环境下优化农村党内政治生态，是巩固党在农村执政根基和领导地位的根本保障。

一、依规治党视域下优化农村基层党内政治生态的重大意义

当前，农村基层党组织在发挥领导核心作用时面临极其复杂的新情况。一方面，我国正处于社会转型关键阶段，不平衡不充分发展导致的社会分化体现在农村社会的方方面面，农村利益格局不断调整，利益主体多元化，利益诉求多样化，如何在改变既定利益分配方式过程中保证农村社会和谐稳定发展，对农村基层党组织而言是一项重大考验；另一方面，农村作为社会治理现代化的薄弱环节，如何有效推进脱贫攻坚

① 本报记者. 习近平参加十二届全国人大三次会议吉林代表团审议［N］. 人民日报，2015-03-10（1）.

同乡村振兴统筹衔接，推动农村社会不断实现治理体系和治理能力现代化，是农村基层党组织必须直面的难题。因此，只有依规治党，优化农村基层党内政治生态，才能不断增强农村基层党组织本领和能力，应对各种新困难和新挑战。

（一）依规治党是提升党的建设科学化水平的现实需要

通过依规治党提升党的建设科学化水平，这既是中国共产党革命、建设、改革百年奋斗史的宝贵经验和优良传统，也是新时代面临世情国情党情深刻变化，中国共产党践行“打铁必须自身硬”的管党治党理念，实现党长期稳定执政和国家长治久安的重要保证。中国共产党成立之初就深刻把握党内法规制度的重要性，党的二大正式讨论通过《中国共产党章程》，对党的组织纪律、制度规范等做了明确阐释，这为中国共产党不断壮大组织体系，增强党的凝聚力、领导力、组织力奠定了坚实基础。党的十八大召开以来，各级党内法规制定主体基于党的建设现实需求，陆续制定、修改和废止了一大批党内法规。截至 2021 年 7 月 1 日，全党现行有效党内法规 3 615 部，其中党章 1 部，准则 3 部，条例 43 部，规定 850 部，办法 2 034 部，规则 75 部，细则 609 部，这一比较完善的党内法规体系为保证全党团结统一、行动一致提供了基础性制度支撑①。党的建设不能“毕其功于一役”，面对不断出现的新情况、新问题，只有坚持依规治党才能提升党的建设科学化水平。

（二）优化农村基层党内政治生态的必要性

农村基层党组织肩负着党全面领导农村地区各项事务的重任，推动依规治党深入基层，优化农村基层党内政治生态，提高农村基层党组织建设质量，事关新时代乡村振兴战略稳步推进和党在农村地区的领导地位。农村基层党组织数量多，覆盖范围广。截至 2021 年 6 月 5 日，党的基层组织总数为 486. 4 万个，3. 0 万个乡镇，49. 2 万个行政村均建立了党组织②。农村基层党组织最直接、广泛地联系广大人民群众，在贯彻执行党的方针政策和上级决策安排过程中也收集、反馈人民群众的切身感受和宝贵建议。在团结带领人民群众共治共建共享美好生活过程中，农村基层党组织的先进性和纯洁性、党员领导干部的能力与素质和先锋模范作用直接接受广大人民群众审视和检阅。但根据《全国纪检监察机关监督检查审查调查数据半年报》披露的相关情况来看，2021 年上半年全国纪检监察机关共处分 26. 5 万人，处分农村、企业等其他人员 17. 2 万人，占处分总人数的 64. 9%③。这一方面说明全面从严治党深入基层取得了重大成果，另一方面也反映了发生在群众身边的违法违纪问题还比较严重，因此优化农村基层党内政治生态是十分必要且紧迫的。

（三）依规治党与优化农村基层党内政治生态的关系

依规治党与优化农村基层党内政治生态相辅相成，共同作用于党的建设伟大实践。一方面，依规治党是农村基层党内政治生态好坏与否的重要衡量标准，其中农村党员干部法规意识、党内法规执行力、执行结果反馈等是衡量指标，只有将依规治党作为判断农村基层党内政治生态的标准，才能增强农村基层党组织科学化、制度化建设水平；另一方面，优化农村基层党内政治生态为依规治党提供实践导向，依规治党的基

① 中共中央办公厅法规局. 中国共产党党内法规体系（二零二一年七月）［N］. 人民日报，2021-08-04（1）.

② 中共中央组织部. 中国共产党在百年伟大历程中不断发展壮大［N］. 人民日报，2021-07-01（1）.

③ 中央纪委 国家监委通报 2021 年上半年全国纪检监察机关监督检查审查调查情况［N］. 中国纪检监察报，2021-07-16（1）.

础是完善的党内法规体系，落脚点是管党治党有效推进，依规治党是为了优化党内政治生态，提升党组织的凝聚力、领导力、组织力。二者统一于党加强自身建设的始终，不能将其割裂开来。没有依规治党，优化农村基层党内政治生态将无从谈起；不以优化农村基层党内政治生态为目的，依规治党也将失去意义。

二、依规治党视域下优化农村基层党内政治生态面临的困难与挑战

近年来，依规治党在深入基层过程中取得了举世瞩目的成就，这一战略举措明显改善了农村基层党内政治生态。但一方面"'制度问题更带有根本性、全局性、稳定性和长期性'，加之制度治党的重点和主干是依规治党，所以只有通过依规治党才能为全面从严治党提供根本保障"①，另一方面农村基层党组织建设仍有诸多亟待破解的难题，这些问题影响着农村基层党内政治生态优化。因此，有必要分析依规治党视域下优化农村基层党内政治生态面临的困难与挑战。

（一）适用于农村基层党组织建设的党内法规不协调

推动农村基层党组织依规治党，首先要有规可依。当前涉及农村基层党组织建设的党内法规已经初具规模，但主要问题在于程序性法规与实体性法规配套不完善、不协调。"党内法规制定工作要以新修订的《中国共产党党内法规制定条例》为遵循，使党的领导和党的建设各方面法规制度相协调，下位法规制度同上位法规制度相衔接，实体性、程序性、保障性法规制度相配套。"② 简单地说，实体性法规指明"做什么"，程序性法规强调"怎么做"。2012 年以来，为加强农村基层党组织建设，提升农村基层党组织战斗堡垒作用，一系列针对农村基层党组织建设的党内法规陆续出台，其中多为实体性法规，如新修订的《中国共产党农村基层组织工作条例》、新出台的《中国共产党农村工作条例》。而地方党内法规制定主体在制定配套的党内法规时，多使用模糊性词汇，如"一般情况下"。这种模糊性表达容易导致农村基层党组织在执行党内法规时把握不好"度"，从而造成"有规难依"的困境。

（二）村党组织书记能力、素质有待提升

2018 年以来，中央陆续出台的党内法规和规范性文件强调村党组织书记"一肩挑"制度，即"村党组织书记应当通过法定程序担任村民委员会主任和村级集体经济组织、合作经济组织负责人"③。如此重任更应选拔能力强、素质高的人承担，但就现实情况来看，村党组织书记能力、素质有待提升。为了缓解基层民主实践中村支书和村主任之间的矛盾，适应乡村振兴和乡村治理的需要，加强党对农村各项工作的全面领导，以往的村"两委"负责人"一肩挑"被赋予了新的时代内涵，由村主任和村支书一人兼任转变为村党组织书记通过法定程序兼任其他职务。实行村党组织书记"一肩挑"，最基本的是村党组织书记言行要合法合规。但在广大农村特别是偏远地区、民族地区的农村，由于村党组织书记往往文化水平不高、能力不强，法治意识较为欠缺，

---

① 任志江，曲玲玲. 新时代依规治党的内涵、特征与路径研究［J］. 理论视野，2021（3）：80-85.

② 中共中央政治局召开会议，决定召开十九届四中全会，审议《中国共产党党内法规制定条例》《中国共产党党内法规和规范性文件备案审查规定》《中国共产党党内法规执行责任制规定（试行）》。中共中央总书记习近平主持会议［N］. 人民日报，2019-08-31（1）.

③ 中共中央. 中国共产党农村基层组织工作条例［EB/OL］. https://www.12371.cn/2019/01/11/ARTI1547162185106193.shtml.

部分村党组织书记对党内法规理解不到位甚至出现偏差，加之出于个人利益考虑，在法规制度执行过程中容易选择性执行、打折扣执行等，导致党内法规执行在基层出现“部分失效”。此外，根据中央纪委、国家监委公布的数据，仍然存在一些农村干部贪污腐败、违法违规现象。

（三）农村党员先锋模范作用发挥不充分

农村基层党组织要领导乡村治理实现自治法治德治融合、构建良好党内政治生态，关键在于农村党员发挥先锋模范作用。“现在农村有 3 500 万名党员，超过全国党员总数的三分之一，是我们党在农村的基本队伍。”① 农村党员人数众多，与农村人民群众联系紧密。农村人民群众直接通过身边党员的言行、作风来评判整个党组织是否代表人民的利益以及党内政治生态是否健康，但部分农村党员先锋模范作用发挥不充分，甚至有的农村党员违法违纪的言行、作风损害了党组织形象，扰乱了党内政治生态。一方面，当前农村人才流失严重，农村后备党员严重不足，新党员发展工作开展困难；流动党员人数不断增加，对家乡各项建设工作关注度不够；留守农村的党员多文化素质低、年龄偏大，难以在农村工作中发挥党员先锋模范作用。另一方面，部分农村党员丧失理想信念，违背党的宗旨，在市场经济洪流中迷失自我，价值观受各种“主义”和“观念”冲击，一些农村党员被腐败、落后的价值观念俘获，严重脱离人民群众，甚至违法违纪，损害人民群众的利益，对党组织形象和党内政治生态造成了严重不良影响。

（四）党内外监督有待加强

推进依规治党需要党内监督同党外监督协同发力，基于此，优化农村基层党内政治生态离不开党内外监督，但目前农村基层党内外监督处于虚监和弱监状态。习近平总书记强调：“要健全党和国家监督体系，以党内监督为主导，不断完善权力监督制度和执纪执法体系，各种监督协调贯通，形成常态长效的监督合力。要充分发挥监督在基层治理中的作用，推动监督落地，让群众参与到监督中来。”② 就农村基层党内监督现状而言，自上而下的组织监督缺乏对农村基层党组织、党员和领导干部具体情况的了解，组织监督处于心有余而力不足的乏力状态；同级监督囿于利益关系难以积极行使监督权利，一些党员干部奉行“好人主义”或担心打击报复甚至主动放弃监督权利；自下而上的民主监督处于相对弱势地位，往往陷入不敢监督的境地。就农村基层党外监督现状而言，一方面，农村基层党组织党务公开的内容和范围常受限于村党组织书记个人观念，党外监督无法获取足够的信息，因此难以发挥监督职能；另一方面，村民监督意识薄弱，除非个人利益受损，否则少有积极行使监督权利的村民。此外，村民大会和村务监督委员会对农村基层党组织和党员干部的监督常流于形式，村党组织书记“一肩挑”使党外监督处于更加艰难的境地。

（五）党内法规制度执行反馈和问责机制不健全

党内法规制度执行力是法规制度效力发挥的关键，而党内法规制度执行反馈和问责机制健全程度直接关系到执行力强弱。从农村基层党组织建设角度看，党内法规制

① 全面提高新时代党的农村基层组织建设质量：中央组织部负责人就修订颁布《中国共产党农村基层组织工作条例》答记者问［EB/OL］. http://www.gov.cn/zhengce/2019-01/11/content_5357090.htm.

② 习近平. 充分发挥全面从严治党引领保障作用，确保“十四五”时期目标任务落到实处［N］. 人民日报，2021-01-23（1）.

度执行反馈与问责机制仍不健全。一方面，依据《中国共产党党内法规制定条例》规定党内法规地方制定主体为省、自治区和直辖市党委，涉及农村基层党组织建设的程序性党内法规由上述主体制定。但这些主体与农村基层党组织距离较远，双方缺乏稳定有序的沟通平台，沟通方式也较为单一，因此党内法规制度制定主体与执行主体交流不足，导致党内法规制度执行反馈受阻，从而损害了党内法规制度执行力和效力。另一方面，针对部分农村基层党组织有规不依、执规不严，选择性执行、打折扣执行党内法规制度的情况，地方党内法规制定主体应以《中国共产党问责条例》为基础制定配套的问责实施办法。但就问责实践情况而言，还存在权责不对等，直接责任多、领导责任少；“灭火式”问责多、事件行为和情节本身问责少；以调离、转岗等理由逃避追责等情况，由此可见问责落实不到位、机制不健全。

三、依规治党视域下优化农村基层党内政治生态的实践路向

农村基层党组织要在乡村振兴和乡村治理中发挥总揽全局、协调各方的作用，必须优化农村基层党内政治生态，而依规治党作为全面从严治党的有力抓手，是涵养风清气正的政治生态的关键。

（一）推动程序性法规与实体性法规协调完善

要避免执规不力、执规不严的情况发生，首先要从法规制度供给侧进行协调完善。现阶段关于农村基层党组织建设的实体性党内法规较多，程序性党内法规较少，而程序性党内法规是维护程序公正、保障实体真实的根本，其与实体性党内法规占据同样重要的地位。因此，推动程序性法规与实体性法规协调完善，要始终坚持“于法周延、于事有效”的原则。一方面，要坚持程序性法规与实体性法规平衡发展，即中央出台指导性党内法规后，地方党内法规制定主体要根据实际情况及时制定地方实施办法，保证法规制度相互衔接、系统配套，以防“牛栏关猫”；另一方面，要坚持从实际出发，提升程序性党内法规的针对性和实用性，避免使用模糊性词汇。既要防止“一刀切”，不利于农村基层党组织具体问题具体分析，又要避免农村基层党组织自由裁量权过大，导致党内法规虚置。

（二）多措并举配强农村基层党组织干部队伍

依规治党要抓住领导干部这一“关键少数”。领导干部不仅是依规治党的执行主体和被执行对象，也是营造风清气正的党内政治生态的关键。建设高素质农村基层党组织干部队伍，优化农村基层党内政治生态，首先要选好村党组织书记。新时代推进乡村治理现代化和乡村振兴要贯彻落实村党组织书记“一肩挑”，“村党组织书记‘一肩挑’政策落实的关键在于村党组织书记的人选，选对了人政策就成功了一大半”①。无论是选好村党组织书记还是农村基层党组织其他干部，第一要明确选人用人标准，始终把懂农业、爱农村、爱农民作为基本要求，政治素质作为首要评判标准，文化程度、道德水平等其他方面也是选人用人的重要标准。第二要拓宽用人渠道，为有效解决农村基层党组织干部队伍后备力量不足的问题，可从大学生、机关和企事业单位人员、退休教师、退伍军人等群体中选拔人才进入农村基层党组织。第三要完善农村基层党

① 董江爱，郝丽倩. 新时代实施村党组织书记“一肩挑”的困境及出路［J］. 社会主义研究，2021（2）：123-131.

组织人才保障政策，不仅要提升工资水平和生活待遇，还要健全考核机制，并在此基础上畅通农村基层党组织人才晋升通道。

（三）加强教育培训，提升党员干部能力和素质

实践表明，农村基层党员干部自身能力和素质在很大程度上制约了依规治党向前推进，阻碍了农村基层党内政治生态优化和乡村振兴实践，因此加强教育培训，提升农村基层党员干部能力和素质是必要且紧迫的。从教育培训内容来讲，一方面要借助“三会一课”、主题教育、民主生活会、党员民主评议等活动加强思想政治教育，提升农村基层党员干部思想觉悟和党性修养，牢固树立理想信念；另一方面要开展针对性培训，以查漏补缺的方式针对农村基层党员干部的弱点、缺点进行教育培训，提升农村基层党员干部“实战性”知识和能力。如针对农村常见的法治问题开展普法活动，学习与村民沟通的技巧，了解市场经济规律等。从教育培训形式来讲，现阶段大多数农村基层党员干部教育培训形式陈旧，缺乏吸引力，降低了农村基层党员干部参与教育培训的积极性。因此要创新教育培训形式，以农村基层党员干部喜闻乐见的方式开展教育培训。如可借助现代信息技术模拟实践场景，以身临其境的方式增强培训人员的体验感，还可借助互联网平台，加强各地农村基层党员干部经验交流。

（四）加强信息公开，构建多方联动制约监督体系

“权力导致腐败，绝对的权力导致绝对的腐败。”农村基层党组织之所以屡屡发生贪污腐败、违法违规行为，是因为农村基层党组织和党员干部手握农村治理重权，而且对这个权力还缺乏必要的制约监督机制。农村基层党内外监督之所以处于虚监、弱监状态，除了主体监督意识不足之外，更是因为信息公开工作不到位，阻碍了各主体行使监督职能。因此，加强对农村基层党组织和党员干部权力的制约监督，从其自身而言要做好信息公开，村内各项重大决策要坚决落实“四议两公开”，涉及村内建设发展的重要情况要及时向乡镇党委报告。此外，要构建多方联动的制约监督体系，首先乡镇党委和县巡察机构要加强对农村基层党组织和党员干部的监督，将巡察监督下沉到村并使之常态化。村务监督委员会要主动受理和收集村民有关村务的意见和建议，依法行使监督职权，促进各项村务始终公平公正公开。社会公众和新闻媒体应加强对农村基层党组织和党员干部的监督，发挥社会舆论监督的强大作用，不断压缩农村基层党组织和党员干部的腐败空间。

（五）明确标准，健全党内法规执行反馈和问责机制

党内法规的生命力在于执行，健全党内法规执行反馈和问责机制是提升执行力的制度保障。一方面，党内法规执行反馈机制能评估党内法规是否科学、有效、合理，能及时有效反映党内法规问题之所在，为动态清理党内法规提供实践依据，是提升党内法规执行力至关重要的一环。因此健全党内法规执行反馈机制要求党内法规制定主体及时地、经常性地与农村基层党组织和党员干部沟通交流，科学分析党内法规实践效果，以便修订完善法规制度。另一方面，习近平总书记多次强调“有权必有责、失责必追究”，部分农村基层党组织执规不力、执规不严，正是因为党内法规执行问责机制不健全。建立健全党内法规执行问责机制并非压缩试错空间，而是对故意阻碍依规治党深入推进的行为问责追究。健全党内法规执行问责机制要以《中国共产党问责条例》为基础，以权责对等为基本原则，将问责追究落实到党内法规执行的全过程和全方位。

参考文献

［1］本报记者. 习近平参加十二届全国人大三次会议吉林代表团的审议［N］. 人民日报，2015-3-10（1）.

［2］中共中央办公厅法规局. 中国共产党党内法规体系（二零二一年七月）［N］. 人民日报，2021-08-04（1）.

［3］中共中央组织部. 中国共产党在百年伟大历程中不断发展壮大［N］. 人民日报，2021-07-01（1）.

［4］中央纪委 国家监委通报 2021 年上半年全国纪检监察机关监督检查审查调查情况［N］. 中国纪检监察报，2021-07-16（1）.

［5］任志江，曲玲玲. 新时代依规治党的内涵、特征与路径研究［J］. 理论视野，2021（3）：80-85.

［6］中共中央政治局召开会议，决定召开十九届四中全会审议《中国共产党党内法规制定条例》《中国共产党党内法规和规范性文件备案审查规定》《中国共产党党内法规执行责任制规定（试行）》。中共中央总书记习近平主持会议［N］. 人民日报，2019-08-31（1）.

［7］中共中央. 中国共产党农村基层组织工作条例［EB/OL］. https://www.12371.cn/2019/01/11/ARTI1547162185106193.shtml.

［8］全面提高新时代党的农村基层组织建设质量：中央组织部负责人就修订颁布《中国共产党农村基层组织工作条例》答记者问［EB/OL］. http://www.gov.cn/zhengce/2019-01/11/content_5357090.htm.

［9］习近平. 充分发挥全面从严治党引领保障作用，确保"十四五"时期目标任务落到实处［N］. 人民日报，2021-01-23（1）.

［10］董江爱，郝丽倩. 新时代实施村党组织书记"一肩挑"的困境及出路［J］. 社会主义研究，2021（2）：123-131.

（编辑：罗杰）

马克思主义理论与思想政治教育研究

高校思想政治理论课提质增效的“三用”维度分析

吴玉平

【摘要】高校思想政治理论课（简称“思政课”）的教学质量、教学实效性的提升要从教师队伍这个关键着手。思想政治理论课教师要从用功、用心、用情三个维度不断提升基本素养。用功是思想政治理论课提质增效的理论基础，用心是思想政治理论课提质增效的方法基础，用情是思想政治理论课提质增效的情感基础。这三者之间具有内在的统一性，都是思政课提升教学质量、增强教学实效的有机组成部分。在新时代背景下，推进高校思政课进行改革创新，就要使得这“三用”有机协调、融贯发展、互相促进。

【关键词】高校思想政治理论课；提质增效；用功；用心；用情

【作者简介】吴玉平，男，1978 年生，博士，西南财经大学马克思主义学院副院长，教授，主要从事马克思主义哲学、思想政治教育理论与方法研究。

【基金项目】本文系西南财经大学 2020 年度中央高校教育教学改革专项“新时代研究生思政课建设提质增效的‘三用’维度分析”成果。

当今世界正处于百年未有之大变局，中华民族伟大复兴进入关键期。在这样一个时代背景下，党和国家各项事业面临新机遇、新形势、新挑战。就我国高校的思想政治教育而言，也面临着新任务、新要求。我们非常清楚，我国高校的根本任务是立德树人、培养社会主义的建设者和接班人。习近平总书记在 2019 年 3 月 18 日召开的学校思想政治理论课教师座谈会上发表了重要讲话。他明确指出，思想政治理论课是落实立德树人根本任务的关键课程。教育部党组发表的文章中也明确指出，全新的历史方位和历史任务深刻表明，办好学校思政课，关乎我们党长期执政，关乎国家长治久安和中华民族千秋伟业。要从战略高度和政治高度，充分认识办好新时代学校思政课的必要性和紧迫性。习近平总书记在其讲话中还明确指出，办好思想政治理论课关键在教师，关键在发挥教师的积极性、主动性、创造性，思政课作用不可替代，思政课教师队伍责任重大。习近平总书记的这些重要论述为我们深入认识思想政治理论课教师在高校思想政治教育、在立德树人中的重要地位提供了基本遵循。正如习近平总书记强调的，办好思想政治理论课的关键在教师，教师的素质、素养的高低决定了思想政治理论课的育人效果，进而会影响到立德树人的成效。在笔者看来，高校思想政治理论课的教学质量、教学实效性的改善和提升确实要从教师队伍着手，抓住思想政治理论课教师队伍建设这个关键问题就抓住了思想政治理论课提质增效的“牛鼻子”，就抓住了关键环节。本文在结合“六个要”基本素养的基础上，试图从用功、用心、用情三个维度综合分析如何提升思想政治理论课教师的基本素养，进而为思想政治理论课的提质增效提供有益借鉴。

一、用功：思想政治理论课提质增效的理论基础

习近平总书记在2019年3月18日召开的学校思想政治理论课教师座谈会上讲话指出，推动思想政治理论课改革创新，要不断增强思想政治理论课的思想性、理论性和亲和力、针对性。在笔者看来，习近平总书记的重要论述点出了思想政治理论课的基本特征，即思想政治理论课是具有很强的思想性和理论性的课程。在一段时期中，我们似乎对于这一点的认识有些淡化、模糊了。思想政治理论课作为思想政治教育、立德树人的关键课程，要想发挥其应然的功能和作用，必须要注重思想性和理论性，思想性和理论性是思想政治理论课的基础和核心要义。作为思想政治理论课教师，要教好思政课，首先要具备扎实的理论功底和学识。思政课教师要想讲出思想性、理论性，教师自己首先要学思想学理论、要有思想有理论，而这一基础性的要求在现实中不尽如人意。现实中，从事思政课教学研究工作的教师在理论功底方面可谓参差不齐。笔者在这里特别强调的是，对于高校思政课教师而言，需要综合的知识积累，但最为基本的理论功底应该是马克思主义基本理论。习近平总书记曾经指出：“马克思主义哲学深刻揭示了客观世界特别是人类社会发展一般规律，在当今时代依然有着强大生命力，依然是指导我们共产党人前进的强大思想武器。我们党自成立起就高度重视在思想上建党，其中十分重要的一条就是坚持用马克思主义哲学教育和武装全党。学哲学、用哲学，是我们党的一个好传统。”毛泽东同志曾经说过，马克思主义有几门学问，但基础的东西是马克思主义哲学。可见，马克思主义基本理论特别是马克思主义哲学对中国共产党具有异常重要的意义。思想政治理论课是传播马克思主义理论的主渠道、主阵地，高校思政课教师是承担高等学校思政课教育教学和研究职责的专兼职教师，是高等学校教师队伍中承担开展马克思主义理论教育、用习近平新时代中国特色社会主义思想铸魂育人的中坚力量。作为思想政治理论课的讲授教师，毫无疑问要具备马克思主义基本理论素养才能胜任自己所承担的重任。现实中，我们有些思政课教师主观上平时不注重对马克思主义基本理论的学习，没有较深厚的马克思主义基本理论功底，因而在讲授过程中就不能熟练、有机地应用马克思主义理论的基本立场、观点、方法来分析问题，也就不能有效地引导学生应用马克思主义的基本立场、观点、方法来分析问题、解决问题，这样就会造成思想政治理论课教学效果不佳的后果，也严重影响了思想政治理论课应然功能的发挥。从另一个视角，即从目前思政课教师的客观条件来看，有些教师由于学科背景、理论兴趣等方面的原因，没有进行系统的马克思主义基本理论学习，因而不具有扎实的马克思主义基本理论基础，这就造成了目前高校思政课教师在马克思主义理论基本素养方面存在不平衡现象。在笔者看来，这是必须要引起高度重视的一个基础性问题，不逐步解决这一问题，就难以从根本上克服影响思政课教学质量的理论制约因素。马克思曾经指出：“理论一经掌握群众，就会变成物质力量。理论只要说服人，就能掌握群众；而理论只要彻底，就能说服人。所谓彻底，就是抓住事物的根本。”思政课教师要想说服学生，引导学生真学、真懂、真信、真用

马克思主义理论的基本立场、观点和方法，真正取得马克思主义信仰教育深入人心的良好效果，就必须要具备扎实的马克思主义理论功底。理论武装充实了，思政课教师才能真正做到讲理、说理、用理，进而以理服人，也才能使得学生真正感受到马克思主义的真理魅力，从而不断增加学生对马克思主义的认知度和认同度，最终才能增进学生践行马克思主义的自觉性和主动性。因此，在当下的思想政治理论课教师队伍建设中，需要加强马克思主义理论的学习、培训工作，需要采取多种途径鼓励、引导思想政治理论课教师加大对马克思主义理论的学习力度，从而为讲好思政课奠定坚实的理论基础。

二、用心：思想政治理论课提质增效的方法基础

在目前的思想政治理论课教学中，我们发现，除了理论功底的因素外，教师是否用心教学也是一个影响思政课教学质量和实效的重要因素。笔者在这里说的“用心”意指教师是否认真研究开展了教学研究，包括对教学内容重难点、教学方法、教材体系向教学体系转化、党的创新理论及时“三进”等问题。教学研究是加强思政课建设、不断提升思政课教学实效性的重要方法和有效途径。方法是途径、是道路。毛泽东曾经指出：“我们不但要提出任务，而且要解决完成任务的方法问题。我们的任务是过河，但是没有桥或没有船就不能过。不解决桥或船的问题，过河就是一句空话。不解决方法问题，任务也只是瞎说一顿。”思政课程是落实高校立德树人根本任务的关键课程，承载着历史重任。思政课教师要完成这个重任，就需要认真研究与思政课教学相关的各个要素，特别是研究思政课的教学方法，因为思政课教学研究的核心在于如何真正做到教学内容入脑入心的问题。所谓谋定而后动，认真进行研究，认真解决入脑入心的“桥”和“船”的问题，我们就为讲好思政课提供了有力中介。这个环节没有做好，思政课教学就难以真正取得实效，就很难完成育人任务，甚至会沦为空谈。“思政课教师应当加强教学研究。坚持以思政课教学为核心的科研导向，紧紧围绕马克思主义理论学科内涵开展科研，深入研究思政课教学方法和教学重点难点问题，深入研究坚持和发展中国特色社会主义的重大理论和实践问题。”教育部发布的《新时代高等学校思想政治理论课教师队伍建设规定》中关于思政课教师的基本要求就充分认识到了教学研究的重要性，可谓对症下药。在新时代背景下，思政课教学面临着更加艰巨的改革创新重任。习近平总书记指出：“推动思想政治理论课改革创新，要不断增强思政课的思想性、理论性和亲和力、针对性。要坚持政治性和学理性相统一，坚持价值性和知识性相统一，坚持建设性和批判性相统一，坚持理论性和实践性相统一，坚持统一性和多样性相统一，坚持主导性和主体性相统一，坚持灌输性和启发性相统一，坚持显性教育和隐性教育相统一。”在笔者看来，习近平总书记的重要论述抓住了当下思政课改革创新的核心，为思政课的改革创新指明了方向。仔细分析后我们可以发现，“八个相统一”既有政治价值观考量也有具体教学方法的总结，既有理论性的要求也有实践层面的诉求，既有反思总结也有构建路径，既强调共性也注重个性，可以说，“八个相统一”具有强烈的综合性、整体性、现实性和问题意识，是我们教好思政课的方法论基础，也为如何有针对性地开展思政课教学研究提供了根本遵循。

目前的高校思政课教学研究中，也存在一些值得关注的现象。有些教师在教学中因循守旧，不注重与时俱进学习新的教学理念和教学手段；有些教师仍然是满堂灌输

不注重启发式教学；有些教师不能做到充分调动学生的积极性、主动性；有些教师照本宣科，不能认真研究如何从教材体系转向教学体系；有些教师授课倾向于娱乐化、浅表化，忽略了思想性和理论性，等等，这些现象的存在严重制约了思政课的教学实效性。事实上，“八个相统一”某种程度上就是在总结我国高校思政课教学的经验基础上提出的，具有很强的针对性。因此，在未来的思政课教学中，高校思政课教师应该紧紧围绕“八个相统一”开展认真研究。一方面，我们要认真研究每一个“统一”的针对性，目前存在的具体问题，侧重点是什么，根据实际情况如何解决这些问题进而提升质量和效果；另一方面，我们还要从整体上关注“八个相统一”的内在逻辑、精神实质、核心要义，做到普遍性与特殊性、共性与个性有机融合。在此基础上，每一位思政课教师都应该认真对表对标，做到心中有数，明白改进的方向，认清解决的对策，并采取切实的措施进行落实。

现实情况表明，在新时代高校思政课教育教学过程中，思政课要想真正发挥好立德树人关键课程作用，就必须要围绕“八个相统一”认真进行思政课教学研究。只要我们每一位思政课教师都能真正提高认识，在思政课教学研究方面、在思政课教学方法改革方面真正用心了，就一定会促进思政课教学实效性提升，也一定会促进思政课教师整体教学水平和质量提升。在教学研究方面下足功夫，思政课教师才能真正透彻掌握学理，才能吃透价值观的核心要义，才能将方法与内容有机融合。具备上述的基础之后，教师在教学中就能做到心中有底，从而最终达到说服学生、引导学生的目的。习近平总书记指出，思政课教师要用科学理论培养人，真正实现因地制宜、因时制宜、因材施教。要加大对学生的认知规律和接受特点的研究，发挥学生主体性作用；要引导学生发现问题、分析问题、思考问题；要挖掘其他课程和教学方式中蕴含的思想政治教育资源，实现全员全过程全方位育人，最后才能在最终意义上实现用习近平新时代中国特色社会主义思想铸魂育人，进而培养中国特色社会主义建设者和接班人的目标。

三、用情：思想政治理论课提质增效的情感基础

在“三用”维度中，还有一个非常重要的方面，那就是“用情”。这里的用情指的是如下几个方面：第一，思政课教师首先要有坚定的理想信念，要对马克思主义理论、马克思主义中国化理论具有深厚的情感；第二，思政课教师要对受教育对象即进入学校接受知识学习的学生充满感情；第三，思政课教师要对马克思主义理论教育教学研究用情；第四，思政课教师要对思政课承载的任务、自己承担的历史使命充满情感，要深刻认识自己职业的特殊意义，要将职业作为事业对待。在笔者看来，要想做一名好的思政课教师，首先在情感方面要对马克思主义、中国化马克思主义理论有深厚的情感，要有高度的政治认同、理论认同和情感认同。习近平总书记曾经深刻指出，要让有信仰的人讲信仰。思政课教师是讲授思想政治理论课的主体，其重要的历史使命就在于通过传播马克思主义理论、传播社会主义核心价值观念来引导学生树立科学的世界观、价值观、方法论。显而易见，如果思政课教师自己对马克思主义理论、中国化马克思主义理论都没有认同感，都没有情感，希望他们讲好思政课课程就缺乏了情感基础，讲授过程中就会存在缺乏激情、缺乏吸引力、缺乏正确引导的问题。与此同时，我们必须强调，要想讲好思政课，教师一定要对受众即学生用情。思政课教师

要在平时的教学过程中、在学生的日常生活中多关注学生、关爱学生，要在深入了解学生的思想、生活实际情况基础上，用真心、真情去帮助学生，为他们排忧解难、释疑解惑，要让学生真正感受到思政课的效度、思政课教师的温度。除此之外，思政课教师还应该加强对马克思主义理论、中国化马克思主义理论的研究。理论认同的前提是认知理论。如果我们的思政课教师本身对马克思主义理论、中国化马克思主义理论都没有很好地进行研究，就不会真正认识到马克思主义理论、中国化马克思主义理论的科学性、现实性、实践性、革命性、人民性等基本特征，就不能够真正把握这些理论的精神实质、科学内涵，自然也就不能真信道、真传道。同时，思政课教师还应该进一步解放思想，重新认识科学研究的内涵。在笔者看来，科学研究中应该包含教学研究，对教学内容、教学方法、教材体系转向教学体系等方面的研究也是科学研究的有机组成部分。思政课教师要真正树立教学、科研相辅相成的观念，将教学和科研有机结合，形成二者相互渗透、相互促进的良好局面。在深入用情中，我们还需要关注如下一个非常重要的方面：在中国特色社会主义新时代，我们的思政课教师应该进一步深入认识自己承担的历史使命，要清晰了解目前高校思政课建设面临的新形势、新任务、新要求。身处两个大局背景下，思政课在我国学校特别是高校人才培养中承载的使命更为神圣和艰巨。中华民族伟大复兴战略要求我们必须培养能够担当民族复兴大任的时代新人，时代新人必须是德、智、体、美、劳全面发展的。在这样的时代背景下，高校思政课教师更要不断提升使命感、责任感、荣誉感，只有对自身肩负的重大历史使命认识清晰了，才会自然而然地生出对自己从事的教学科研工作的情感。在此基础上，才能努力达到习近平总书记提出的思政课教师要政治强、情怀深的基本要求。从目前的实际情况来看，不少思政课教师在这几个用情方面都还存在一些不足。例如，有些教师对马克思主义理论的认同感还不强；有些教师缺乏对学生的关爱，存在上课来、下课走，平时很少与学生沟通交流的现象；有些教师轻视教学研究，认为教学研究不是科学研究，不能体现自身水平；有些教师研究工作与教学工作“两张皮”，不能很好地将教学与科研工作有机结合，等等。这些制约思政课教学质量和实效的现象，需要引起我们的高度重视，要下大力气进行引导和解决。

通过上面的论述，我们围绕新时代思政课教学的提质增效，从思政课教师用功、用心、用情三个维度进行了分析。在笔者看来，这三者之间具有内在的统一性，都是思政课教学提升质量、增强实效性的有机组成部分。思政课教师对马克思主义经典理论、马克思主义中国化理论进行认真钻研，就会不断加强马克思主义理论功底，用科学的思想武器武装头脑，就能在学懂弄通做实马克思主义理论方面起到表率，自然就会增加对马克思主义理论的理论认同、思想认同、情感认同、政治认同，就会用心于思政课教学各项工作；而用心于思政课教学工作，反过来又会促进教师对理论的认知，促进教师对思政课教学科研工作的情感投入，自然而然，具备了思政课教学的情感基础，就会促使思政课教师主动静下心、扑下身子回归教学工作，认真钻研教学方法，认真践行“八个相统一”。总之，在新时代背景下，推进高校思政课改革创新，就有必要引导思政课教师多用功、多用心、多用情。“做到信仰坚定、学识渊博、理论功底深厚，努力做到政治强、情怀深、思维新、视野广、自律严、人格正，自觉用习近平新时代中国特色社会主义思想武装头脑，做学习和实践马克思主义的典范，做为学为人的表率。”办好思政课，关键在教师，我们要努力推进思政课教师的“三用”有机协调、融会贯通、互相促进。思政课教师整体素养得到提升，“三用”得到促进，就为思政课充分发挥在学校立德树人中的关键课程作用奠定了坚实基础，最终也会有力地促进党的教育方针的贯彻执行，进一步巩固马克思主义在意识形态领域的指导地位，进一步坚持好我国高校的社会主义办学方向。

参考文献

［1］习近平. 思政课是落实立德树人根本任务的关键课程［J］. 求是，2020（17）.

［2］中共教育部党组. 办好新时代学校思想政治理论课［J］. 求是，2020（17）.

［3］习近平. 用新时代中国特色社会主义思想铸魂育人 贯彻党的教育方针 落实立德树人根本任务［N］. 人民日报，2019-03-19（1）.

［4］习近平. 推动全党学习和掌握历史唯物主义 更好认识规律 更加能动地推进工作［N］. 人民日报，2013-12-05（1）.

［5］“习近平系列重要讲话数据库”. 习近平在 2015 年 1 月 23 日十八届中央政治局第二十次集体学习时的讲话［EB/OL］.

［6］新时代高等学校思想政治理论课教师队伍建设规定［M］. 中华人民共和国教育部令第 46 号，2020 年 1 月 16 日.

［7］马克思，恩格斯. 马克思恩格斯全集：第 3 卷［M］. 北京：人民出版社，2002：207.

［8］毛泽东. 毛泽东选集：第 1 卷［M］. 北京：人民出版社，1991：139.

（编辑：宋婧琳）

习近平青年思想政治教育方法艺术探析

郭开强　刘伟亮

【摘要】新时代思想政治教育环境的复杂性、青年群体的思想活跃性和教育内容的时代性皆要求青年思想政治教育工作脱离“僵硬说教”，契合青年学生心理与思想特质，采用更具创造性、注重渗透性、彰显审美性的思想政治教育方式方法。习近平总书记对青年思想政治教育的一系列新思想、新论断和新要求，彰显了平“语”近人的语言运用艺术、“扣好人生第一粒扣子”的突破口选择艺术、如“盐”般的思想政治隐性教育艺术、“因事而化、因时而进、因势而新”的疏通引导艺术、“见贤思齐”的榜样激励艺术等青年思想政治教育方法艺术，具有很强的科学性、思想性和针对性，为做好高校学生思想政治教育工作提供了启示和借鉴。

【关键词】习近平；青年；思想政治教育；方法艺术

【作者简介】郭开强，男，1982 年生，硕士，西南财经大学马克思主义学院党总支副书记，讲师，主要从事大学生思想政治教育研究；刘伟亮，男，1983 年生，硕士，西南财经大学人文学院分党委副书记，讲师，主要从事大学生思想政治教育研究。

习近平总书记在党的十九大报告中指出：“青年兴则国家兴，青年强则国家强。青年一代有理想、有本领、有担当，国家就有前途，民族就有希望。”做好青年思想政治教育工作事关“培养什么样的人、如何培养人、为谁培养人”这个根本问题。党的十八大召开以来，习近平总书记的系列重要讲话有近 80 篇谈及青年思想政治教育工作，深刻回答了“如何认识青年、如何教育引导青年、如何发挥青年作用”等一系列重要问题，对青年思想政治教育提出了一系列新思想、新论断和新要求，具有很强的科学性、思想性和针对性，对做好新时代青年思想政治教育工作具有重要指导意义。本文拟从青年思想政治教育方法艺术的视角，探析习近平青年思想政治教育观，为在新时代做好青年尤其是高校青年学生思想政治教育工作提供启示和借鉴。

一、青年思想政治教育方法艺术的内涵与特征

思想政治教育是一门科学，更是一门艺术。教育方法不等于教育方法艺术，教育方法是教育方法艺术的基础与源泉，教育方法艺术是对教育方法的升华与创造性使用，是更高层次的工作方法，二者紧密联系、有机统一于思想政治教育过程，服务于思想政治教育内容与目标。借鉴学者刘新庚关于思想政治教育方法艺术的内涵，所谓青年思想政治教育方法艺术，是指在青年思想政治教育过程中，思想政治教育者为实现思

想政治教育的目的与任务，在把握青年的思想观念、政治观点、道德意识形成和发展客观规律的基础上，为有效地达到思想政治教育目的而创造性地运用的具有感染力的教育技能和技巧的总和。新时代思想政治教育环境的复杂性、青年群体的思想活跃性和教育内容的思想性与时代性皆要求青年思想政治教育工作脱离“僵硬说教”，采用更加契合青年学生心理与思想特质、更具“艺术性”的思想政治教育方式方法。

思想政治教育方法艺术有语言方法艺术、引导疏通艺术、把握适度与选择时机的艺术、选择突破口艺术、激励艺术、强化效果艺术等多种表现形式。相对于其他教育对象而言，青年思想政治教育方法艺术要求具有以下三个方面特征：

（一）更具创造性

思想政治教育是一项塑造人的灵魂的工作，创造性是青年思想政治教育方法艺术的一个显著特征。青年群体个性特征鲜明，思想意识多元化，偏好新奇事物，群体本身具有无限的创造创新活力。青年思想政治教育方法艺术注重在尊重思想政治教育客观规律的基础上，强化对经验、智慧和方法的创造性发挥与应用，更加讲求因人而异、因时而异、因事而异，用好微信、微博等融媒体平台，以青年人的方式与思维逻辑教育引导青年。

（二）注重渗透性

青年思想政治教育不是一个孤立的系统，随着国内外思想政治教育大环境的深刻变化，青年群体的逆反心理和自主意识趋强，显性教育的效果直线下降，青年群体思想政治教育方法艺术更加偏向隐性教育的渗透。要注重抓住青年人成长的重要节点、庆祝新中国成立70周年等重大活动和抗击新冠肺炎疫情等重大突发公共事件教育契机，注重通过营造环境氛围、寓教于乐、寓情于理、人格感染、以文化人等教育载体或形式，“隐化思想政治教育目的、物化思想政治教育内容、美化思想政治教育形式”，使教育思想在广大青年群体中得到更加高效、深入的传递，达到“润物细无声”的教育效果。

（三）彰显审美性

“在每个领域中出现的凡是值得被称为艺术性的活动，都必定具有审美意义。”新时代青年群体具有特殊的审美特征和审美情趣，青年思想政治教育方法艺术从教育主体、教育内容、教育过程到教育方法都具有一定的审美性，注重通过智慧美、人性美、修辞美、语言美传递教育思想，实现内容的“科学美”和外在的“形式美”的有机融合，引发青年人的思想共鸣、启迪青年人的智慧，使青年人在思想政治教育中获得美的体验及心灵和情感的愉悦，在轻松自然中实现思想政治教育的目的和任务。

二、习近平青年思想政治教育方法艺术的体现与价值

习近平总书记的青年思想政治教育方法艺术贯穿于其系列重要讲话、考察调研和书信往来等诸多方面，可从不同的方法艺术角度进行分析。本文仅就其运用较多、特色鲜明的语言运用艺术、突破口选择艺术、隐性教育艺术、疏通引导艺术和榜样激励艺术五种方法艺术做简要阐述。

（一）平“语”近人的语言运用艺术

“言不顺，则事不成。”语言是思想政治教育的主要工具，掌握青年思想政治教育语言运用艺术，能够增强思想政治教育对当代青年的吸引力，有效传递思想政治教育

信息，强化思想政治教育效果。习近平总书记的青年思想政治教育语言运用艺术注重用“平易近人”的话语方式和内涵丰富的语言传播思想。一是常用比喻和讲故事的语言手法阐述理想信念、政策理念等深刻道理。如将生命元素“钙”和“软骨病”引入思想政治教育，告诫青年人“‘功崇惟志，业广惟勤’。理想指引人生方向，信念决定事业成败。没有理想信念，就会导致精神上‘缺钙’”。这一论述形象生动，富有时代生活气息，发人深省。二是惯用百姓话、青年语、接地气的俗话谚语为青年人答疑解惑。在莫斯科国际关系学院，习近平总书记告诉中俄青年：“‘鞋子合不合脚，自己穿了才知道。’一个国家的发展道路合不合适，只有这个国家的人民才最有发言权。”2018 年 5 月 2 日，在北京大学师生座谈会上，习近平激励青年，“在奋斗中释放青春激情、追逐青春理想，以青春之我、奋斗之我，为民族复兴铺路架桥，为祖国建设添砖加瓦”，所言所讲紧紧抓住了青年心结，言中有情，以情感人。三是用中华优秀传统文化元素来提纲挈领、感化青年。在 2015 年 7 月 24 日致全国青联十二届全委会和全国学联二十六大的贺信中，习近平总书记引用《论语·泰伯章》中曾子名言“士不可以不弘毅，任重而道远”，强调“国家的前途、民族的命运、人民的幸福是当代中国青年必须和必将承担的重任”。引用《礼记·大学》中的名句“苟日新，日日新，又日新”，勉励青年以“逢山开路、遇河搭桥”的锐气，走在创新创造的前列。其语言求真务实，蕴含哲理。《百家讲坛》特别节目“平‘语’近人——习近平总书记用典”，对习近平总书记的语言艺术进行了详尽的解析，引发了青年学习思想、领悟经典的热潮。

（二）“扣好人生第一粒扣子”的突破口选择艺术

选择突破口重在把握教育对象思想上的特点、矛盾以及认识上的焦点，从而找到思想政治教育的入手之处。突破口选择得如何，关系到能否抓住思想政治教育问题的核心和关键，直接影响思想政治教育目标的达成度。青年阶段是人的“三观”养成的关键期。习近平青年思想政治教育艺术紧扣大多数青年共同关心的热点、认识上普遍存在的疑惑之处和容易发生共鸣的共鸣点，注重选择牵一发而动全身的突破口。2014 年 5 月 4 日他在北京大学考察时指出：“青年的价值取向决定了未来整个社会的价值取向，而青年又处在价值观形成和确立的时期，抓好这一时期的价值观养成十分重要。这就像穿衣服扣扣子一样，如果第一粒扣子扣错了，剩余的扣子都会扣错。人生的扣子从一开始就要扣好。”习近平总书记的“人生扣子论”，瞄准青年发现自我、认识世界的关键阶段，把握青年思想政治教育的核心即世界观、人生观、价值观问题，生动、简明而深刻地道出了社会主义核心价值观教育的重要性。他认为“掌握了这把总钥匙，再来看看社会万象、人生历程，一切是非、正误、主次，一切真假、善恶、美丑，自然就洞若观火、清澈明了，自然就能做出正确判断、做出正确选择”。“扣子”“总钥匙”尽管不可触摸，但时刻影响着青年人的思想和行为。同时，习近平总书记的青年思想政治教育往往选择青年最为关切的学习、就业等问题作为突破口，问题意识鲜明，“非学无以广才，非志无以成学”“学如弓弩，才如箭镞”等寄语和要求抓住了青年的关注焦点，将解决思想问题与青年成长成才相结合，教育引导青年“勤学、修德、明辨、笃实”，实现了青年思想政治教育思想性和针对性的有效统一。

（三）如“盐”般的思想政治隐性教育艺术

思想政治隐性教育艺术是相对于传统思想政治教育的灌输、说教和强化等显性教育而言的，是思想政治教育者在教育过程中借助一定的载体或形式，隐藏思想政治教育内容与目标，通过渐进的、耳濡目染的、潜移默化的方式，使教育对象在无意识中接受思想教育的一种教育方法。习近平总书记的思想政治隐性教育艺术主要体现在三个方面。一是思想政治教育过程的渗透艺术。如习近平总书记在全国高校思想政治工作会议上说："好的思想政治工作应该像盐，但不能光吃盐，最好的方式是将盐溶解到各种食物中自然而然吸收。"这个新鲜生动的比喻寓意丰富，是对青年思想政治教育渗透艺术的生动阐述。树立正确的理想信念、道德情操就如同人的身体离不开盐一样。盐融入食物才能食用，传统的思想灌输，犹如让被教育者直接吃盐，极易引起青年群体的逆反心理。"好厨子，一把盐"，思想政治工作也应像一名好厨师对放盐量和时机火候的掌握那样，讲求思想政治教育适度的艺术和时机选择艺术，在潜移默化中滋养青年人的思想。二是"以情化人"的隐性教育艺术。感人心者，莫先于情。如习近平总书记在首次寄语"95后"大学生时，谈到青年群体"朝气蓬勃、好学上进、视野宽广、开放自信，是可爱、可信、可为的一代。对当代高校学生，党和人民充分信任、寄予厚望"。2019年1月17日，习近平总书记在南开大学考察时对青年学生亲切地说："只有把小我融入大我，才会有海一样的胸怀，山一样的崇高。""一枝一叶总关情"，对青年学子饱含深情、充分信任、寄予厚望，拉近了与青年的心理距离，激发了青年群体的思想转化。三是思想政治教育环境教育艺术。如他强调校风学风的感染力，提出"一所高校的校风和学风，犹如阳光和空气决定万物生长一样，直接影响着学生学习成长"，强调以文化人的重要意义，文化滋养心灵，文化涵育德行，文化引领风尚，"既要重视显性教育，也要重视潜移默化的隐形教育，实现入芝兰之室久而自芳的效果"。

（四）"因事而化、因时而进、因势而新"的疏通引导艺术

所谓疏通引导艺术，是指"思想政治教育者遵循人的思想活动规律，综合运用思想教育、政治教育、审美教育、艺术熏陶等方式或方法，来疏通人们的思想情绪，净化美化心灵，提高人的思想觉悟，把人们的思想和认识引导向正确、健康的轨道上来"。习近平总书记的青年思想政治教育疏通引导艺术首先体现在其对思想政治教育规律和青年人成长成才规律的科学把握。习近平在全国高校思想政治工作会议上指出，做好高校思想政治工作，要"因事而化、因时而进、因势而新"。在新任务、新时期、新形势下，脱离"三因"的总要求，青年思想的疏通与引导就找不准穴位、激不起共鸣、发挥不了作用。其次强调青年网络思想的疏通和引导。2013年，习近平总书记在全国宣传工作会议上指出："根据形势发展需要，要把网上舆论工作作为宣传思想工作的重中之重来抓。"针对信息化时代青年人"无人不网""无处不网""无时不网"的特点，提出要主动占领网络这个战略"新阵地"、创新思想政治工作"新话语"、运用思想政治工作"新方法"，"把握好网上舆论引导的时、度、效"，营造一个风清气正的网络空间。三是注重在凝聚共识中实现思想引领。他在给河北保定学院西部支教毕业生群体代表的回信中指出："同人民一道拼搏、同祖国一道前进，服务人民、奉献祖国，是当代中国青年的正确方向。好儿女志在四方，有志者奋斗无悔。"他通过将青年人的理想融汇到对中华民族伟大复兴的中国梦的无限追求中，实现思想的转变与升华。

（五）"见贤思齐"的榜样激励艺术

激励艺术是"在实施激励或惩罚的过程中，创造性地运用科学的一般原理和方法，最迅速、最优化地实现激励目标的各种技巧和能力"。善于抓典型，让典型引路和发挥

示范作用，历来是我们党重要的工作方法。在尊重青年、信任青年、目标指引青年、信念引领青年的基础上，习近平总书记的青年思想政治教育非常注重发挥榜样、典型、楷模和英雄人物的榜样激励作用，把枯燥的灌输教育和抽象的道德标准人格化。“伟大时代呼唤伟大精神，崇高事业需要榜样引领。”党的十八大召开以来，习近平总书记多次表扬典型，肯定优秀共产党员，“点赞”时代青年，号召大家学习黄大年同志“淡泊名利、甘于奉献的高尚情操”；学习“县委书记的好榜样”焦裕禄同志“先天下之忧而忧，后天下之乐而乐”的公仆情怀；学习“最美村官”张广秀，扎根基层，奉献青春。他还强调：“一个有希望的民族不能没有英雄，一个有前途的国家不能没有先锋。”习近平总书记曾在多个场合表达对英雄的崇敬之情，号召青年从中汲取优秀的品质和精神。他在会见四川航空“中国民航英雄机组”全体成员时强调，学习英雄事迹，弘扬英雄精神，将非凡的英雄精神体现在平凡的工作岗位上。2020 年 3 月 15 日，习近平总书记在给北京大学援鄂医疗队全体“90 后”党员的回信中深情称赞“新时代的中国青年是好样的，是堪当大任的”，鼓舞和激励他们“不惧风雨、勇挑重担，让青春在党和人民最需要的地方绽放绚丽之花”。上述典型人物、榜样和英雄形象富有感染力，兼具时代性、真实性、大众性，青年人乐于接受和认可，推动全社会形成了见贤思齐、崇尚英雄、争做先锋的良好氛围，潜移默化地影响着青年人的价值选择。

三、习近平青年思想政治教育方法艺术对做好高校青年学生思想政治教育的借鉴意义

高校是优秀青年的聚集地，大学阶段是青年成长的黄金期。高校肩负着“培养德智体美劳全面发展的社会主义建设者和接班人”的历史重任。习近平青年思想政治教育方法艺术对做好新时代高校青年学生思想政治教育工作开展方式方法具有重要指导和借鉴意义。

（一）高校思想政治教育要兼顾方向性和审美性

习近平青年思想政治教育方法艺术是对马克思主义青年教育观的继承和发扬，是对马克思主义立场观点和方法的科学运用。高校思想政治教育要把好青年学生思想行动的“总开关”，“以党的方向为方向、以党的意志为意志”，将“马克思主义社会历史发展观”“矛盾分析方法”“辩证思维方法”等马克思主义的世界观和方法论灵活运用到高校思想政治教育的方式方法中去。同时，习近平青年思想政治教育的语言运用艺术、榜样激励艺术等具有高度审美艺术感染力，高校思想政治教育要充分发挥自身优势，用高雅艺术、文艺作品等更多美的形式去高扬思想主旋律，感化青年、引领青年。

（二）高校思想政治教育要把握规律性和提升实效性

习近平青年思想政治教育方法艺术是对“思想政治教育工作规律、教书育人规律、学生成长规律”的科学把握。高校思想政治教育工作要准确把握新时代大学生的特质和社会环境变化，注重“因势利导”，推进教育管理服务制度创新，精心打磨“十大育人体系”。“教会学生自己教育自己”，重视发挥青年群体“自我教育、自我管理、自我服务、自我监督”，改进话语表达方式，善用信息化手段，重视榜样和典型的示范与引领作用，综合运用多种思想政治教育方法艺术，将思想政治工作做到青年学生的心坎上，切实增强大学生思想政治教育的亲和力、针对性和实效性。

（三）高校思想政治教育要注重问题导向和隐性教育

习近平青年思想政治教育方法艺术注重问题导向，坚持“围绕学生、关照学生、服务学生”，将社会主义核心价值观教育在潜移默化中渗透到青年学习生活的全方面、全过程。高校思想政治教育要在破解大学生思想政治工作短板上取得实质性进展，将青年学生的理想信念教育与加强高校意识形态阵地的管理相结合，与青年学生的勤学苦练、创新创造、社会实践和奋斗目标等紧密结合，进课堂、进活动、进公寓、进寝室、进网络，尊重、满足、引导学生的正确需要，把学生思想政治教育工作做实、做深、做细、做透，“与生相亲、与生同乐、知生情、排生难”，不断提升学生学习生活体验的满意度。要不断更新教育理念、创新培养模式，更加注重以文化人、以文育人，更加注重营造优良校风、学风、教风，更加注重实践养成和榜样教育，用活新媒体技术，以更加打动人、吸引人的隐性教育方式塑造人和培育人。

（四）高校应着力提升教育主体的思想政治教育方法艺术素养

“教师是人类灵魂的工程师，承担着神圣使命。”“打铁必须自身硬。”面对即将以“00后”为主的大学生、面对复杂的社会环境变化，高校思想政治教育工作者要实现“立德树人”的根本任务，不但要“明道、信道”，以“四有好老师”的标准严格要求自己，做好“四个引路人”，而且要不断提升自身思想政治教育方法艺术素养，培育创新精神，广泛借鉴心理学、语言学、管理学、艺术学等领域先进的教育理念和工作艺术，“善观其言、善观其变、善查其情”，把握好“事”“时”“势”，让大学生思想政治教育真正“活”起来。

参考文献

［1］习近平．决胜全面建成小康社会 夺取新时代中国特色社会主义伟大胜利——在中国共产党第十九次全国代表大会上的报告［EB/OL］．http://cpc.people.com.cn/n1/2017/1028/c64094-29613660.html.

［2］刘新庚．现代思想政治教育方法［M］．北京：人民出版社，2008.

［3］蒋均时，陈慧斌．论大学生思想政治教育中的艺术渗透［M］．邵阳学院学报，2009（5）.

［4］列·斯托洛维奇．审美价值的本质［M］．凌继尧，译．北京：中国社会科学出版社，2007.

［5］习近平．在同各界优秀青年代表座谈时的讲话［N］．人民日报，2013-05-05.

［6］习近平．顺应时代前进潮流，促进世界和平发展［EB/OL］．http://cpc.people.com.cn/xuexi/n/2015/0721/c397563-27337993.html.

［7］习近平．在北京大学师生座谈会上的讲话［EB/OL］．http://www.xinhuanet.com//2018-05/03/c_1122774230.htm.

［8］陈万柏，张耀灿．思想政治教育学原理［M］．北京：高等教育出版社，2015.

［9］慎海雄．人生的扣子从一开始就要扣好［J］．瞭望，2014（19）.

［10］习近平．把思想政治工作贯穿教育教学全过程开创我国高等教育事业发展新局面［N］．人民日报，2013-10-22.

［11］习近平寄语南开师生：只有把小我融入大我，才会有海一样的胸怀，山一样

的崇高［EB/OL］. http://news.youth.cn/sz/201901/t20190120_11849028.htm.

［12］习近平强调　胸怀大局把握大势着眼大事　努力把宣传思想工作做得更好［J］. 紫光阁，2013（9）：9-10，14.

［13］陈捷. 浅谈高校思想政治教育工作中的激励艺术［J］. 绍兴文理学院学报，2001（4）.

［14］习近平. 之江新语［M］. 杭州：浙江人民出版社，2007.

［15］习近平. 习近平谈治国理政［M］. 北京：中共中央党校出版社，2014.

［16］习近平. 在颁发“中国人民抗日战争胜利 70 周年”纪念章仪式上的讲话［EB/OL］. http://www.xinhuanet.com//politics/2015-09/02/c_1116454204.htm.

［17］苏霍姆林斯基. 和青年校长的谈话［M］. 赵玮，等译. 上海：上海教育出版社，1983.

（编辑：曲成举）

伟大建党精神融入高校思政课教学的路径探析

宁瑞　刘芳

【摘要】伟大建党精神是百年来中国共产党人高尚精神品质的集中体现，为高校思政课教学提供了生动鲜活的素材。将伟大建党精神融入高校思政课教学，对于实现高校思政课“立德树人”目标、厚植大学生爱国主义情怀和激励大学生奋发有为具有重要价值。在实际教学中，应该充分从建设教师队伍、丰富教学内容、创新教学方式和强化教学实践等方面着手，探索伟大建党精神融入高校思政课教学的路径。

【关键词】伟大建党精神；思政课教学；融入路径

【作者简介】宁瑞，女，1995 年生，西南财经大学马克思主义学院硕士研究生，主要从事马克思主义基本原理研究。刘芳，女，1962 年生，博士，西南财经大学马克思主义学院教授，主要从事马克思主义基本原理、思想政治教育研究。

中国共产党自 1921 年成立起，始终坚持理想信念，攻坚克难，团结带领全体中国人民为争取实现“站起来”“富起来”和“强起来”的目标而持之以恒地奋斗，形成了百年建党精神。2021 年 7 月初，习近平总书记在庆祝中国共产党成立 100 周年大会上明确概括出伟大建党精神的丰富内涵，指出中国共产党逐渐在百年艰苦斗争实践中形成了“坚持真理、坚守理想，践行初心，担当使命，不怕牺牲、英勇斗争，对党忠诚，不负人民的伟大建党精神”①。这种伟大建党精神是百年来中国共产党人高尚精神品质的集中体现，为高校思政课教学提供了生动鲜活的素材。

一、伟大建党精神的丰富内涵

“坚持真理、坚守理想”，换句话说，就是锲而不舍地追求马克思主义真理，坚守社会主义及共产主义的理想信念。我国自古就有“夸父逐日”“精卫填海”的神话传说，反映出中华民族从古至今就具有坚持不懈追求理想的优秀品质。近代以来，西方列强凭借船坚炮利入侵并瓜分中国，中国逐渐陷入前所未有的黑暗和迷茫之中。面对民族危亡，无数仁人志士接连而起，共同探寻救国救民之路，最终都因缺乏科学革命理论的指导失败了。而一群有血有肉的爱国青年在支离破碎的旧中国接续探索民族复兴之路，在纷繁复杂的学说中坚定地举起了马克思主义的鲜明旗帜。在此种危急情况下，中国共产党应运而生。中国共产党在马克思主义科学真理的有力指引下，在共产

① 习近平. 在庆祝中国共产党成立 100 周年大会上的讲话［N］. 人民日报，2021-07-02.

主义远大理想的强力引领下，在长期不断探寻革命、建设和改革的卓越实践中，凝聚起了改变民族、国家和人民命运的巨大力量。

“践行初心、担当使命”，就是自始至终坚持马克思主义基本立场、观点与方法，义无反顾地承担并矢志践行为中国人民谋幸福、为中华民族谋复兴的初心和使命。中国人常讲“言必信，行必果”“知行合一”，中华民族向来具有行胜于言、喜欢做实事的务实精神。习近平总书记指出：“我们党始终坚守为中国人民谋幸福、为中华民族谋复兴这个初心和使命。”① 中国共产党正是在中国革命、建设和改革实践中以无所畏惧的决心和坚忍不拔的勇气，锲而不舍地践行这种精神，致使中华民族历经万千磨难仍能越挫越勇，在千难万险中仍能大踏步前进，完成了第一个百年奋斗目标。

“不怕牺牲、英勇斗争”，就是中国共产党人在不断追寻初心和使命的实践中，展现出的优秀品质。中华民族一向就具备强烈的爱国主义精神和舍生忘死的献身精神。习近平总书记曾经深情地指出，中国共产党就是靠着不计其数先进分子的英勇抗争和无私奉献才赢得了一场场斗争的持续胜利。从党的成长历程看，中国共产党诞生于民族危亡、国家受辱和人民蒙难这一紧要关头，此后无数共产党员自觉在马克思主义真理的指导下艰辛探索、勇于斗争、不怕牺牲、甘于奉献，团结带领人民在艰苦环境中接续奋斗，创造出不朽的壮举。从与世界其他政党的比较来看，世界上也不存在哪个国家的政党像中国共产党一样，经历了如此多的生死大考，付出了如此惨重的生命代价，遭遇了如此多的艰难险阻。总之，不怕牺牲和英勇斗争锤炼出了共产党人的鲜明品格。

“对党忠诚、不负人民”，具体而言，就是始终立足于一心一意为人民群众服务的根本宗旨，传承立党为公、造福人民的精神。传统民本伦理思想是中国社会的重要政治伦理思想，自古就有“民为邦本”“民贵君轻”的重民文化基因。中国共产党成立以来，沿袭并发展了我国传统的民本伦理思想，始终把人民群众紧密团结在自己周围。中国共产党党员是群众中的进步分子，但依然属于群众中的一员，因此共产党员对党忠诚老实，也就是忠实于广大人民群众；实现党赋予的光荣使命和艰巨任务，归根结底即是完成为人民谋利益的任务。正如党章规定的，中国共产党始终代表中国最普遍人民群众的根本利益，从来不存在一丝为自己谋取特殊利益的私心，也从来不为任何的利益集团和特权阶层谋取私利。正是因为数以千万的共产党员始终牢记并认真践行服务人民的根本宗旨，忠诚于党、国家和人民事业，克己奉公、一心为民、无私奉献，才在亿万人民群众的支持和拥护中继续带领人民稳步前行，在现实发展中取得了耀眼成就，为实现中国梦筑牢了亿万中国人民团结奋斗的物质基础和思想根基。

二、伟大建党精神融入高校思政课教学的价值考量

人无精神则不立，国无精神则不强。伟大建党精神是中国共产党人在救国、兴国、富国和强国历史实践中形成的宝贵财富，是高校开展思政课教学的重要资源。将伟大建党精神融入高校思政课教学，有利于实现高校思政课“立德树人”目标，有利于厚植大学生爱国主义情怀，有利于激励青年学生奋发有为。

---

① 习近平. 习近平谈治国理政：第 3 卷［M］. 北京：外文出版社，2020：530.

（一）有利于实现高校思政课“立德树人”目标

高校承担着为社会主义接续培养德、智、体、美、劳全面发展的建设者和接班人的重要任务。大学生正处在“拔节孕穗期”、人生观价值观形成的关键期，这一阶段的他们心智逐步发展成熟，思维处于最活跃状态，但价值追求也极易出现多元化倾向，认知与行为容易失调，更需要精心呵护和正确引导。高校思政课是推进落实立德树人这一根本任务的关键课程，思政课教师身负重任，思政课发挥着至关重要的作用。高校教师在日常要紧紧围绕立德树人这一根本任务开展思政课教学，深入挖掘建党百年来的丰富历史素材和鲜活元素，将建党百年来的现实历程、先进事迹和伟大精神深深融入其中，讲好建党百年的生动故事，传承伟大建党精神，积极体现出高校思政课资政育人的独特价值。

（二）有利于厚植大学生爱国主义情怀

伟大建党精神是中国共产党成立百年来这一特定历史阶段的产物，具有突出的先进性、价值性及传承性，集中彰显出强烈的爱国主义色彩。爱国主义是伟大建党精神的永恒主题和高度凝练，是中华民族绵延不绝和接续奋进的精神之源。当前，我国对外开放格局逐步扩大，对外开放水平稳步提高，一方面确实全方位促进了中国社会的进步，实现了跨越式大发展；另一方面也不可避免地带来了意识形态领域内的尖锐对抗。当前，我们已经顺利实现了全面建成小康社会的目标，正处于实现中华民族伟大复兴的关键时期，“行百里者半九十”，我们要继续加强爱国主义教育，聚合起实现民族复兴的伟大力量。高等学校是实施爱国主义教育的重要阵地，高校思政课重点承担着开展爱国主义教育的艰巨任务。将伟大建党精神融入高校思政课教学，有利于在大学生群体中开展爱国主义教育，厚植大学生爱国主义情怀。

（三）有利于激励大学生奋发有为

当代中国青年是和新时代同向同行、协同前进的一代。广大青年树立崇高理想、具有过硬的本领和强烈的责任意识，国家就有光明的前途，民族一定大有希望。在建党百年的光辉历程中，涌现出了一大批肩负重担和有所作为的青年，他们以实际行动为中国共产党的成立和发展做出了不可磨灭的贡献，甚至牺牲了生命。中共一大的代表们平均年龄不到 28 岁，胸怀壮志，在嘉兴南湖的红船上共谋建党伟业；29 岁的陈望道在陋室中翻译出《共产党宣言》的首个中文译本；新冠肺炎疫情发生以来，数量庞大的年轻共产党员不畏艰险，冲锋在前，用无私大爱谱写出壮丽绚烂的青春之歌。习近平总书记指出，作为新时代青年，肩负着在中国共产党的坚强领导下，与广大人民群众为实现“两个一百年”奋斗目标和实现中国梦而奋斗的重要使命。因此，高校教师在思政课教学过程中巧妙运用伟大建党精神，在阐释建党百年的奋斗历程中阐明新时代青年的责任与担当，有利于引导广大学生树立正确的世界观、人生观和价值观，激励青年学生奋发有为，在奉献社会中绽放青春之花，不辜负灿烂青春和美好时代。

三、伟大建党精神融入高校思政课教学的基本路径

发挥伟大建党精神在高校思政课教学中的真正价值，关键在于落实。要积极探索伟大建党精神融入高校思政课教学的路径，着力提高教学的针对性与实效性。

（一）提高教师政治素养，实现伟大建党精神融入教师队伍

教师在组织开展教学活动中发挥着主导作用，习近平总书记明确指出思政课教师

在办好高校思政课中起着关键性作用。高度的政治站位、坚定的政治自信以及强大的政治判断力是成为一名合格高校思政课教师的首要因素。教师自身的政治素养，深刻影响着伟大建党精神融入高校思政课教学的质量与效果。因此，将伟大建党精神融入高校思政课教学，要着力提高教师政治素养，建设一支高质量的思政课教师队伍。首先，积极开展教师对伟大建党精神相关内容的集中学习及专题培训。思政课教师对伟大建党精神的认知认同，直接影响着伟大建党精神融入高校思政课教学的效果。只有让有坚定信仰的人讲信仰，才能让学生真懂真信、入脑入心。学校要及时对教师开展伟大建党精神的学习与培训，让伟大建党精神深深内化于心、外化于行，才能让伟大建党精神在思政课教学中更好地发挥作用。其次，积极利用高校展开党史教育的契机。当前党史学习教育正如火如荼地在各大高校展开，高校思政课教师要主动利用这一契机，在开展党史教育过程中先学一步、学深一层，有意识地加强对伟大建党精神相关知识的学习，提升政治素养。只有学懂弄通了伟大建党精神，才能促使思政课教师积极探寻伟大建党精神融入高校思政课教学的方法与路径，最终具体落实学生对伟大建党精神的传承与弘扬。最后，积极组织伟大建党精神进课堂集体备课。将伟大建党精神融入高校思政课教学，既是党史学习教育的重要部署，也是思政课教学的重要内容。要通过组织集体备课，积极搭建教师集体研讨、资源共享的平台，对教学目标、教学方法和教学内容等进行充分交流研讨，在集体研讨中升华教师政治素养，确保教师坚持正确的政治方向和树立强大的政治自信。总之，要自觉用伟大建党精神武装思政课教师头脑，不断提升广大高校思政课教师队伍的政治素养，从而为思政课教师自觉将伟大建党精神主动融入教学奠定基础。

（二）挖掘教学素材，丰富伟大建党精神融入教学内容

内容是事物存在的基础，应着力增强高校思政课供给内容的改革创新，实现知识性与价值性统一。伟大建党精神融入高校思政课的关键环节是要将伟大建党精神转化为具有教学实效性的有关资源，应该注重对伟大建党精神形成历程、丰富内涵和先进人物事迹进行深入阐释。首先，深入阐释伟大建党精神的形成历程。伟大建党精神产生于党的百年历史实践，伟大建党精神的形成与发展伴随着党的百年奋斗史。要立足于党的历史发展脉络讲述伟大建党精神的源与流，使学生弄清楚伟大建党精神从何而来，并且如何在实践中丰富与发展。其次，深入阐释伟大建党精神的丰富内涵。思政课教学首先还是要坚持以理论知识为出发点，理论知识越充实越彻底，思政课教学内容就越丰富越有深度。正如马克思所指出的："理论只要说服人，就能掌握群众；而理论只要彻底，就能说服人。"① 高校思政课教师首先要结合学生的实际需求和思想动态，注重从学理上解析深入阐释伟大建党精神的丰富内涵，加深高校大学生对伟大建党精神的理解，引导学生掌握丰富的党史知识，树立正确的党史观。最后，深入阐释建党过程中的先进人物及典型事迹。在中国共产党发展壮大的过程中，不计其数的英雄人物和千万平凡的共产党员做出了不可磨灭的贡献，中国共产党百年来取得的伟大胜利离不开每位共产党员的奋斗。将伟大建党精神融入高校思政课教学，应该深入阐释英雄人物和平凡共产党员的优秀事迹，瞄准学生思想的共鸣点和情感触发点，实现以情动人、以爱感人和以理服人。总而言之，伟大建党精神蕴含着丰富的教学资源，思政

① 马克思，恩格斯. 马克思恩格斯选集：第1卷［M］. 北京：人民出版社，2012：9-10.

课教师要立足百年党史拓宽教学内容，深入阐释其丰富内涵，合理利用建党过程中涌现出的先进人物及其典型事迹不断优化教学内容，在情理交融中实现教学与育人的有机统一。

（三）丰富教学手段，创新伟大建党精神融入教学方式

随着现代科学技术的纵深发展，2020 年底，我国互联网实现了 70.4%的普及率，其应用率达到了一个前所未有的高度。随着互联网的覆盖范围不断扩大，“互联网+教育”这一新的教学模式也不断吸引着人们的眼球。高校思政课教学应该具备相当生动活泼的情景，不但能以理服人，而且还能在情感上触动人。由此可见，传统直观的讲授方法已经急需变革，高校思政教师应该积极利用现代互联网技术发展带来的良好机遇，与时俱进创新伟大建党精神融入思政课教学的方式，把理论话语、政治话语转化为学生喜闻乐见的话语。

首先，发挥传统手段作用。现代社会是一个极具包容性的社会，传统手段在当前高校思政课教学中仍占据一席之地。伟大建党精神融入高校思政课教学应充分运用口头讲述、报刊资料、广播和电视等多种传统手段。其次，发挥新兴媒体作用。新兴媒体的运用一方面让学生依据自身情况灵活安排学习时间和及时调整学习进度，另一方面使教师突破了时空局限，增强了教学的便捷度与灵活性。因此，教师将伟大建党精神融入高校思政课教学要积极利用微信、QQ、学习通和腾讯会议等多种新兴媒体，通过多种途径和方式增进师生互动和生生互动，达成教学目标。最后，发挥融媒体优势。融媒体的显著优势就是可视化程度高以及沉浸感强，有助于提升伟大建党精神融入高校思政课教学的立体化水平。现在一部分高校已经在申请建立虚拟仿真实验室和尝试推行马克思主义理论类的虚拟仿真实验教学项目，在参与项目中进行知识性学习，同时又直观地体验和积极参与其中的各个环节，真正实现了在“做中学”。高校思政课教师应顺应时代发展潮流，积极使用 5G、大数据、VR（虚拟现实）等信息技术发展的最新成果，通过文字、音频、视频的多维结合，创新伟大建党精神融入思政课教学形式，调动学生主动参与以增进高校思政课的亲和力。通过传统与现代的密切结合，既有助于增强大学生的知识获得感，使得学生“知之深、爱之切”，又有助于在润物细无声中实现伟大建党精神深入人心，全面推进全员全过程全方位育人。

（四）开展实践教学，强化伟大建党精神融入教学实践

单一式、简单化的教学难以做到伟大建党精神真正入脑入心，不利于发挥伟大建党精神在高校思政课教学中的作用。伟大建党精神要真正融入高校思政课教学，不仅需要从理论上重视对伟大建党精神知识的学习掌握，还应该真正落实到实践教学中，务必让学生在理论学习和生活实践中牢固掌握知识，磨砺品格。实践教学是理论“内化”的重要环节，是思政课教学体系中的重要组成部分。因此，应该主动开展实践性教学，自觉在课堂实践、校园实践和社会实践三方面下功夫，提高伟大建党精神融入高校思政课教学的实效性。

首先，自觉开展课堂实践。课堂实践就是在课堂教学过程中增加学生主动参与程度，以切实提高教学活动的效果。课堂实践的方式也是多样化的，既可以在课前作为预习，也可以安排在课后巩固环节，还可以即兴安排在授课过程中，如分专题让学生搜集建党精神的相关资料、开展有关党史主题汇报、经典研读交流等各类活动，充分让学生在课堂上“活”起来。其次，自觉开展校内实践。校园实践就是积极利用校内

资源，有目的、有计划和有组织地在学校内部开展的实践活动，包括参观校史馆，举办学生讲授微党课比赛和开展党支部征文活动等，找到伟大建党精神和校园文化的有机结合点，让学生不出校园就能快速便捷地上好高校思政实践课。最后，自觉开展社会实践。作为课堂实践和校内实践补充环节的社会实践，有利于打破时空的局限性，增强思政课教学的延展性，强化高校学生实践的自由度和自主性。社会实践活动的形式也是丰富多样的，主要有参观各地的红色纪念馆和革命遗址、积极参与红色文化专项调研等。通过打造课堂实践、校内实践和社会实践一体化的教学体系，有利于大学生牢牢筑起思想交流互动的“立交桥”，既让学生在实践中强化了课内学习的理论知识，提高了学生的知识运用能力，同时也使学生在具体可感的现实参与中加强了对伟大建党精神的理解与认同，充分感受到伟大建党精神的浸润。

未来终究属于青年，希望寄予在青年身上。新时代青年传承历史使命，离不开高校思政课教师的精心培养。高校思政课教师充分发挥伟大建党精神资政育人的作用，是思政教师的崇高历史使命和重大历史责任。在中国共产党成立百年的新起点，面对世界百年未有之大变局和奋战中华民族伟大复兴战略全局，在高校思政课教学中融入伟大建党精神，才能在守正中创新，在开拓中进取，为促成共产主义远大理想和中国特色社会主义共同理想的实现汇聚磅礴之力。

参考文献

[1] 张明. 伟大建党精神与中国共产党人的精神谱系关系研究 [J]. 新疆师范大学学报（哲学社会科学版），2022，43（1）.

[2] 韩雨辰. 中国共产党伟大建党精神及其时代意义 [J]. 大连干部学刊, 2021, 37(7).

[3] 蒲清平，范海群，何丽玲. 伟大建党精神的内涵特征、时代价值与弘扬路径 [J]. 重庆大学学报（社会科学版），2022，28（1）：12-22.

[4] 陈松友，吕路军. 东北抗联精神融入大学生思想政治教育的必要性及路径 [J]. 思想理论教育导刊，2016（10）.

[5] 林于良. 高校“四史”教育：价值旨归·现实困境·路径选择 [J]. 中学政治教学参考，2020（38）.

（编辑：秦慧）

“三全育人”理念下 “四维度”结构化融通思想政治教育模式研究

周海荣　宁瑞

【摘要】为聚焦立德树人根本任务，推动研究生思想政治教育更好地发展，本文基于习近平总书记提出的“三全育人”理念，深入探讨了研究生思想政治教育中教育形式、教育主体、考核机制和管理机制四个维度有效融通的理论与实践机制，力图构建“四维度”结构化融通思想政治教育模式，为进一步落实“三全育人”理念，构建“大思政”教育体系，推进新时期人才培养目标下研究生思想政治教育教学改革与创新提供借鉴。

【关键词】三全育人；研究生；思想政治教育；融通

【作者简介】周海荣，女，1978年生，博士，西南财经大学马克思主义学院讲师，主要从事马克思主义哲学、价值哲学研究；宁瑞，女，1995年生，西南财经大学马克思主义学院硕士研究生，主要从事马克思主义基本原理研究。

【基金项目】本文是西南财经大学2020年度“中央高校教育教学改革专项”研究生教育教学改革项目“‘三全育人’理念下‘四维度’结构化融通思政教育模式研究”（项目批准号2020YJG061）的阶段性成果。

研究生教育肩负着为国家培养和储备高层次人才，为实现中华民族伟大复兴输送高端建设力量的历史重任。广大研究生需要形成科学的世界观、人生观、价值观，拥有坚定的马克思主义信仰，具备较高的政治素养和强烈的社会责任感，以及一定的国际视野和大局意识，方能成为中国特色社会主义现代化事业的合格建设者和可靠接班人。因此，研究生思想政治教育在研究生人才培养中的地位可谓举足轻重。近年来，在党和国家高度重视思想政治工作的大环境下，研究生思想政治教育工作取得重要进展，但整体来说，“研究生思想政治教育仍是大学生思想政治教育中相对薄弱的环节……加强和改进研究生思想政治教育，是当前全面推进大学生思想政治教育工作中一项十分紧迫的任务”①。习近平总书记提出的“三全育人”理念为新形势下加强和完善研究生思想政治教育工作提供了重要的理论遵循。

① 教育部关于进一步加强和改进研究生思想政治教育的若干意见［EB/OL］. http://www.moe.gov.cn/srcsite/A12/moe_1407/s6875/201011/t20101117_142974.html.

一、研究生思想政治教育的特殊性

矛盾的特殊性决定解决矛盾时必须具体问题具体分析。毛泽东强调：“不同质的矛盾，只有用不同质的方法才能解决。”① 研究生教育既是学历教育的最高阶段，也是知识、能力的系统化、规范化培育和养成的最后环节，研究生教育自身的特点决定了研究生思想政治教育具有特殊性。只有充分了解这些特殊性，才能更好地提升研究生思想政治教育效果。

（一）研究生思想政治教育对象的特殊性

与本科生相比，研究生群体具有众多特殊性。一是研究生的生源结构相对复杂。从来源和构成上看，有本科毕业直接读研的，也有工作若干年后再读的；有全日制脱产攻读，也有在职攻读；学生中有普通学子，也有政府官员和商界人士；攻读学位有学术硕士和专业硕士之分；目标导向上有基于深入学习和学术追求的，也有单纯基于学历提升需要的。群体构成的广泛性、多样性增加了研究生思想政治教育的复杂性。二是研究生社会阅历丰富，价值观相对固定。相对于本科生而言，研究生的社会阅历相对丰富，世界观、人生观、价值观相对稳定，加上不同的背景领域和不同的年龄跨度（从20多岁到40多岁不等），研究生思考、分析、解决问题的方式具有很大差异，个体在各自领域和背景下形成了既定价值观念，很难接受灌输式或说教式的思想政治教育。三是研究生社会角色增多，现实压力更大。首先，研究生群体很多已涉及婚恋关系，个体要承担相应的社会责任和处理相对复杂的人际关系；其次，研究生的毕业考核标准更高（包括期刊论文和学位论文的要求等），学业压力更大；再次，相对于本科生的学业和生活费用大多由家长承担，研究生（尤其是已经结婚成家的）的经济压力和生活负担加重；最后，随着研究生招生规模的扩大，研究生就业压力增大，加上更高学历背负着给家人带来更好生活的期许也无形中导致压力叠加。多方面的现实压力决定研究生的思想状态更需要被深入关注和合理疏导。

（二）研究生思想政治教育主体的特殊性

高校专业思想政治教育主体通常包括思想政治课教师、辅导员以及党团组织等，研究生思想政治教育当然也离不开这些主体。但除此之外，研究生思想政治教育主体有其自身的特殊性。研究生教育最大的特点在于导师负责制，与本科生分班级管理为主不同，研究生更多的是被纳入以导师为核心的团队管理体系。在这种体制下，和研究生接触最多、最有机会深入实施思想政治教育的无疑是其导师。从学习、科研直到为人处世，导师的言传身教、管理理念以及具体要求都会对研究生产生巨大影响，而研究生最信服、最容易接受的往往也是自己导师的教育与引导，因此，导师成为研究生思想政治教育最重要的主体。而且，师门或团队内部“传帮带”形成一种隐性教育主体。在研究生阶段，除了基础课程大班上课之外，不同师门的学生交流机会不多，而同门或团队内部学生联系密切，导师（往往也是团队负责人）经常会让优秀学长指导学弟学妹的论文、实验等，低年级同门也会就生活难题、学业压力、人际关系困扰等问题请教师兄师姐。学业及生活上的指导与经验传授，使得师门或团队内部学长以“传帮带”的方式成为研究生思想政治教育重要的隐性主体。

① 毛泽东. 毛泽东选集：第1卷［M］. 北京：人民出版社，1991：311.

（三）研究生思想政治教育过程的特殊性

课堂教学是高校思想政治教育的主渠道，主要包括以知识性和理论性为主的思想政治理论课以及各种人文通俗课程，但这种集中、统一的规模教育在研究生思想政治教育中效果并不理想。与本科教育以接受和输入知识为主要任务不同，研究生教育以知识的创新为根本任务，以探索和研究为主要学习方式。这种培养目标和培养方式决定研究生会在学术和科研活动上倾注绝大部分时间和精力。因此，研究生阶段的思想政治教育应该尊重研究生培养的规律和特点，以“科研育人”为重要依托，立足于研究生创造性学习的各个环节，在培养研究生学术和科研能力的过程中，渗透思想政治教育，从而发挥“科研育人”的效应。科学研究作为一种特殊的认识和实践活动，需要研究者严谨求实、脚踏实地的态度，研究过程中的艰辛探索、耐心打磨，以及如何应对失败、如何处理不如意的研究成果，这些对研究者来说是一种自然的锤炼和无声的教育，因而具有培育良好思想品德的特殊功能。因此，在研究生教育过程中，重视合力育人的同时，更应该注重和形成“科研育人”的长效机制，深入挖掘和合理利用科研活动特有的育人功能，提升研究生思想政治教育质量。

二、研究生思想政治教育中存在的问题

随着高校研究生的招生规模不断扩大，研究生群体的层次与之前相比更为复杂，高校思想政治教育传统的教育理念、运行模式和管理方式在新形势的要求下显现出不适应性，研究生思想政治教育工作存在的问题日益突出。

（一）研究生思想政治教育针对性不强

研究生思想政治教育的对象、主体和过程的特殊性，决定了研究生思想政治教育的内容、形式和方法都应该与研究生具体的学习、生活及思想状态相结合，有的放矢，精准施教。但实际上，研究生的思想政治教育往往呈现粗放模式。一是大部分高校党政部门、辅导员群体的思想政治教育工作停留在事务化、活动化表层，具体表现为党团活动程序化、沟通交流形式化等。思想政治工作没有触及研究生思想问题的根源，没能针对研究生的现实关切进行引领和指导，通常是学生出现思想或行为问题之后再进行符合政治正确要求的善后处理。二是继续本科生的思想政治教育模式，忽视研究生群体的特殊性，将研究生思想政治教育当成本科生思想政治教育的尾巴。当前大部分高校研究生的思想政治教育依然主要寄托于思想政治理论课程，但课程内容设置和讲授方式的针对性问题一直没能得到很好的解决。尽管2010年中宣部、教育部提出对研究生思想政治理论课课程设置进行适当调整，以加强研究生思想政治理论课程的导向性、层次性和实效性（包括硕士生的思想政治理论课程调整为“中国特色社会主义理论与实践研究”“自然辩证法原理”“马克思主义与社会科学方法论”，博士生的思想政治理论课程调整为“中国马克思主义与当代”“马克思主义经典著作选读”）①。随后绝大部分高校的研究生思想政治理论课程设置基本都按照中宣部、教育部的文件精神进行了调整，但调整后的课程教学效果依然不理想，没有充分发挥其在思想政治教育中的主渠道、主阵地作用。究其原因，一方面课程内容本身与研究生的现实关注、理

① 中共中央宣传部 教育部关于高等学校研究生思想政治理论课课程设置调整的意见［EB/OL］. http://www.moe.gov.cn/srcsite/A13/moe_772/201008/t20100806_108814.html.

论需求有一定距离；另一方面教师授课方式也没有从研究生的群体特征与心理特点出发，理论灌输多、现实探究不足，未能真正与研究生的思想成长建立深层连接，自然难以取得令人满意的教育效果。

（二）“三全育人”意识不到位

2017 年 2 月，中共中央、国务院印发《关于加强和改进新形势下高校思想政治工作的意见》，提出“全员育人、全程育人、全方位育人”的“三全育人”理念。但“三全育人”理念提出四年多以来，在研究生思想政治教育中收效甚微。

一是研究生思想政治教育工作队伍协同不够。一方面，研究生的思想政治理论课主要由马克思主义学院老师承担，授课教师与研究生所在学院的导师、专业课教师或辅导员几乎没有交集，更谈不上有效沟通与互动。所以在思想政治教育上是各自为政，以完成自己的任务为原则，难以取得共同育人的效果。另一方面，虽然多数高校研究生的日常思想政治教育工作由导师和辅导员共同参与，但很多导师认为，思想政治工作应该由辅导员或思想政治老师来承担，导师的主要任务是提升学生的学术能力和专业水平，指导学生把学术和科研做好。而辅导员认为导师是研究生的第一责任人，辅导员主要忙于研究生的评奖评优、党团活动、安全防范、就业指导等具体的事务性工作。这样一来，研究生的思想品德培育、政治素质养成、心理健康教育等关乎研究生“成人”的工作由于教育主体协同不够，现实中往往成为“三不管地带”，处于放任自流的状态。

二是“课程思政”落实不到位。“课程思政”是高校思想政治教育在新形势下推进“三全育人”理念进一步落实的重要改革举措，它要求高校思想政治教育突破传统的以思想政治理论课为单一载体的德育体系，各类学科、课程挖掘自身的德育元素，共同肩负起高校立德树人的历史使命。近些年，高校积极响应“三全育人”理念，通过设立专项经费、组织教师培训、举行讲课比赛等多种形式推进“课程思政”改革。但整体来说，本科生的“课程思政”改革更受重视，也已初见成效，研究生教育的“课程思政”改革则进展缓慢。一方面是研究生教育的课程观念没有根本转变，认为研究生教育以培养研究型人才为最高目的，其专业课程应致力于提升学术和科研能力，从而忽视研究生专业课程的德育功能；另一方面是对“科研育人”没有引起足够重视。科研活动具有特殊的育人功能，研究生教育要贯彻“课程思政”理念，除了专业课程的课堂教学应尽可能挖掘德育元素，助力思想政治教育之外，更要重视落实“科研育人”理念，即在对学生进行学术和科研训练中渗透思想政治教育，帮助学生树立正确的学术价值观，培养报效祖国、服务人民的理想信念、勇于开拓的创新精神和严谨求实的科研作风。

（三）配套政策不健全

科学的考核评价体系与合理的管理制度是提升研究生思想政治教育效果、形成协同教育长效机制的重要保障，但在目前大多数高校的研究生思想政治教育模式中，从人员配备、机构设置、评价体系到管理机制等，相关配套政策明显相对滞后。首先，传统的研究生培养以学术考核为最高考核标准，研究生的评奖评优主要依据是课程成绩、各种比赛获奖名次以及期刊论文发表情况，毕业考核主要依据学位论文的完成水平以及小论文发表级别，而学生德育水平考核往往仅限于思政课程的学科考核。除了学术论文必须遵守学术规范的硬性要求之外，研究生的思想品德素质很少被纳入评奖评优和毕业考核体系，这就导致研究生的学习导向以及导师的培养导向都偏向重专业水平、轻思想政治素质。其次，高校研究生思想政治教育的机构设置和管理机制有待完善和健全。《教育部关于进一步加强和改进研究生思想政治教育的若干意见》明确提出要切实健全完善研究生思想政治教育的领导体制与工作机制，并要求高等学校要建立和完善党委统一领导、党政齐抓共管、专兼职队伍相结合、全校紧密配合的管理机制①。目前大部分高校实行的是党支部、团支部和班级三合一的管理方式，这种直接承继本科生思想政治教育模式的管理方式往往忽视了研究生思想政治教育同时应该结合专业方向、科研团队、实验室进行设置管理，从而可以为“科研育人”以及导师的“团队育人”提供有效路径。此外，大多数高校对研究生思想政治教育工作者缺少合理的考核和激励机制。基本情况是思想政治理论课教师考核和专业课教师考核“一刀切”；导师的考核依据是导师的学术和科研水平以及所带研究生的学业情况；辅导员的考核标准是具体事务的完成度。也就是说，高校对主要的思想政治教育主体缺少明确合理的针对性考核和激励机制。

三、“四维度”结构化融通的思想政治教育模式的探讨

（一）教育形式上构建显性教育和隐性教育相统一的思想政治教育共同体

2019 年 3 月，习近平总书记在学校思想政治理论课教师座谈会上强调，推动思想政治理论课改革创新，要坚持八个方面的“辩证统一”，其中之一就是要坚持显性教育和隐性教育相统一②。构建显性教育和隐性教育相统一的思想政治教育共同体，突出要求的是“思政课程”和“课程思政”的协同和融通。首先，“思政课程”是研究生思想政治教育的核心和基石，提升研究生思政课程质量和育人效果，发挥思政课程的价值引领作用，依然是研究生思想政治教育的重中之重。就提升研究生思政课程质量而言，在丰富教育方式和手段的同时，应该突出研究生思政课程与本科生思政课程的区别，注重课程内容的研究性，注重联系党情、国情、民情启发学生进行现实思考，培养研究生的政治敏锐性、分析问题解决问题的能力以及社会担当。其次，贯彻“三全育人”理念，需落实“课程思政”理念。仅仅依靠思政课程这一单一形式导致思想政治教育效果“孤岛化”一直是传统思想政治教育的典型局限。“课程思政”理念正是要拓宽思想政治教育渠道，通过发挥各门专业课程的德育元素，隐性施教，达到润物无声的德育效果。研究生教务部门须联合各院系以及专业课程教师积极推行“课程思政”教育教学改革，建立健全相关体制机制，将“课程思政”理念落到实处。“思政课程”和“课程思政”的融通将打通研究生教育的全部课程，让思政课程和专业课程在立德树人的道路上同向而行。再次，提升对“科研育人”重要性的认识。通过各种激励或考核机制增强导师或团队负责人的“科研育人”意识，转变只重视“教书育人”而不重视“科研育人”的传统观念。导师最好的育人方式就是通过学术和科研训练锻造学生，培养其“成才”的同时更培养其“成人”。最后，课程之外，其他思想政治教育主体（如辅导员、班主任、党团组织等）可以根据具体教育主题拓展校内外文化活动和实践活动形式，发挥第二课堂的隐性育人作用。

（二）教育主体上坚持立体化育人团队汇聚融通

传统研究生思想政治教育三大责任主体是研究生导师、思想政治理论课授课教师

① 教育部关于进一步加强和改进研究生思想政治教育的若干意见［EB/OL］. http://www.moe.gov.cn/srcsite/A12/moe_1407/s6875/201011/t20101117_142974.html.

② 习近平. 用新时代中国特色社会主义思想铸魂育人 贯彻党的教育方针落实立德树人根本任务［EB/OL］. http://politics.people.com.cn/n1/2019/0319/c1024-30982117.html.

和研究生辅导员。在“课程思政”理念下，研究生教育全体授课教师都将成为德育主体，而在“三全育人”的“全员”育人理念下，整个高校所有工作人员同时都是思想政治教育主体。这是新时期高校人才培养目标对德育主体的必然要求。但不同责任主体之间必须形成合力，使整体效果大于部分之和。其一，明确各责任主体的权责，健全责任机制。学校应对思想政治教育主体的性质和内容进行科学界定，建立一套切实可行的研究生思想政治教育工作责任制，如导师要发挥研究生思想政治教育“第一责任人”的作用，研究生辅导员做好一线具体工作，党政管理职能部门做好协调和统筹工作等。其二，搭建交流平台，促进各大责任主体互通有无。传统体系中不同责任主体间缺乏沟通与信息共享，导师专心于学术研究，辅导员忙于行政事务，思政课教师只管课堂，他们之间无有效的互通机制，导致沟通不畅，而这种沟通不畅不仅导致教育资源浪费，而且不利于教育合力的形成，使教育效果大打折扣。因此，应建立有效的互通机制，如定期举行学生思想情况汇报会（线上线下方式相结合），导师、辅导员、思政课教师、学生代表、党政管理工作人员等一起参加，互通一手信息，并将信息总结分享给全体专业课程任课教师，增进责任主体间的了解，推进多主体合力育人。

（三）建立多元贯通、全面合理的考核体系

新时期的研究生教育以立德树人、培养全面发展的人才为根本任务，因此需要推行“思”和“行”并重、“智”和“德”并行的考核标准。在研究生的思想政治教育考核上，应建立思政课程考核和学生综合思想政治水平考核相融通的多元化考核体系。其一，对于研究生思政课程的考核应巧妙设计考核参数，合理安排各项指标的权重系数，注重发展性评价和过程性评价。卷面考核应以尽可能让学生展现思考能力和分析能力为标准；过程评价应注重挑战度和个性化，设计如知识竞赛、课堂展示等多样化过程评价方式，提升学生过程参与积极性。其二，建立学生综合思想政治水平考核的长效机制，围绕研究生的科研和生活，形成对研究生全方位、多层次、多维度的考核，推动考核体系的全面化。如思想道德素养的考核可纳入导师、同学、舍友等亲密接触群体的评价，政治素养考核可以通过组织一些思想政治状况小测试等。测试内容可包括对国际国内政治热点的关注度、对意识形态领域斗争及其变化的敏感度、对社会发展的认可度、对马克思主义指导思想的接受度、对中华民族和中华文化的认同度、对中国共产党和中国特色社会主义的认同度等。

（四）推进职能部门管理机制的结构化融通

落实“三全育人”理念，构建“大思政”教育体系，要求建立全方位、立体化思想政治教育管理制度。其一，积极联合党政、教务、科研、人事、后勤等职能部门，形成管理合力，整体优化思想政治工作管理环境，寻求多渠道融合开展思想政治教育活动。如融合研究生党建工作和思想政治工作，融合中央政治精神学习活动和思政教师集体备课活动，结合研究生会、学生社团等组织开展思想政治工作等。其二，建立以立德树人为最高标准的教师评价制度，将师德评价作为教师职称晋升的基本要求，同时融合相应的激励政策，鼓励思政课教师探索思想政治教育模式创新，鼓励专业学科探索“课程思政”的有效模式，营造良好德育氛围，提高全员全过程育人的自觉性和责任感。其三，基于研究生群体的特殊性，融通研究生培养的各个环节，根据个体不同的年龄层次、学习特点、专业背景以及读研目的，将对研究生的思想政治教育与其科研、生活、就业等实际问题相结合，实现校内外整体育人与全方位育人。

（编辑：宋婧琳）

基于虚拟仿真技术的高校思政课"三个代入"教学模式探索

李春梅

【摘要】在"互联网+"的信息化时代，如何将现代信息技术和高校思想政治理论课教学高度融合，以进一步提高高校思政课的实效性，当前还面临着一些亟待解决的问题，如信息技术与课堂教学缺乏深度融合，学生的参与性和融入感不强，教学过程"走形"多、"走心"少，难以入脑入心。基于虚拟仿真技术的"三个代入"教学模式，真正实现了以学为主，理论和实践双循环，达到了知、情、意相统一的良好效果。

【关键词】高校思想政治理论课；虚拟仿真技术；现代信息技术；"三个代入"教学模式

【作者简介】李春梅，女，1971 年生，博士，西南财经大学马克思主义学院教授，主要从事中国近现代史问题研究。

【基金项目】本文系 2021 年度高校思想政治理论课教师研究专项重大课题攻关项目"现代信息技术促进思政课教学质量提升研究"（21JDSZKZ05）、2020—2022 年高校思想政治理论课建设项目"全国高校思政课虚拟仿真体验教学中心"、2021 年四川省虚拟仿真实验教学中心建设项目"思想政治理论课虚拟仿真实验教学中心"成果之一。

当今时代，互联网突破了课堂和知识的传统边界，推动思政课创新改革，要树立"互联网+"的教学理念，遵循习近平总书记提出的"要运用新媒体新技术使工作活起来，推动思想政治工作传统优势同信息技术高度融合，增强时代感和吸引力"。为此，我们将基于计算机技术、仿真技术和人工智能技术的虚拟现实技术（也可译为"虚拟仿真"，Virtual Reality，VR）运用于高校思政课的教学中，构建"理论—实践—主体"三个对象有机代入教学过程的教学模式，积极探索思政课新的"打开方式"，使之不仅"有意义"，而且"有意思"，增强时代感和吸引力，让大学生有更多获得感。

一、问题的提出

对于思政课的改革创新，我们一直在探索，从教学内容到教学模式到教学手段和实践性教学，从"专题式教学""案例式教学"到"探究式教学""问题式教学"再到"情景式教学"，教学实践活动从"读史读书活动"到"社会调查"再到参观各种教学实践基地以及建立校内红色文化教学实践基地等，考试方式也从小论文到个性化的随堂开卷又回到统一闭卷考试，特别是随着现代信息技术在思政课教学中的广泛应用，慕课、微课、智慧课堂、线上线下混合式课程等也流行起来。在教学改革创新中，我们始终倡导融思想性、知识性、学术性为一体的教学理念，融课堂教学、自主学习、能力提高三位一体，注重培养学生的学习能力、创新精神和探索精神。从教学效果来看，也取得了一定的成效，学生也反馈在思维方式、逻辑能力、学习兴趣、历史启示认识等方面有了提高，培养了学生的家国情怀，对自身的人生观、世界观、价值观的构建起到了积极作用。但是，依然存在一些没有解决的问题，学生对思政课的获得感更多的还停留于分数上，学习热情不是很高，抬头率依然有些尴尬，学生反应（映）比较强烈的是课堂表现形式单一，趣味性、生动性不够，参与性和融入感不强，“走形”多、“走心”少，难以入脑入心。教师讲、学生听的教学范式导致教学本体偏失，学生的主体性作用发挥不足，主动思考缺乏，参与热情不高。就目前高校思政课教学的现状来看，与让学生喜闻乐见、受益无穷的课程目标确实还有一段距离。解决问题的关键在于如何进一步增强思政课的思想性、理论性、亲和力和针对性。笔者认为，除了继续坚持教学内容为王外，也要结合思政课的教学实际，遵循学生的成长规律、认知规律和接受特点，创新方式方法，在教学技术和艺术上多下功夫，尤其是在信息技术被广泛应用于现代教学的当下，充分运用新媒体新技术，将虚拟仿真等现代信息技术同思政课的课堂教学深度融合，推进高校思政课教学模式改革创新，让思政课变得有“知”有“味”。

二、虚拟仿真技术在高校思想政治理论课教学中的运用

采用现代教育技术是高校教学改革的突破口，基于计算机技术、仿真技术和人工智能技术的虚拟现实技术是现阶段教育技术发展的制高点，虚拟仿真实验教学通过提供高仿真、可视化的教学内容，创设具有临场感、沉浸感和交互性的实训教学情境，能够提升受教育者的学习行为意愿，进而提高学习效果。在高校思想政治理论课教学中通过利用虚拟仿真技术，构建直观、生动、形象、逼真的图像、动画、三维场景的虚拟环境，让学生以第一人称视角或三维人物角色视角进行虚拟仿真和场景浏览学习，通过虚拟仿真技术和交互操作对历史事件发生时的情景进行决策选择，并且通过插入交互任务的方式体验当时的历史事件的场景，学生依托所学的理论和知识对所提供的文献、资料进行实事求是的科学分析和理性判断，做出正确选择。事实证明，通过虚拟仿真实验教学，大大拉近了学生与历史和真实场景之间的距离，让学生感受到历史有血有肉，有思想也有内容，仿佛身临其境地经受一场历史风云的洗礼，更加全方位地深刻了解和认识历史事件，感受历史的魅力，深刻领会历史传递的思想价值和意义，增强历史认同感，有力抨击历史虚无主义。以现代技术为支撑的后台教学管理可以实现实验结果的自动批改、实验成绩统计查询，教师可以查看每个学生的登录次数、学习积分、主要学习内容、成长情况以及练习结果分析，学生的学习结果可以形成图表形式并反馈给教师，便于教师对学生进行课上课下管理，并能做到对学生学习情况的随时跟踪。教师在查看学生学习情况的过程中，系统可以实现学生学习情况或实训成绩的横向分析，可以实现学生登录次数、学习积分、实训和考试成绩的数据综合统计排行，包括个人排行、班级排行。同时，平台管理功能可以让学生在平台内的所有课程内容的学习过程均提供成长记录功能，包括学习次数、学习时间、学习内容、实训结果、练习成绩个人排行、练习成绩班级排行、练习积分榜等。学生在个人账户信息

内也可以查看自己的学习情况。

三、“三个代入”教学模式的构建

（一）“三个代入”教学模式的内涵

基于虚拟仿真技术的“三个代入”教学模式是指将“理论—实践—主体”三个对象有机代入教学过程，将理论知识和价值塑造呈现为高仿真、可视化的教学内容，通过系统架构教学内容模块、实验任务、评价体系和技术支持，让学生在精心设计的教学内容、环环相扣的故事情节和步步深入的实验任务中，为顺利完成实验教学夯实基本理论储备，以实践检验学习成效、深化理论认同，最后达到情感升华和认知内化的目的。通过“三个代入”，使被教育者完全进入模拟的时空场景、人物情感场景、学习主体场景和思想活动场景中，凸显学思践悟“沉浸感”，通过人机交互、师生互动、人与场景合一，开展情境教学，并由学生、设备及后台管理系统、教师三方的结合实现综合性教学评价。通过教师在理论教学环节的知识传授和学理阐述，到“三个代入”的情境教学转换，引导学生通过情感和思想的“沉浸”及加工转换，在“学生—机器—教师”的多维交互作用中有效提升获得感。

（二）“三个代入”教学模式的构成因素

1.“以学为中心”的教学理念

思政课教学要实现“入脑入心”，关键是教学要能吸引学生、触动心灵，实现知、情、意统一。做到这一点，关键不在教师习惯或擅长“怎么教”，而在是否坚持“以学为中心”，准确把握学生喜欢教师“怎么教”、怎样呈现教学的心理需求。为此，就必须改变过去以教师“教”为中心，教师讲，学生听，以课堂灌输为主的教学模式。依托虚拟仿真技术构建的以“理论—实践—主体”为路向的“三个代入”教学模式较好地把握了“95后”“00后”大学生心理和认知特点，充分发挥学生的主体性和自觉性，有效提升了大学生的学习获得感。

2. 课堂讲授与虚拟仿真实验一体化的教学方法

基于虚拟仿真技术的“三个代入”教学模式体现了教学范式的根本变革，构建了一种全新的学习机制。其通过将课堂教学、信息技术、仿真实验相结合，突破传统的“教师讲授+学生自学+师生互动”的教学方式，采取“教师讲授+虚拟仿真技术+交互体验”，并在虚拟仿真实验活动中采用“任务驱动”模式进行，学生依托所学的历史理论和知识，根据提供的文献、史料等进行分析判断，做出正确选择，并完成任务，依据学生完成任务的情况推进实验进程并获得相应评分，以考查学生应用知识和分析问题、解决问题的能力。新模式注重理论联系实际，强调实验教学和理论教学并重。在这一教学模式中，学生将所学理论和知识融入实验项目中，充分发挥学生的主体性、学习的主动性和参与性，提高学生探究历史问题的能力，有利于培养学生的学习能力。其具体包括以下几种教学法：

（1）“理论—仿真—情感”为闭环的虚拟仿真教学法

针对高校思政课的理论说服力不足问题，“三个代入”的教学模式将理论知识呈现为高仿真、可视化的教学内容，再通过仿真体验完成对理论的情感升华。首先，在教学设计阶段，将原本非常艰深、晦涩的思政课理论内容，如将“中国共产党为什么能”“爱国主义的深刻内涵”“社会主义为什么好”等理论，具化为以“红军长征在四川”

为代表的中国革命历史场景、“两弹一星”元勋甘于奉献的人生经历、“抗震救灾”中伞兵营救队的大无畏壮举等，创设具有临场感、沉浸感和交互性的实训教学情境，构建直观、生动、形象、逼真的图像、动画、三维场景的虚拟环境。其次，在教学实施阶段，让学生以第一人称视角或三维人物角色视角进行虚拟仿真和场景浏览学习，“飞夺泸定桥”“建立两弹一星实验基地”“跳伞营救被困灾民”，通过虚拟仿真技术和交互操作对重要的现场情景进行决策选择，并且通过插入交互任务的方式体验当时的重要经历，大大拉近了学生与理论内容之间的距离。最后，在授课与学习的反思阶段，让学生深刻领会思想政治理论课的思想价值和意义，增强历史认同感，有力抨击历史虚无主义，深刻领悟习近平新时代中国特色社会主义思想理论体系，进而将对理论知识的认同转化为对价值与情感的认同。

（2）“人—机交互作用”的情境教学法

针对高校思政课的学习生动性不足问题，“三个带入”教学模式重要内核便是建构沉浸式的虚拟仿真情境教学法。具体而言，可细分为以下几个步骤：①场景营造。创设具有临场感、沉浸感和交互性的实训教学情境，在视觉上以 3D 建模营造惨烈的战争场面、艰难的革命条件、恶劣的灾后环境等；在听觉上设置铺天盖地的枪炮声、昂扬的革命歌曲、娓娓道来的历史讲述等，以符合人类接收信息的生理机制，让学生在高仿真、可视化的视听内容中将知识体系入脑入心。②任务驱动。创设“阻击敌机”“研发卫星”“迫降营救”等具体的实验任务，让学生在分步骤的任务目标中，积极探索解决办法，自主调动已掌握知识，主动吸收课程新知。③行为决策。通过交互操作的方式进行体验式教学，需要学生依托所学的理论和知识对所提供的学习资料进行科学分析，对实验过程中的重要决策进行理性判断，并对行军路线、科技发展战略、震后营救举措等做出正确选择。一方面使学生的代入感、沉浸感更为浓厚，另一方面在决策完成之后，立刻显示行为的正确或错误，给学习过程以及时、准确、客观的评价反馈，从而实现“人—机交互作用”对传统教学反馈的突破。④情感融入。通过沉浸式、体验式、情景式教学与知识传授和理论的学理阐释相结合，构建思政课堂“生态活力”，既强化学生学习的主体性，也注重教学的启发性，将显性教育与隐性教育结合起来，达到知、情、意统一，实现价值观、人生观、世界观的引领，真正做到“润物细无声”的情感升华。

（3）利用时空距离优势，创设隐蔽式师生互动教学法

针对学生在学习过程中的主动性不足问题，“三个代入”教学模式特别强调在仿真实验层面上的师生互动教学法，这样的师生互动与传统的教学方法存在明显区别即一种互动过程中的时空距离。针对学生的学习主动性不足，基于“时空扩张”和“时空微缩”的“变焦”特性，放大学生“主动性”，弱化教师“干扰”，在仿真实验中采用师生隐性互动教学法。运用这一方法的关键在于创设师生互动过程中的时空距离。一方面，学生在开展虚拟仿真学习过程时，师生互动是一种扩大化的时空距离。教师的角色是以一种“剧作者”的身份隐于教学活动之中。对教师而言，需要在实验设计中预设、判断学生的心理活动，或是设计多线程、多可能性的仿真进程，备课更从容，思路更开阔。对学生而言，则无须直接面对与其具有权力差序的教师，作为闯关者可以在第一人称和三维人物角色视角两种模式中随意切换，在学习过程中的外在压力明显减轻。“距离产生美”，这是该教学法所具有的独特优势之一。另一方面，在教学活

动结束后，师生互动是一种缩小化的时空距离。学业评价决定了进一步教、学的方式和效果。以现代技术为支撑的后台教学管理实现了实验结果的自动批改、实验成绩统计查询，教师可以查看每个学生的登录次数、学习积分、主要学习内容、成长情况以及练习结果。学生的学习结果形成图表形式并反馈给教师，便于教师进行学生的课后管理，并能做到对学生学习情况的随时跟踪。这样的教学评价更加客观、及时、准确且精准，极为显著地解决了学生在实践学习中的主动性不足问题。

3.“三个统一”的教学评价体系

“三个代入”教学模式构建了一套“三个统一”的教学评价体系，即①知识与价值相统一：基于学习、问题回答、完成任务等情况检验学生知识掌握情况；基于实验大数据对价值选择的评判检验学生的思想素质。②客观与即时相统一：技术后台对实验实时数据给予客观评分；教师对实验报告给予主观评分。③过程与结果相统一：在“任务驱动模式”下对每个环节和步骤给予评分，耦合形成总成绩。其具体包括以下几个方面：

（1）构建学生、机器、教师三方参与的综合评价机制

在虚拟仿真实验教学中，教师对整个教学目标、内容及考核方式进行设计，以检验学生的学习效果。学生通过知识闯关的方式完成知识内容练习。学生作为闯关者可以在第一人称和三维人物角色视角两种模式中随意切换。闯关知识以角色扮演、场景交互、知识问答等形式混合组成。闯关过程中系统进行实时数据统计，对学习的正确率、错误点等内容进行数据统计和分析并以图表的形式呈现，方便教师和学生对闯关练习情况进行针对性分析。实践表明，在学习过程中，学生学习的主动性、参与性、积极性被充分调动起来，切实增强了学习的实效性，更能充分体现评价的即时性、客观性和科学精准性。

（2）构建过程评价和结果评价、客观评价和主观评价相统一的评价方式

“三个代入”教学模式实现了过程评价和结果评价、客观评价和主观评价相统一。本教学模式评价分为两个部分：实验过程中的任务评分和实验完成之后提交心得体会的报告评分。虚拟仿真实验设备具备考评功能，在“任务驱动”模式下，其根据学生完成任务情况推进实验进程并给予相应评分，更能充分体现评价的即时性、客观性和科学精准性。

（3）虚拟仿真实验成绩综合评定系统

“三个代入”教学模式通过合理利用“互联网+”思维，参考大数据分析理念，建立了一套“系统统计”与“任课教师评分”相结合的实验成绩在线综合评定系统，并注重搜集学生对实践教学所产生的反馈信息（包括课堂教学反馈、实践教学反馈、客观分数反馈、主观评价反馈等）。在实验操作成绩部分，本项目采取“扣分制”，即软件操作部分按 100 分算，参与者在实验过程中，通过所有任务且一项未错得 100 分，错误一次扣除 4 分，最多扣除 40 分。完成所有任务最低得分 60 分。主观题部分按 100 分算，学生在完成实验后，需撰写并提交一份实验报告（不少于 1 500 字）。学生的实验项目成绩由实验操作分数（占比 60%）和实验报告分数（占比 40%）组成。

四、结语

基于虚拟仿真技术的高校思政课“三个代入”的教学模式，以虚拟仿真技术与思

政课传统教学相融合将教学过程中的各要素串联起来，推进理论与实践两大重要环节相互促进，依托于所学的理论知识以指导实验任务，又以实验任务加深对理论学习的理解和深化，并检验理论学习的效果。本教学模式是对传统教学进行针对性的完善，让教学资源不再是静态的图文呈现和视频的简单堆砌，教学过程不再是“教师讲、学生听”，教学评价不再是主观评价，而是升级为“图、文、音、像、交互”一体，从而使教学资源更丰富、教学呈现更生动、学习主体更主动，可以有效解决传统教学中教学内容比较枯燥、教学参与和互动比较有限的难题，进一步丰富教学形式，拓展教学效果评估的维度，从而开阔学生视野、完善知识结构，有效提升学生理论联系实际解决问题的能力。本教学模式将理论知识学习、教材阅读和课堂教学内容体验、复习巩固、教学互动、测验、评估融为一体，实现教学实践的突破和教学效果的提升。本教学模式也是对传统实践教学的深化，突破了传统思政课实践教学的时空界限。思政课传统的教学实践活动主要以调研和参观教学实践基地为主，由于经费、交通、管理、安全、时间等因素的制约，学生参与度低，覆盖面窄，效果并不显著。虚拟仿真实验项目安全，便捷，可操作性强，覆盖面广，学生参与度高，评价客观科学，实效性强，实现了教学实践的突破和教学效果的提升。

基于虚拟仿真技术的高校思政课“三个代入”的教学模式，改变了将现代信息技术仅视为一种工具和载体在教学过程中起点缀作用而已的状况，其将虚拟仿真技术融入课堂教学中，贯穿于整个教学过程，与教学内容深度融合，教师和学生必须具备较高的信息能力和信息素养全员全过程参与，让教师和学生之间达成共同学习的愿望，真正提升了现代信息技术在思政课教学应用中的实效性。学生在课后评价中说：“通过直观的图片、动画，生动的音效，刺激逼真的场景，沉浸地体验了四渡赤水、爬雪山过草地的过程，让我以红军战士的微观视角参加了这场惊心动魄的战斗，不仅身临其境地体验到了红军四渡赤水的细节，更感受到了红军战士的顽强斗志、大无畏的革命精神，让我对这支人民军队有了更深刻的了解，同时也感受到理想信念的强大，更深刻地认识到了中国共产党为什么能够成功！”

参考文献

［1］习近平. 把思想政治工作贯穿教育教学全过程，开创我国高等教育事业发展新局面［N］. 人民日报，2016-12-09（1）.

［2］李梁. 思想政治理论课教学与信息技术融合创新发展的历史与逻辑［J］. 思想理论教育导刊，2018（2）：91-95.

［3］王喜英，高顺起. 应用信息技术提高高校思想政治理论课教学的实效性探究［J］. 北京印刷学院学报，2020（12）.

［4］刘希岩，杨玉君. 现代教育技术在高校思想政治理论课教学中的应用问题综述［J］. 教育观察，2017（3）.

［5］崔华华，赵志业. 现代信息技术对高校思想政治理论课教学作用研究［J］. 思想政治教育研究，2012（1）.

（编辑：罗杰）

新技术条件下高校思政课实践教学考核方式的改革探析

——以西南财经大学“纲要”课 VR 虚拟仿真实践教学为例

郭文

【摘要】 成绩考核是思政课教学工作中的重要环节，在教学实践中针对考核形式、成绩评定的合理性、客观性等问题的处理直接影响师生双方的积极性和教学效果。在“互联网+”时代，高校思政课的实践教学有了新的拓展渠道。西南财经大学采用 VR 虚拟仿真实践教学的教学模式取得了显著成果。本文根据西南财经大学近年来在“纲要”课实践教学改革中的成绩评定进行分析，为思政课的教学改革提供有益的经验和借鉴。

【关键词】 虚拟仿真；高校思政课；实践教学；考核方式改革

【作者简介】 郭文，女，1979 年生，博士，西南财经大学马克思主义学院副教授，主要从事世界历史、马克思主义发展史研究。

【基金项目】 本文系 2021 年度高校思想政治理论课教师研究专项重大课题攻关项目“现代信息技术促进思政课教学质量提升研究”（21JDSZKZ05）、2020—2022 年高校思想政治理论课建设项目“全国高校思政课虚拟仿真体验教学中心”、2021 年四川省虚拟仿真实验教学中心建设项目“思想政治理论课虚拟仿真实验教学中心”、四川大学生思想政治教育研究中心项目“习总书记 3 · 18 讲话视域下‘纲要’课教师素养提升研究”（CSZ19023）成果之一。

一、西财马院“纲要”课实践教学改革的整体情况

思政课作为高校培根铸魂主渠道，是落实立德树人根本任务的关键课程。习近平总书记也曾指出，“坚持理论性和实践性相统一”①。高校应该重视思政课程的实践教学演变，在开好思政课程的基础之上，完善实践环节，提高实践教学有效性。这为我国思政课程改革和实践教学开展提供了重要的理论基础及指导方针。2016 年以来，西南财经大学马克思主义学院（简称“西财马院”）依托教育部、四川省教改项目持续开展改革实践，紧扣用习近平新时代中国特色社会主义思想铸魂育人，聚焦思政课提质

① 习近平. 用新时代中国特色社会主义思想铸魂育人 贯彻党的教育方针 落实立德树人根本任务［N］. 人民日报，2019-03-19.

增效，着力现代信息技术与传统教学高度融合实现理念创新、模式创新、方法创新，以“全国高校思政课虚拟仿真体验教学中心”、四川省“思想政治理论课虚拟仿真体验教学中心”和学校“思政课虚拟仿真联合实验室”为平台，以省级名师工作室骨干团队为保障，围绕中国革命、建设、改革与发展的理论探索与具体实践，成功研发“红军长征在四川”“新中国建设”系列实验项目，有机融入并广泛应用于思政课教学实践，实现从“指尖”到“心尖”（“知”“情”“意”）的转化。

西南财经大学马克思主义学院“纲要”教研室，在教学环节中利用虚拟仿真实验进行实践教学已持续进行了四年多。总结四年来的试验情况，虚拟仿真实验教学通过提供高仿真、可视化的教学内容，创设具有临场感、沉浸感和交互性的实训教学情境。网络的便捷性，更是让所有学生都能在实践中受益，而非重点培养优生放弃后进生。虚拟仿真实践教学打破时空壁垒，让学生在直观、生动、形象、逼真的图形、动画、三维场景构造的虚拟环境中，通过交互操作以及插入“任务驱动”的方式进行体验式教学，实践教学的重要性及实效性得到广大学生的认同，实现了思政课教学新的“打开方式”，学生获得感明显提升。

二、虚拟仿真实践教学的学生评价改革：打造“三个统一”教学评价机制

（一）实践教学考核方式改革的背景

高校思政课教学包括理论教学、实践教学两个部分，理论教学是基础，实践教学则是提升思政教育时效性的有力抓手。长期以来，高校的思政课教学均是以理论为主，实践处于被忽视的状态，实践教学中的一些问题也未得到有效解决。习近平总书记在全国高校思想政治工作会议上指出：“做好高校思想政治工作，要因事而化、因时而进、因势而新。”同样，高校思政课实践教学的考试模式也要顺应时代的潮流，符合时代发展的需要，遵循学生成长的规律，遵循教书育人的规律。新时代更需要充分发挥“互联网+”时代技术的支持作用，丰富实践内容，创新评价体系。尽管实践教学成绩在学生总成绩中的比重只占到 30%，但对调动学生的学习积极性和学习热情及合理评价当代大学生思政课学习成效，起到重要的作用。虚拟仿真实验用网络建立起了师生联系的“线上”方式，能让每个学生在参与思政课实践教学时都有所收获，尤其是一些在学习方面并不突出、对于实践教学参与积极性不高、与同学或老师沟通不积极的学生，从而实现了实践教学的全覆盖。

（二）西财马院“纲要”课 VR 虚拟仿真实践教学评价的具体做法

目前在“纲要”课中使用的主要是已研发的“红军长征在四川”系列项目，包括四渡赤水、飞夺泸定桥、彝海结盟、过雪山草地等。在虚拟仿真实验中，教学资源不再是静态的图文呈现和视频的简单堆砌，教学过程不再是“教师讲、学生听”，教学评价不再是单一的主观评价，这使得教学资源更丰富、教学内容更生动、学习过程更主动，可以有效解决传统教学中教学内容比较枯燥、教学参与和互动有限的难题。

在统一的实践教学时间内，每个学生都可从相关网页地址或者利用 HTC 头盔打开本实验，通过虚拟仿真技术和交互操作对历史发生时的情景进行决策选择，并且通过插入交互任务的方式体验当时的历史场景。实验以“任务驱动”的模式展开，学生依据完成任务的情况推进实验进程并获得相应评分。整个实践教学的考核则依据“在线实验一体化平台”与“虚拟仿真实验成绩综合评定系统”，形成了一套涵盖 VR 项目创

作、实施与管理的一体化教学体系。

虚拟仿真实验教学体系将重心放置到学生成绩的多维、综合评价机制上，结合制度规定，形成外在约束与内在激励相统一、“客观实验+主观考查”相融合的“虚拟仿真实验成绩综合评定系统”。

在实践教学的成绩评定方面，结合西财马院的实际，我们在考核指标中的分配比例是平时成绩占20%，实践教学成绩占30%，期末考核成绩占50%。在实验操作成绩的部分，项目采取“扣分制”，即软件操作部分按100分算，参与者在实验过程中，通过所有任务且一项未错得100分，错误一次扣除4分，最多扣除40分。完成所有任务最低得分60分。主观题部分按100分算，学生在完成实验后，需撰写并提交一份实验报告（不少于1 500字）。学生的实验项目成绩由实验操作分数（占比60%）和实验报告分数（占比40%）组成。系统依据学生完成任务的情况推进实验进程并打出相应评分，以考查学生应用知识分析问题、解决问题的能力，任课教师又通过批阅报告，掌握学生的主观感受。学生在完成实践项目，获得系统自动统计得分的基础上，还会被要求撰写一份实验报告，在报告中详细叙述完成虚拟仿真实验操作之后的心得体会，结合课堂教学与实践教学内容，阐述虚拟仿真教学对整门课程学习产生了哪些促进作用，对本项目的运转、课程内容等提出意见与建议。任课教师通过平台系统依次批阅所有学生提交的实验报告，并在系统中打出分数（满分100分），以达到主观、客观评价的有机融合。

这类“客观实验+主观考查”的新模式注重理论联系实际，强调实验教学和理论教学并重。在这一教学模式中，学生将所学理论和知识融入实验项目中，充分发挥学生的主体性、学习的主动性和参与性，可以提高学生探究历史问题的能力，有利于培养学生的学习能力。

此外，学生完成实验后，可在在线实验一体化平台内查看自己的实验分数。在近年来的实践教学中，西财马院除了探索出“体系建设”的虚拟仿真实验教学理念，还着力对实践教学效果的评价机制与学习成绩的评定机制展开攻关，通过合理利用“互联网+”思维，参考“大数据”分析理念，建立了一套“系统统计”与“任课教师评分”相结合的实验成绩在线综合评定系统，并注重搜集学生对实践教学所产生的反馈信息（包括课堂教学反馈、实践教学反馈、客观分数反馈、主观评价反馈等）。

（三）构建起了过程评价和结果评价相统一、客观评价和主观评价相统一的评价体系

在实践过程中，实验项目实现了过程评价和结果评价相统一、客观评价和主观评价相统一，具体表现为以下三个方面：

第一，知识与价值相统一。学生通过学习史料、实验、问题回答或根据交互体验中获得的信息完成任务、撰写体会等，习得了关于历史的基本知识。这种学习方法将学生作为主体，老师在设计实践教学内容过程中，充分考虑到“90后”“00后”大学生的认知特点，将学生的需求作为导向来调整实践教学方式，用他们更易于接受的方式传播知识，强调给予学生一种“经历”，使其获得一种更为全面的学习“体验”，这种生动的感知仅靠选择和判断是无法充分实现的，从而让学生在收获知识的同时培养其兴趣，并在此基础上深刻领悟理论的正确性，从而通过直观感受、知识学习升华到政治认同，教师基于实验大数据对价值选择的评判检验其思想素质。

第二，客观与即时相统一。学生在进行实验的同时，仿真实验设备启动考评功能，

在“任务驱动”模式下，根据学生推进实验的进程，对实验情况进行实时数据统计分析，及时、准确地给予相应评分或对错判断，使学生准确掌握整个历史过程中的真实历史细节。当学生完成实验任务后，立即根据完成情况给予相应评价。教师为实验报告打分，充分体现评价的即时性、客观性和精确性。

第三，过程与结果相统一。在实验教学“任务驱动模式”下对每个环节和步骤给予评分，将分数评定分解到每个步骤中，进行全过程考核，耦合形成实验总成绩。学生在“在线实验一体化平台”完成实验操作后，将出现专门的页面，要求学生上传提交实验报告。这些实验报告将自动匹配在每个学生的名字之下，任课教师只需要在“虚拟仿真实验成绩综合评定系统”中依次点击实验报告详情，便可获取该学生所上传的实验报告并直接在系统中给该学生打分。实验成绩和报告成绩形成实践教学的总成绩，将按比例折合入该生“纲要”课学习总成绩，从而根本改变了“一考定乾坤”的课程评价模式。

全方位的动态考核方式是最符合思政课教学目标要求、最有利于实现思政课教学任务的考核方式。

三、对虚拟仿真实验教学考核方式的思考

虚拟仿真实验教学项目体现了教学范式的根本变革，突破了传统教学中只能在课堂和书本上学习历史的传统观念，构建了一种全新的学习机制，也对学习成绩评价提出了技术层面的更高要求，相关各方都需要进行相应的改变。

（一）学校需要建立相应的技术平台

在西南财经大学思政课“虚拟仿真实验成绩综合评定系统”中，任课教师只需要进入教师个人后台管理页面，依次点击学期、班级、课程，选择需要审核的课程，即可查看学生完成课程情况。还可以根据项目完成进度（未开始实验学生/已完成学生）分类了解该实验项目的具体情况。根据实验日程的相关安排，任课老师还可以在学院的统一规定下，进行课程单独或批量的开启和关闭操作，以此准确配合“教学实践周”等日程安排。在“教学实践周”结束之后，任课教师一旦关闭实验，学生不再可以进行实验，从而保障实践教学分数评定的公平性与公正性。在统计数据支撑下，教师也可进一步对实验项目创作、实施等环节进行微调，如调整难度过高题目、提高某些部分分值等，由此形成从教学设计、教学实施到教学反思的“教学循环”，以反思促教学，不断提升本项目的教学效用。

（二）必须发挥教师的积极性与创造性

新技术条件下的思政课实践教学颠覆了传统的教育观，是对传统教学模式的重构，除了对思政课教师的政治素质、学科素养等方面提出要求外，对教师的网络媒介素养也提出了更高要求。混合教学、实践教学的网络化等教学活动使得教师必须提高自身的信息技术应用水平。因此学校、学院要加强对教师的专项培训，让教师的网络技术素养做到与时俱进，充分跟上新时代的教育要求。实践教学成绩评定的改革，也会促使教师转变工作思路，更加看重学生理论知识的运用能力。教师更加注重对学生的过程性评价，将对自己的整个教学过程进行再设计再反思，从而促进其职业能力的提升。

（三）加强对实践教学考核方式的探索研究

目前大多数思政课教学类改革研究都将注意力集中于课程内容设计的变化和教学

方法的改进上，而忽视了考试这一关键环节，对实践教学及其考核方式的研究偏少。同时也较少关注互联网时代背景下学生对于新的考试方式的诉求。进入21世纪后，互联网已经成为舆论生成的策源地和思想交锋的主阵地，进而越来越深刻地影响和改变着大学生的思想观念和思维方式，对思想政治理论课的教育教学的影响成为毋庸置疑的事实。这更要求我们加强对思政课教学改革的不断探索，实践教学考核方式的研究就是其中之一。

四、结语

习近平总书记在全国高校思想政治工作会议上指出："做好高校思想政治工作，要因事而化、因时而进、因势而新。"① 思政课的改革涉及全过程、各环节，体现在教材中，体现在教学中，体现在考核上。有关考试的看法从来就没有所谓最佳方式，只能因地制宜、因时制宜、因目标定方案。实践教学是高校思政课教学的重点环节之一，由于各个高校的学生情况、教学层次、办学情况存在诸多差别，在思政课的实践教学效果上，也各有差异。当前的学情要求思政课实践教学要积极利用新技术，积极顺应时代发展，结合各地红色文化资源的实际情况，促进校内与校外、线上与线下内容的有机结合，以此来提升思政课实践教学活动的有效性。以实践教学成绩考核的改革为抓手，培养学生的综合能力和素质，促进思想政治理论课的与时俱进。西南财经大学马克思主义学院在"纲要"课实践教学中的做法，也许值得我们去研究经验，总结情况，不断推动思政课教学创新。

参考文献

[1] 李文武. 高校思想政治理论课考试存在问题的实质性探析 [J]. 辽宁教育行政学院学报，2017 (6).

[2] 罗云. 思想政治理论课考试方法改革的探索与实践 [J]. 思想政治教育研究，2012 (5).

[3] 张勇，张玲. 新时代高校思想政治教育创新研究 [M]. 北京：中国社会科学出版社，2019.

（编辑：秦慧）

① 习近平在全国高校思想政治工作会议上强调：把思想政治工作贯穿教育教学全过程，开创我国高等教育事业发展新局面 [N]. 人民日报，2016-12-09 (1).

高校思政课虚拟仿真实践教学的体系建设与研究

袁上

【摘要】高校思想政治工作关系到学校培养什么样的人、如何培养人以及为谁培养人的根本问题，而思政课就是这项工作最重要的抓手。本文从实践运用的层面，介绍了本教学科研团队所搭建的“高校思政课虚拟仿真实践教学体系”。本文从该体系的创作、实验与管理三大板块展开，对现阶段的思政课深化建设进行初步探索，为深化新时代信息技术高速发展背景下的思政课教学的新方式，提供一些可资借鉴的做法和经验。

【关键词】虚拟仿真；高校思政课；实践教学；体系建设

【作者简介】袁上，男，1991年生，博士，西南财经大学马克思主义学院讲师，主要从事中国近现代史、中共党史、教育信息化等研究。

【基金项目】本文系2021年度高校思想政治理论课教师研究专项重大课题攻关项目“现代信息技术促进思政课教学质量提升研究”（21JDSZKZ05）、2020—2022年高校思想政治理论课建设项目“全国高校思政课虚拟仿真体验教学中心”、2021年四川省虚拟仿真实验教学中心建设项目“思想政治理论课虚拟仿真实验教学中心”成果之一。

为了深入贯彻习近平总书记关于高等教育、思政课、青年成才等方面的一系列重要思想，尤其是习近平总书记在学校思想政治理论课教师座谈会上强调“推动思想政治理论课改革创新，就要不断增强思政课的思想性、理论性和亲和力、针对性”的指示精神，认真落实“八个相统一”原则，如何结合思政课的教学实际，遵循学生的成长规律、认知规律和接受特点，创新方式方法，合理利用现代信息技术让思政课“有‘知’有‘味’”，成为新时代背景下高校思想政治理论课教师所面临的巨大挑战。

在思想政治理论课的教学过程中，实践教学和课堂教学紧密联系、相辅相成。其中，实践教学是最有利于发挥思政课亲和力、吸引力、感染力的课程类型。由于其远离枯燥乏味的书本，贴近生动活泼的现实，使其更让学生喜闻乐见、受益无穷。因此，国家高度重视实践教学在思想政治理论课教学中的重要作用，教育部早在2018年就颁发了《新时代高校思想政治理论课教学工作基本要求》（教社科〔2018〕2号）文件。根据文件精神，要求在本科思想政治理论课16个学分中，专门设立2个学分的教学学时进行实践教学。为贯彻落实文件精神及基本要求，本教学科研团队所在高校还专门结合思想政治理论课实践教学经验及实际情况，制定了相关规章制度、实施方案，强化了实践教学在大学思政理论课中的重要地位，也将课堂教学与实践教学有机地融为一体。

然而，传统的思政课实践教学存在诸多难以克服的弊端，如空间受局限、时间不灵活、外出不安全、覆盖面狭窄等问题。高校思想政治理论课由于其理论难度较深、部分内容距离现实较远等客观性质，导致其实践教学多停留于德育基地参观、走访红色景点、参加社会调研等“走马观花”式的教学形式，教学效果也很难“入脑”“入心”“入魂”。实践教学本身所具有的亲和力、吸引力、感染力优势，往往难以在高校思想政治理论课中得到有效发挥。特别是自从新冠肺炎疫情暴发以来，为符合国家对疫情防控所做出的整体布局与具体要求，学生离开校园外出实践也充满诸多不可预知的风险，高校等教育机构与主管部门更应谨慎为之。思想政治理论课实践教学的“老大难”问题成为所有思政课从教人员亟须解决的新问题。

本教学科研团队始终坚持走在思政课教学改革创新的前列，注重新技术、新教法在实践教学领域的开创与运用。面对汹涌澎湃的第四次产业革命和日新月异的科技变革，只有抓住“互联网+”“大数据”等良机，助力高等教育内涵式发展，才能落实立德树人的根本任务，实现教育强国的伟大目标。其中，虚拟仿真（也译为虚拟现实。Virtual Reality，VR）实验教学项目是现代信息技术前沿的代表技术之一，可以将普通教学过程中无法具象化的场景实验逼真地呈现出来，达到现实情形下无法实现的教学效果，如对红军飞夺泸定桥、“两弹一星”元勋伟业等历史情形的模拟，对“5·12”抗震救灾跳伞空降兵的沉浸式呈现等，既有“知”又有“味”，既“有意义”又“有意思”，使之成为突破传统思政理论课实践教学的一种全新的“打开方式”。自2019年以来，本教学科研团队群策群力，大胆创新，扎根一线教学经验，全力投入到虚拟仿真教学的研究工作中，在国内率先创设“高校思政课虚拟仿真实践教学体系”，并不断完善“在线实验一体化平台”与“VR实验成绩综合评定系统”等理念或软件。在此基础上，形成了一套涵盖高校思政课虚拟仿真教学项目创作、实施与管理一体化的教学模式，注重与课堂教学有机衔接，探索出实验基地的建设路径，强化科研与教学的有机结合，具有较强的可复制性与典范引领性。

总体而言，“高校思政课虚拟仿真实践教学体系”总共分为三大板块，它们分别是VR实践教学创作、VR实践教学实施与VR实践教学管理，在实践过程与时间环节的逻辑上形成“三步走”的体系结构。三大板块依次展开，步步为营，构成了从前期的选题、团队、校企合作，到开展过程中的软硬件搭设、培训、项目实施，再到项目后期的制度完善、成绩管理等诸项内容，层次分明，逻辑清晰，构成了一整套系统完备的“教学生态”（图1）。后文将对各个板块的具体内容与操作模式展开详细论述。

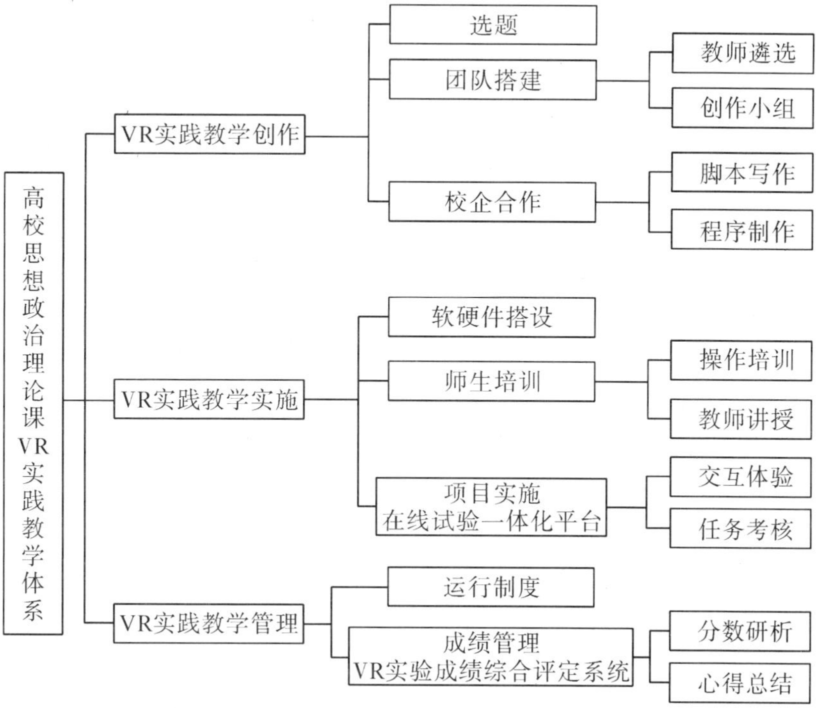

图1 “高校思政课虚拟仿真实践教学体系”结构

一、实践教学的创作

（一）选题

突出思政重心，找准选题抓手。例如，红军长征这一惊天动地的革命壮举，是中国共产党和红军谱写的壮丽史诗，是中华民族伟大复兴历史进程中的巍峨丰碑，在我们党、国家、军队发展史上具有十分伟大的意义，对中华民族历史进程具有十分深远的影响，也是“中国近现代史纲要”课程的教学重点之一。目前，本教学科研团队精准定位，深入发掘本土红色历史资源，已建成“红军长征在四川”系列虚拟实验教学项目，该系列共计有飞夺泸定桥、四渡赤水、彝海结盟、翻雪山过草地四个子项。通过插入交互任务的方式体验当时历史场景，参与整个战争的进程，大大拉近了学生与历史之间的距离，让学生仿佛身临其境地经受一场历史风云的洗礼，增强了学生的历史认同感，感受到历史有血有肉、有思想也有内容。

从日常教学中来，到日常教学中去。在学生深入学习了“中国共产党的建立”与“工农武装革命根据地”等课程内容之后，通过沉浸式地体验红军长征的艰苦条件，临场感受红军在险恶的战争环境中所体现出的对革命理想和事业无比的忠诚、坚定的信念，不怕牺牲、敢于胜利的无产阶级革命乐观主义精神，以及顾全大局、严守纪律、亲密团结的高尚品德。这样的选题设置，有力地阐释了“红军为什么能”的关键问题，最终落实到“中国近现代史纲要”教学中的“中国道路选择”这一核心话题上，强化学生对“人民与历史选择了中国共产党”的认识与理解。

（二）团队搭建

首先，遴选优秀教师。精选团队教师，特别是教学能力突出、教学成绩显著、在教法思路上敢于创新的教师。“办好思想政治理论课关键在教师，关键在发挥教师的积极性、主动性、创造性。”习近平总书记对广大教师寄予了殷切的期望。本项目的参与教师自2005年以来，共主持教育部、四川省思政课教改课题10余项；数位教师及其团队获全国思政课教师影响力人物（或提名）、全国青教赛一等奖、全国教学标兵、教学能手、四川省名师工作室等荣誉；先后获四川省教学成果一等奖3项、二等奖1项、三等奖2项。注重教学研究，2010年开始陆续发表虚拟仿真教学研究文章。因此，一支教学水平突出、团队凝聚力强，创新创作能力优异的教师团队，构成了创设一个又一个优秀的VR实践教学项目的核心要素。

其次，采用“创作小组”的团队模式，老、中、青教师组团参与项目设计。各创作分组中的项目成员穿插搭配资深教师与青年教师，老、中、青三代分工明确，既能提炼出较为关键、颇具搭建价值的选题，又能形成扎实的项目内容，还能孵化一些较为前沿的创新观点与虚拟仿真互动模式，打造出一支兼具“政治强、情怀深、视野广、思维新、律己严、人格正”的虚拟仿真项目创作团队。

（三）校企合作

探索校企深度合作新模式。在思政理论课VR实践教学项目的程序设计方面，由于动画建模、程序设计等专业技术是一道高校教师难以逾越的鸿沟，因此，通过学校与软件开发制作企业的深度合作，探索共建共赢的校企合作模式，是本教学科研团队相关实践教学项目得以落地、实现的关键。

虚拟仿真实践教学项目脚本，一般由教师撰写之后由项目制作企业实现。脚本，简单地说就是一条条的文字命令，这些文字命令是可以看到的（如可以用记事本打开查看、编辑），脚本程序在执行时，是由系统的一个解释器将其一条条地翻译成机器可识别的指令，并按程序顺序执行计算机或程序可以识别的语言。因此，概要言之，互动实验项目脚本由教学教师设计、撰写，专门面向程序设计人员，以供其识别创作者意图的语言文字，以此由程序员完成教师设计内容的VR程序化。主创教师应在项目脚本中合理表达创作意图，遵循基本语言结构。例如主创教师小组试图在“翻雪山过草地”项目中设计“红军战士在翻雪山之前在附近村庄采买翻山所需物资”的实验环节，就应该在脚本内容中提供：雪山脚下村庄样式、场景包含物资种类（白酒、生姜、衣物、担架）、与村民对话内容（雪山天气情况、翻山物资推荐）等。项目制作方在此基础上应与主创教师展开沟通，若某些脚本设计难以在程序制作上实现，如较难完成过大规模的红军行军队伍建模等问题，则应将相关意见反馈至教师团队，沟通协调以对脚本设计做出调整。随后运用技术人员的专业特长，完成从脚本语言到虚拟环境建模、实验程序编写的转变。校企合作的流畅运转是思政教学虚拟仿真实践教学项目顺利实现的关键。（参见图2）

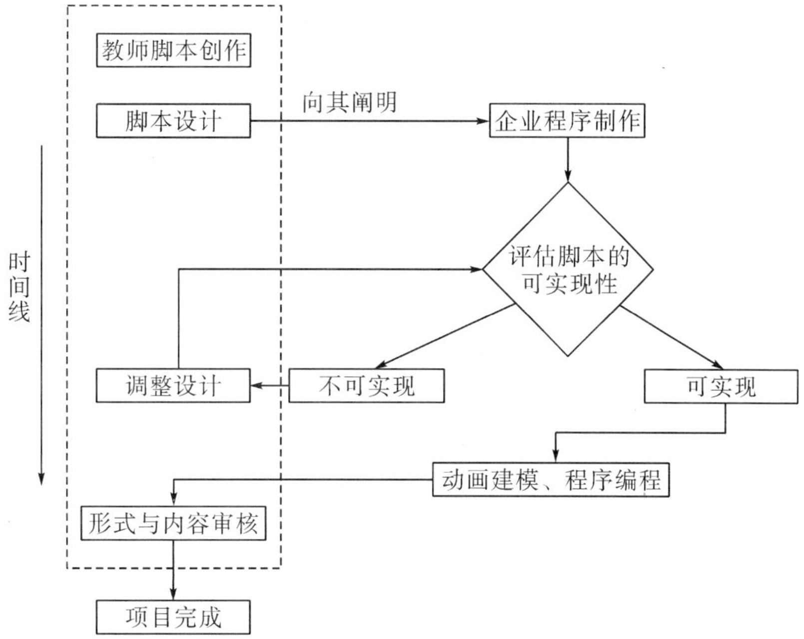

图 2　VR 实践教学项目校企合作创作流程

二、实践教学的实施

（一）软硬件搭设

本教学科研团队十分重视建设具有财经文化特色的思政课沉浸式虚拟实践教学体验基地、场馆，以基地为载体有序开展思政课实践教学活动，做到本校学生全覆盖，形成一套与时俱进的完整的思政课实践教学体系和运行模式。

制作完成的 VR 实践教学程序、实验后台运维系统以及实验数据库系统是 VR 实践教学的“软件侧翼”；而实验所用的不断迭代更新的电脑设备（VR 1.0）、虚拟头盔（VR 2.0、VR3.0）以及网络服务器等电子设备，是 VR 实践教学的“硬件侧翼”。二者在 VR 实践教学实施这一主体统摄下，形成“一体两翼”的结构模式，共同在实验实施的过程中发挥效用，共同构成了 VR 实践教学的物质基础，其质量水平也决定了实践教学项目开展效果的高低。

在实验集中面向学生使用的时间段内，学校与合作企业“专人专管”，配合校方教务处、信息中心职能部门，架设专用云端服务器，保持网络畅通，提供学生身份信息，维护实验运行、分数上传等网络状况，从而实现电脑端、VR 头盔端等不同端口实践操作的顺利展开。

（二）师生培训

在 VR 实践教学的软硬件基础架设完成之后，设备提供与运行维护企业要对所有参与项目实验的教师与学生开展设备操作培训，授课教师还要对学生进行一至两次围绕实验主题的专题讲座，从而形成 VR 实践教学的人员基础。

首先，在企业方对教师、学生开展设备操作培训的过程中，应重点培训佩戴虚拟仿真头盔的合理方式以及如何熟练使用 VR 操作手柄等内容，使授课教师完整掌握相关设备的操作办法，使参与实践学习的学生在身心层面快速适应虚拟仿真技术所营造出的 3D 模拟场景，从而有效提升实践教学的沉浸感、代入感与真实感，在飞夺泸定铁索桥、翻越严寒雪山、保卫娄山关等宏大场景中更加具备身临其境之感。

其次，在学生正式开展思政理论课 VR 实践操作之前，授课教师还应讲授该实践教学项目的配套课程。在项目配套课件的辅助下，以明确相关教学知识为核心，以阐明实践教学的意义与目的为动机，以强调思政课实践教学价值导向为主旨。通过课堂教学、信息技术、仿真实验相结合，实现如“红军长征”“抗震救灾”“两弹一星”等主题的虚拟仿真实验教学实践，突破传统的“教师讲授+学生自学+师生互动”的教学模式，采取“教师讲授+虚拟仿真技术+交互体验”，通过虚拟仿真实验让学生在直观、生动、形象、逼真的三维虚拟场景中，运用虚拟仿真技术和交互操作对历史事件发生时的情景进行决策选择。

（三）项目实施（“在线实验一体化平台”）

虚拟仿真实验教学项目体现了教学范式的根本变革，突破了在传统教学中只能在课堂和书本上学习历史的传统观念，构建了一种全新的学习机制。为完美实现此教学与学习目标，本项目组专门创建了集知识学习、操作学习、实验操作、信息管理为一体的“在线实验一体化平台”。该平台的主要功能包括课堂教学回放、参考资料自学、实验操作学习、接收查阅通知、师生信息管理、在线开展实验、提交心得报告等，其他附属功能尚在进一步完善过程中。学生以学号登录该平台后，将达到“一站式”完成学习、使用、实践的功能目的。

其中，尤以在线实验内容，即“交互体验”与“任务考核”在实践项目的实施中最为核心。当学生开始思想政治理论课实践教学 VR 虚拟仿真项目后，若使用的是电脑端（VR 1.0），则可以控制鼠标键盘完成“交互体验”。如图 3 中，在村庄中以第一人称视角行进的红军士兵，学生需要通过按键盘 W（前进）、A（向左）、S（后退）、D（向右）键控制其移动，按鼠标右键旋转视角，点击发光物品进行选择，点击发光人物展开对话。在虚拟头盔端（VR 2.0）则使用控制手柄点击地面以移动视角，点击人物展开对话。整个过程如同回到了真实的历史场景之中，完美地还原了红军长征中的所见所闻，场景中的诸多物品、人物都可以展开互动，大大提升了实践学习的临场感。

图 3 “交互体验”实验画面（雪山下村庄采购、彝海结盟场景）

“任务考核”的模式主要分为“任务驱动”与“题目考查”两种考查类型。其中，在“任务驱动”模式下，学生需要运用所学理论和知识，根据所提供的文献、史料，在模拟环境中对历史现象和事件进行分析判断，做出正确操作以达成该场景为其设置的最终目标。例如在上述“翻雪山过草地”项目中，将由学生以第一人称视角进入雪山下的村庄，任务目标“请你向村庄里的村民们打听打听翻越雪山需要做哪些准备”。

在此任务驱动下，学生将在村庄中与众多村民对话，从对话信息中收集有关翻越雪山的情报或信息。之后，在得到正确信息的基础上，新的任务目标“采买翻山物资”又会驱动学生在场景中去获得所有正确的食物（生姜、粮食、辣椒、烈酒），并完成收集装备任务（单衣、毛皮、担架、拐棍）。详见表1。

表1 “任务驱动”类考核模式的类型举要

任务驱动类型举例	任务目标举例
物资准备	在翻越雪山前在村庄中购买足量、正确的准备物资
战天斗地	在雪山环境中正确使用各类御寒物资，保持前进步伐
浴血奋战	强渡大渡河之前有力阻击对岸敌军
排兵布阵	为飞夺泸定桥的各类队伍布置阵形

此外，“题目考查”也是另外一类非常重要的任务考核形式。在此形式下，需要学生通过之前的文字、视频资料，或交互体验中获得的信息，对题目做出判断、选择或回答。主要的题型有选择题类、连线类、排列组合类等。例如在“飞夺泸定桥”项目中，当画面展示红军部队沿大渡河急行军时，就会出现以下选择题，供学生作答：

现在战士们还是拂晓前吃的饭，跑了这么多路，又一路打仗，肚子饿得难受，然而为了迅速到达泸定桥，各单位在党总支书记罗华生的动员下，立刻边走边开会同时决定调整任务：

A. 把缴获的行李担子带上以保证补给；

B. 让骡马冲在前面以吸引敌人的火力；

C. 把重机枪带上以保障压制敌人的火力。

上述“物资准备”“战天斗地”“浴血奋战”“排兵布阵”等丰富的考查形式，既兼具传统的问答模式，又开创了交互操作下的多类新式考查方式，寓教于乐，“隐”题目于VR互动体验之中。

三、实践教学的管理

在有效完成VR实践教学的基础上，本项目所构建的“体系建设”将进一步深化拓展，将教学应用之后的制度完善、成绩管理纳入整个“实验生态”之中，形成有效的教学反馈与教学反思。

其中，完备的运行制度有力地保障了实践教学的创作与实施。首先，在VR实践教学的创作环节中，设立教师团队管理制度。在合理配置教师资源的基础上，制定虚拟仿真项目创作激励制度，在教师团队中营造出一种勇于创新、积极参与的氛围。其次，在教学实施的环节中，制定设备管理制度，规范电脑、虚拟头盔等电子设备的调取、使用、归还验收与修理维护细则，让实践操作在正常运转过程中“有制可查”“有规可依”。再次，由于部分同学需要在学校机房或实验基地统一使用校方提供的电脑设备开展VR 1.0的实践操作，我们还建立了学生机房使用制度，合理安排全校在该学期需参与思想政治理论课VR实践教学的学生上机受训时段。最后，我们还建立和完善了实验分数管理制度，明确了各部分实验得分占比、系统分数自动评分依据、分数汇总计算比例、实践教学得分占期末总分比例等相关制度安排。

此外，在上述规章制度之外，该 VR 实践教学体系还将重心放置到学生成绩的多维、综合评价机制上，结合制度规定，形成外在约束与内在激励相统一、“客观实验+主观考查”相融合的“VR 实验成绩综合评定系统”。

系统依据学生完成任务的情况推进实验进程并打出相应评分，以考查学生应用知识分析问题、解决问题的能力，任课教师又通过报告文字，掌握学生的主观感受。学生在完成实践项目，获得系统自动统计得分的基础上，还会被要求撰写一份实验报告，在报告中详细叙述完成 VR 实践教学操作之后的心得体会，结合课堂教学与实践教学内容，阐述虚拟仿真教学对整门课程学习产生了哪些促进作用，对本项目的运转、课程内容等提出意见与建议。任课教师通过平台系统依次批阅所有学生提交的实验报告，并在系统中打出分数（满分 100 分），以达到主观、客观评价的有机融合。

这类“客观实验+主观考查”的新模式注重理论联系实际，强调实验教学和理论教学并重。在这一教学模式中，学生将所学理论和知识融入实验项目中，充分发挥学生的主体性、学习的主动性和参与性，可以提高学生探究历史问题的能力，有利于培养学生的学习能力。

本教学科研团队在近年来的实践教学中，还建立了一套“系统统计”与“任课教师评分”相结合的实验成绩在线综合评定系统，并注重搜集学生对实践教学所产生的反馈信息（包括课堂教学反馈、实践教学反馈、客观分数反馈、主观评价反馈等）。在实验操作成绩的部分，我们采取了“扣分制”，即软件操作部分按 100 分算，参与者在实验过程中，完成所有任务且一项未错得 100 分，错误一次扣除 4 分，最多扣除 40 分。完成所有任务最低得分 60 分。主观题部分按 100 分算，学生在完成实验后，需撰写并提交一份实验报告（不少于 1 500 字）。最终该学生实验分数由实验分数（占比 60%）和实验报告分数（占比 40%）组合而成。表 2 是 VR 实践教学项目流程举例。

表 2 “翻雪山过草地”VR 实践教学项目流程

实验板块	实验形式	未通过将扣除的分值
严峻局势	资料学习	0
征服巍峨雪山	翻越雪山前收集情报（3D 场景交互任务）	4
	翻越雪山前搜集物资（3D 场景交互任务）	4
	模拟翻越雪山（3D 场景交互体验、任务）	4
	与红四方面军会师（选择题）	4
穿过茫茫草地	过草地前收集情报（3D 场景交互任务）	4
	过草地前搜集物资（3D 场景交互任务）	4
	草地行军队列布置（排兵布阵）	4
	模拟穿过草地（3D 场景交互体验、任务）	4
	选择可以食用的食物（3D 场景交互任务）	4
继续北上抗日	北上？南下？道路选择（选择题）	4
	红军为什么能（选择题）	

为了让项目组、任课教师在宏观与微观两个层面上掌握学生的实验成绩，在“VR实验成绩综合评定系统”中，任课教师只需要进入教师个人后台管理页面，依次点击学期、班级、课程，选择需要审核的课程，即可查看学生完成课程情况。此外，还可以根据项目完成进度（未开始实验学生/已完成学生）分类了解该实验项目的具体情况。而且，根据实验日程的相关安排，任课老师还可以在学院的统一规定下，进行课程单独或批量的开启和关闭操作，以此准确配合“教学实践周”等日程安排。在“教学实践周”结束之后，任课教师一旦关闭实验，学生则不再可以进行实验，从而保障实践教学分数评定的公平性与公正性。

在成绩构成方面，60%的总分将由系统根据学生实验完成正确率进行自动结算，40%的总分则由实验报告（心得体会）构成。学生在“在线实验一体化平台”完成实验操作后，将出现专门的页面，要求学生上传提交实验报告。这些实验报告将自动匹配在每个学生的名字之下，任课教师只需要在“VR实验成绩综合评定系统”中依次点击实验报告详情，便可获取该学生所上传的实验报告并直接在系统中给该学生打分。平台将根据学生的实验分数与教师对实验报告打出的分数，自动换算出该生在本次实践教学中的总得分，该分项进而又将构成该生在本门思想政治理论课学习结束后的课程总分。

在对实验成绩进行综合、有效、有序管理的基础上，我们还特别重视对实践教学分数的研究和分析。任课教师在系统内点击“分数详情”，可获得该学生实验次数及每次实验相应分数，不管做多少次实验，最终实验分数为该学生实验最高分。给所有学生打完分数之后，可以点击“学生成绩图表”，查看学生成绩统计。在统计数据支撑下，便可进一步对实验项目创作、实施等环节进行微调，如调整难度过高题目、提高某些部分分值等，由此形成从教学设计、教学实施到教学反思的“教学循环”，以反思促教学，不断提升本项目的教学效用。

四、结语

综上所述，本教学科研团队积极探索推进高校思想政治课虚拟仿真实践教学的“体系建设”理念，逐步建立了实践教学的三大板块：第一步“创作”，包括项目选题、团队搭建与校企合作；第二步“实施”，包括软硬件搭设、师生培训、项目实施；第三步“管理”，包括运行制度、成绩管理。该体系经由各个环节层层统摄，成熟完备，既注重成绩的评价与教学效果的研析，还重视实践教学与课堂教学的有机衔接。

在“在线实验一体化平台”与“VR实验成绩综合评定系统”两套数据软件的助力之下，采用“教师讲授+虚拟仿真技术+交互体验”相结合的模式，坚持“浸润式”教育理念，践行“润物细无声”的教育路径，让学生“身临其境”地参与实践教学，让实践教学“有‘知’有‘味’”。总体而言，本教学科研团队做出了一些有益的探索与尝试，本项目成果具备较强的示范意义与推广效应。

参考文献

［1］习近平. 用新时代中国特色社会主义思想铸魂育人 贯彻党的教育方针 落实立德树人根本任务［N］. 人民日报，2019-03-19（1）.

［2］谭晓燕. 新冠肺炎疫情之下思政课实践教学创新路径研究［J］. 辽宁广播电视大学学报，2020（1）.

［3］周慧. 新冠病毒疫情下高校思想政治理论课智慧课堂的应用研究［J］. 齐齐哈尔大学学报（哲学社会科学版），2020（2）.

［4］冯芸. 高校思政课积极应对疫情的有效对策［N］. 中国社会科学报，2020-04-02.

［5］王树增. 长征［M］. 北京：人民文学出版社，2007.

［6］曲爱国，张从田. 长征记［M］. 北京：华夏出版社，2016.

（编辑：秦慧）

四川历史文化资源与“中国近现代史纲要”教学研究

——以中华民族的抗日战争为例

刘玄

【摘要】地方历史文化资源在“中国近现代史纲要”教学中有着非常重要的辅助性作用。四川作为抗战时期的大后方，拥有十分丰富的历史文化，包括大量的历史遗址遗迹、众多的历史博物馆和纪念馆、丰富的历史档案及音像资料。采用史料穿插式、讨论式、研究式、实践式教学方法将这些资源有效地应用到“中国近现代史纲要”“中华民族的抗日战争”这一专题的教学中，能够激发学生的学习兴趣，提高课堂教学的效果，促进思政课的教学改革。

【关键词】“中国近现代史纲要”；四川历史文化资源；教学；抗日战争

【作者简介】刘玄，女，1985 年生，博士，西南财经大学马克思主义学院讲师，主要从事中国近现代史问题研究。

【基金项目】本文系四川省高校思想政治教育研究课题（思想政治理论青年教师专项）“四川历史文化资源与中国近现代史纲要教学研究”（SZQ201979）成果。

习近平总书记说：“思政课是落实立德树人根本任务的关键课程。”如何上好一门思政课，提升课堂教学的效果，鲜活、深化教学内容，成为思政课建设中的重要问题。就“中国近现代史纲要”这门思政课程（以下简称“纲要”课）而言，它主要讲授近代以来中国人民为救亡图存和实现中华民族伟大复兴而英勇奋斗、艰辛探索并不断取得伟大成就的历史①。教师要帮助学生了解国史、国情，深刻领会历史和人民是怎样选择了马克思主义，选择了中国共产党，选择了社会主义道路。“纲要”课的教学目的，一方面是要让学生掌握基本的历史史实，更重要的一方面是要让学生在掌握史实的基础上把历史知识提升为自己的信念和信仰。在“纲要”课的课程教学中，如果能充分利用地方历史文化资源，进行教学方式上的改进和创新，可以极大地丰富思政课的教学资源，做到习近平总书记所说的思政课程应坚持“政治性和学理性相统一、价值性和知识性相统一、理论性和实践性相统一、主导性和主体性相统一”② 等。

① 本书编写组. 中国近现代史纲要［M］. 北京：高等教育出版社，2021：导言.

② 习近平主持召开学校思想政治理论课教师座谈会 强调用新时代中国特色社会主义思想铸魂育人 贯彻党的教育方针 落实立德树人根本任务［N］. 人民日报，2019-03-19（1）.

一、四川历史文化资源在教学中的重要价值

对于地方历史文化资源的概念，目前并没有一个统一的定义。一般认为，它包括了各地方在长期的历史发展过程中形成的凝聚在地方的历史、风土人情、时代风貌中的地域精神，以及反映这些精神的历史遗迹、文物、博物馆、纪念馆、展览馆、烈士陵园和杰出人物等①。地方优秀历史文化所蕴含的文化内容和重要精神，为高校思政课教学提供了珍贵的素材，也是对大学生进行思想政治教育的鲜活教材，在“纲要”课的教学中有着非常重要的辅助性作用。四川的地方历史文化资源形式多样、内容丰富、保存和开发的工作也比较到位，在不同的革命建设历史时期都有着不平凡的历史，留下了许多珍贵的遗迹。这为“纲要”课应用四川的地方历史文化资源提供了可行性。

（一）增强“纲要”课程政治性背后的学理支撑

“纲要”课程是高校大学生必修的思想政治理论课之一，它从历史的角度承担着思想政治教育的功能。在历史学的所有学科中，中国近现代史距离今天最近，也与现实联系最为密切，容易引发大众的关注。近年来，随着网络信息获取和传播的便捷性，出现了很多打着“重读历史”“解密历史”的旗号歪曲历史，甚至是否定、抹黑历史英雄人物的现象，“历史虚无主义”再次抬头。如何打击这种现象，在“纲要”课的课堂上必须敢于面对这些问题。“纲要”课程的思政功能如果没有背后的学理支撑，很容易就成为灌输式的教学。而发掘地方历史文化资源，是从更广、更深的角度去发掘史料，引导学生发现、分析、鉴别、运用这些资源，揭示历史过程，还原历史真相，展现历史发展的规律。这种方式也能让学生更深入地了解自己生活、学习的家乡，从而培养热爱家乡、热爱祖国的爱国主义情怀。比如针对前些年霸屏的“抗日神剧”，该怎样正确看待70多年前的抗日战争？为什么中国能战胜日本，取得反法西斯战争的胜利？是因为美国的原子弹吗？是因为苏联的参战吗？该如何认识中华民族的“抗战精神”和中国共产党在抗战中所起的作用？虽然教材中有非常详尽的阐述，但如果能通过地方丰富的历史文化资源，让学生自己得出答案，教学效果将会更加显著。在抗日战争中，战火并未烧到四川，却有“无川不成军”的说法。四川在14年抗战中，贡献了大量的人力和物力，并在各大战事中立下不朽战功。一方水土养一方人，四川天然的地理位置优势以及四川人面对侵略者所表现出来的强烈的家国情怀和大无畏的牺牲精神，是培养学生家国情怀的最好材料。

（二）深化教学内容，提高教学质量

“纲要”课作为国家统编教材课程，统编教材的编者关注的是整个中国近现代的大历史，学生从中获得的知识也是关于中国近现代史的整体知识。中国近现代100多年的历史留下了丰富多彩的地方历史文化资源，这些独具特色的地方历史文化资源是学生在生活环境中可以直接感知到的，能让学生产生亲近感，从而激发学生的学习兴趣。四川丰富多彩的历史文化资源为“纲要”课的社会实践提供了良好的条件。教师在教学中可以充分利用这些地方历史文化资源并把它们融入教学环节中。例如，可以指导学生搜集或调查四川抗战的史料和史迹，组织学生集体参观地方历史博物馆和历史遗迹，

① 代维，邓建萍，何玉梅. 地方历史文化资源融入中国史系列课程教学研究［M］//郭庆义，等. 新建民族本科院校学科建设探析. 成都：西南交通大学出版社，2019：267.

如建川博物馆和川军抗日战士阵亡纪念碑等；开展历史事件和历史人物的专题讨论会、出版专刊、设计墙报作品等，从而改变学生在教学过程中仅仅扮演知识的输入对象的身份。让学生结合自己的专业，直接参与教学活动，有利于培养和提高学生的观察力、想象力、记忆力、注意力、理解分析能力和自学能力，促进学生的表达能力及社会实践能力的发展。

二、四川历史文化资源在“中华民族的抗日战争”教学专题中的运用

四川作为中国14年抗战中的大后方，有关抗日战争的历史文化资源比较丰富。其一，有着十分珍贵的历史遗址、遗迹，遍布于川内及重庆，述说并见证着这场中华民族经历的浩劫与重生；其二，有再现抗日战争的历史博物馆、纪念馆；其三，有弥足珍贵的文献档案资料；其四，有生动的音像资料。这些资源为大学生感知历史、认识历史提供了载体，也为思想政治教育的开展提供了广阔的空间。抗日战争历史文化资源是教学中对学生进行爱国主义教育的鲜活素材。将四川历史文化资源融入“纲要”课的教学之中可采用以下几种方法：

（一）史料穿插式教学

课堂教学是“纲要”课最基本的教学形式。可根据教学内容的需要，选择具有代表性、典型的相关资源插入教学之中。以“抗日战争”的教学内容为例，在讲解抗战胜利的原因时，可以补充四川作为大后方为抗战所提供的支撑史料。

据统计，有350多万四川军人出川参战。另外，四川也是牺牲人数最多的地方，出川将士伤亡人数约为全国的1/5，即阵亡263 991人，负伤356 267人，失踪26 025人，共计64万余人。同时在抗战期间，四川输送了大量的壮丁到国民党军队，成为全国的兵员基地。总计共征壮丁数近300万人，居全国各省之冠，为全国同期实征壮丁14 050 521人的1/5。在1943年抗战最艰苦的阶段，四川4万多大中学生和公教人员飞赴印缅前线补充远征军①。正是因为有了这样一群不怕牺牲的四川人，战争的顺利进行得以保障，抗战的胜利属于每一个不平凡的四川人。

（二）讨论式教学

讨论式教学是指在高校课堂教学活动中，教师要从当前面临的实际情况出发，通过认真备课、有针对性地预设讨论的问题激发学生课堂参与的灵感和积极性，并通过实施师生讨论的方法圆满完成预定的教学目标和教学任务的教学模式②。就“中华民族的抗日战争”这一专题，可以从“川人在抗战中的特殊贡献与担当”这一问题出发，引导学生就“当今大学生应如何继承和发扬川人抗战精神”这一问题展开讨论。讨论式的教学运用得当的话，可以最大化调动学生的课堂参与热情，激发学生的思维潜力，使得思政课教学不再是灌输价值，而是以学生为主体，让他们在观念的讨论和碰撞中升华价值观。

（三）研究式教学

研究式教学是指在教学过程中就某一重大理论问题或现实问题进行专题研究，从而培养学生的创造能力、提高学生综合素质的一种教学方法。在开展这种教学活动之

---

① 何应钦．八年抗战之经过［M］．台北：文海出版社，2014：687.

② 关振国．让学生发声：高校课堂讨论式教学模式研究［J］．中国成人教育，2020（12）：57-59.

前，教师需要做充足的准备工作，如布置一些易于上手的选题，以及提供查找资料的渠道和方法，以便学生利用课余时间进行调查。在四川地区可供学生选择的研究课题很多，如“四川党组织在四川抗战中的作用”“川籍抗战英雄人物调查”等。在全民族抗战中，著名抗日将领刘湘（1889—1938，四川大邑人）、王铭章（1893—1938，四川新都人）、李家钰（1890—1944，四川蒲江人）等人都是四川人。

（四）实践式教学

实践式教学指的是除了课堂教学之外的其他教学形式，比如参观访问、调查研究、体验教学等。这种教学形式最容易激发学生的学习热情，还能培养学生的实践能力和创新能力。比如为了让学生对抗日战争有更加深入的了解，可以让学生参观成都博物馆、建川博物馆。参观、考察回来后，学生可以根据自身的感悟，写成小论文、考察报告等形式的作业，以强化参观学习的效果，深化学生对历史的认识，加深对本地历史文化资源的了解。

“纲要”课作为对大学生进行思想政治理论教育的重要课程，其课程性质决定了教材的写法须以宏观叙事的方式进行，它涵盖了1840年以来的中国历史，时间跨度长，内容十分丰富。地方历史文化作为中国近现代历史的有机组成部分，是思想政治教育的生动教材。将高校所处之地的历史文化资源运用到“纲要”课的教学中，可以起到理论联系实际的作用，避免教学内容政治性强而学理性弱、空洞无力的问题，提高教学的说服力和感染力。四川的地方历史文化资源形式多样、内容丰富、保存和开发的工作也比较到位，这为“纲要”课应用四川的地方史资源提供了可行性。除了关于抗战文化的资源外，还有红军长征在四川的红色资源、辛亥革命保路运动博物馆等，都可以根据大学生的兴趣和学习特点，设计教学方法，充分利用四川地方历史文化资源，提升“纲要”课的授课效果。

参考文献

[1] 王金伟，李梁，等. 高校思想政治理论课：教育教学供给侧结构性改革实践研究［M］. 上海：上海大学出版社，2017.

[2] 张嘉友，王幸媛. 红色文化资源在新时代大学生爱国主义教育中的融入研究：以四川为例［J］. 西南科技大学学报（哲学社会科学版），2020（3）.

[3] 张瑾，仝瑞中. 浅析地方历史文化资源在“中国近现代史纲要”课教学中的运用［J］. 学校党建与思想教育，2015（4）.

[4] 孟端星，华艳君. 地方历史文化资源在中国近现代史课程教学中运用的回顾与思考［J］. 玉溪师范学院学报，2014（7）.

（编辑：秦慧）

红色基因在“纲要”课体验式教学中赓续与传承

乔谦

【摘要】“中国近现代史纲要”（以下简称“纲要”）课程作为青年大学生思想政治教育的重要阵地，承担着“立德树人”的光荣使命。闪耀着伟大时代精神与民族精神的红色基因是贯穿“纲要”课教学的价值主线，二者有机结合对课程教学内容的丰富与教学模式的转变都具体重要意义；在“纲要”课体验式教学与红色基因深度融合的过程中，需要从知识、能力、价值三个层面有效地进行把握，通过探索“寻找‘活着’的历史”的体验式教学模式，将文化育人与实践育人相结合，让大学生通过亲身体验来实现个体历史记忆与国家记忆相协调，从而坚定信仰，深刻领悟到中国的“红色政权来之不易”，通过红色基因的赓续与传承，努力培养一代又一代能够担当民族复兴大任的社会主义新人，为中华民族的伟大复兴贡献力量。

【关键词】“纲要”课；体验式教学；红色基因；赓续；传承

【作者简介】乔谦，女，1986 年生，硕士，四川旅游学院马克思主义学院讲师，主要从事思想政治教育与中国近现代史教学方法研究。

【基金项目】本文系教育部人文社科研究优秀中青年思想政治理论课教师择优资助计划项目“寻找‘活着’的历史——‘中国近现代史纲要’体验式教学模式研究”（编号：18JDSZK136）成果。

“中国近现代史纲要”课作为中宣部、教育部规定的高等学校大学生必修的五门思想政治理论课之一，是立德树人、铸魂育人的关键课程之一。本课程主要讲授近代以来中华民族在国难当头之际抵御外侮，通过努力抗争来争取民族独立，最终推翻反动统治，实现人民解放、国家富裕，进而追求美好生活的社会历史进程，帮助学生深入了解中国共产党党史、中华人民共和国国史国情。

红色是中国共产党、中华人民共和国最鲜亮的底色，在广袤的中国大地上，红色文化资源星罗棋布，我们党团结带领中国人民进行伟大奋斗的历程中的红色基因代代相传。习近平在中国共产党建党 100 周年之际主持“用好红色资源、赓续红色血脉”的集体学习时强调，红色血脉是中国共产党政治本色的集中体现，是新时代中国共产党人的精神力量源泉①。红色基因的赓续，是中国共产党在马克思主义思想的指导下，以中华优秀传统文化为基础，在领导全体中国人民奋力实现民族独立与国家富强两大历史任务的过程中，凝聚起的具有中国特色的红色文化精神与文化形态，展示着中国共产党的百年光辉历程。通过红色革命圣地、红色旧址、革命历史纪念场所等客观载体来阐释中国的红色文化精神，承载着中华民族伟大复兴的崇高理想和不懈追求，闪耀着伟大的民族精神和时代精神之光。课程育人是育人环节中的重要一环，在坚持知识传授的同时，“纲要”课程中的育人元素极为丰富，教学中将红色资源承载的红色文化有机融入，成为培育时代新人不可或缺的重要组成部分，此举有助于引导青年大学生用历史经验和实践创造启迪智慧，砥砺品格，继往开来，开拓前进。

一、红色基因是贯穿“纲要”课教学的价值主线

（一）“纲要”课教学的价值目标与红色基因密码高度契合

对大学生系统地进行思想政治教育需要主渠道和主阵地，通过“纲要”课的学习让青年大学生深刻领会为什么历史和人民会选择马克思主义作为指导思想，选择中国共产党的领导，选择改革开放与中国特色社会主义道路。学懂悟透历史的必然选择，可以帮助学生树立科学正确的历史观，提高分析和评价历史问题、辨别历史是非的能力，助推更好地辨别社会主义历史方向，热爱祖国、热爱党、热爱社会主义，进一步坚定走中国特色社会主义道路的信心。

作为中国共产党永葆本色的密码，红色基因高度传承了红色革命精神，充分显现了马克思主义理论在中国大地生根、发芽、开花、结果的全过程，是中国共产党带领全国人民对中国革命道路、改革道路、美好生活追求的艰辛探索与思考的生动展现。红色历史遗迹与红色精神符号所承载的红色基因密码与“纲要”课的价值目标高度契合，其中蕴含着丰富的中国智慧和中国方案，明确解读了“纲要”课程“四个选择”教学目标的价值内涵，帮助大学生树立遵守执政党的基本路线和基本纲领的自觉性和坚定性，为“纲要”课实现价值性和知识性相统一提供了恰当的载体。

（二）“纲要”课教学的内容因红色基因而生动丰富

“纲要”课程的教学内容整体分为三部分。第一部分讲述从鸦片战争到五四运动前夜的历史；第二部分为五四运动到新中国成立的历史；第三部分为新中国成立到社会主义现代化建设时期的历史。通篇逻辑清晰，环环相扣，其中红色基因作为贯穿整门课程的价值主线，在教学内容中处处彰显独特价值，既照顾到历史的整体性能，又能突出重点；既摆事实讲道理，又讲红色故事，通过叙述红色历史事件和红色历史人物的生动故事，深刻揭示历史发展进程与规律，总结历史经验，达到课程育人的良好效果。

（三）“纲要”课教学模式因红色基因而创新发展

长期以来，高校思政课教学沿用着单一的灌输式的教学方式，教师空洞的说教难以调动起学生学习思考的积极性，课堂中教师的主导作用与学生的主体作用未能很好地发挥和真正凸显，教师讲得身心疲惫，学生学得呆板无趣。“纲要”课也不例外。红

① 习近平. 用好红色资源赓续红色血脉 努力创造无愧于历史和人民的新业绩［N］. 新华每日电讯，2021-06-25.

色基因的融入贯穿可以使“纲要”课的教学模式创新发展，在“化繁为趣”的多元化教学模式基础之上催生出“化趣为道”的体验式教学模式。

1.“化繁为趣”的多元化教学模式。

在这个信息技术日新月异的时代，面对“00后”的教学主体，“纲要”课的教学如何开展才能生动有趣，让学生真心喜爱，始终是一个全国同行都在努力想办法破解的难题。笔者认为，在课堂教学中要规避知识点过多、教学时间不够等问题，以红色基因为主线贯穿全课程，采用逻辑更加清晰，结构更加合理的专题式教学来讲清楚中国近现代史的主题和主线，帮助学生从宏观上对中国近现代史有一个基本认识，帮助大学生正确总结经验、认识国情，全面地分析矛盾、解决问题。同时，以红色文化为载体，借助现代新媒体教育技术融合催生出的“混合式”教学已成为当今“纲要”课教学的新景观，这种“化繁为趣”的多元化的教学方式所搭建的空中课堂技术新、载体新、方式新，有效吸引青年大学生主动参与到课程学习中，学习红色文化、感悟红色精神，充分激发学生的爱国热情和民族自豪感、自信心，掌握中国近现代历史的发展规律，将爱国主义情怀内化于心、外化于行。

2.“化趣为道”的体验式教学模式

红色文化资源包含红色历史遗迹、红色文化旅游、红色出版物、红色故事等众多种类，将这些资源深入融合到“纲要”课的教学中，根据所处的地域与所在院校的专业特点选择相应的红色文化种类进行探寻，注重因材施教，理论联系实践，融知识传授、能力培养、素质教育于一体，可以有效地转变传统课堂教学单方面向学生做“分析”“揭示”工作的模式，通过“寻找‘活着’的历史”的体验式教学模式，让学生真正走出校门、深入基层、深入群众、深入实际，通过亲身体验来实现课程教学中“两个了解”与“四个选择”相统一，使学生的个体历史记忆与国家记忆相协调，让枯燥的理论知识“活”起来、“动”起来、“响”起来，充分展现“纲要”课的独特魅力。

二、红色基因融入“纲要”课体验式教学中需要把握的三个维度

（一）知识维度——课程教学灌输性与启发性相统一

马克思主义意识形态教育观是红色基因与“纲要”课相融合的理论依据。马克思在《德法年鉴》中，把工人阶级掌握科学理论的灌输过程比喻为思想的闪电射向人民的园地，认为通过灌输使无产阶级获得精神武器，是实现人类解放的一条必然途径[①]。所以，从某种意义上说，意识形态本身就是一种教化，是通过对他者的教化而实现的社会维护意识。

第一，灌输性。通过“纲要”课的学习，可以使青年大学生了解近代以来中国的先进分子和人民群众为救亡图存而进行的艰苦探索、顽强奋斗的历程及其经验与教训；认识历史和人民怎样选择了中国共产党，怎样接触、学习、选择、传播了马克思主义理论，进一步增强拥护共产党领导和接受马克思主义指导的自觉性。从知识维度来看，红色基因辩证统一于“纲要”课教学的全过程，如同思想的闪电生动诠释中国人民走上以共产党为领导力量的社会主义道路的历史必然性；有力地述说了社会主义改造以

① 马克思，恩格斯. 马克思恩格斯全集：第2卷［M］. 北京：人民出版社，1957：589.

后中国现代化建设事业的发展尤其是改革开放以来取得的巨大成就。

第二，启发性。要通过探寻红色历史遗迹、传承红色故事等丰富多彩的形式启发青年大学生认知中国选择社会主义道路的正确性，帮助他们进一步树立“只有社会主义才能救中国，只有社会主义才能发展中国”的观念，坚定走中国特色社会主义道路的信心和决心。

（二）能力维度——驱动青年大学生练好本领投身实践

实现每个人自由而全面的发展，是马克思一生从事的全部理论创造和实践活动的主题，马克思主义哲学、政治经济学、科学社会主义的研究始终都离不开“人”这样一个主体，人的自由而全面的发展就是马克思主义理论中规律性与目的性相统一的内容和历史过程。“马克思主义基本原理”中的辩证唯物主义认识论观点也认为，实践决定认识，认识对实践具有能动的反作用，认识和实践相互影响、相互促进。

一方面，在“纲要”课教学中通过大量丰富的红色文化载体的切身体验加深青年大学生对外国资本——帝国主义入侵中国及其与中国封建势力相结合给中华民族和中国人民带来的深重苦难，了解近代以来中国所面临的争取民族独立、人民解放和实现国家富强、人民富裕这两项历史任务，红色精神之花的盛放将进一步增强青年大学生的“四个自信”，即理论自信、制度自信、文化自信、道路自信，培养民族自尊心、自信心和自豪感，厚植家国情怀。另一方面，“纲要”课体验式教学需要通过找寻“活着”的历史来感知红色文化，赓续红色基因，在此过程中需要具备多方面能力，比如同学间的协调能力、与群众的交流能力、调查的技术能力、理论分析能力、文字表达能力等，这些能力的锻炼与养成亦是对青年大学生性格、情感、意志的磨炼，是一条全方位育人新路径，培养造就自由而全面发展的社会主义时代新人，为积极投身社会主义现代化建设的社会实践提供不竭动力和力量源泉。

（三）价值维度——红色精神强化使命担当

红色文化是一种先进的意识形态，从中所凝练出来的红色精神高度造就了中国人的荣耀和信念，是中国人民弥足珍贵的精神财富。在“纲要”课体验式教学中，教师要坚持以知识传授为基础，以社会主义核心价值观为引领，以“立德树人”为根本任务，带领学生真切感知红色历史文化，从历史的视角得出改进现实的结论，树立起关心环境、关心他人、关心社会的责任意识，使他们成为实践精神的传递者、大学精神的宣扬者、历史真实的守护者、国家利益和社区利益的关注者。巩固和深化青年大学生的使命担当与家国情怀，永远激励青年大学生努力克服一切艰难险阻，为实现中华民族的伟大复兴而奋斗。

三、“纲要”课体验式教学协同育人助力红色基因活化与赓续

教育的问题涉及千家万户，坚持显性教育和隐形教育相统一、文化育人与实践育人相结合，凝聚起强大的育人合力，探索建立协同育人机制，给学生以智慧启迪与精神力量。“纲要”课教学为红色基因的传承与赓续提供了可靠的载体和平台，通过探索“寻找‘活着’的历史”的体验式教学模式，让第一课堂与第二课堂有效联动起来，深刻领悟到“红色政权来之不易”“新中国来之不易”“中国特色社会主义来之不易”，筑牢思想根基，坚定不渝地感党恩、听党话、跟党走，积极探索历史规律、保持历史定力，努力培养一代又一代拥护中国共产党领导和中国特色社会主义制度、立志为社

会主义事业奋斗终生的新时代青年。

（一）坚持文化育人，讲好红色故事，赓续红色基因

作为高校思政课教师，要想方设法挖掘并创新课程中的思想政治教育内容与方法，树立文化育人的理念并积极探索其具体做法，在具体教学过程中将言传与身教相结合，坚持理论为本、内容为王、问题导向，积极投入，切实发挥“领着学”“帮着学”的作用，增强课程教学的针对性、生动性，让课堂真正“活”起来。让学生通过文化内容的学习去掌握马克思主义的立场、观点和方法，学会客观辩证地深度思考，将丰富的课程内容与创新方法相结合，不断培育大学生强烈的爱国主义精神、拼搏奋斗精神、开拓创新精神，有效落实文化育人的重要职责和使命。

灌输是马克思主义理论教育的基本方法。列宁说：“工人本来也不可能有社会民主主义的意识，这种意识只能从外面灌输进去。”[①] 青年阶段正是世界观、人生观、价值观趋于形成的重要时期，有意识地引导学生了解近代以来我国社会百年未有之大变局与革命、改革、发展的历史离不开必要的灌输，在此过程中积极探索体验式教学，引导学生通过红色故事赓续红色文化、分析中国现实、思考未来发展，在切身的体验中让学生得到人格的升华与精神世界的构建。学生通过体验来认识并讲好包括中国共产党的故事、中华人民共和国的故事、中国特色社会主义的故事、改革开放的故事在内的红色故事，特别是要讲好新时代的故事。红色故事历久弥新，其中所承载的红色文化就像一颗“种子”，播撒进学生心中，进而领悟红色精神，形成红色氛围，对高校红色文化育人是强有力的补充和促进。

（二）坚持实践育人，创新教学模式，活化红色基因

“纸上得来终觉浅，绝知此事要躬行。”“纲要”课教育教学效果的升华需要通过形式多样的实践教学活动来提高学生思想政治素质和观察与分析社会现象的能力，引导学生深入社会、观察社会，运用所学理论和方法分析社会，能够学以致用，真正学会透过现象看本质，提升马克思主义理论素养和运用理论分析问题、解决问题的能力。要结合教育部、中宣部相关文件的精神，在课程评价体系构建中，专门将课堂教学与实践教学学分分开，比照学分分配结构，设置实践教学所占学分比例，注重过程与结果的统一。具体将通过以下三个步骤来实施：

1. 实地探访

通过将红色文化融入来创新建构“纲要”课体验式实践教学新模式，以增进实效性的实践框架，根据实践教学框架选择实践教学形式。要通过前期的调查研究、交流探讨，确立合乎实际的实践教学内容，制定出可行的实践教学方案与行动路线。例如深入到红色文化教育基地、爱国主义教育基地、博物馆、图书馆查阅地方县志等都可以作为行动路线进行探寻；以小组为单位组编调查团队，按照既定的方案组织学生在对红色历史见证者、红色历史遗迹等方面开展体验式实践教学。外出实践是为了增强同学间的协调能力、与群众的交流能力、调查的技术能力、理论分析能力、文字表达能力，亦是对学生性格、情感、意志的有效磨炼。

2. 课堂展示

考虑到“体验式”教学的双向活动性，需要在“教”与“学”两方面突出体验后

① 列宁. 列宁选集：第1卷［M］. 北京. 人民出版社，2012：247

的共振效果。作为教育实践的主体，学生在外出实践后需要把用双脚丈量的红色文旅实践历程进行梳理，将收集到的红色图片、音视频等资料进行加工整理，形成社会实践调查报告，采用多种多样的形式在课堂上分小组进行展示汇报，让红色文化活起来、动起来。

3. 新媒体技术融合

坚持互联网思维，探索传播红色文化的新方式、新途径；坚持把传承红色基因放在首位，结合“纲要”教材内容，在红色历史文化融入“纲要”课的教学中加入虚拟仿真等现代技术，让学生可以身临其境，沉浸式地体验红色历史场景，在教学中提升红色历史文化的感染力和影响力。

四、结语

红色基因是中国共产党最宝贵的精神财富，红色基因密码与“纲要”课价值目标高度契合，二者深入融合，将简单的知识传授转变为方法传授和能力的训练，通过让学生在亲历过程中用心体验，理解并建构知识、发展能力、产生情感，探索体验式教学来构建一种全新的学习机制，让红色基因在此过程中得以活化与赓续。此举是对传统思政课教学的一种探索创新，是提高学生思想道德水平的一条有效途径。红色基因在引领和培育社会主义新时代新青年坚定革命信仰、发挥朋辈力量、厚植家国情怀中得以活化和赓续，在实现中华民族伟大复兴的历史进程中，发挥好育人功能，牢记历史，开拓未来，让初心永在、使命不改。

参考文献

[1] 马克思，恩格斯. 马克思恩格斯全集：第2卷［M］. 北京：人民出版社，1957.

[2] 习近平：用好红色资源赓续红色血脉 努力创造无愧于历史和人民的新业绩［N］. 新华每日电讯，2021-06-25.

[3] 马克思，恩格斯. 马克思恩格斯文集：第8卷［M］. 北京：人民出版社，2009.

[4] 列宁. 列宁选集：第1卷［M］. 北京. 人民出版社，2012.

[5] 韩丽雯. 红色文化融入“纲要”课教学实现价值性和知识性相统一［J］. 学校党建与思想政治教育，2019（6）.

（编辑：秦慧）

按需分配：自由与平等的融合

伍雪莲

【摘要】平等是现代社会主流价值观的重要内涵，是现代社会共同的价值遵循。马克思的共产主义分配理论蕴含着深刻的平等思想，但有不少人对这种分配平等存在着不同程度的质疑。哈耶克和诺齐克认为实现平等会侵犯自由，平等与自由处于对立状态；米勒和伍德认为马克思是非平等主义者，马克思所提出的分配体系并没有实现真正平等。为此，有必要进一步深刻分析马克思的分配理论，深刻理解马克思所提出的共产主义第一阶段按劳分配和高级阶段按需分配两种方式的具体内涵，从而认识到按需分配实现的并非结果上的平等，它伴随着人自由而全面的发展，实现的是自由与平等的融合。

【关键词】按需分配；自由；平等

【作者简介】伍雪莲，女，1996 年生，西南财经大学马克思主义学院硕士研究生，主要从事马克思主义中国化研究。

一、分配理论中平等思想面临的质疑

（一）实现平等会侵犯自由

提出实现平等将会侵犯自由观点的往往是“自由至上主义者”，其中的主要代表人物是哈耶克和诺齐克。

哈耶克将自由视为人类最核心的价值，但哈耶克所主张的自由是“法律下的自由”，即遵从“法律面前人人平等”。因此，哈耶克主张以法治原则为基础的形式平等，反对物质利益相同的实质平等。因为在他看来，形式平等与实质平等两者是互相冲突而不能同时实现的。哈耶克指出：“由于不同的人会在政府无力加以改变的许多特性方面存有重大差异，所以要确保这些有着许多不同特性的人获得相同的物质地位，政府就必须以极为不同的方式去对待不同的人……但是另一方面，如果政府在为所有的人提供那些利益的时候遵循绝对平等的原则，那么这种做法就显然会导致人们在物质地位上的不平等。”[①] 也就是说，在哈耶克看来，追求法治下的自由平等就必然会导致人们物质地位上的不平等。物质上的实质平等只能通过一个强有力的集权政府来实现，而将公众置于一个强权社会下，必然会破坏法治，从而侵犯个人自由。因此，哈耶克

① 哈耶克. 法律、立法与自由［M］. 邓正来，张守东，李静冰，译. 北京：中国大百科全书出版社，2000：144-145.

反对国家通过强有力的手段去破坏法治下的自由平等来实现分配平等。在此基础上，他对社会主义展开了批判。他认为："社会主义从一开始便直截了当地具有独裁主义的性质。"① 为了实现社会正义和更高程度上的平等与保障，就会产生计划经济体制和中央计划机构，而这种强权机构将通过结果平等的分配方式来实现绝对平等，这一方式带来的结果只能是自由秩序的丧失。

诺齐克主张自由的绝对优先性，他将权利作为自由主义的核心概念，建立了一种以权利理论为基础的自由主义。诺齐克认为个人是唯一的实体，个人的生命和存在具有不可超越的价值，个人对于自己生命、自由和财产的权利是神圣不可侵犯的。而国家和社会并不是这样的实体，也不具有生命，不存在拥有利益的社会实体，有的只是社会中的个人。因此，诺齐克主张个人的持有正义，反对社会和国家的分配正义，国家有意识地实现平等将会侵犯个人的自由。诺齐克以"张伯伦论证"为依据，提出："不对人们的生活进行持续性的干预，任何最终状态原则或模式化的分配正义原则都不能得到持续的实现。"② 由此可见，诺齐克认为如果不对人们的生活进行干预，那么分配正义原则就不能实现，平等就不能实现，而干预人们的生活就是对个人自由的侵犯。诺齐克还指出："生产资料方面的私人所有也会在一个社会主义社会里出现，只要这个社会主义社会不禁止人们按照其愿望使用他们的某些资源，而这些资源则是他们在社会主义的分配中得到的。这种社会主义社会将不得不禁止赞成交易的成年人之间的资本主义行为。"③ 也就是说，如果不禁止人们的行为，那么社会主义社会也会出现生产资料的私有制，而要实现社会主义公有制就必须禁止资本主义行为。但诺齐克认为没有任何一个机构有理由去调节分配来实现结果平等，因为有意识地调节个人财产，就是对个人权利的侵犯，也就是对个人自由的侵犯。

（二）马克思是非平等主义者

马克思分配理论中蕴含着极其丰富的平等思想，但不少学者只是在粗浅理解共产主义分配理论的基础上对其提出质疑，从而认为马克思是非平等主义者，比如米勒、伍德等人。米勒认为马克思反对了道德所具有的三条特征，即平等、一般规范和普遍性，所以他是反道德、反平等的。从分配方面来看，米勒同样将平等分配理解为分配份额上的相同，并认为这种分配方式只会导致一种粗鄙的共产主义，即使将个人劳动作为获取平等权利的标准，也不符合平等的终极标准，其价值仅仅在于提高人们的生活水平，并非实现所谓的平等。因此，米勒认为应该更多地关注社会福祉和人道的社会主义关系，而不是平等分配物质的社会。因为在这样的社会中，人们只会关注个人分配多少，计较得失，从而助长嫉妒之心。显然，米勒忽略了马克思所描述的共产主义社会是一个正义的社会，这一社会阶段的实现还伴随着人的自我提升和全面发展。伍德更是直接对马克思所阐述的"按需分配"提出批判。伍德认为"各尽所能，按需分配"不是一句平等主义的口号，因为它忽略了个体之间需求和能力的不同，这意味着这一原则默认了每个人都应该被区别对待。因为个体间需求不同，他们不可能拥有完全平等的资源；因为能力不同，他们也不可能付出完全相同的劳动力。从这点上看，

① 哈耶克. 通往奴役之路［M］. 王明毅，冯兴元，等译. 北京：中国社会科学出版社，1997：29.
② 诺齐克. 无政府、国家和乌托邦［M］. 姚大志，译. 北京：中国社会科学出版社，2008：195.
③ 诺齐克. 无政府、国家和乌托邦［M］. 姚大志，译. 北京：中国社会科学出版社，2008：195.

人们依然处于不平等的状态，伍德甚至认为描述共产主义分配方式是为了拒绝这种分配。因此，在他看来，马克思并没有将社会平等当成本身即善的东西。

无论是将平等理解为物质占有上的绝对平等，从而认为实现平等就会损害自由，还是认为马克思是非平等主义者，都是对平等的片面理解，并没有深刻认识到马克思所提出的共产主义分配方式中所蕴含的平等思想。因此，必须在深刻分析马克思分配理论的基础上去认识共产主义分配方式的实质。

二、马克思分配理论的具体内容

马克思的分配思想集中体现在《哥达纲领批判》一书中，他在该书中深刻地批判了拉萨尔主义，划清了科学社会主义与拉萨尔主义的界限。在批判拉萨尔主义的劳动观和小资产阶级分配理论时，提出共产主义社会发展的两个阶段以及两个阶段不同的分配方式，即共产主义社会的第一阶段和高级阶段，相对应的分配方式为按劳分配和按需分配。

（一）共产主义社会的第一阶段：按劳分配

在分配问题上，马克思在德国工人党纲领批注中首先批判了拉萨尔“不折不扣的劳动所得”，马克思认为集体劳动所得还应扣除六个部分，即补偿消耗掉的生产资料部分、用来扩大生产的追加部分、后备基金或保险基金、一般管理费用、满足共同需要的部分以及为丧失劳动能力的人等设立的基金①。扣除以上六个部分后剩下的社会产品才谈得上分配。而应当如何分配呢？拉萨尔提出“公平分配”原则，但马克思对这一原则持批判态度。马克思认为：“消费资料的任何一种分配，都不过是生产条件本身分配的结果；而生产条件的分配，则表现生产方式本身的性质。”② 在社会主义社会，以生产资料公有制为基础，生产条件和性质发生变化，分配方式也会相应改变。因此，在共产主义社会的第一阶段，马克思认为：在这一阶段，“每一个生产者，在作了各项扣除以后，从社会领回的，正好是他给予社会的。他给予社会的，就是他个人的劳动量”③。也就是说，在共产主义社会第一阶段是根据个人给予社会的劳动量来获取等量社会产品的，即按劳分配。在这种分配方式下，劳动是唯一的尺度和标准，除了劳动不能提供其他任何东西，同时除了个人消费资料，也没有其他东西可以转换为个人财产。

按劳分配相对于资本主义社会下的按资分配是社会发展进步的表现，但马克思指出，我们也要看到按劳分配存在的局限性。每个人在体力和智力上存在个体差异，因此，他们在同一时间能提供多少劳动量以及不同的个体能提供多长时间劳动等问题上存在差异，而仅仅以劳动作为唯一的衡量尺度，则会导致实质上的不平等。就如马克思所认为的：“在提供的劳动相同，从而由社会消费基金中分得的份额相同的条件下，某一个人事实上所得到的比另一个人多些，也就比另一个人富些，如此等等。”④ 也就是说，在这样一种分配方式下会导致社会的贫富差异，因为按劳分配的方式将不同等的个人天赋和工作能力视为一种天然特权，实现的仅仅是一种形式上的平等。但马克

① 马克思，恩格斯．马克思恩格斯选集：第 3 卷［M］．北京：人民出版社，2012：361-362.
② 马克思，恩格斯．马克思恩格斯选集：第 3 卷［M］．北京：人民出版社，2012：365.
③ 马克思，恩格斯．马克思恩格斯选集：第 3 卷［M］．北京：人民出版社，2012：363.
④ 马克思，恩格斯．马克思恩格斯选集：第 3 卷［M］．北京：人民出版社，2012：364.

思认为这在共产主义社会的第一阶段是不可避免的，因为这一阶段还带有旧社会的局限性，而随着社会的不断发展，生产力不断提高，必将会出现一种更加优越和公平的分配方式。

（二）共产主义社会的高级阶段：按需分配

马克思认为，随着生产力的不断提高，社会将不断发展，当共产主义社会发展到高级阶段时，个人被迫奴隶般从事劳动的状态将改变，劳动不再是谋取生活资料的必需手段，而是每个人生活的第一需要①。也就是说，在共产主义社会高级阶段，劳动回归到作为人本质的一种存在，劳动成为个人自由自觉的行为，在劳动中人们感受到的是轻松和愉悦，不再是资产阶级生产方式下的剥削和不自由状态，个人将会通过劳动来不断达到自我实现。同时，这种劳动伴随的是个人自由而全面的发展，不存在个人兴趣不同或术业不同而造成部分生产力缺乏。恰恰与之相反，由于每个人自由而全面的发展，人们将会带着更加专业的知识和技能来进行劳动，生产力将得到快速提高，集体财富的一切源泉充分涌流，在这时物质财富将不再是人们生活的束缚和追求，与之相对应的分配方式也将进一步优化。因此，马克思指出："只有在那个时候，才能完全超出资产阶级权利的狭隘眼界，社会才能在自己的旗帜上写上：各尽所能，按需分配。"② 也就是说，这一阶段将实现按需分配的方式，即每个人根据自身生活需要、兴趣爱好、能力发展以及自我实现等各方面的实际需求来向社会获取相应的社会产品。这就在本质上突破了按劳分配的局限性，劳动不再成为一种分配资源的衡量尺度，而是实现自我价值的体现。

按需分配是随着社会生产力的不断发展，共产主义到达高级阶段的必然形式，每个人在社会中都可以根据自己的实际需要来获取相应的消费资料，从而在事实上以及本质上实现平等。

三、按需分配的实质是自由与平等的融合

在深入分析马克思分配理论的基础上，我们可以看出马克思的分配体系有一个较为完整的架构，其所阐述的共产主义社会高级阶段"各尽所能，按需分配"看似表面不平等，实质追求的是真正意义上的平等，是自由与平等的高度融合。

（一）按需分配不是结果平等

哈耶克和诺齐克认为实现平等必然会侵犯自由，自由与平等是相互对立的，因为他们都将平等理解为每个人物质财富相同的绝对平等，但马克思从来没有将平等理解为这样一种绝对平均主义。根据马克思的设想，到达共产主义社会高级阶段，生产力已经得到极大提高，物质财富的一切源泉得以充分涌流，人们已经不再受物质条件束缚，为谋生而被迫劳动的情形将完全消失，与这一社会生产力相适应的分配方式是：各尽所能，按需分配。但按需分配实现的不是保证每个人所分物质份额完全相同的一种结果平等，因为马克思从未有过这样的论述。马克思从来没有否认个体之间的差异性，他认为每个人在个人需求、能力、性格、兴趣爱好等方面都存在不同。在这种情况下，每个人根据自己的需求来从社会中获取相应的消费资料就存在个体间量的不同。

---

① 马克思，恩格斯．马克思恩格斯选集：第3卷［M］．北京：人民出版社，2012：364-365.

② 马克思，恩格斯．马克思恩格斯选集：第3卷［M］．北京：人民出版社，2012：365.

比如，一个人的兴趣爱好多于另一个人，那么他的需求无疑会多于另一个人，他就需要更多消费资料来满足自己多样化的兴趣爱好。还比如，某一个个体的家庭成员较多，那么他所需要的消费资料相对来说也会更多。从这个角度看，个人从社会中所获取的消费资料会存在各种各样的差别。但这就可以说明在共产主义社会高级阶段下的按需分配实质也是“不平等”的吗？显然不能。按需分配即按照个人生产、生活、发展等各方面需求来从社会中获取相应的消费资料。也就是说，如果你与别人有相同需求，那么你也能获得相同的消费资料。这种分配方式不是同等收益，而是每个人所选择的生活方式和完整的生活需求都能够被同等对待，实现的是一种真正意义上的平等。

（二）伴随按需分配的是人自由而全面的发展

人自由而全面的发展是共产主义的最高意义，也是共产主义社会最重要的特征，共产主义社会高级阶段就是自由人的联合体。米勒之所以认为平等分配物资的社会会助长人们的嫉妒心，原因在于一方面他忽视了在马克思的设想下，共产主义社会中的人是全面发展的，精神境界有了极大提高。也就是说，在这一社会中，个人的品质与道德已经非常完善，人们有相当高的自我要求，具有共同的善；另一方面，他同哈耶克和诺齐克所认为的平等与自由相对立的主张一样，没有跳出物质利益的束缚。为何会助长嫉妒心？为何实现平等就会损害自由？从一定程度上来说，就是人们还处在物质利益的桎梏中，并没有超出资产阶级狭隘的眼界，也就没有实现真正的自由。但在马克思所设想的共产主义社会高级阶段，人们已经逃脱了物质利益这一束缚，每个人在消费资料上的需求都能够得到同等对待，真正意义上的平等实现，个人量多与少的问题自然不再成为人们的关注点，也就不存在平等侵犯个人自由的说法。在这一社会阶段，个体更多的是关注自我实现与发展。从这个意义上来说，个人实质上变得更加自由，人真正实现了自由自觉的状态。

（三）按需分配实现的是自由与平等的融合

资本主义社会下的按资分配以及共产主义社会第一阶段的按劳分配都不曾实现真正的平等。在资本主义生产方式下，资本家占据全部生产资料，劳动者却自由得一无所有，除了自己的劳动力没有其他任何可以出卖的东西，资本家与劳动者从一开始就处于这样极其不平等的地位。因而劳动者为了维持自己的生存，就不得不为资本家工作，成为被资本家无情剥削的对象，劳动者深处受压迫、受奴役状态。在共产主义社会初级阶段，由于还带有旧社会的痕迹，以劳动量作为唯一的分配标准，忽视了个体之间的天赋差异，实现的仅仅是形式上的平等，个体为谋生而工作的状态依然持续。由此可见，真正损害自由的并不是平等，而是实质上的不平等。只有到了共产主义社会高级阶段，实行“各尽所能，按需分配”，才能实现真正意义上的平等，这种平等不是一个集权政府强加于人们的，而是随着社会各方面不断发展而应然形成的，是人与人之间地位上的真正平等。这一平等不仅不会侵犯个体自由，反而会使个人达到真正意义上的自由状态。因此，在共产主义社会高级阶段中的按需分配，实质上是自由与平等的高度融合。

四、总结

基于社会生产条件采取何种分配方式是实现平等的重要内容，马克思所构建的共产主义分配体系，从资本主义到共产主义第一阶段，再到共产主义高级阶段，所实行的分配方式都是随着社会生产方式的改变而变化的。但哈耶克、诺齐克却认为在社会主义的分配方式下，实现平等则会侵犯自由。米勒和伍德认为马克思是非平等主义者，他所提出的分配方式并未实现真正平等，这类质疑无疑是对马克思分配理论的粗暴理解，并未深刻理解马克思分配理论的实质。马克思所提出的分配理论具有完整性，他将共产主义分为第一阶段和高级阶段，相应的分配方式为按劳分配和按需分配，马克思深刻论述了两种分配方式的内容、实行原因以及所需条件等。可以看出，从按资分配到按劳分配再到按需分配，都是在追求更高程度上的平等，从而最终实现真正意义上的平等，达到自由与平等的高度融合。

参考文献

[1] 哈耶克. 法律、立法与自由 [M]. 邓正来，张守东，李静冰，译. 北京：中国大百科全书出版社，2000.

[2] 哈耶克. 通往奴役之路 [M]. 王明毅，冯兴元，等译. 北京：中国社会科学出版社，1997.

[3] 诺齐克. 无政府、国家和乌托邦 [M]. 姚大志，译. 北京：中国社会科学出版社，2008.

[4] 马克思，恩格斯. 马克思恩格斯选集：第3卷 [M]. 北京：人民出版社，2012.

[5] 凯·尼尔森. 马克思主义与道德观念 [M]. 李义天，译. 北京：人民出版社，2014.

[6] 李义天，杨磊. 为平等而辩：马克思主义平等观念面临的挑战及其回应 [J]. 学术交流，2020 (4).

[7] 李冬俐. 共产主义社会两种分配原则与马克思的平等观 [J]. 榆林学院学报，2017，27 (5).

[8] 李霞. 马克思《哥达纲领批判》中的公平分配观及启示 [J]. 学理论，2018 (6).

[9] 邹平林. 论马克思平等观的三重意蕴 [J]. 马克思主义与现实，2016 (6).

[10] 赵腾云. 马克思的"按劳分配"思想及其当代价值：以《哥达纲领批判》为视角 [J]. 马克思主义哲学研究，2016 (2).

（编辑：罗杰）

网络社交"圈层化"视域下大学生理想信念教育探索

王光芬

【摘要】互联网的迅速发展和自媒体平台的迅速崛起，革新了大学生的生活方式、人际交往方式和思维方式，网络空间成为大学生社交的重要场所，开拓了大学生理想信念教育新的空间场域。大学生网络社交圈层化所具有的排他性、从众性、聚合性以及交织性等特征给大学生理想信念教育带来了诸多影响，大学生网络社交圈层内部文化构成的单一化、圈层之间的排他性、圈层中信息来源的同质化，使得大学生理想信念教育面临复杂的现实困境。因此，在网络社交圈层化视域下进行大学生理想信念教育，要结合现实需要和时代特征，从环境建设、圈层认同、文化认同、大学生媒介素养提升等方面探索新的实践进路。

【关键词】网络社交；圈层化；大学生；理想信念教育

【作者简介】王光芬，女，1996 年生，西南财经大学马克思主义学院硕士研究生，主要从事思想政治教育研究。

互联网的迅速发展和自媒体平台的迅速崛起，塑造了一个信息化、数字化和网络化的社会生活空间，由此改变了人们的生活方式、社会互动方式、行为方式。大学生是当前互联网用户中的主要群体，网络空间逐渐成为大学生寻求情感寄托和表达内心诉求的主要阵地。据中国互联网信息中心发布的《第 48 次中国互联网发展状况统计报告》，截至 2021 年 6 月底，我国网民规模为 10.11 亿，其中网络直播、网络游戏、网络视频等网络娱乐应用用户的人数增幅较大①。早在 2020 年 12 月，我国网民群体中，学生占比 21%，人数最多②。网络视频、网络直播、网络游戏的创作与讨论成为大学生在网络空间"聚集"的主要原因，微博、抖音、知乎、QQ 群、微信群、贴吧论坛、豆瓣小组等平台成为大学生网络社交的重要场域。互联网具有跨时空的特性，大学生可以突破血缘、地缘和业缘的现实人际关系限制，在网络空间中找到志趣相投的好友，逐渐形成具有共同价值观念和追求的"圈层"。剖析网络社交圈层化的特征，分析网络社交圈层化对推进大学生理想信念教育的影响，对新时代推动理想信念教育常态化，提

① 中国互联网信息中心. 第 48 次中国互联网发展状况统计报告［EB/OL］. http://www.cnnic.net.cn/hlwfzyj/hlwxzbg/hlwtjbg/202109/P020210915523670981527.pdf.

② 中国互联网信息中心. 第 47 次中国互联网发展状况统计报告［EB/OL］. http://www.cnnic.net.cn/hlwfzyj/hlwxzbg/hlwtjbg/202102/P020210203334633480104.pdf.

升理想信念教育的实效性，具有重要意义。

一、网络社交圈层化的内涵及其现实表征

（一）网络社交圈层化的内涵

对圈层化的研究最早可追溯到现代西方区位理论的先驱者、德国农业经济学家约翰·海因里希·冯·杜能（Johann Heinlich von Thünen）。他指出，城市作为圈层结构的中心点，对其他区域的经济促进作用与二者之间的空间距离呈现非线性反比关系（距离城市越远，其作用呈非线性衰减趋势），从而构成在发展格局上城市作为区域经济发展的主导、在空间分布上以中心城市为核心圈层状并依层次向外扩展的局面。之后该理论被逐渐运用到社会学、生态学、经济学等研究领域①。原创媒介理论家马歇尔·麦克卢汉（Marshall Mcluhan）认为，媒介即人的延伸，圈层可以被理解为以圈层核心组织者为中心与若干圈层从属者发生强吸引作用以及各圈层内部成员之间形成无数隐性网状链接关系所组成的一切社会关系。我国学者关于圈层及圈层化的概念也有一些研究。早在20世纪初，费孝通在《乡土中国》中讨论“差序格局”理论时说：“每个人都是他社会影响所推出去的圈子的中心。以‘己’为中心，如石头投入水中一般，和别人所联系的社会关系……就像水的波纹一样，一圈圈地推出去，愈推愈远，愈推愈薄。”② 彭兰认为，“圈层是以情感、利益、兴趣等维系的具有特定关系模式的人群聚合”③。徐海鹏认为，“‘圈层化’是群体组成的一种基本模式，是基于‘圈层’内涵体现出的圈层文化、圈层效应、圈层认知等一系列变化趋势”④。基于学者们对“圈层”概念的分析，笔者认为，大学生网络社交“圈层化”则是大学生依托于互联网，在一定程度上淡化现实的血缘、地缘和业缘人际关系限制，以“趣缘”为纽带，形成的兴趣共享、情感寄托和观点交流的互动圈层。共同的兴趣爱好、价值取向是大学生网络社交圈层形成的基础，信息共享、情感交流、身份与文化认同是核心要素。

（二）大学生网络社交“圈层化”的现实表征

1. 排他性：圈层文化差异导致圈层界限

互联网可打破时间和空间的局限，网络空间为大学生的社交提供了自由的时空选择。在此前提下，大学生的网络社交在一定程度上突破了现实的血缘、地缘和业缘的人际关系限制，可能基于相同的文化背景、兴趣爱好或共同的价值追求，依托微博、微信等自媒体移动终端，逐渐形成以兴趣共享、情感交流等为目的的圈层。在这种以“趣缘”为纽带形成的圈层中，兴趣或价值观念的共同性成为圈层“身份认同”的重要标识，主要表现在两个方面：一方面，由于圈层之间的话语表达和文化认同的差异，圈层内的信息对于圈层外的人来说具有一定的隐秘性，圈层外的人若不是与圈层内的人具有兴趣爱好或价值观等方面的高度耦合，是难以进入圈层内的；另一方面，由于“趣缘”的联结，圈层内的人对于网络信息的吸取和筛选，会具有明显的倾向性，会关注和吸取圈层内部的信息，对于圈层外的信息具有较为明显的选择性，会自发自觉地

---

① 陈伟，熊静. 微信圈层中的思想政治教育话语权：表现境遇及提升路径［J］. 思想理论研究，2016（5）：80-84.

② 费孝通. 乡土中国［M］. 北京：北京大学出版社，1998：25-34.

③ 彭兰. 网络的圈子化：关系、文化、技术维度下的类聚与群分［J］. 编辑之友，2019（11）：5-12.

④ 徐海鹏，罗楠. “圈层化”视域下少数民族大学生思想政治教育研究［J］. 教育评论，2020（1）：93-97.

选择过滤与圈层文化认同不一致的信息。在以“趣缘”为纽带形成的网络社交圈层中，圈层内部成员之间由于“志同道合”，往往彼此之间相互欣赏、相互信任、相互认同甚至相互支持。

2. 从众性：圈层文化认同形成群体意识

大学生网络社交圈层中紧密的情感、兴趣的联结可以让大学生在其中获得强烈的归属感，因此圈层内部个体相互之间具有较强的影响力和说服力。大学生在网络社交中的行为通常更加重感性而轻理性、重合拍而轻深思，具有一定的从众心理，主要表现在两个方面：一方面，在圈层外部领域，主要是在大学生对网络社交圈层进行选择的时候，有时会出现对某个圈层的文化或核心理念认知不清晰或认知有误。在此情况下，大学生会倾向于参考或接受身边或者网络空间中该圈层内同伴的意见，基于兴趣的共同性，大学生在做选择决策时易受到圈层内部成员的影响。另一方面，在圈层内部，核心成员往往会成为该圈层的“意见领袖”，具有一定的话语权和领导权。一般个体对于“意见领袖”的言论、意见或决策具有高度的意见认同，在某些特殊情况下，可能会形成极端的群体意识，则一般个体意见会消弭于群体意识的洪流之中。

3. 聚合性：圈层价值认同增强圈层群体黏性

如上所述，大学生网络社交圈层内部成员之间关系的维持与发展的纽带是共同的兴趣、情感诉求和价值追求，这就意味着大学生社交网络圈层内部成员之间具有紧密的情感联系，能够有效聚合群体意识和力量。一方面，获取信息、寻找围绕兴趣层面的交流、理解和情感寄托是大学生加入网络社交圈层的内在动因。由此看来，大学生网络社交圈层内部注重成员之间的交流与互动，达成意见上的共识，在此基础上建立起对彼此的信任。如果圈层内部成员个体彼此认同和信任，便会产生情感上的依赖，成员之间的黏性就会升高，由此形成圈层内部的群体力量。另一方面，大学生网络社交圈层一旦形成，圈层内部就会逐渐形成一种符合该圈层特性的文化氛围，这种文化是该圈层成员共同认可的文化基础，在文化认同的基础上逐渐形成圈层内部一致的价值观。在圈层价值观的影响下，圈层内部成员聚集在一起会形成一种具有黏性的情感联系，而黏性正是聚合群体意识的基础。因此，基于圈层文化认同，大学生网络社交圈层具有较强的号召力和影响力，在一定程度上，圈层内部成员会信任和认同圈层核心文化或理念，具有较强的向心力和凝聚力。

4. 交织性：个体兴趣的迁移变化引发圈层人员流动

兴趣爱好是大学生网络社交圈层形成的基础。网络时代的大学生，兴趣爱好广泛且兴趣爱好可能会因为事实热点而转移。大学生广泛的兴趣爱好、网络时代频发的网络热事以及个人社会关系的复杂多样，大学生可以同时加入多个网络社交圈层，且在不同的时间阶段，会根据兴趣爱好的转移或淡化而选择退出原有社交圈层而加入新的网络社交圈层。由于这些圈层的话语表达、文化认同以及身份认同的不同，大学生个体在不同的网络社交圈层中的角色和话语层级也会有所不同。大学生个体网络社交圈层具有的交织性和流动变化性体现了大学生网络社交的复杂性。从另一个角度说，大学生网络社交圈层的交织性也为大学生“破圈”提供了更大的可能性。

二、网络社交圈层化下推进大学生理想信念教育所面临的现实挑战

由于互联网的虚拟性与跨时空性，网络空间充斥着纷繁复杂的信息和多元的价值

观，由此产生的大学生网络社交圈层也具有多样性和复杂性。圈层并不是一个固化的场域，网络社交圈层包含圈层内部的信息流通和关系结构、圈层内部力量向外延展以及圈层外部力量向内渗透三个流变的状态。在这三种状态下，圈层内部文化认同、圈层之间的排他性以及信息传播的封闭化都给大学生理想信念教育带来了挑战。

（一）网络社交圈层内的文化构成单一化导致“回声室”效应，消解理想信念认同

一般来说，“回声室效应”是指在一个相对封闭的环境里，只能重复听见一种声音，且在“回声室”里这种声音可能会被扭曲或放大。大学生网络社交圈层内部成员之间关系的维持与发展的纽带是共同的兴趣、情感诉求和价值追求，这就意味着大学生社交网络圈层内部成员之间具有紧密的情感联系，能够有效聚合群体意识和力量。一方面，获取信息、寻找围绕兴趣层面的交流、理解和情感寄托，是大学生加入网络社交圈层的内在动因。由此看来，大学生网络社交圈层内部注重成员之间的交流与互动，达成意见上的共识，在此基础上建立起对彼此的信任。如果圈层内部成员个体彼此认同和信任，便会产生情感上的依赖，成员之间的黏性就会升高，由此形成圈层内部的群体力量。另一方面，大学生网络社交圈层一旦形成，圈层内部就会逐渐形成一种符合该圈层特性的文化氛围，这种文化是该圈层成员共同认可的文化基础，在文化认同的基础上逐渐形成圈层内部一致的价值观。在圈层价值观的影响下，圈层内部成员聚集在一起会形成一种具有黏性的情感联系，而黏性正是聚合群体意识的基础。因此，基于圈层文化认同，大学生网络社交圈层具有较强的号召力和影响力，在一定程度上，圈层内部成员会信任和认同圈层核心文化或理念，具有较强的向心力和凝聚力。

共同的兴趣、价值观和情感需要是大学生网络社交圈层形成的前提，寻求情感寄托与相互理解是大学生网络社交圈层形成的动因，是对圈层内部文化认同的基础。这种圈层文化中所蕴含的价值观会影响圈层成员的思维方式和行为方式。在此前提下，圈层内部的核心成员或一般个体成员在接触信息时就会根据自己所在圈层的文化认同和既有价值观对信息进行筛选。为保障圈层的稳定和发展，就必须在圈层内形成一致的价值认同。而少部分成员为避免与圈层其他成员格格不入，一般不会表达与大多数成员相反的意见。长此以往，圈层内部就只剩下一种声音。同时，由于大学生网络社交圈层的区隔化，加剧了圈层与圈层之间的认知差异，圈层内部成员倾向于选择从圈层获取信息，对圈外其他信息持排斥态度，这会造成圈层内部成员只以该圈层认同的价值观作为行为指引，缺乏对社会主流价值观和主流文化的学习和内化，从而消解对新时代青年学生理想信念的认同。

（二）网络社交圈层之间的排他性形成“信息茧房”，阻碍主流话语有效传播

信息茧房是指人们关注的信息领域会习惯性地被自己的兴趣引导，从而将自己的生活局限于像蚕茧一般的“茧房”中。在这种以“趣缘”为纽带形成的圈层中，兴趣或价值观念的共同性成为圈层“身份认同”的重要标识，主要表现在两个方面：一方面，由于圈层之间的话语表达和文化认同的差异，圈层内的信息对于圈层外的人来说具有一定的隐秘性，圈层外的人若不是与圈层内的人具有兴趣爱好或价值观等方面的高度耦合，是难以进入圈层内的；另一方面，由于“趣缘”的联结，圈层内的人对于网络信息的吸取和筛选，会具有明显的倾向性，会关注和吸取圈层内部的信息，对于圈层外的信息具有较为明显的选择性，会自发自觉地选择过滤与圈层文化认同不一致的信息。

基于大学生网络社交圈层的排他性，特有的语言文化是圈层的内在表征，这种圈层话语体系是稳定圈层交流、保持圈层特色的重要方式。并且，圈层的内部话语往往具有私密性，“隔圈如隔山”成为大学生网络社交圈层交往的形象描述。譬如饭圈（粉丝圈）的“XSWL”（笑死我了）“ZQSG”（真情实感）“YYDS”（永远的神），以动漫圈“抖 s”（施虐狂）“OP”（初选择）“ED”（片尾曲），汉服或 JK 圈（高中女生圈）的“穿山”（穿的衣服是山寨假货）等圈内“行话”，对于圈外人来说是极其费解的。这些极具特色的“行话”表达将不同圈层文化区分与隔离开来。网络社交中的大学生群体就是依靠这样的话语表达方式构筑自己的群体认同，充分显现出圈层的差异性与个性化。基于这样的文化差异性，圈层与圈层之间划分了一条明确的界限，“不懂勿犯”逐渐成为圈层化交流的基本礼仪，具有明显的排他性。这就在圈层外筑起了一道壁垒。当前社会主流文化的传播渠道单一，话语表达缺乏新意，大多还属于按部就班的“政策宣讲”、教条式的说教，大学生在接触社会主流文化时常觉枯燥乏味，主流话语不易与大学生同频共振，常常被选择性过滤。大学生网络社交圈层化的壁垒更是阻碍了主流话语在其网络社交圈层内的传播。

（三）网络社交圈层中信息来源同质化加剧“群体极化”，弱化理想信念教育效果

“群体极化”一般可以被理解为在经过群体决策之后，群体中的个体在平均水平上朝着决策前所持观点态度的极端方向进一步偏移，表现得更加极端化①。大学生网络社交圈层中紧密的情感、兴趣的联结可以让大学生在其中获得强烈的归属感，因此圈层内部个体相互之间具有较强的影响力和说服力。大学生在网络社交中的行为通常更加重感性而轻理性、重合拍而轻深思，具有一定的从众心理，前已详述。

勒庞在《乌合之众》中谈到群体盲从意识会淹没个体的理性，个体一旦将自己归入该群体，其原本独立的理性就会被群体的无知疯狂所淹没。在以“趣缘”为纽带的网络社交圈层中，大学生往往能够展现最真实的自我。由于网络空间的时空自由和虚拟性，网络社交圈层中的个体可以自由地加入与退出。并且，由于网络空间具有匿名性，可以在其掩护下尽情展露和宣泄自己的爱恨、好恶与心情动态。另外，由于大学生网络社交圈层的排他性，教育者无法进入其圈层内部，及时、客观把握大学生的思想动态，使大学生的理想信念教育缺乏针对性和即时性，从而导致理想信念教育效果微弱。同时，由于大学生在网络社交圈层交往中具有一定的从众性，基于对圈层成员的信任和情感依赖，会更加倾向于从圈层内部吸取信息，但是受圈层范围以及圈层内部核心人员素质所限，对于信息的来源和真实性缺乏甄别能力，在圈层成员对历史问题、现实问题的理解有所偏差时，教育者不能及时发现和加以引导，这就给错误思潮、不良价值观以渗透的机会，对大学生的价值观进行侵蚀，严重弱化理想信念教育的效果。

三、网络社交圈层化视域下大学生理想信念教育实践进路

（一）环境建设——建设清朗网络空间生态，营造理想信念教育良好网络氛围

习近平总书记指出：“网络空间是亿万民众共同的精神家园。网络空间天朗气清、生态良好，符合人民利益。”大学生网络社交“圈层化”的封闭性、隐匿性使得网络监

① 黄渊林，曲翔. 大学生网络舆情群体极化及其应对［J］. 高校辅导员，2021（13）：31-34.

管存在一定盲区。基于大学生信息甄别能力参差不齐，网络安全和网络文明等素养尚有欠缺，在面对网络民粹主义、历史虚无主义、民族虚无主义、普世价值等错误思潮时，部分大学生缺乏坚定的政治立场。当圈层中的“意见领袖”针对我国社会问题或国家政策发表不实或不合理言论时，大学生缺乏辨别是非的能力但又“敢于发声”，易受诱导。因此，一方面要加强对网络空间的监管，利用实名制管控、大数据监管等手段，加大对网络空间信息的筛选和督察，并增强网络空间舆情的预警能力。同时，加大对扰乱网络空间秩序行为的惩戒力度，打击故意传播反社会、反主流价值的流量“大V”，肃清网络空间违规违法行为，为理想信念教育开辟足够的网络空间。另一方面，加强对大学生在网络安全、网络文明、网络常识等方面的教育，提升大学生的网络素养。树立文明上网的意识，激发大学生参与净化网络空间的战斗力，当面对错误思潮时，要敢于发声，在面对违法和不良信息时，要能及时辨别，培育积极健康的网络文化。由此逐步建设清朗的网络空间生态，减弱网络空间复杂信息对大学生网络社交圈层的影响，为理想信念教育开辟足够的网络空间，营造良好氛围。

（二）圈层认同——基于良性沟通引发情感共鸣，强化理想信念认同

情感的获得与归属、他人的理解和认可是大学生网络社交圈层形成的重要动因。圈层的话语表达、话题设置等对一般个体的获得感和自我实现有着重要的影响。因此，要想增强大学生对于理想信念的认同感，就要建立起与大学生之间的良性沟通桥梁，引发情感共鸣。一方面，思想政治教育工作者要强化对大学生网络社交圈层文化的认同。这里说的认同不是指全盘认可，而是有所选择和引导的认可。基于大学生网络社交圈层中文化认同，思想政治教育工作者应把握大学生对某些社会现象或社会问题的观点和价值判断。对于某些合理的圈层文化或圈层理念给予认同和鼓励，拉近与大学生在情感上的距离，基于此再针对不合理的圈层文化或价值观念进行积极引导，加强与大学生网络社交圈层的良性互动。另一方面，创新理想信念教育话语表达，结合时事热点，构建大学生感兴趣的话题圈层。当前网络信息纷繁复杂，有趣味者众多，大学生更倾向于接收贴合自己兴趣的信息。因此，在网络社交“圈层化”情况下，思想政治教育者要充分尊重大学生的认知水平，充分利用活泼、生动的话语，转变传统理想信念教育中的单向灌输模式，吸引大学生主动加入话题讨论中，在潜移默化中强化大学生对理想信念的认同。

（三）文化认同——培养大学生网络社交圈层“意见领袖”，提升理想信念教育效能

面对大学生网络社交圈层化，大学生理想信念教育要走出困局，就要在上述建构与认同的基础上，推动主流文化、主流思想与圈层文化的融合。一方面，对于思想政治教育工作者来说，要充分认识到互联网给理想信念教育带来的新变化。由于网络的便捷性，网络空间已然成为大学生信息获取的主要来源，传统教学中的教师信息权威被消弭。要提高理想信念教育实效，思想政治教育工作者就必须主动积极深入大学生的网络社交圈层，搭建个人网络空间，对圈层中传播不实信息或有悖于主流价值观的成员进行积极引导，同时对某些圈层中的极端群体观念进行积极解释，实现师生在网络社交空间中的互联互通，积极融入大学生网络社交圈中，成为真正意义上的“圈内人”，最终让自己成为大学生公认的网络意见领袖。思想政治教育工作者要结合重要时间节点，主动设置话题，引导大学生在网络圈层中关注社会热点，大力弘扬民族精神

和时代精神，传播正能量，推进理想信念教育。另一方面，大学生网络圈层中活跃的主体依旧是同龄大学生，高校可以通过朋辈教育方式来扩展和延伸大学生理想信念教育的深度和广度。由于圈层中兴趣、价值观的共同性，圈层中的成员之间更容易沟通、理解。思想政治教育工作者要用马克思主义中国化的最新成果武装大学生骨干，培养政治立场坚定、具有大局意识、思想素质过硬的先进青年。思想政治教育工作者要以大学生党员先锋、优秀青年大学生榜样为社会主义意识形态输出骨干，利用朋辈教育方式来引领大学生在网络圈层中坚持正确政治方向和价值取向，在交流分享中信任和成长，提升大学生理想信念教育效能。

（四）多方协同——培养和提升大学生的媒介素养

德国著名物理学家赫尔曼·哈肯提出的“协同理论”强调各子系统之间都具有一定的联合性，各子系统之间的联合作用可以产生宏观尺度上的结构和功能。换言之，在同一目标要求下，若能将各子系统之间有机地协调起来，通过优化各子系统的要素或功能，从而使协同效果达到最优，就可能实现系统的共同目标追求。大学生媒介素养培育是一个复杂的系统，其中包含着高校、社会、家庭和大学生个体等主体要素，这些主体相互之间又形成多个子系统。因此，提升大学生的媒介素养需要将多元主体协同起来共同发挥作用。首先，高校层面，需要创立舆情应急处理机制，要及时掌握大学生的思想动态，并有针对性地进行引导。同时可以通过学术讲座、思想政治理论课或选修课程的形式，提升大学生的媒介意识，通过热点案例分析等方式提升大学生的理性与批判思维。其次，社会层面最主要的就是协同社会多方力量，完善网络空间的监督和舆情引导机制，营造良好的网络空间氛围。再次，家庭层面需要配合高校，及时掌握大学生的思想动态和心理特征变化，关心大学生的社交情况，并对其进行积极引导。最后，大学生需要提升自我教育意识，增强网络完全法律意识，提升自己的网络道德素质，文明上网。同时，大学生要提升自己辨别是非的能力，切勿人云亦云，面对庞杂的信息要有意识地进行甄别，若无法判断，可与同学、老师、家人进行交流与沟通，警惕掉进“网络信息陷阱”。

总之，互联网的迅速发展为大学生理想信念教育提供了新的方法和渠道，要充分认识和把握大学生网络社交圈层化的特征，分析和理清网络社交圈层化可能给大学生理想信念教育带来的积极影响和消极影响，进而结合时代特征，找寻合适进路，不断推进理想信念教育常态化。

参考文献

［1］彭兰. 网络的圈子化：关系、文化、技术维度下的类聚与群分［J］. 编辑之友，2019（11）.

［2］刘广乐. 网络圈群视域下高校学生理想信念教育探究［J］. 学校党建与思想教育，2019（13）.

［3］徐海鹏，罗楠.“圈层化”视域下少数民族大学生思想政治教育研究［J］. 教育评论，2020（1）.

［4］习近平主持中共中央政治局第十二次集体学习并发表重要讲话［EB/OL］. http://www.gov.cn/xinwen/2019-01/25/content_5361197.htm.

[5] 习近平同各界优秀青年代表座谈并发表重要讲话［EB/OL］. http://news.cntv.cn/2013/05/05/ARTI1367711267920266.shtml.

[6] 骆郁廷. 当代大学生思想政治教育［M］. 北京：中国人民大学出版社，2010.

[7] 古斯塔夫·勒庞. 乌合之众［M］. 冯克利，译. 北京：中央编译出版社，2005.

[8] 吴贵春. 习近平关于大学生理想信念教育思想的三个维度［J］. 淮北师范大学报（哲学社会科学版），2018（1）.

[9] 吴林龙. 十八大以来习近平关于共产党人坚定理想信念的重要论述研究［J］. 思想理论教育导刊，2017（4）.

（编辑：秦慧）

伦理学视阈下网络暴力困境及纾解途径探析

施银花

【摘要】随着网络信息技术的高速发展，信息传播方式发生了一定程度的改变，大众拥有了更多的话语权。然而在全民皆可发声的时代，网络暴力现象却愈演愈烈，陷入了善因恶果的网络道德悖论、扭曲的道德私刑、隐私权的践踏、群体意识负向效应的伦理道德困境之中。基于困境表征，本文从我国仍处于并将长期处于社会主义初级阶段的现实国情、网络虚拟性与匿名性的特征、错误义利观的导引、网络法律体系不健全的四重角度进一步探析了网络暴力伦理困境的成因，并以此为基点从网民之维、媒体之维、国家之维寻找网络暴力伦理困境的纾解之策。

【关键词】网络暴力；伦理；表征、原因；纾解

【作者简介】施银花，女，1997 年生，西南财经大学马克思主义学院硕士研究生，主要从事学校思想政治教育研究。

中国互联网络信息中心（CNNIC）调查数据显示：截至 2020 年 12 月底，我国网民规模达 9. 89 亿，互联网普及率达 70. 4%①。互联网为人们带来了更便利的生活方式和更自由的讨论空间，但同时，由于其所具有的虚拟性、匿名性等特征，也带来了网络谣言、人肉搜索、语言攻击等网络暴力，违背了伦理道德原则。笔者利用中国知网的高级检索功能，以 2017 年 1 月 1 日至 2021 年 9 月 10 日为时间限度，以“网络暴力”为主题进行检索，共检索出 886 篇学术期刊文章、219 篇学位论文。但以“网络暴力”并含“伦理”为主题进行检索，只检索出 56 篇学术期刊文章、54 篇学位论文。从中国知网的检索数据看来，虽然近 5 年网络暴力事件频发，如“德阳女医生自杀事件”“成都确诊女孩隐私被曝光事件”“东京奥运健儿王璐瑶被网暴事件”等（具体如表 1 所示），但是在伦理学视阈审视网络暴力的研究还有所缺乏。因此，本文更倾向于从伦理学视阈来审视网络暴力，认为网络暴力存在着伦理困境，伦理上的思考可以为我们理解和治理网络暴力提供基本的思路。

① 中国互联网络信息中心. 第 47 次中国互联网络发展状况统计报告［EB/OL］. http://www.cnnic.net.cn/hlwfzyj/hlwxzbg/hlwtjbg/202102/t20210203_71361.htm.

表 1　近年发生的典型网络暴力事件

时间	典型网络暴力事件
2017 年	鹿某网络暴力事件、吴某演小三引发的网络暴力事件
2018 年	重庆公交车坠江女司机被骂事件、德阳女医生不堪网络暴力自杀事件、网红与孕妇争执事件
2019 年	明星热某被网暴事件、潘某事件、韩国女星崔某自杀事件
2020 年	肖某 227 事件、教师体罚学生至吐血事件、成都确诊女孩隐私被曝光事件
2021 年	甘肃银川越野跑幸存者张某被网暴事件、东京奥运健儿王某被网暴事件

一、困境表征：网络暴力中的伦理问题

网络暴力是指网民以互联网为平台，借助网络舆论力量对尚未证实或者已经证实的关涉出轨、官员腐败、贫富分化等热点事件发表诽谤性、诬蔑性、煽动性的言论、图片及视频，以人肉搜索、网络造谣等方式公开个人隐私、对他人进行言语攻击，致使当事人焦虑、抑郁甚至死亡的暴力行为。在伦理学视阈下，网络暴力困境具体表现为善因恶果的道德悖论、扭曲的道德私刑、隐私权的践踏、群体意识的负向效应。

（一）网络暴力：善因恶果的道德悖论

钱广荣认为："所谓道德悖论，这是一种自相矛盾的悖论，它是在进行道德选择之后得到了一个道德价值完全相反的结果的这种特殊情况。"[①] 网络暴力就是善因恶果道德悖论的典型体现。在网络暴力案件中，众多网民在进行行为选择之前是出于"伸张正义、维护公平"的"善因"，但在参与过程中因未对海量信息进行筛选甄别、受网络领袖不正确引导等，最终转化为了"网络暴力"的"恶果"，与最初的道德价值预期背道而驰[②]。如在 2020 年"教师体罚学生至吐血事件"中，众多网友的出发点在于"关心学生"的"善因"，最后却在警方通报"血衣是假、哮喘是假、教师体罚学生是假"的真实情况后，转变为了网暴教师的"恶果"。"善因恶果"的道德悖论提醒我们：要达到预期的"善"，做到"善始善终"，需同时兼顾动机、过程、结果的"善"，而不能只停留在出发点，一味地追求动机之"善"[③]。

（二）网络暴力：扭曲的道德私刑

诚如休谟所言，中国拥有悠久的"道德民兵"传统。经过中华文化五千多年历史的洗礼，"正义""诚信""自爱"等道德话语早已植根于人们内心深处，特别容易被激发和唤醒。但在网络世界中，网民却经常进行着扭曲的道德私刑，这有悖中华民族优秀的传统道德。这类网络暴力案件和善因恶果的道德悖论案件不同，此类案件参与者或是出于打击报复，或是出于猎奇恶搞，或是出于满足自己的好奇心，其本身的出发点就不"善"，而是打着"道德"的旗号掩盖自身"非道德"的目的，实则是一种

① 钱广荣. 道德悖论的基本问题［J］. 哲学研究，2006（10）：88.

② 李礼. 网络暴力的道德批判与规制［J］. 晋阳学刊，2020（6）：100.

③ 林爱珺. 网络暴力的伦理追问与秩序重建［J］. 暨南学报（哲学社会科学版），2017，39（4）：117.

"道德泡沫"，是一种"伪道义"，其伦理意义值得反思①。如在2021年"东京奥运健儿王某被网暴"事件中，王某在无缘女子射击10米气步枪决赛后，利用微博发布了一条动态以释放自己压抑的情绪，但并没有得到理解、安慰与鼓励等善意回应，反而遭到了"你就应该认怂""你发自拍照是想进军娱乐圈吧"等恶意诋毁，致使其最后删除了这条微博。其实，在奥运竞技赛场上，胜负乃常事，发布个人微博亦为生活常态，网民不应忽视他人努力而妄加指责，更不应带着主观情绪干涉他人生活，只有以理性的心态对待才能营造清朗的网络生态环境。

（三）网络暴力：隐私权的践踏

我国宪法和刑法规定，公民的隐私权不容侵犯，但大数据技术这把"双刃剑"却使隐私侵权的问题日益严重。美国学者斯皮内洛也曾指出："尊重他人隐私的义务是一个（不言）自明的义务。"但在网络暴力事件中，个人的隐私却成了商业和消遣的"素材"，且在大数据技术的加持下，当事人的隐私通过裂变的方式转发传播，使得个人成为被谩骂、侮辱、嘲讽的焦点，打破了其原本安静的正常生活。在2020年"成都确诊女孩隐私被曝光"事件中，赵某是以新冠肺炎确诊患者的身份进入大众视野的，部分网友却走极端，通过"人肉搜索"的方式，曝光了赵某的家庭住址、家境详况、活动轨迹等个人隐私，将对疫情的恐慌上升为对个人的网络欺凌，对其冠以"陪酒女""转场女王""瘟疫之源"等侮辱性外号，使赵某产生了极大的精神压力。

（四）网络暴力：群体意识的负向效应

互联网的蓬勃发展使得人们可以突破时空界限对事件发表更为直接的个人看法，形成多样的舆论格局。在集体场域中，若某种观点或意见得到了大多数人的支持，那么这种观点或意见将持续增势，而少数或者非主流意见的一方因孤立恐惧将逐渐沉默，最终导致增势的一方占据舆论主导地位。网络暴力就是群体性的纷争，在群体意识的负向效应下，部分网民会将非理性的言论发展成为强势"民意"，促使舆情极化，产生侵害当事人权益的网络暴力。如在2018年"德阳女医生自杀事件"中，众多网民凭借看到视频的第一印象，站在虐待小男孩的道德制高点上，对安医生和其老公展开道德绑架，最终导致安医生不堪舆论漩涡自杀身亡。其实，在当时的事件评论中，虽大多数网民认为安医生及其老公应该受到道德谴责，但仍有理性的少数派坚持发声。如8月24日网友"scott-flutty"评论道："男孩如何碰撞在视频中并不清楚；且男孩及其家长在得到了公安调解之后仍曝光对方单位引导舆论，目的不纯。"② 在群体意识的负向效应下，非理性舆论引导着人们的思想和行为，致使这类理性声音被淹没。

二、困境之源：网络暴力伦理困境的成因

习近平总书记明确指出："网络空间天朗气清、生态良好符合人民利益。网络空间乌烟瘴气、生态恶化不符合人民利益。"③ 由困境表征可知，网络暴力就是污染网络生态的重要因素之一，违背了伦理道德原则。网络暴力伦理困境的产生基于多方面原因，

① 王梦瑶. 网络舆论背景下的伦理冲突问题及其纾解途径：以南京养母虐童案为例［J］. 兰州文理学院学报（社会科学版），2017，33（1）：70.

② 林茂. 网络环境下的反沉默螺旋现象：以德阳女医生自杀案为例［J］. 声屏世界，2020（21）：113.

③ 习近平. 在全国网络安全和信息化工作会议的讲话［N］. 人民日报，2018-04-22（1）

既有我国仍处于并将长期处于社会主义初级阶段的现实国情、网络自身虚拟性与匿名性特征方面的原因，也有错误义利观的导引、网络法律体系不健全方面的原因。

（一）现实国情：我国仍处于并将长期处于社会主义初级阶段

习近平总书记在党的十九大报告中指出，我国仍处于并将长期处于社会主义初级阶段。目前，中国正处于深化改革期，在此种社会背景下，人们在现实生活中面临着资源分配不均、收入分配不均、升学就业等各种各样的社会压力，这些压力让人们变得心浮气躁，“仇富”“仇官”等非理性情绪也顺势产生，使得群体心理结构失衡。当这部分群体的心理压力在现实中无法得到合理排解的时候，就会借助虚拟的网络世界，把热点事件中的当事人作为攻击对象，肆无忌惮地开展网络讨伐，忽视网络基本的道德标准，最终演变为网络暴力事件。如在 2018 年“网红与孕妇争执事件”中，涉及“网红”“孕妇”“贫富差距”等敏感性词汇，按照惯性思维，相较于网红，孕妇属于弱势群体，所以当两者发生争执时，人们更倾向于帮助孕妇。但如果说网友保护孕妇具有一定的善意，那么对网红进行辱骂，恶意差评其网店，更有甚者往她家中送花圈，致使其爷爷因不堪其扰而生病离世，则体现出网民的善意超越了界限，是网民不满现实的情绪表现。

（二）网络特征：网络的虚拟性和匿名性

“网络的虚拟性和匿名性是网络魅力所在，也是网络传播秩序规范和道德建设最大的难题。”① 人是复杂的个体，在现实社会中，人尚且会冲撞法律、违背道德，置身于网络世界中，个体缺乏法律约束、伦理规制等，会更加从心理层面认定自己容易逃避社会责任。网络的虚拟性与匿名性给予网民更大的自由，但也同时使权责失衡的现象更加突出。在网络暴力案件中，由于行为主体难以确定、责任范围难以明确，往往对施暴者的处罚少而轻，不足以对其形成震慑，反而会使施暴者形成“法不责众”的错觉，产生影响网络秩序及社会稳定的网络暴力。2019 年 7 月 31 日，青年演员热某因在机场身穿黄色低胸吊带，遭到了大批网友的攻击和谩骂，不堪侵扰的热某发出了自己抑郁症复发的诊断单，希望网友能够口下留情。但大批网友仍借助互联网的“丛林法则”推卸责任，“不要拿抑郁症炒作了”“你去陪崔某吧”等充满恶意的评论仍不绝于耳，继续进行着网络暴力的狂欢。

（三）价值观念：错误义利观的导引

休谟曾言：“正义只是起源于人的自私和有限的慷慨。”② 在休谟看来，人们的天性之中就包含着自私性，这种自私性使得人们对待“义”与“利”的关系时出现了偏差，它不断地驱使人们去追求和实现自己的利益。网络社会中存在着巨大的利益，涉及众多利益主体，为了获取利益“蛋糕”，人们便开始了利益博弈，进行唯利是图的利益追求。“以‘利’为支点，则必然见利忘义；唯利是图，结果必然是‘放于利而行，多怨’。”③ 网络媒体作为传播意识形态的前沿阵地，会潜移默化地影响受众的意识与行为，若不能以身作则，则会污染整个互联网的生态环境。然而，部分网络媒体为了获取更多的流量以攫取商业利益，不考虑社会责任、不顾道德谴责，利用雷人雷语的噱

① 林爱珺. 网络暴力的伦理追问与秩序重建［J］. 暨南学报（哲学社会科学版），2017，39（4）：115.

② 大卫·休谟. 人性论［M］. 关文运，译. 北京：商务印书馆，2016：536.

③ 师为公. 义利之辨的现代转化［J］. 宁夏社会科学，2016（2）：16.

头、捕风捉影的内容来炒作，对网民非理性的网络舆论不加考证地评论、转发，助推了网络暴力事件的恶化①。在2018年“重庆公交车坠江事件”中，《新京报》、《北京青年报》、环球网等主流媒体为抢占舆论先机，未加核实就推出了带有“女司机逆行”“轿车司机违反交通规则”等关键词的文章，将复杂事件标签化，如环球网曾发文《大巴车坠江原因：女司机逆行》。正是这些主流媒体不负责任的报道，带偏了舆论的正确走向，使女司机遭到了铺天盖地的谩骂，直至后来警方的通报公布之后，事件才发生了大反转，女司机从肇事者变为受害者。

（四）法律规范：网络法律体系不健全

2021年6月22日，澳大利亚联邦政府的反网络暴力法案在参议院获得通过，涉案人员将面临公众曝光、巨额罚款等后果。目前，我国已出台的《中华人民共和国民法典》（2021年）、《网络信息内容生态治理规定》（2020年）、《中华人民共和国网络安全法》（2017年）等法律、法典和行政法规，虽部分涉及网络暴力的法律规定，但因缺乏针对性和专业性，网民的道德失范行为尚不能得到有效规制，使得网络暴力的法律规制处于失位状态，总体上落后于现实的需要。如《中华人民共和国刑法》第二百四十六条规定：“不得以暴力或其他方法公然侮辱他人或者捏造事实诽谤他人。”但就网络暴力而言，网民言论并非完全是捏造事实败坏他人名誉，有些事实本来就是当事人所做之事，只是被网络无限放大后引发了群体指责、批评和辱骂，最终导致严重后果，不能用刑法层面的诽谤罪定罪论处②。所以，在网络法律法规范尚不完善的条件下，网民在互联网世界里就会更少受到他律性的制约，从而抱着侥幸心理继续无底线地攻击他人，实施伦理道德失范的网络暴力。

三、困境纾解：网络暴力的治理途径

习近平总书记在全国网络安全和信息化工作会议上指出，综合治网格局需要党委领导、政府管理、企业履责、社会监督、网络自律③。基于此，本文将分别从网民之维、媒体之维、国家之维的三维视角综合探寻网络暴力伦理困境的纾解之策。

（一）网民之维

1. 树立正确的价值取向

思想是行为的先导，正确的价值取向会引导网民理性地进行行为选择，而错误的价值取向则会迷惑个体心智引发网络暴力。具体来讲，网民要树立正确的价值取向，需正确对待以下三对关系④：其一，网民要正确对待利益与道德的关系，认识到道德与利益既有一致也有矛盾的辩证关系以及义利冲突情况下以义制利、舍利取义的必要性。其二，网民要正确对待个体利益和集体利益的关系。集体利益包括个体利益，个体利益依靠集体利益，网民需要自觉抵制个人主义、利己主义等错误思潮。其三，网民要正确对待动机与效果的关系。正确的义利观是动机论和效果论的统一协调，网民在网

① 侯玉波，李昕琳. 中国网民网络暴力的动机与影响因素分析［J］. 北京大学学报（哲学社会科学版），2017，54（1）：105.

② 石经海，黄亚瑞. 网络暴力刑法规制的困境分析与出路探究［J］. 安徽大学学报（哲学社会科学版），2020，44（4）：84.

③ 习近平. 在全国网络安全和信息化工作会议的讲话［N］. 人民日报，2018-04-22（1）.

④ 乔晓磊. 网络暴力的伦理探究［D］. 杭州：浙江财经大学，2019：51-52.

络生活中要自觉避免“善因恶果”的网络道德悖论，避免做出违背初心的伦理失范行为。

2. 强化自身的责任担当

2019 年 10 月，中共中央、国务院印发的《新时代公民道德建设实施纲要》明确指出，要抓好网络空间道德建设，网民要培养文明自律的网络行为。娱乐有理，但要守法；个体有权，但要担责。互联网世界有着“道德”与“法律”两柄利剑，为避免被“利刃”所伤，网民要自觉遵守网络规则，增强对他人权利的尊重，强化自身的责任担当，不发表侮辱性言语，不恶意 PS（图片编辑软件）他人图片，不人肉搜索个人隐私，严格规范和约束自己的行为，自觉养成文明上网的良好习惯，以发扬真善美、鞭挞假丑恶，奏响正能量之歌。

3. 提升自身思辨与实践能力

网络暴力伦理困境的纾解需要网民提高自身的思辨与实践能力。一是网民要提升自身的思辨能力。网民在参与集体事件前不能盲目跟风，只停留于人云亦云，需依据自身的学识和以往的经验对事件发生的起因、过程、结果等要素进行认知推理和道德判断，以自觉增强理性，形成客观公正的判断结果，遏制网络暴力。二是网民要提高自身的实践能力。网民通过思辨环节分清公共事件的“是”与“非”“善”与“恶”后，不应做无声的旁观者，而应在众多的舆论声浪中伸张正义，用理性“铠甲”抵御多数人的暴虐，积极引导群体意识向正确的方向发展，做到有所为，进而压缩群体意识负向效应的伸展空间①。

（二）媒体之维

1. 增强法律意识

网络世界虽然是虚拟社会，但其仍属于法律管控的范围，正是由于部分媒体缺乏相应的法律意识，发布虚假信息蒙蔽网民认知，使得虚拟环境中的网络行为常常处于失范状态。从法律角度来讲，自媒体要做到以下三点：其一，了解相关法律法规，明确网络法律界限，做到心中有数，避免误闯法律禁区。其二，严格遵守法律相关规定，不传播侵害公民隐私的信息，不发布危害社会稳定的事件，增强行业经营的合法性。其三，积极向公众宣传相关法律法规，增强公众的法律意识，协同联动净化网络空间，打造绿色网络家园。

2. 恪守职业道德

道德是最高的法律，法律是最低的道德。媒体传播的信息受众面广，一旦引起群体关注会迅速形成网络风暴，直接影响着事件的走向和发展趋势。所以自媒体从业人员除了要增强法律意识外，在自媒体市场化日益普及的今天，还要把握好“泛娱乐化”的尺度，将社会效益放在第一位，恪守职业道德，以职业道德为指引，以服务人民为原则，以激浊扬清为目标，坚守新闻把关人的使命，提高新闻舆论的传播力、影响力、公信力。

3. 加强舆论引导

网络降低了人们发言的门槛，使得人人都拥有“麦克风”，形成了全新的信息传播格局。舆论场众声喧哗，媒体作为信息的传递者，加强舆论引导十分有必要。具体来

① 王天楠，谢鹏．网络暴力发展趋势分析及治理路径［J］．中国电子科学研究院学报，2019，14（9）：921.

看，媒体应遵循以下三个原则：其一，真实性原则。真实性是新闻的生命，媒体在对事件进行报道时需对时间、地点、人物等基本要素进行仔细衡量和全面思考，力求还原新闻事件的客观真实性，避免公众（因被误导而）相信虚假的谣言。其二，时效性原则。相较于网民，媒体拥有更多的渠道收集事件的相关信息，如记者第一时间的采访、媒体热线接到的各种信息。所以，在遇到焦点事件时，媒体要在遵循真实性的基础上快速反应，以独家视角引导网络舆情走向正途。其三，多样性原则。在传统媒体时代，新闻的叙事风格和报道方式带有官方性、单一性的特征，这种呈现方式并不能充分吸引公众的眼球，促使公众认真深度分析网络事件。因而，在互联网时代，新媒体要不断丰富视频、VLOG、H5 等新闻表现形态，提升公众的阅读兴趣，进而加强舆论引导。

（三）国家之维

1. 健全网络暴力法律法规

“法律是治国之重器，良法是善治之前提。”① 健全的网络暴力法律法规是纾解网络暴力伦理困境的有效途径。具体来讲，网络暴力立法需注重以下三个方面：其一，针对性。目前，由于缺乏专门性立法，使得网络暴力现象难以规制。因此，在今后的立法中，需对网络暴力主体确认、网络暴力量刑规定等进行专门性立法，以使执法机关有法可依。其二，民主性。法律的宗旨在于为人民服务，国家在制定网络法律法规时应注重调动人民群众参与的积极性，虚心地倾听广大人民群众的宝贵意见，增强民众对网络暴力法律法规的认同感。其三，发展性。互联网社会瞬息万变，网络暴力法律法规需要在借鉴发达国家立法成果和考虑本国国情的基础上做出调整，在发展中逐步制定新规则、适应新情况、解决新问题。

2. 畅通公民自由民主表达渠道

“排气阀理论”证明，气体若长期得不到释放将形成高压态势，一旦被激发将引发严重的后果。网络暴力事件亦是如此，因现实社会缺乏表达意见和释放压力的平台，网民易将不满情绪通过网络进行宣泄，从而有意无意地引发网络暴力②。因此，纾解网络暴力困境需搭建政府与网民的互动平台，畅通公民自由民主表达渠道，完善公民利益表达和协调机制，从而疏导网民不满情绪、释放网民社会压力，做到现实社会中产生的问题在现实社会中解决，有效化解产生网络暴力的风险。

3. 培育网络先进公共文化

荒芜的网络文化是助长网络暴力的隐性根源，要培育网络先进公共文化需在以下三个方面重点发力：其一，发挥政府媒体文化引领作用，提升网络空间舆论引导力。政府媒体具有权威性，要充分发挥《人民日报》、新华社、《求是》等官方媒体的示范引领作用，引导网络事件沿着正确的方向发展。其二，开展网络整治专项行动，扩展网络先进文化发展空间。定期开展“清朗·‘饭圈’乱象整治”等专项行动，对失德艺人、失信媒体、失范网民重拳出击，彰显国家整治不良网络文化的决心。其三，加强网络道德文化教育，厚植网络先进文化土壤。以社会主义核心价值观为指引，通过宣传袁隆平、张桂梅、钟南山等先进人物的具体案例，教导网民学榜样、做榜样，营

① 中国共产党第十八届中央委员会第四次全体会议公报［N］. 人民日报，2014-10-24（1）.

② 陈波，冯晓娜. 网络暴力主体低龄化现象与对策［J］. 东南传播，2021（4）：108.

造积极向上的网络氛围。

综上所述，网络暴力现象日益突出，参与网络暴力的网民或是囿于善因恶果的网络道德悖论，从“发表观点”的“善因”转化为了“网络暴力”的“恶果”；或是打着正义的旗号，实施着扭曲的道德私刑……这些伦理困境与错误义利观的导引、网络法律体系不健全等密切相关。因此，要纾解网络暴力的伦理困境，需网民、媒体、国家三者形成合力，只有伦理自律和法律约束相伴而行，才能打造清朗的网络空间，降低网络暴力发生的概率。

参考文献

［1］中国互联网络信息中心. 第47次中国互联网络发展状况统计报告［EB/OL］. http://www.cnnic.net.cn/hlwfzyj/hlwxzbg/hlwtjbg/202102/t20210203_71361.htm.

［2］钱广荣. 道德悖论的基本问题［J］. 哲学研究，2006（10）：88.

［3］李礼. 网络暴力的道德批判与规制［J］. 晋阳学刊，2020（6）：100.

［4］林爱珺. 网络暴力的伦理追问与秩序重建［J］. 暨南学报（哲学社会科学版），2017，39（4）.

［5］王梦瑶. 网络舆论背景下的伦理冲突问题及其纾解途径：以南京养母虐童案为例［J］. 兰州文理学院学报（社会科学版），2017，33（1）：70.

［6］林茂. 网络环境下的反沉默螺旋现象：以德阳女医生自杀案为例［J］. 声屏世界，2020（21）：113.

［7］习近平. 在全国网络安全和信息化工作会议的讲话［N］. 人民日报，2018-04-22（1）

［8］大卫·休谟. 人性论［M］. 关文运，译. 北京：商务印书馆，2016.

［9］师为公. 义利之辨的现代转化［J］. 宁夏社会科学，2016（2）：16.

［10］侯玉波，李昕琳. 中国网民网络暴力的动机与影响因素分析［J］. 北京大学学报（哲学社会科学版），2017，54（1）：105.

［11］石经海，黄亚瑞. 网络暴力刑法规制的困境分析与出路探究［J］. 安徽大学学报（哲学社会科学版），2020，44（4）：84.

［12］乔晓磊. 网络暴力的伦理探究［D］. 杭州：浙江财经大学，2019：51-52.

［13］王天楠，谢鹏. 网络暴力发展趋势分析及治理路径［J］. 中国电子科学研究院学报，2019，14（9）：921.

［14］中国共产党第十八届中央委员会第四次全体会议公报［N］. 人民日报，2014-10-24（1）.

［15］陈波，冯晓娜. 网络暴力主体低龄化现象与对策［J］. 东南传播，2021(4)：108.

［16］宋吉鑫. 网络伦理学研究［M］. 北京：科学出版社，2012：84.

［17］李玉琪. 新媒体时代网络暴力成因的实证研究［D］. 长春：吉林大学，2020.

［18］邓小玲，梁惠婷. 自媒体舆论伦理困境与出径（原标题如此）［J］. 佳木斯大学社会科学学报，2019，37（1）：87-90.

（编辑：秦慧）

精准思维导向下大学生社会主义核心价值观教育的路径探析

武丽丽　白中英

【摘要】大学生社会主义核心价值观教育是由主体、客体、介体、环体四个结构要素组成的有机整体。本文调研结果显示，当前大学生对社会主义核心价值观整体认知不尽如人意，且存在群体性认知差异，对社会主义核心价值观意义认同总体向好，但可能存在部分虚假认同，对社会主义核心价值观功能认同喜忧参半。增强大学生社会主义核心价值观教育的实效性，亟须引入精准思维理念，加强主体结构建设，识别大学生认知结构与内在需要，开启大学生的主体性本质，精准供给教育内容，借助多元载体精准选择教育方法，优化教育环境，构建“四体”良性有效运行的动态有机系统。

【关键词】精准思维；大学生；社会主义核心价值观教育；认同

【作者简介】武丽丽，女，1981 年生，博士，西南财经大学马克思主义学院讲师，主要从事国家文化安全与意识形态建设研究；白中英，男，1993 年生，西南财经大学马克思主义学院博士研究生，主要从事意识形态研究。

党的十八大召开以来，习近平总书记非常重视精准思维，并一再强调要将精准思维贯彻到各项工作中，“要对准瓶颈和短板，精准对焦、协同发力”。近年来，精准思维已在国家与社会治理实践领域中得到广泛运用并取得良好效果。做好大学生社会主义核心价值观教育，不断增强其实效性，是高校落实“立德树人”根本使命的关键环节。大学生社会主义核心价值观教育实效性的提高，最为根本的是要增强教育的针对性，而精准思维为解决大学生社会主义核心价值观教育的针对性问题提供了新的理念与思路。“严”和“细”是精准思维的核心要义，将其引入动态的大学生社会主义核心价值观教育系统，则需要精细地分析该系统的各个结构要素及其运行方式，进而获取信息，分析问题，提出精准可行的对策与措施。

一、精准对象——大学生社会主义核心价值观教育的结构要素及其运行方式

以结构思维为依据，社会主义核心价值观教育是一个由教育主体、教育客体、教育介体和教育环体四个要素组成的有机系统。教育主体是指在大学生社会主义核心价值观教育过程中有目的、有计划、有组织地对教育对象施加影响并发挥作用的组织和个人，组织主要是指家庭、学校、社区等社会构成单元，个人主要是指父母、教师、教育行政管理者、社区工作人员等社会个人。教育主体在大学生社会主义核心价值观

教育过程中起着主导作用。教育客体即大学生，是教育主体进行社会主义核心价值观教育活动所指向的对象，也是社会主义核心价值观教育效果的直接呈现者。教育客体在社会主义核心价值观教育过程中起着主体性作用。教育介体是社会主义核心价值观教育过程中教育者与受教育者相互联系、相互作用的中介因素，主要包括教育内容、教育方法和教育载体。教育介体的规范性、科学性、丰富程度等直接影响受教育者对于教育内容的参与度和接受度。教育环体即教育环境，是指对大学生社会主义核心价值观教育过程以及大学生价值观形成过程产生影响的一切因素的总和。相对于社会主义核心价值观教育系统而言，可将环境分为两个部分：一部分是社会主义核心价值观教育系统自身的组成部分，是教育主体在教育活动运行过程中有目的、有计划、有选择地加工或创造的自觉环境，这部分属于可控环境，如校园环境；另一部分是外在于社会主义核心价值观教育运行系统，但对其具有影响作用的外部环境，这部分是不可控的，如国际环境。马克思说："人们的观念、观点和概念，一句话，人们的意识，随着人们的生活条件、人们的社会关系、人们的社会存在的改变而改变。"所以，无论哪种环境，都是大学生社会主义核心价值观教育系统存在和运行所不可或缺的。

大学生社会主义核心价值观教育作为一个立体的、开放的动态有机系统，教育主体可以根据自己对环体的主观判断和教育对象的具体情况与需求，结合大学生社会主义核心价值观的各层培育目标，充分发挥主观能动性，选择合适的教育内容和得当的教育方法与载体，对教育客体施加影响，并激发教育客体的主体性，进而提高大学生社会主义核心价值观教育的实效性。因此，在组成大学生社会主义核心价值观教育系统的结构要素中，教育主体和教育客体是核心，教育介体是连接教育主体与教育客体的桥梁和纽带，教育环体是社会主义核心价值观教育得以有效开展的条件。

二、精准调研——大学生社会主义核心价值观教育适用精准思维的现实依据

为了了解当前我国大学生社会主义核心价值观教育的现状，笔者于 2019 年 6 月到 7 月采取抽样调查方法，对来自 6 所高校的 1 521 位大学生进行了有效问卷调查，高校类别涵盖教育部直属重点高校、国家级社科院隶属的文科大学、省属"一流学科"建设高校、市属高校、"211"高校独立学院、高等职业学院，学生专业涵盖人文社科类与理工类，学生政治面貌涵盖党员与非党员，学生层次包括专科生、本科生和研究生。调研结果在教育主体、教育客体、教育介体和教育环体四个方面所呈现出来的现状构成了大学生社会主义核心价值观教育适用精准思维的现实依据。

（一）教育客体——大学生对社会主义核心价值观的认知认同状况

作为受教育者的大学生对于社会主义核心价值观的认知认同状况是高校社会主义核心价值观教育实效性最直接、最重要的体现。"认知认同，是个体对一定价值观在认知和理解的基础上形成的感性认同和理性认同的统一形式。"认知是社会主义核心价值观教育与大学生践行社会主义核心价值观的逻辑起点，认同是促使大学生践行社会主义核心价值观的关键因素。

1. 大学生社会主义核心价值观认知状况分析

首先，大学生对社会主义核心价值观的整体认知情况不尽如人意。此次调查结果显示，对社会主义核心价值观"非常了解"的大学生只占 37%，50.1%的学生选择"比较了解"，11.5%的学生表示"比较不了解"，还有 1.4%的学生表示"完全不了

解”。在对社会主义核心价值观具体内容的知晓上，只有 54.08%的学生表示“能完整说出社会主义核心价值观的内容”，36.64%的学生表示“可以说一部分”，8.42%的学生表示“听过但一个也说不出”，0.86%的学生选择“完全没听过”。

第二，相较于非党员群体，党员群体对社会主义核心价值观的认知程度并无明显优势。在党员与非党员群体中，选择“非常了解”社会主义核心价值观的学生分别占 36.69%和 37.06%，选择“比较了解”的分别占 53.25%和 49.7%，选择“比较不了解”的分别占 9.47%和 11.76%，选择“完全不了解”的分别占 0.59%和 1.48%；在回答“您能完整说出社会主义核心价值观的内容吗?”这一问题时，选择“能”的分别占 51.84%和 54.36%，选择“可以说一部分”的分别占 37.51%和 36.46%，选择“听过但一个也说不出”的分别占 10.65%和 8.22%，选择“完全没听过”的分别占 0 和 0.96%。

第三，不同层次的大学生对于社会主义核心价值观的认知程度存在差异。研究生、本科生、专科生在对于“您了解社会主义核心价值观吗?”这一问题的回答中，选择“非常了解”的比例分别为 30.07%、42.82%、16.97%，选择“比较了解”的比例分别为 56.64%，47.08%、59.04%，选择“比较不了解”的比例分别为 11.89%、8.76%、22.51%，选择“完全不了解”的比例分别为 1.4%、1.34%、1.48%；在回答“您能完整说出社会主义核心价值观的内容吗?”这一问题时，选择“能”的分别占 50.35%、60.79%、28.41%，选择“可以说一部分”的分别占 41.26%、30.98%、57.20%，选择“听过但一个也说不出”的分别占 8.39%、7.41%、12.92%，选择“完全没听过”的分别占 0、0.82%、1.47%。由以上数据分析可知，本科生对于社会主义核心价值观的认知程度最高，研究生次之，专科生最低。

第四，文科生对于社会主义核心价值观的认知程度明显高于非文科生。调查数据显示，文科生与非文科生在对于“您了解社会主义核心价值观吗?”这一问题的回答中，选择“非常了解”的比例分别为 50.51%、26.01%，选择“比较了解”的比例分别为 41.73%、56.92%，选择“比较不了解”的分别为 7.17%、15.04%，选择“完全不了解”的分别占 0.59%、2.03%；在回答“您能完整说出社会主义核心价值观的内容吗?”这一问题时，选择“能”的分别占 69.84%、41.17%，选择“可以说一部分”的分别占 24.90%、46.2%，选择“听过但一个也说不出”的分别占 4.39%、11.8%，选择“完全没听过”的分别占 0.87%、0.83%。

2. 大学生社会主义核心价值观认同状况分析

首先，大学生对于社会主义核心价值观的意义认同总体良好，但可能存在部分虚假认同。此次调查结果显示，被调研对象在被问到对“社会主义核心价值观”是否认同时，53.1%的学生表示“非常认同”，35.24%的学生表示“认同”，合计 88.34%，可见新时代广大青年大学生的群体价值观与国家所倡导的社会主义核心价值观具有很强的契合度。但同时也应该注意到，如此高的认同率中可能存在部分虚假认同。虚假认同是行为主体为了达到个人的暂时性功利目标而做出的一种对主导意识形态的表面认同，是一种表面与内心相分离的心理上的自我防御，即拟剧理论中所讲的拟剧性忠诚。此次调研显示，只有 54.08%的大学生表示能完整说出社会主义核心价值观的内容，但对社会主义核心价值观的认同度却高达 88.34%，尤其是某专科院校，被调研对象中只有 28.4%的学生表示能完整说出社会主义核心价值观的内容，但对社会主义核心价值观的认同度却高达 87. 45%。按照正常逻辑推理而言，知晓应该是认同的前提，可以知晓但不认同，但不能认同却不知晓。通过以上数据可以看出，被调查对象对社会主义核心价值观的认同率远远高于知晓率，因此，在大学生对社会主义核心价值观的高认同率中可能存在部分虚假认同。

第二，大学生对社会主义核心价值观的意义认同层次分明，重点突出。根据调研数据统计，大学生对于三个层面的社会主义核心价值观认同度排序为：社会层面最高，国家层面次之，个人层面最低。而对于大学生对组成社会主义核心价值观的 12 个词的认同度由高到低排列依次为：自由（98. 32%）、富强（97. 85%）、公正（97. 8%）、文明（96. 84%）、法治（95. 43%）、平等（95. 16%）、和谐（92. 88%）、爱国（92. 8%）、民主（92. 12）、友善（91. 56%）、敬业（89. 24%）、诚信（81. 23%）。由此可知，在国家层面的价值追求上，“富强”排在第一，97. 85%的大学生认为“中国已是世界第二大经济体，但富强仍然是我们追求的目标”；在社会层面的价值追求上，“自由”排在第一，98. 32%的大学生认可自由并能正确理解自由的理念，即认为“自由不等同于为所欲为或者放任而不作为”；在个人层面，“爱国”排在第一，92. 8%的大学生表示“听到国歌时，会感到自豪或激动”。需要注意的是，在关于“敬业”的调查中，有 9. 14%的大学生对“每一位社会成员都应在自己的本职工作中实现人生价值”表示“不确定”，还有 1. 62%的大学生表示“不认同”；在关于“诚信”的调查中，3. 97%的大学生对“考试作弊是一种不诚信的行为”表示“不确定”，2. 22%的大学生表示“比较不认同”，12. 58%的大学生表示“非常不认同”。

第三，大学生对社会主义核心价值观的功能认同令人喜忧参半。被调研对象在被问到“社会主义核心价值观的功能（多选）”时，选择能“引导中国人树立共同价值观”的比例为 80. 67%，选择“对经济、政治、文化和社会建设有指导作用”的比例为 78. 63%，选择“可以抵御西方价值观 ”的比例为 36. 82%，选择“可以用来指导人们的思想与言行”的比例为 68. 44%。以上数据表明，绝大部分大学生认同社会主义核心价值观具有多方面的功能。但应该引起我们注意的是，只有 68. 44%的大学生认为社会主义核心价值观“可以用来指导自己的思想与言行”，而社会主义核心价值观教育的落脚点是“行”，这反映出我国社会主义核心价值观教育在实效性上还存在很多问题。另外，仅有 36. 82%的大学生认为社会主义核心价值观“可以抵御西方价值观”，这一方面表明西方价值观对我国大学生的价值观带来了很大影响，另一方面也反映出较多大学生对于社会主义核心价值观的不自信心态。

（二）教育主体——大学生社会主义核心价值观教育队伍现状

1. 部分教育主体对大学生社会主义核心价值观教育的重视程度不够

党中央高度重视人民核心价值观的教育，采取一系列措施深入推进，但部分教育主体对大学生社会主义核心价值观教育的重视程度还不够，忽视了意识形态工作的极端重要性，忽视了社会主义核心价值观教育在大学生成长中的重大意义，主要体现在以下几方面：在家庭中，部分家长认为学习成绩是衡量子女是否优秀的主要标准，毕业后能否找到好的工作是衡量子女大学学习是否成功的主要标准，而忽略了子女思想品质和价值观的培养。在高校，部分教师认为学生学业第一，而且意识形态工作形势大好，因此存在重学业轻价值观教育的思想，导致对大学生社会主义核心价值观教育的重视度和积极性不够。在针对大学生的调研中，对“您认为社会主义核心价值观教育存在哪些问题？（多选）”这一选题，有 34.6%的受访者选择了“工作态度不积极”。在社会上，部分机关、企事业单位、社区、农村工作人员认为，当前社会稳定，高校宁静祥和，而自身有自己的本职工作，因此不需要在意识形态和大学生社会主义核心价值观教育上付出太多的精力。

2. 部分教育主体的组织和队伍建设需要进一步加强

在教育主体的组织建设方面，高校普遍设置了党委宣传部、学生工作部（处）、团委、就业处、心理健康教育中心、院系党组织等大学生社会主义核心价值观教育的相关机构，但部分高校相关机构的职责划分不够清晰，各机构之间的工作权责关系有待进一步厘清。在教育主体的队伍建设方面，部分家长和社区工作人员的政治敏锐性、理论素养等思想政治素质需要进一步提高。部分高校思想政治教育工作者的综合素养需要进一步提升。调查显示，被调研对象面对“您认为社会主义核心价值观教育存在哪些问题？（多选）”这一选题时，有 23.3%的受访者选择了“理论水平不高”，有 43.4%的受访者选择了“政治素质不过硬”，有 34.58%的受访者选择了“工作态度不积极”。

3. 教育主体之间尚未形成大学生社会主义核心价值观教育合力

在大学生社会主义核心价值观教育过程中，家庭、学校和机关、企事业单位、社区、农村等培育主体发挥了重要作用，但各主体密切配合、紧密协作而发挥强大合力的力度还不够，主要体现在以下几方面：

第一，单个主体发挥作用的力度不够。家庭、学校、社区在大学生社会主义核心价值观教育过程中发挥的单个力量需要进一步增强。调研数据显示，被调研对象对“您认为以下何种因素对自己价值观形成的影响最大”的选择中，47.92%的学生选择“家庭”，29.30%的学生选择“学校”，2.58%的学生选择“社区”，可见，有近一半的学生肯定家庭对自己价值观形成的影响，而本该对“立德树人”负有重大使命的高校的力量远远不够，社区的力量则更加微乎其微。

第二，各教育主体的配合度有待提高。家庭、学校和社会之间的沟通需要加强，同时传递的价值观内容存在不一致的现象。例如，在学校、社会传递的信息中，见义勇为是值得肯定的，但在部分家庭中，考虑到子女的安全，则可能不会支持这一行为，致使家庭、学校和社会各主体之间没有形成共同体，出现配合链条上的空白。单个主体发挥作用力度不够、主体间配合度不够，致使各主体间形成的整体合力和影响力不够。

（三）教育介体——大学生社会主义核心价值观教育介体现状

教育介体是连接社会主义核心价值观教育主体与客体之间的桥梁和纽带，主要包括教育内容、教育形式、教育载体。

第一，大学生社会主义核心价值观教育内容的层次性不够。教育内容是社会主义核心价值观教育过程得以开展的客观依据，也是增强社会主义核心价值观教育实效性的关键所在。众所周知，社会主义核心价值观教育贯穿于小学、中学的各个教育阶段，进入大学，针对大学生如何开展社会主义核心价值观教育便成为教育主体面临的主要问题。此次调研结果显示，当受访者面对“您认为社会主义核心价值观教育存在哪些问题？（多选）”这一问题时，有 65.88%的人选择“教育内容陈旧重复”，在所有选项中排在第一。可见，当前大学生社会主义核心价值观教育中，可能不少教育主体存在重复中学教育内容或教育内容不能与时俱进的现象，缺乏层次性与系统性，从而使得社会主义核心价值观教育不能满足大学生的有效需求。

第二，大学生社会主义核心价值观教育形式的科学性有待进一步提高。教育形式是教育主体为了实现社会主义核心价值观教育目标而采取或运用的教育方式、方法的总和。伴随着高等教育改革的进行，我国高校对于社会主义核心价值观教育形式也进行了很多有益的探索，并取得了较大成效，但不可否认的是，当前大学生社会主义核心价值观教育形式在科学性上依然存在一些问题。此次调研结果显示，当受访者面对“您所在学校开展社会主义核心价值观教育的主要方式有哪些？（多选）”时，排在前三位的分别是“主题班会”（73.24%）、“课堂讲授”（72.98%）、“党团日主题活动”（59.76%），而选择“社会实践”“参观展览”“网络宣传”的比例均低于30%；在被问到“您认为社会主义核心价值观教育存在哪些问题？（多选）”时，选择“教育方式方法载体单一”的有45.36%、选择“与社会现实脱节”的有30.05%，选择“与学生互动不够”的有39.97%。这些数据表明当前我国高校大学生社会主义核心价值观教育形式并没有打破传统的灌输形式，学生主体性没能得到发挥。与此同时，需要我们警惕的是某些高校教育形式的丰富仅仅是为了形式而形式，其实并没有充实的内容与之相对应。此次调研显示，有高达62.72%的受访者认为影响大学生社会主义核心价值观教育实效性的原因是“很多流于形式”。

第三，大学生社会主义核心价值观教育载体有待进一步拓展。教育载体是指能被教育主体所运用，并承载着社会主义核心价值观教育内容的事物。社会主义核心价值观教育载体会随着社会历史条件的变化或教育目标的调整而变化，因此教育主体应及时适应并针对这些变化对价值观教育载体做出调整。此次调研数据显示，当受访者被问到“您愿意通过以下哪种渠道来学习社会主义核心价值观？（多选）”时，选择“电视广播等大众传媒”的有62.92%，选择“微信微博等新媒体”的有70.41%，选择“课堂学习”的有54.24%，选择“社会实践”的有53.52%，选择“社区教育”的有34.58%，选择“论坛讲座”的有37.94%，选择“校园文化”的有47.21%。这些数据告诉我们，大学生对于社会主义核心价值观教育载体的需求是多样化的，而作为教育者，应该根据其多样化需求对教育载体做出相应调整或拓展。

（四）教育环体——大学生社会主义核心价值观教育环体现状

1. 大学生社会主义核心价值观教育系统的外部环境

大学生社会主义核心价值观教育系统的外部环境主要考察的是大学生社会主义核心价值观教育系统与社会其他系统的关系，因此，社会其他系统便构成大学生社会主义核心价值观教育系统外部环境的全部。很显然，这一外部环境的外延非常大甚至无穷，因此，本文仅考察对大学生社会主义核心价值观教育系统运行产生直接影响的主要环境。

第一，大学生社会主义核心价值观教育的制度优势存在自上而下逐步减弱的倾向。自党的十八大明确提出社会主义核心价值观以来，社会主义核心价值观教育就得到了政策与法律的大力支持，如2013年12月中共中央办公厅印发的《关于培育和践行社会主义核心价值观的意见》，2016年12月中共中央办公厅、国务院办公厅印发的《关于进一步把社会主义核心价值观融入法治建设的指导意见》等。之后，社会主义核心价值观也不断被写进法律，如2018年修正后的《中华人民共和国宪法》第二十四条明确规定“国家倡导社会主义核心价值观”；《中华人民共和国民法总则》第一条开明宗义，将“弘扬社会主义核心价值观”作为制定总则的目的。这表明中央对于社会主义核心价值观教育在政策上的支持力度是一以贯之的，但随着政策的下移，力度及资源配置都有弱化的倾向。本次调研数据显示，被访者对于“您认为影响高校社会主义核心价值观教育实效性的原因有哪些？（多选）”这一问题的回答中，有52.07%的大学生选择“专业学习压力大”，研究生中有高达66%的人选择该选项，这说明高校对于专业知识学习的重视程度远远大于价值观教育。另外，在本次针对高校教师的调研中，对“您认为大学生社会主义核心价值观教育存在哪些问题？”这一选题，有33.3%的受访者选择了“培育机制需进一步健全”；对“您认为大学生社会主义核心价值观的哪些机制需要完善？”这一选题，有33.3%的受访者选择了“运转机制”，27.8%的受访者选择了“保障机制”，38.9%的受访者选择了“评价机制”。可见当前我国大学生社会主义核心价值观教育在具体执行层面的制度保障还有待进一步完善。

第二，网络信息技术大发展对大学生社会主义核心价值观教育带来新挑战。本次调研中，对“您认为对大学生社会主义核心价值观认同构成威胁的因素有哪些？”这一选题，有52.1%的受访者选择了“网络信息技术发展”。作为网络原住民的大学生，他们的生活方式与思维方式深受网络的影响，而网络空间舆论的传播交流方式改变了社会主义核心价值观的存在方式与作用模式。作为现代信息技术快速发展的产物，互联网为人类社会提供了一种全新的信息传播载体与社会交往方式，它突破了各种壁垒，实现了没有国界与地域限制的信息传播。另外，互联网对信息的传播多以个体形式参与，这使得信息传播者与接受者之间形成了一种双向互动的、具有即时性与虚拟性特征的信息传播方式。这样的网络空间为各个参与主体提供了扩大化、自由化、多元化的互动交流平台，各种社会思潮与意识形态都可以借助网络空间传播，与此同时，随着中国由传统社会向现代社会转型，大学生的政治参与意识逐渐觉醒，网络信息技术尤其是微信、微博等新媒体的快速发展进一步拓宽了大学生的政治参与渠道。但是，网络空间的开放性与虚拟性，以及我国网络道德构建的滞后性，使得大学生的网络政治活动呈现出某种程度上的无序性，这给大学生社会主义核心价值观教育带来了新的挑战。

多元社会思潮并存成为大学生社会主义核心价值观教育必须面对的文化环境。改革开放以后，随着我国国门的打开和全球化的快速发展，各种社会思潮大量涌现出来并且呈现出时间上高度压缩和空间上快速发展的态势。2019 年人民论坛问卷调查中心评选出的具有代表性的十大社会思潮分别为逆全球化、贸易保护主义、民粹主义、多边主义、民族主义、科技本位、消费主义、泛娱乐主义、生态主义、女性主义。这些蕴含着西方色彩的社会思潮在我国的盛行，本质上具有“‘学术化’生成特点、‘网络化’发展方式和‘政治化’演变趋势”。在多元社会思潮不断涌现的今天，“国家意识形态与一般社会意识形态从高度统一的状态逐步走向相对分离的状态”，这构成了大学生社会主义核心价值观教育必须面对的文化环境。

2. 大学生社会主义核心价值观教育系统的内部环境

大学生社会主义核心价值观教育系统的内部环境指的是价值观教育系统中各要素之间、要素与系统之间或系统自身的公共部分。

第一，作为大学生社会主义核心价值观教育主阵地的思想政治理论课的教学环境有待进一步优化。高校思想政治理论课大班授课的现象很多，这一方面影响了师生之间的充分交流，另一方面为教师的课堂管理带来诸多不便，这也是导致思想政治理论课大学生抬头率不高的主要原因之一。此外，重专业课轻思想政治理论课的氛围较为严重。本次调研数据显示，当被访者被问到“您认为影响高校社会主义核心价值观教育实效性的原因有哪些?”时，选择“专业学习压力大”的比例有 52. 07%，而选择“觉得意义不大”的比例有 37. 15%。

第二，大学生社会主义核心价值观教育所依存的马克思主义理论的学术环境有待进一步优化。2016 年 5 月 17 日，习近平总书记在哲学社会科学座谈会上的重要讲话中一针见血地指出：“在实际工作中，在有的领域中，马克思主义被边缘化、空泛化、标签化，在一些学科中‘失语’、教材中‘失踪’、论坛上‘失声’。”高校作为开展科研活动的场所，关于马克思主义理论与思想政治教育的学术沙龙、学术研讨会等还不能与专业课程的学术活动相媲美，而关于马克思主义理论与思想政治教育的学术期刊也有待进一步成长。

三、精准思维导向下大学生社会主义核心价值观教育的路径优化

（一）进一步加强大学生社会主义核心价值观教育主体建设

1. 形成党委、家庭、高校、社会“四位一体”的主体结构

马克思说：“人的本质不是单个人所固有的抽象物，在其现实性上，它是一切社会关系的总和。”这就要求我们从不同的社会关系入手来分析大学生社会主义核心价值观教育的主体。当代大学生成长于中国共产党领导的中国特色社会主义社会，党自然成为大学生社会主义核心价值观教育的领导主体，在此根本前提下，确定“领导+基础+关键+辅助”的主体职责分工结构，即：在党委、家庭、高校、社会组成的大学生社会主义核心价值观教育“四位一体”主体结构中，党委发挥领导作用，家庭发挥基础作用，高校发挥关键作用，社会发挥辅助作用。各主体间加强分工协作，互相补充，积极补位。

2. 打造集教书与育人于一体的社会主义核心价值观教育主力军

思想政治理论课是大学生社会主义核心价值观教育的主渠道，是大学生对于社会主义核心价值观形成价值认知的主阵地，因此，思政课教师的思想觉悟与理论水平在很大程度上决定了大学生社会主义核心价值观教育的实效。习近平总书记强调，要不断增强思政课的思想性、理论性和亲和力、针对性，并提出了坚持政治性和学理性、价值性和知识性、建设性和批判性、理论性和实践性、统一性和多样性、主导性和主体性、灌输性和启发性、显性教育和隐性教育八个“相统一”的要求，这就要求思政课教师要不断学习，提升自己的马克思主义理论素养，为讲好社会主义核心价值观奠定良好基础。值得我们注意的是，由于高校所属类型不同，对思政课教师的要求也不同，比如研究型大学，思政课教师应该具备深度系统讲解社会主义核心价值观的能力，引导学生系统掌握社会主义核心价值观的深层理论知识。

（二）进一步把握大学生社会主义核心价值观教育客体认识

1. 精准识别大学生的认知结构与内在需要

毛泽东指出：“做宣传工作的人，对于自己的宣传对象没有调查，没有研究，没有分析，乱讲一顿，是万万不行的。”因此，教育主体在开展社会主义核心价值观教育活

动前，应精准识别不同大学生群体的认知结构与内在需要。

首先，认知结构是大学生头脑中已有的知识结构，是大学生理解和把握由12个词所组成的社会主义核心价值观的本源力量。本次调研数据显示，本科生对于社会主义核心价值观的认知程度最高，研究生次之，专科生最低，究其原因，可能是由于本科生阶段的教育是专业教育与通识教育的结合，而研究生阶段主要集中于专业教育，专科生最低的原因可能主要在于其本身的文化基础薄弱和教育阶段侧重于技术型人才的培养。文科生对于社会主义核心价值观认知程度明显高于非文科生，其主要原因在于文科生与非文科生的教育在课程设置上的差异。因此，作为教育主体，在进行社会主义核心价值观教育之前，应精准识别不同大学生群体的认知结构，了解他们对社会主义核心价值观的认知程度，从而为接下来的教育活动的开展奠定基石。

其次，大学生的需要是高校开展社会主义核心价值观教育的内生动力。马克思说："任何人如果不同时为了自己的某种需要和为了这种需要的器官而做事，他就什么也不能做。"因而，只有客观把握大学生的需要，才能使价值观教育的效果在其身上呈现出来。人的本质是历史的、发展的，因此，就历时性而言，人的需要也具有发展性，处于不同学历阶段和不同年级的大学生对于价值观教育的需要重点也是不同的。与此同时，人的本质是现实的、具体的，所以，就共时性而言，人的需要也是有差异的，同处于一个年级的大学生，由于其成长环境、认知结构等的不同，每个大学生可能都会有其特殊的需要。因此，教育主体在开展核心价值观教育的过程中，应精准识别大学生的内在需要，做到心中有数、目中有人，有的放矢。

2. 科学有效开启大学生作为"人客体"的主体性本质

大学生社会主义核心价值观教育的客体是大学生，是"人客体"，而人在其本质上都具有主体性。作为教育客体的大学生的主体性在社会主义核心价值观教育过程中具有根本性意义，只有开启大学生的主体性，教育主体的教育活动才能在他们那里发挥作用。因此，高校在开展社会主义核心价值观教育时应遵循不同大学生价值观形成与发展规律，积极利用学生已有认知结构，在了解他们实际需求的前提条件下，挖掘他们的价值观潜力，激发他们参与教育的主观能动性。同时，鼓励学生开展社会主义核心价值观自我教育。自我教育是指"在社会生活中，个体通过把自我作为对象所进行的一切教育过程"。在自我教育过程中，大学生成为社会主义核心价值观教育的主体，其作为人的本质规定性得以充分展示。比如被纳入思政课教学计划和考核系统的社会实践环节就是在老师的指导下，由大学生通过调研、公益、支援服务、微视频等各种方式自行完成。学生在完成社会实践的过程中，增强了自己对于社会主义核心价值观的情感认同和行为认同。

（三）进一步加强大学生社会主义核心价值观教育介体打造

1. 精准供给社会主义核心价值观教育内容

作为思想政治工作主要内容的社会主义核心价值观教育自然符合思想政治工作的本质，即它是"一个释疑解惑的过程，要帮助学生认识人生应该在哪用力、对谁用情、如何用心、做什么样的人"。社会主义核心价值观教育所供给的内容应精准满足大学生的需求，同时也应体现政治性与学理性、价值性与知识性的辩证统一。要以对于大学生认知结构与内在需要的精准识别为依据，遵循教育规律和大学生成长规律，有层次地建构社会主义核心价值观教育内容。对于不同层次的大学生（专科生、本科生、研究生），应根据其认知结构、学习能力的不同来选择教育内容。专科生入学成绩较低，文化素养也相对较低，所以专科生社会主义核心价值观教育在内容的选择上深度不能太高，多进行关于社会主义核心价值观理论的知识讲解；本科生文化素养较高，学习能力也较强，所以本科生社会主义核心价值观教育的内容应提升其深度，从学理上、价值中进行严密的推演论证，讲清社会主义核心价值观的历史渊源、理论逻辑和实践要求；研究生具有更高的理论素养与创新能力，因此研究生社会主义核心价值观教育内容除了强调学理与价值上的论证外，还要引导他们对构成社会主义核心价值观的12个词展开专题研究。另外，我国高校可分为综合类高校、理工类高校、医学类高校、财经类高校、艺术类高校等，不同类型的高校学生在认知结构、思想观念、心理特征、价值取向、行为取向等方面都有显著的差异。因此，教育主体在价值观教育过程中，应该根据不同学科学生的实际需求因地制宜地整合和设计不同的供给内容。

2. 借助多元载体精准选择社会主义核心价值观教育方法

大学生社会主义核心价值观教育要取得实效，必须善于利用各种不同的教育方法，从显性教育与隐性教育两个层面发力。显性教育是教育主体通过有计划的外显教育活动来对教育客体施加影响的方法。思想政治理论课作为大学生社会主义核心价值观教育的主渠道，自然属于显性教育的主要组成部分。因此，教育主体应根据对教育对象的精准识别与教育内容的精准建构为依据，坚持问题导向、学生为本，探寻以对分课堂为理念，线上线下相结合的差异化、多样化的教学方法。除此之外，社会实践也是大学生社会主义核心价值观显性教育的重要组成部分，因此，教育主体同样应该在对教育对象进行精准分析的基础上，制定层次性教育目标，构建由参观实践、支援服务、社会调查等组成的传统实践形式和以VR（虚拟现实）技术为支撑的虚拟实践方式所组成的实践课程体系。

相对于显性教育而言，隐性教育就是通过无意识的、间接的活动，使得教育对象在没有感觉到压力的情况下，其价值观受到影响的教育方式。首先，注重专业课与通识课的课程思政作用，使其与思政课同向同行。这就要求相关部门多组织专业课、通识课教师与思政课教师的集体备课活动，让专业课与通识课教师能及时了解大学生对社会主义核心价值观的认知认同状况及其内在需要，在备课过程中有针对性地将社会主义核心价值观的基本精神融入该门课程中，使得学生在学习该门课程的同时，也增强了他们对社会主义核心价值观的情感认同。其次，将社会主义核心价值观教育融入大学生日常生活。习近平总书记强调："一种价值观要真正发挥作用，必须融入社会生活，让人们在实践中感知它、领悟它。"日常生活是"人的自在的、自发的、前反思的、非主题化的生活样式、生活状态或存在状态"。大学生日常生活主要包括日常消费生活、日常交往生活和日常休闲生活。需要注意的是，当今大学生作为网络原住民，网络已成为他们日常生活即消费、交往、休闲的主要场域。社会主义核心价值观植根于日常生活，同时日常生活是社会主义核心价值观发挥作用的重要场域，因此教育主体在进行社会主义核心价值观教育的过程中，应积极了解不同大学生群体的日常生活状态，尤其是可以利用大数据技术及时抓取不同大学生的网络日常生活状态，进而有针对性地向其推送社会主义核心价值观的教育内容，达到"精准滴灌"的目的。最后，融社会主义核心价值观教育于重大事件和热点问题中。如在2020年新冠肺炎疫情防控中孕育出的感人故事、高尚情怀和展现出的制度优势、精神成果为大学生社会主义核心价值观教育提供了丰富的素材。高校应结合自身实际与不同年级不同专业大学生的内在需求来制定社会主义核心价值观教育的具体方案。

（四）进一步加强大学生社会主义核心价值观教育环体优化

1. 精准优化社会主义核心价值观教育外部环境

第一，进一步优化社会主义核心价值观教育的制度环境。党的十八大报告明确指出了教育现代化的问题，社会主义核心价值观教育也是题中应有之义。因此，高校应依据中央关于社会主义核心价值观教育的相关文件制定符合自己实际需求且具有前瞻性的制度，尤其是应以价值观教育系统及其各要素为基点，针对不同专业、不同身份、不同阶段的大学生社会主义核心价值观教育运行情况构建具有针对性的质量监测评估体系，以发挥其信息反馈与调整纠偏的作用，从而保证高校价值观教育系统的良性循环。

第二，积极开展网络空间社会主义核心价值观话语建设，提高社会主义核心价值观对网络空间思想自由与多元价值的引领力与凝聚力。作为网络原住民的当代大学生，其价值观对于网络空间社会主义核心价值观话语建设具有举足轻重的作用。因此，作为大学生价值观教育重要阵地的高校，首先应注意培育大学生的媒介素养，引导他们合理合法行使自己在网络空间的自由表达权；其次，加强社会主义核心价值观传播网络平台建设，规范校园网络矩阵；再次，提高大学生审美素养，引导和满足他们正常的网络娱乐需要；最后，健全网络舆情监测体系，以有效积极地应对网络舆情危机。

第三，进一步优化大学生社会主义核心价值观教育的文化环境。究其本质，社会思潮所反映的是特定阶层或群体的利益诉求，而这些阶层或群体中的代表人物便成为社会思潮的传播者。在高校中，各领域学者、教师、网络大 V（名人）便可能成为各种社会思潮的传播者。因此，高校党委与相关人事管理部门要重视教师职业道德建设，加强对教师的社会主义核心价值观教育。另外，由于社会思潮传播的海量化与碎片化，加之大学生认知结构与理解能力的差异，他们对社会思潮的认识并不系统。因此，高校可针对本科生、研究生开设关于社会思潮的相关课程，以帮助他们全面解读各种社会思潮的内容与本质，增强其辨别能力，以取其精华、去其糟粕，进而增强社会主义核心价值观的包容力与引领力。

2. 精准优化社会主义核心价值观教育内部环境

首先，为适应参与式教学的需要，高校应尽量采取小班教学的形式，以便教师与学生之间开展良好互动。采取“大班教学，小班讨论”教学模式的高校，一方面应建设更多的适合讨论的教室或公共学习空间，另一方面应加强教学教师与讨论指导教师间的分工合作与良好沟通。

其次，高校应从学术生态战略高度重新审视作为社会主义核心价值观教育核心主体的马克思主义理论学科及其教师的作用与地位，构建和谐公正的不同学科及其教师之间的平等关系，从而改变大学生重专业课轻思想政治理论课的态度倾向。

最后，进一步构建良好的马克思主义理论学术环境。一方面要从学术性、开放性视角开展马克思主义理论创新与研究，增强马克思主义理论对实际问题的解释力；另一面要积极开展丰富多彩且有高度、有深度的学术交流活动，扩大马克思主义理论研究的学术阵地，从而提高马克思主义理论学科在外部学术环境中的学术影响力，从整体上形成有利于社会主义核心价值观教育系统运行的良好学术环境。

参考文献

[1] 习近平主持召开中央全面深化改革领导小组第二十二次会议 [N]. 人民日报，2016-03-22 (01).

[2] 马克思，恩格斯. 马克思恩格斯选集：第 1 卷 [M]. 北京：人民出版社，1995：291.

[3] 吴潜涛，艾四林，主编. 社会主义核心价值观研究前沿问题聚焦 [M]. 北京：人民出版社，2018.

[4] 谈际尊. 社会思潮多样化发展态势与意识形态建设新策略 [J]. 南京政治学院学报，2015 (1).

[5] 张治库. 公民社会的国家意识形态与道德教育 [J]. 当代教育论坛，2005 (8).

[6] 习近平. 在哲学社会科学工作座谈会上的讲话 [N]. 人民日报，2016-05-19.

[7] 中共中央文献研究室，新华通讯社. 毛泽东新闻工作文选 [M]. 北京：新华出版社，1983：20.

[8] 马克思，恩格斯. 马克思恩格斯全集：第 3 卷 [M]. 北京：人民出版社，1960：542.

[9] 韩永红，侯立新. 他人教育与自我教育的辩证关系 [J]. 教育评论，2010(5).

[10] 评论员. 沿用好办法，改进老办法，探索新办法：三论学习贯彻习近平总书记高校思想政治工作会议讲话 [N]. 人民日报，2016-12-11 (01).

[11] 习近平在中共中央政治局第十三次集体学习时强调 把培育和弘扬社会主义核心价值观作为凝魂聚气强基固本的基础工程 [N]. 人民日报，2014-02-26 (1).

[12] 李文阁. 回归现实生活世界 [M]. 北京：中国社会科学出版社，2002：227.

（编辑：曲成举）

马克思主义认识论视阈下青年理想信念教育的三维探析

申雨昕

【摘要】习近平总书记“七一”重要讲话对广大青年提出殷切期望，强调要把理想信念教育作为思想建设的战略任务。基于辩证唯物主义认识论视角，真理论、价值论、方法论三个维度的正确引导和培养工作既符合“真”“善”“美”三者统一的人类认识规律和实践追求现实，更是加强新时代青年理想信念教育的重要内容。围绕以上三个维度，需重点解决好三个问题：“信什么”“为什么信”“怎么信”，以期加强青年理想信念教育的实效性，推进“培养担当民族复兴大任的时代新人”战略任务的完成。

【关键词】新时代；理想信念教育；“三维”；民族复兴

【作者简介】申雨昕，女，1998 年生，西南财经大学马克思主义学院硕士研究生，主要从事马克思主义中国化研究。

2017 年，中共中央、国务院联合印发中华人民共和国历史上第一个《中长期青年发展规划（2016—2025 年）》，为新时代青年发展指引了方向。2020 年，党的十九届五中全会通过“十四五”规划建议，指出要深入开展习近平新时代中国特色社会主义思想教育学习，推动理想信念教育常态化制度化，加强“四史”宣传教育。2021 年，习近平总书记“七一”重要讲话对广大青年提出明确要求：“新时代的中国青年必须以实现中华民族伟大复兴为己任，增强志气、骨气、底气。”坚定理想信念，培养具有豪迈志气、铮铮骨气和深沉底气的新时代青年，是中国共产党青年工作的优良传统与重要任务。本文结合习近平总书记相关重要论述、两个规划内容，基于对我国改革开放后进行理想信念教育的发展历程与内在逻辑的大致总结与回顾，将研究视角定位于辩证唯物主义认识论，从“真理论”“价值论”“方法论”三个维度出发，围绕三个问题对现阶段青年理想信念教育工作展开分析，以期能够进一步提升青年理想信念教育的效果，推进“培养担当民族复兴大任的时代新人”重大战略任务的完成。

一、真理论维度：信什么

“心有所信，方能行远。”新时代开展青年理想信念教育，需要探讨真理论维度“信什么”这一问题。

（一）广大青年要坚定不移，自觉践行中国特色社会主义共同理想

1997 年党的十五大对中国特色社会主义的建设历程进行了回顾，在总结中国特色

社会主义以往经验的基础上，指出中国特色社会主义共同理想是实现共产主义最高理想这一崇高目标的必由之路，也是在社会主义初级阶段的具体映现和主要目标。在改革开放的历史新时期，邓小平于中共十二大开幕词中首次提出“走自己的路，建设有中国特色的社会主义”。基于党百年奋斗积累，在中国特色社会主义共同理想信念激励下，我党和人民群众不懈奋斗，使得我国经济始终保持健康发展趋势，追求高质量、高水平，人民生活得到质的提升，充分表明只有走中国特色社会主义道路才能发展中国。但就目前而言，我国仍处于社会主义的初级阶段，基本国情提醒我们不可妄自尊大，要将理想信念教育上升到思想战略层面，围绕中国特色社会主义共同理想这一目标汇聚力量。在国家事业取得历史性成就背景下，中国共产党根据我国的实际发展情况，紧密结合实现中华民族伟大复兴的中国梦，提出“中国特色社会主义不仅是中国共产党带领人民共同探索的能够实现伟大中国梦的扎实道路，也是广大青年应当确立的基本信念”。这一论断与客观事物发展规律相符合，是马克思主义普遍真理与中国具体发展实际相结合的产物，强调要深刻理解当代中国青年理想信念教育的要求和标准，正确认识和遵循教育规律，调动青年群体接受教育的积极性，深入学习领会习近平总书记重要讲话，围绕中国特色社会主义共同理想，在改革、发展、稳定第一线接续奋斗。

（二）广大青年要不忘初心，踊跃投身中华民族伟大复兴事业

习近平总书记在庆祝改革开放40周年大会上，就伟大历史发展进程，指出建设社会主义现代化强国，实现中华民族伟大复兴，在某种意义上就如同接力赛，需要中华民族代代接力和传承，并且为之不断奋斗，为下一代打下更好的奋斗基础。2021年，中共中央宣传部发布《中国共产党的历史使命与行动价值》，全面介绍中国共产党的百年奋斗历程，归结为一个主题：实现中华民族伟大复兴。回顾历史，青年始终是漫长实践中最富生命力、最具创造力的群体。“一百年来，广大青年在我党伟大旗帜下，将青春和满腔热血融入中国共产党与人民事业，他们是实现中华民族伟大复兴的主力和先锋。”身处实现伟大民族复兴的关键历史时期，当代青年面临比先辈们更加艰巨的任务和使命，为此我们要始终牢记“三个永不动摇”的正确历史结论，其一就是相信久经历史考验与人民选择的中国共产党承担民族伟大复兴领导者的角色是正确的，我们要始终坚持这一历史结论永不动摇。求善是道德的追求，广大青年的家国情怀要与人民共命运，自觉把个人奋斗同民族复兴大业结合起来，才能不忘初心，主动、积极地融入中华民族伟大复兴建设进程中，肩负起自身责任。

（三）广大青年要矢志不渝，勇于追求共产主义远大目标

马克思主义科学预测人类理想的社会制度和社会发展的最高形态，指明未来的发展方向是共产主义。回顾共产主义运动的发展过程，1848年正式发表的《共产党宣言》指出共产主义运动是不可抗拒的历史潮流；1871年巴黎公社失败后，马克思第一次修改了自己的理论体系；1917年出现世界上第一个社会主义国家；第二次世界大战后，世界社会主义国家如雨后春笋般出现；20世纪中后期东欧剧变以及苏联解体；再到后来的中国特色社会主义展现出蓬勃生机与发展活力，证明共产主义远大理想的实现会是一个漫长而艰辛的过程，始终展现出人们对于“美”的追求。一百年来，中国共产党从建党初期只有少许成员，发展成近9千万党员、在14亿多人口国家执政的大党，带领人民战胜挫折、取得成功，其根本原因在于有坚定、远大的理想和崇高的追

求。当前，我国在社会主义现代化建设的征程中不断取得进步，为实现共产主义奠定思想基础与现实基础，需要广大新时代青年坚定远大目标，做到信念坚定，矢志不渝以马克思主义科学理论和远大理想作为支撑，严格要求自己，努力学习文化知识与各种技能，实现自我价值提升，把自我人生之路与国家发展相结合，始终坚定追求共产主义远大目标。

二、价值论维度：为什么信

“青年的价值取向决定了未来整个社会的价值取向。”理想信念对于未来时代发展具有重要意义，青年任重而道远。加强青年理想信念教育，需要探讨价值论维度“为什么信”的问题。

（一）总结新中国辉煌成就，实现中华民族伟大复兴的要求

纵观中国共产党的发展历程，其一直将民族独立、国家富强和人民幸福作为伟大使命，在追求“真、善、美”的道路上不断前行。自改革开放开始，中国特色社会主义建设迈入了发展的快车道，从“站起来”“富起来”到“强起来”的巨大飞跃，每一目标都具有显著的划时代意义，让广大青年切实感受到中华民族屹立于世界民族之林的强大精神力量。以习近平同志为核心的党中央基于革命先驱提出的优秀理论以及成功的实践经验，更加坚定了沿着中国特色社会主义道路继续前进的信心。青年作为党和人民事业的接班人、国民经济和社会发展的中坚力量、我国对外交流的纽带和使者，对于中华民族伟大复兴这一目标的实现具有至关重要的影响。将广大青年培养和调动起来，是实现中国社会主义现代化强国与中华民族复兴梦的基本要求。在中华民族伟大复兴的征程上，必须有领导中国人民前进的坚强力量，这个力量就是中国共产党。因此，新时代青年应当深刻理解历史，始终坚持中国共产党的领导，持之以恒地接受理想信念教育，以战胜艰难困苦的决心和勇气，有效应对未来道路上可以预见的或者难以预测的各种风险考验，勇于承担自己的责任，听党指挥，始终与党站在同一战线，为中华民族伟大复兴目标的实现贡献自己的力量。

（二）加强党的思想建设，推动党百年事业兴旺发达的要求

思想建设是党的建设的灵魂，思想建设在党的建设中处于引领地位。以坚定理想信念为重点，增强党的思想建设，具有重要的现实意义和指导意义。处于发展新时期，只有进一步加大党内部的思想建设力度，才能更好地凝集群众力量，使中国特色社会主义理想信念具体落实。无论过去还是将来，理想信念不仅是支持个人发展成长的重要精神动力，也是一个民族和国家发展自强的重要精神支柱。习近平总书记提出，党要看重青年理想教育的培养，关注青年发展，做青年的引路人。100 年来，中国共产党在革命、建设和改革各个历史时期获取的成就都凝集着青年的热血和奉献。从历史的发展来看，一个真正有远见和发展潜力的政党，会始终将发展、赢得和塑造青年作为基本要求，将青年看成推动历史进程与社会发展进步的重要动力。青年党员需时刻保持清醒头脑，树立远大理想，立足现实，应对挑战，坚定马克思主义信仰，按照党章党纪严格约束自身行为，即将加入党组织的青年，要时刻以党员的标准作为自身言行的标尺，主动学习党史，树立为党的事业奋斗终生的正确价值观，积极向党组织靠拢，共同推动党的百年事业兴旺发达。

（三）做好青年工作，促进青年个人成长成才的要求

马克思写作《青年在选择职业时的考虑》，表达为全人类服务的崇高理想时仅17岁，毛泽东参加中国共产党一大时28岁，习近平担任梁家河书记时21岁，可见，青年时代是个人成长发展的重要时机。在多元多变的当代社会，部分青年存在政治信仰混乱、价值取向扭曲等一系列问题，如果缺失正确价值观的指引，他们将陷入迷途，所以理想信念的树立对青年的发展起着重要的指引作用，是个人成长成才的重要因素。新时代为广大青年带来新形势，赋予新使命，实现中华民族伟大复兴的中国梦扛在了青年人的肩上，积极引导广大青年以共产主义理想为自身的奋斗目标，培养优秀青年，可为党组织的发展输送新鲜血液。正确认识和理解马克思主义的内容和意义的必要性在于马克思主义不仅仅是共产主义制度的基本意识形态，同时也是共产主义理念的现实理论表达，是培养青年成为共产主义接班人的重要教育内容。广大青年只有深刻认识马克思主义的科学性特征，才能将共产主义理想信念作为自身工作的指引，树立正确的人生观、价值观，制定科学的发展规划，按部就班地实现既定目标，不动摇、不懈怠地投身党和人民的伟大奋斗征程之中，与党和人民在前进道路共同见证中国梦的实现。

三、方法论维度：怎么信

“理想信念不坚定，精神上就会‘缺钙’，就会得‘软骨病’。”针对部分青年在理想信念方面存在的不够坚定、认识模糊等“缺钙”问题，需要从方法论维度深入探讨“怎么信”，为加强新时代青年理想信念教育提供原则和方法。

（一）青年理想信念教育须牢牢坚持“四个统一”

1. 坚持社会主义核心价值观“三个层面”教育内容的统一

社会主义核心价值观是中国特色社会主义最高公信力的道德价值观，是全社会共同的道德价值追求，也是对广大青年进行理想信念教育的核心内容。社会主义核心价值观包括国家、社会、个人三个层面内容，因而在教育中要高度重视三个层面内容的有机统一。从国家层面分析，社会主义核心价值观这一理念不仅提出要对广大青年进行人生理想教育，而且将国家的基本政治、文化教育与青年的个人目标有机结合，为青年理想信念的形成指明正确的方向。广大青年需将自身发展前途和国家未来发展相结合，坚定对马克思主义的基本信仰和追求，将个人理想和社会共同理想统一，全身心地投入到社会主义现代化建设这一伟大使命中，为中华民族伟大复兴崇高目标的实现发挥自己的力量。从社会层面分析，社会主义核心价值观映射了中国共产党促进社会公平正义的目标，表现了人民对社会公平公正发展的美好愿景和希望，广大青年正确认识和理解社会主义社会的属性与意义，对于推动社会自由、平等、公正、法治十分必要；从个人层面分析，社会主义核心价值观是社会公民道德的基本规范和标准，加强对青年价值观与道德观的教育，将社会主义核心价值观融入青年日常生活规范，实现青年个人层面的自我反思，内化于心，促进道德素质的提高。

2. 坚持历史性与现实性的统一

历史性不仅是对过去历史的洞察，更是一种基于时代的历史意识。把握理想信念，要基于历史，坚持历史唯物主义思想，避免脱离历史空谈。在马克思主义的观点中，现实性在发展的过程中表现为必然性特征。加强青年理想信念教育，要实现历史性与

现实性的结合。回顾历史，直到新民主主义革命和社会主义革命胜利，社会主义与共产主义两者的理想信念开始成为中国广大人民群众的共同理想和追求。改革开放为中国现代化建设提供了有力的保障，使其成为现阶段各族人民的共同理想。理想信念属于意识范畴，意识源于实践、源于现实，又随着现实社会的发展而发展，呈现出与时俱进的特点。所以，青年理想信念教育不仅要汲取历史的经验和教训，也要贴近现实生活，把握现实情况，拒绝历史虚无主义，避免理想信念教育的“教条性”与“空洞化”呈现。广大青年要积极关注社会现实，丰富理论，坚定信心，与历史性相联系，促进理想信念教育的开展。

3. 坚持个人理想与社会理想教育的统一

个人理想是指根据自身情况清晰地表明个体对自己未来生活理想状态的描述，包括精神生活与物质生活。社会理想是指全体社会成员根据现实情况清晰地表明对未来的向往的描述，也是在全社会占核心地位的共同的奋斗目标。个人理想与社会理想是相互促进的关系。广大青年要深入社会，了解社会，理解社会理想的重大意义，提高对错辨别能力、价值判断与选择能力，在时代发展和祖国前途命运中思考权衡自己的价值观和个人理想，自觉地将个人理想融入社会理想，使个人理想成为促成社会理想的积极发展因素。要基于马克思主义的立场，充分利用辩证唯物主义和历史唯物主义两大工具，引导青年理性分析问题，借助马克思主义中国化最新理论成果，增强青年人的现实认知能力，学会辨别是非对错，指引其坚定个人理想，强化社会理想，使个人理想融入社会理想，为社会发展做出贡献。

4. 坚持理论教育与实践教育的统一

“理论只有真正说服人，才能真正把握群众；并且理论只有足够彻底，才能真正说服人。”青年在理想信念方面已经接受过基础的教育，所以需要尽量地避免以往简单重复的教育形式，在理论的概念等阐述上更加注重科学性与系统性的表达，体现新的理念和深度，使理论教育逐渐成为青年喜闻乐见的方式。实践是检验真理的唯一标准，任何学说都需要接受实践的检验，理想信念教育也是如此。在进行青年理想信念教育工作时，应鼓励广大青年带着应有的责任和问题去学习，通过线上或者线下形式积极开展学术、科研、文化等方面的有关活动，利用各种活动形式的载体，培养健全品性和健康的心态；有效利用社会资源，丰富社会实践活动，拓展社会实践的领域，宣传引导青年积极参与“三下乡”、建设中国新农村、志愿服务等各类活动，深入社会，体会民情，以高超本领服务社会，促进理论教育内容转化为实际行动。

（二）青年理想信念教育须及时融入新时代的元素

1. 加强马克思主义理论教育

习近平总书记把青年的理论思想教育作为重点工作，指出：“青年学生都要学习马克思主义的基本理论和思想，正确地把握科学的世界观与方法论。”对于马克思主义理论学习的重视一直是中国共产党的优良传统，在历史发展的各阶段，我国特殊国情与马克思主义相关理论的结合，为解决发展道路上形形色色的问题提供了现实指引。开展马克思主义理论教育可从以下四个方面入手：其一，理论教育法。包括讲授传输、阅读经典、理论研讨、宣传教育等具体途径。其二，实践教育法。包括到革命纪念馆、红色旅游地、烈士陵园等地实地研修学习，接受革命教育与思想洗礼。其三，批评与自我批评法。开展批评与自我批评，能够实事求是，促进了解自身不足，坚定马克思主义理想信仰。其四，自我教育法。通过组织自主学习，实现思想觉悟提升。树立马克思主义世界观，在纷繁复杂的社会潮流中，防止各类不良社会思潮的侵袭，青年要保持初心，坚定信念，学习马克思主义理论，将马克思主义与具体现实相结合，将马克思主义科学思想教学完美融入专业知识传习过程中，认识到马克思主义理论的鲜明特色和时代内涵，在阐释其科学理论适应现实情况的基础上，建立对马克思主义科学思想的敬仰之情。

2. 加强“四史”教育

欲知大道，必先为史。“四史”教育既是新时代强党强国的要求，也是青年坚定社会主义理想信念及增强民族复兴使命担当的重要举措。2021 年 2 月 20 日，习近平总书记在党史学习教育动员大会中指出：“我们需要在全社会进一步开展对于党史、新中国史、改革开放史、社会主义发展史的教育工作并加大宣传力度。”加强“四史”教育，可从三方面着手：其一，深化“四史”理论学习，构建思政课和专业课协同发力的理想信念教育课程体系。作为青年学生思想政治教育的主渠道，思政理论课具有开展理想信念教育的先天优势。其二，强化“四史”实践体验，构建理想信念教育、专业技能培养和社会服务相融合的社会实践体系。通过组织参观访问爱国主义教育基地、革命老区、革命历史遗址等地，在历史遗迹、革命文物、亲历者口述中重温史实；深入革命老区、改革开放先进地区考察调研，感受中国的发展成就，切身体验国情、民情；组织开展志愿活动，把所学“四史”融入文化教育，如进入中小学课堂讲述“四史”故事、到红色景区进行义务讲解、到红色革命老区开展支教，在服务社会中增强专业技能、培养奉献精神、磨炼性格品性，加强理想信念教育的实效性。其三，强化“四史”现实演绎，构建党团活动和校园文化相结合的第二课堂体系。在推进“四史”教育过程中，根据“四史”不同的内容与特征，把理想信念教育融入青年喜爱且易接受的表现形式和载体中，采取多样的活动形式达到育人效果。通过学习“四史”，青年才能深刻把握我国国情与世界发展形势，洞悉人类社会发展基本规律，知过往、懂当下、明未来，在鉴往知来中坚定理想信念。

3. 加强“四个自信”教育

“四个自信”作为有机统一体，与中国特色社会主义事业发展方向密切相关，对其进行了更加明确深刻的建构。青年作为国家发展的希望和动力来源，身负建设国家与振兴民族的责任，加强对广大青年的“四个自信”思想教育，深化“四个自信”基本认识，也是新时代赋予青年工作的历史重任。“四个自信”教育在一定程度上丰富了理想信念教育的内容。在理想信念教育实践中，增加“四个自信”的相关内容，不断增强“四个自信”的价值导向，可转变青年对理想信念教育的定式认知，坚定青年理想信念。其一，发挥思想政治教育课程的作用，引领青年树立坚定正确的社会主义理想，将个人价值和国家民族的发展有机结合，培养青年历史认同感、价值认同感和国家认同感三方面的一致性。其二，顺应时代发展，拓展创新“四个自信”的载体，打造教育平台丰富形式。当今社会，随着互联网技术的普及和高校信息化、网络化建设的推进，信息的传播与知识的快速分享，给教育教学的发展带来了巨大的机会，必须准确把握形势，更新教育模式，利用互联网打造新的教育平台和载体，例如慕课使青年可以学习到更多优秀的课程。其三，加强网络监督，抵制网络不良信息侵蚀，积极打造风清气正的“四个自信”学习交流网络空间。

4. 加强世情国情教育

世情国情教育是青年了解世界发展大势以及党和国家路线、方针、政策的有效途径，是立德树人根本任务落实的关键基础。改革开放以后，对青年进行世情国情教育成为动员青年投身社会主义现代化建设进程，树立中国特色社会主义理想信念的要点之一。习近平总书记要求："要引导学生正确理解、认识中国和世界的发展情况，正确认识中国特色社会主义和其他国家的根本区别，正确认识国家和民族给予的时代责任和使命，正确认识远大抱负和脚踏实地。"以上四个"正确认识"的概括表达为世情国情教育提供了根本依据。目前，世界局势波诡云谲，百年未有之大变局与中华民族伟大复兴战略全局错综复杂、叠加共振。在世情国情教育的设计和实施过程中，要充分将价值塑造融入其中，打造符合国家和社会发展要求的科学育人体系，引导青年正确认识世情国情，坚定为中华民族伟大复兴事业接续奋斗的目标。其一，开展成就教育。我国进入新时代的重要标志是相比于以往社会主要矛盾的改变，广大人民群众对物质文化需求的标准由原来的基本满足向更加美好转变，人民的生活需求更加丰富，全面小康社会的建成显示我国已经历史性地解决了绝对贫困问题，实现全部脱贫，中国发展以愈发磅礴的气势屹立于世界东方。其二，开展问题教育。在取得伟大成就的同时，我们要明白还有很多问题亟待解决，未来还有更多的挑战需要应对，广大青年不能盲目乐观，不能懈怠，需意识到自身责任，以问题为己任，志存高远，脚踏实地。

5. 加强历史使命教育

新时代青年历史使命教育是指根据实现中华民族伟大复兴发展战略的要求，培养新时代青年明确自身重大历史任务和责任，以实际行动肩负起实现"中国梦"的一种教育实践活动。习近平总书记说过："青年在新时代的使命是在始终坚持中国共产党领导的基本要求下，和广大人民群众一同为中华民族的伟大复兴梦而奋斗。"针对青年的历史使命教育，需使广大青年明晰自身所肩负的历史责任与所追求的理想信念高度契合。其一，统筹历史使命教育主体，通过发挥高校教育的作用、家庭教育的作用和同辈群体的正能量，统筹教育合力。其二，明晰历史使命教育内容，增强教育的针对性，准确界定历史教育的范畴，基于时代变化对历史使命教育内容进行补充和完善。其三，借鉴思想政治理论的传统方法，针对历史使命教育的特殊性，创新历史使命教育方法，增强新时代青年的获得感。其四，构建良好的历史使命教育环境，促进教育实效性增强，通过多途径培养青年历史使命感。

（三）青年理想信念教育须从主观和客观两端发力

1. 营造良好的客观环境

青年教育要继承根脉、抓住现在、面向未来。做好新时代下的青年教育工作，需积极地发挥家庭、学校、社会等多主体的合力，共同营造有益于青年理想信念发展的良好环境。

（1）富有责任感的家庭环境

在青年个体成长过程中，不难发现，良好的道德品行要从小培养，家长的正风示范极为重要，家庭是潜移默化培养青年三观形成的基础场域。其一，家长要树立榜样，规范自身的言行，给予理想信念教育足够的重视，以自身行为为孩子起到良好的示范引领作用。其二，家长应该摒弃功利思想，教育孩子合理看待得失，放平心态，帮助其养成正确的价值观。其三，通过日常生活实践与孩子进行沟通，讲述中国优秀传统文化，普及具有教育意义的历史故事，传输社会主义核心价值观，使孩子能够学一段历史、养一身正气。家长积极营造向上、温馨的家庭氛围，有利于为青年个体成长过程中树立理想信念提供重要保障，帮助他们养成理性平和、积极向上的生活态度，正确认识理想信念教育的意义，走好人生的关键环节，往三观正、品德优方向发展。

（2）富有使命感的校园环境

家庭对个人成长和发展的影响具有基础性、普遍性、长久性和渗透性，而学校的影响则具有阶段性、导向性、全面性和潜隐性。学校是青年理想信念教育开展的集中场所，也是青年学生接受理想信念教育的主要阵地，阵地不牢，理想信念教育则会失去依托。其一，学校理想信念教育是一项系统工程，要加强各要素之间的联系，强化顶层设计，学院、教育职能部门、课堂教学之间形成联动，实现构建全员、全方位、全过程的育人体系，推动教育效果稳步提高。其二，施教者需以身作则，坚定马克思主义信仰，充分发挥校园文化的文化教育功能，正确引导青年学生的理想信念和价值取向，并有计划、有步骤地推进思政课程与课程思政同向同行，协同发力。其三，改革教学模式，将思想教育与实践教育相联系；通过现代互联网技术，创新育人手段，搭建教育机制平台与文化育人渠道；建立优秀师资队伍，发挥各类教师的联动作用，提高广大教师素质水平。

（3）富有历史感的社会环境

营造稳定的社会环境能对青年的成长和价值取向提供广泛性、长期性和指引性帮助。部分青年理想信念的差异，不只是由于个体差异，也深受所处社会环境影响，是普遍存在的社会问题。其一，新时代，人们对于美好生活的向往越来越强烈。为追求美好生活，社会成员应始终坚持同时督促身边人共同努力提高自身道德与素质，按照社会主义核心价值观严格要求自己，营造和谐、健康、积极的社会环境，凝心聚力，让广大青年在和谐稳定的社会环境下生活。其二，要纠正分数至上和学历至上的片面社会大环境思想，重视青年的德行与品格，关注青年的身心健康与兴趣追求，渲染积极向上、和谐的社会氛围，增强青年的信念感。其三，青年要学会灵活转变自身心态，尽量避免传播焦虑和无力情绪，自发地将社会主义核心价值观内化于心、外化于行，坚定社会主义理想信念并为之不懈奋斗。

2. 始终秉持“知行合一”

青年是接受教育的主体，在对青年进行理想信念教育的过程中，不仅要贯穿对“真、善、美”统一的价值追求，更重要的是坚持理论联系实际，教育引导广大青年从“真知”到“真行”，努力做到知行合一，在实践中淬炼提升理想信念。

（1）落细：提升价值认同

价值认同指把价值内化与外化为相应行为的过程，形成对某种价值观的认可与共识后，通过自身内化取得实践行为中的相应价值定位，并以此考虑自身理想信念。在追求“真”与“善”的基础之上，求“美”是“真”与“善”达成的终极目标，即高级的追求—价值判断。开展新时代青年理想信念教育，首先需要提倡青年的价值认可，实现个体与社会的价值一致性，正确引领青年内在思想，规范其外在行为。其一，提升青年的价值经验认同，促使青年在日常生活中直接领悟理想信念的重要性。价值经验认同是指受教育者通过直觉感受，纯粹从经验中获得的某种价值的认同。青年在日常生活中，很多时候都是以经验中的习俗、经验中的感受来指导自身行为的，因此，加强理想信念教育应该把经验认同这一环节包括在内，发挥生活场域中模范榜样的作用极为重要，青年也可以从实践经验中直接领悟某种价值观，体会理想信念教育的价值。其二，提升青年的价值理性认同，加强青年对理想教育的接受力和理解力。此处所指的价值理性认同是利用基础性的“概念”“判断”以及简单“推理”的形式，使受教育者对某种价值观形成正确的逻辑认知，通过一定程度的“理解”来达到思想上的认同，使其真正接受并内化于心。客观的历史条件可以打破主体间性（人对他人意图的认知与判定），在对理论与历史规律有足够认识的前提条件下，确立合适的理想信念教育体系，促使青年能够在被教育的过程中更加坚定和明确自己的理想信念，形成符合社会发展方向的价值认同。其三，提升价值的情感认同。情感认同属于理性认同转化为日常行为的中间地带，推动青年理想信念教育的理性认同转化为实践行为认同。所谓情感价值认同，简单来说，可以理解为在其产生思想“共鸣”的基础上进一步实现情感的认同，并将其外化于日常行为规范中。需科学认识当代青年的心理特点，通过营造多种不同情境的氛围，加强其对国家共同体的政治价值观与道德价值观的情感认同和共鸣，并把所接受的价值教育落实在行为之中。

（2）落实：回归客观现实

思维与存在的统一要求现代哲学的基本趋势是回归现实世界。开展青年理想信念教育亦需如此，要注重青年的主体性，并从现实性维度出发考虑教育三个方面的实效性。其一，坚持现实性的取向，理想信念教育内容在规划安排上应立足现实。要全面分析我国发展状况，结合时代奋斗目标，明确国家未来的发展计划，分析总结取得的伟大成就和面临的挑战，把国家未来的发展规划和发展的步骤、措施，从宏观层面的概括转变为内容的细化，从国家发展战略大局角度，加强对青年家国情怀的现实性教育，使新时代的青年更好地认清坚定自己理想信念的重要性。其二，追求实效性的提升，关注理想信念教育对象的身心发展规律和现实需求。要正确认识青年理想信念教育与现实生活之间的相互关系，以新时代特征为基本立足点，对青年所处环境、面临问题进行深入研究，在宏观层面对青年进行更加全面科学的分析；青年的言语体系、思维方法、注意力集中程度等均体现出不同，因而在实施教育的时候，必须考虑到他们的理解能力和接受水平，要注重青年发展的个体性差异，保障教育内容的针对性与层次性，以提升理想信念教育的实效性。其三，建构具有现实性的教育路径，推动青年把理想信念教育内容转化为自身的现实行动和自觉追求。教育路径是实现教育内容与教育对象结合的桥梁，青年的理想追求和精神境界具有高度可变性和可塑性，从思政课堂到实践活动，再到借助媒体媒介，青年能从被动灌输逐渐转变为主动接受，达到理想信念教育的目的。

（3）落小：融入日常生活

日常生活是意识形态教育工作开展的重要场域，对个人价值观的形成、培养具有根本性意义。厘清日常生活与青年理想信念教育的内在逻辑关系，将理想信念教育融入日常生活，对推进理想信念教育落小至关重要。其一，个体的日常生活具有明显的经验性。人们习惯通过经验建立自己的思维逻辑和行为模式，因此，基于理想信念教育形式的个性化特征，组织各式社会实践活动，例如志愿者服务、劳动教育，可以增强青年的现实体验，通过生动的实践体会转化为价值追求。其二，个体的日常生活具有明显的稳定性。受自然、血缘、情感等各种因素相互影响，个体日常生活保留着原始家庭的物质与精神需求气息，这也是归属感与认同感的一种表现形式。青年理想信念教育要通过挖掘家规、家风的现代价值，依靠家庭教育的作用，使得青年在家庭中的天然情感认同感转化为自己的行为规范。其三，个体的日常生活具有明显的重复性。一定的社会日常生活同社会经济变迁等相比具有滞后性，日常生活范式形成后会对个人的举止行为产生影响。因此，在建设中国特色社会主义的新时代，理想信念教育要与青年的日常生活、工作、学习有机融合，有效解决青年日常生活中所遇到的以及即将遇到的各种问题，通过借助各种教育媒介，重复进行日常思维锻炼与学习实践，加深青年对社会主义共同理想与共产主义理想的价值认同，提升思想境界与行动能力，树立正确价值观与理想信念，并乐于为之付出，做到行胜于言。

参考文献

［1］中共中央关于制定国民经济和社会发展第十四个五年规划和2035年远景目标的建议［M］. 北京：人民出版社，2020.

［2］习近平. 在庆祝中国共产党成立100周年大会上的讲话［N］. 人民日报，2021-07-02（002）.

［3］姜永建. 加强青年理想信念教育的三个维度［J］. 辽宁师范大学学报（社会科学版），2020（5）：36-42.

［4］习近平给复旦大学青年师生党员回信，勉励广大党员在学思践悟中坚定理想信念，在奋发有为中践行初心使命［N］. 人民日报，2020-07-01（1）.

［5］中共中央文献研究室. 习近平关于青少年和共青团工作论述摘编［M］. 北京：中央文献出版社，2017.

［6］习近平. 在庆祝改革开放40周年大会上的讲话［M］. 北京：人民出版社，2018.

［7］习近平. 习近平谈治国理政：第1卷［M］. 北京：外文出版社，2018.

［8］习近平. 在纪念辛亥革命110周年大会上的讲话［N］. 人民日报，2021-10-09.

［9］习近平. 在庆祝中国共产党成立95周年大会上的讲话［N］. 人民日报，2016-07-02（01）.

［10］中共中央文献研究室. 习近平关于全面从严治党论述摘编［M］. 北京：中央文献出版社，2016：57.

［11］马克思，恩格斯. 马克思恩格斯全集：第21卷［M］. 北京：人民出版社，1965.

［12］朱炎. 大学生理想教育［M］. 成都：西南交通大学出版社，2009.

［13］邢林艳. 大学生个人理想与社会理想相统一的路径研究［J］. 改革与开放，2019（8）：79-81.

［14］马克思，恩格斯. 马克思恩格斯选集：第1卷［M］. 北京：人民出版社，2012.

［15］习近平. 在纪念五四运动100周年大会上的讲话［M］. 北京：人民出版社，2019.

［16］习近平. 学党史悟思想办实事开新局，以优异成绩迎接建党一百周年［N］. 人民日报，2021-02-21（01）.

［17］张荣花. 加强大学生"四史"教育的方法探讨［J］. 学校党建与思想教育，2021（14）：82-84.

［18］习近平. 把思想政治工作贯穿教育教学全过程，开创我国高等教育事业发展新局面［N］. 人民日报，2016-12-09.

［19］冯刚，朱宏强. 以习近平新时代中国特色社会主义思想引领青年理想信念教育［J］. 思想理论教育导刊，2018（11）：79-86.

［20］张洪铭. 新时代青年学生理想信念教育研究［D］. 哈尔滨：东北林业大学，2020.

［21］都本伟. 不忘初心，牢记使命，开创高校思想政治工作新局面［J］. 辽宁师范大学学报（社会科学版），2018（4）.

［22］吴宏政. 思想政治教育中价值认同的三个环节［J］. 长白学刊，2017（4）：45-48.

（编辑：曲成举）

浅析新时代高校劳动教育的变与不变

方常艳

【摘要】在新时代，高校劳动教育的教育对象、教育内容及教育形式等发生了新的变化，但其坚持马克思主义指导思想、坚持知行合一的根本原则、培养时代所需人才的育人使命始终没变。基于此，新时代高校劳动教育应在“变”与“不变”的张力中稳中求变，在“三全育人”教育理念下，打造劳动教育新形态，以促使高校劳动教育能吸引学生、留住学生、教好学生，助力高校完成立德树人的使命。

【关键词】新时代；高校；劳动教育

【作者简介】方常艳，女，1996 年生，西南财经大学马克思主义学院硕士研究生，主要从事马克思主义基本原理研究。

党的十八大召开以来，中国特色社会主义进入新时代。正如习近平总书记所说：“社会主义是干出来的，新时代也是干出来的。”① 劳动教育在当前教育体系中无疑占据着重要地位。2020 年 3 月，中共中央、国务院印发《关于全面加强新时代大中小学劳动教育的意见》（以下简称《意见》），强调学校需结合当前我国经济社会发展现状和学生实际情况，因时而进、因势而新地构建中国特色劳动教育模式。高校作为国家人才培养基地和推进劳动教育的重要场域，把握新时代高校劳动教育的“变”与“不变”，有利于更好地推进大学生劳动教育，适应社会发展及时代新人培育的需要，进而促进立德树人根本目标的实现。

一、新时代高校劳动教育之“变”

从毛泽东提出“我们的教育方针，应该使受教育者在德育、智育、体育几方面都得到发展，成为有社会主义觉悟的有文化的劳动者”② 到习近平强调“培养德智体美劳全面发展的社会主义建设者和接班人”③，党一贯主张将劳动和教育相结合。但随着时代场域的发展变化，劳动教育的对象、内容及方式发生了较大变化。

（一）教育对象之变

首先，以“00 后”为代表的新时代大学生，出生和成长于我国互联网快速发展及经济高速发展的时代，且他们中大多数人处于“4+2+1”的家庭结构中，自小到大受

① 习近平. 平“语”近人：习近平总书记用典［M］. 北京：人民出版社，2019：164.

② 毛泽东. 毛泽东论教育［M］. 北京：人民教育出版社，2008：272.

③ 教育部课题组. 深入学习习近平关于教育的重要论述［M］. 北京：人民出版社，2019：30.

到家中长辈及父母无微不至的照顾和关爱，使得他们与过去的大学生相比，更加强调个性化的价值追求，更加注重自身的价值体现及情感表达，也更加注重个体的独立性及自主性。

其次，在以“唯分数论”的中小学阶段，迫于学业压力的“00后”早已习惯于书桌前的拼搏。而进入大学阶段后，由于对社会的感知及相应的历练不够，导致他们缺少足够的行动力，动手能力较弱，较为缺乏面对困难并战胜困难的勇气，他们害怕劳而少获甚至劳而无获。加上受到“唯分数论”、家庭及社会环境的影响，过度务实的大学生则可能会出现“事不关己高高挂起，事若关己精于算计”的思想，成为“精致的利己主义者”。另外，由于家庭、学校和社会劳动教育的长期缺位，导致新时代大学生与过去的大学生相比，缺乏正确的劳动价值观，部分大学生群体中出现“躺平”“佛系”等现象，抱有“不愿出力，只想赚快钱”的错误思想，以及“三天打鱼两天晒网”的劳动模式。

最后，出生和成长于互联网时代的新时代大学生自带网络基因，行为活动呈现出网络化特征。他们从小就在主动或被动接触和使用电脑，使得他们与过去的大学生相比，思维会更加发散活跃，并形成使用互联网智能搜索引擎获取知识的行为习惯。但由于缺乏足够的判断力，他们易迷失在信息大爆炸的网络信息中，并且由于网络信息的及时性和简短性等特征，导致新时代大学生的注意力难以长时间保持集中状态，逐渐养成碎片化阅读、多维度思考及行为多变的习惯。

总之，新时代的大学生具有价值追求个性化、信息获取多渠道、思想观念兼容多元、日常交往网络化等特征。

（二）教育内容之变

为提高劳动教育的针对性和实效性，随着教育对象的变化，教育内容也会发生相应的改变。

首先，在新时代，劳动教育不能与过去的“学工”和“学农”简单地画上等号。它不仅仅局限于让学生从事体力劳动，还包括脑力劳动、服务性劳动等。《意见》中指出，劳动教育的内容需“结合产业新业态、劳动新形态，注重选择新型服务性劳动的内容”①。在网络化、智能化的今天，劳动教育不能简单地让学生进行体力劳动锻炼，还需结合实际不断更新劳动教育内容，以丰富学生的劳动实践和劳动体验，从而增强劳动教育育人的实效性。

其次，新时代高校劳动教育需与其他学段相区分，不能将其进行混同。相对于大学劳动教育而言，中小学劳动教育更加强调会劳动、懂劳动，用教育来引导学生崇尚劳动、尊重劳动，让学生在“动手实践、出力流汗”中养成勤于动手的良好劳动习惯，具备基本的劳动技能，对劳动有着正确的认知。而大学阶段的劳动教育则不止于此，还需加强学生对马克思主义劳动观、社会主义劳动价值论等相关理论的学习，让学生深入理解劳动的价值和意义，在劳动教育中不断完善他们的世界观、人生观及价值观，弄明白“为什么劳动”等问题，从而助推新时代大学生将所学专业与劳动相结合，进行创造性劳动，并且在学习和工作中做到辛勤劳动、诚实劳动、善于劳动。

最后，新时代高校劳动教育的本质在于对大学生的人格进行培养，使他们成为德、

① 中共中央 国务院关于全面加强新时代大中小学劳动教育的意见［N］. 人民日报，2020-03-27（001）.

智、体、美、劳全面发展的新时代青年。因为，在劳动中，不仅有着体力的消耗，还有着情感、认知等的参与。通过劳动教育，可以帮助大学生体会劳动之益，树立良好的道德品德；提高劳动之智，增加人生的智慧；凝聚劳动之力，强健其体魄；感受劳动之美，提升审美的能力。因此，劳动教育需与德、智、体、美相结合，实现五育并举，以培养全面发展之人才，适应新时代变化发展的要求。

（三）教育方式之变

内容决定方式。随着新时代高校劳动教育的内容发生新变化，其方式也应发生相应的变化。

首先，新时代高校劳动教育要“适应科技发展和产业变革，针对劳动新形态，注重新兴技术支撑和社会服务新变化”①。因此，针对互联网原住民的新时代大学生，高校需借助新媒体技术手段来创新劳动教育的开展形式，推进“高校劳动教育+互联网”的落实，运用大数据分析了解高校大学生的需要，进而进行精准劳动教育。另外，充分利用翻转课堂、短视频、人工智能等劳动教育新方式，提高劳动教育的新颖性和吸引力，盘活劳动教育资源，提升劳动教育的实效性。

其次，新时代高校劳动教育不能再像过去多停留在口头或书面形式，而需落到实处。习近平总书记指出，“扎根中国大地办教育，同生产劳动和社会实践相结合”②。2020 年 7 月发布的《大中小学劳动教育指导纲要（试行）》中要求大中小学设立劳动教育必修课程，真正把劳动教育落到实处③。因此，各大高校响应党的号召，开设劳动教育课程，这对于推动新时代高校劳动教育来说是必要的也是必需的举措。劳动教育采用课程的形式，通过设计科学完整的教学大纲及合理的课时安排，使大学生们既能学习相关的劳动知识，又能在实践中将所学劳动知识转化为实际，做到知行合一。劳动教育包含着劳动和教育两个方面，缺少任何一方面都不利于劳动教育的开展及立德树人教育目标的实现。因此，通过专业化、系统化及科学化的课程，一方面，可以让大学生在动手实践，出力流汗中提升个人品格；另一方面，又可以使劳动教育不浮于表面，流于形式，增加其育人的可持续性。

总之，劳动教育应立足新时代，结合当下实际及专业特点，不断丰富新时代高校大学生劳动教育课程活动开展方式，在满足高校大学生多样化需求的同时，充分发挥劳动教育的立德树人的效能。

二、新时代高校劳动教育之“不变”

新时代高校劳动教育的新发展，不是推翻过去从头来过，而是在过去已有基础上继续推进。建党百年来，高校劳动教育虽已呈现出阶段性新特征，但其坚持马克思主义指导思想、坚持知行合一的根本原则、培养时代所需人才的育人使命没变。

（一）指导思想不变

在新时代，高校劳动教育的方式、内容等发生了变化，但根本性的指导思想是不

① 中共中央 国务院关于全面加强新时代大中小学劳动教育的意见［N］. 人民日报，2020-03-27（001）.

② 张烁. 习近平主持召开学校思想政治理论课教师座谈会，强调用新时代中国特色社会主义思想铸魂育人，贯彻党的教育方针，落实立德树人根本任务［N］. 人民日报，2019-03-19.

③ 教育部. 大中小学劳动教育指导纲要［EB/OL］. http://www.moe.gov.cn/jyb_xwfb/s5147/202007/t20200716_473075.html.

会变也不可能变的。生产劳动与教育相结合是马克思主义教育思想的重要组成部分，中国共产党作为马克思主义政党，始终坚持以马克思主义教育思想为指导来立德树人。

马克思主义十分强调生产性劳动与教育相结合的重要性。马克思根据当时其所处的资本主义大工业时代，提出“劳教相结合”的思想。教育作为连接科学和工业的桥梁，通过教育培育出兼具科学知识和工业技术的劳动者，从而可以更好地将科学融入工业，以推进工业快速发展，提升社会生产力。另外，恩格斯还强调：“在社会主义社会中，劳动将和教育相结合，从而保证多方面的技术训练和科学教育的实践基础”①，以促进社会主义社会中生产劳动和教育更好结合，使劳动者在接受劳动技能培训的同时，也能学习相关的劳动知识。

劳动与教育相结合，除了可以提升生产力之外，还有助于促进人的全面发展。马克思指出：“未来教育对所有已满一定年龄的儿童来说，就是生产劳动同智育和体育相结合，它不仅是提高社会生产的一种方法，而且是造就全面发展的人的唯一方法。”②脑力劳动和体力劳动的分割并不利于人的全面发展，而劳动教育可以促进人们在劳动实践中，不断总结经验并加以升华以提升改造自然的能力，从而使人摆脱自然界的束缚，得到解放。但人的本质是一切社会关系的总和，要实现真正意义上的解放还需摆脱现有的剥削关系即资本主义制度。在其剥削和压迫下，劳动对于工人来说，是“彼之蜜糖，我之砒霜”。劳动不再是工人自我价值的实现，而是与工人相对立的敌人，造成工人越劳动就越贫困的异化现象。因此，马克思认为，要消除这种现象，就必须进行社会主义革命，必须推翻现有的剥削制度。而教育与生产劳动相结合，将有助于无产阶级争取受教育的机会，以帮助他们摆脱愚昧无知的状态，激发他们的斗志，增强他们的能力，以与资产阶级相对抗，推翻其制定和维护的剥削制度。

（二）根本原则不变

坚持知行合一一直是高校进行劳动教育所坚持的根本原则，也是劳动教育的应有之义。党提出劳动教育的出发点就在于打破科学知识与生产实践之间的障碍，通过劳动将两者结合，以将科学势能转化为生产势能，推动经济社会的快速发展。而如果没有坚持知行合一这一根本原则，就无法打破科学与生产间的障碍，提高生产力、推动经济生活的发展就无从谈起。

高校加强劳动教育的目的就是使学生将所学的理论知识和具体实践相结合，在实践中检验所学、发展所学、创新所学。正如习近平总书记所强调的，将书本和脑袋中知识落实在行动上，做到知行合一，从而达到以知促行、以行求知的理想效果③。因此，高校在开展劳动教育时必须坚持知行合一原则，科学地将劳动和教育进行有机结合，两者中任何一方的偏废都会影响到高校劳动教育的最终效果。

从《意见》中强调劳动教育重点，即学生除接受系统文化知识学习之外，还需让学生动手实践、出力流汗，参加日常生活劳动、生产劳动和服务性劳动可知，新时代高校劳动教育仍需坚持知行合一这一根本原则。“知”需高校发挥其理论优势，通过系统化授课，帮助大学生掌握劳动的理论知识，厚植劳动情怀，树立正确劳动观念，养

---

① 马克思，恩格斯. 马克思恩格斯全集：第20卷［M］. 北京：人民出版社，1971：361.

② 马克思. 资本论：第1卷［M］. 北京：人民出版社，2004：153.

③ 习近平. 在北京大学师生座谈会上的讲话（2018年5月2日）［N］. 光明日报，2018-05-03.

成良好的劳动习惯，提升劳动教养，以为“行”奠定基础。“行”则是通过开展相应的实践活动，引导学生将课堂上所学的理论知识付诸实践，进行服务性劳动、创造性劳动及生活劳动等，在劳动实践中形成健康向上的劳动精神，提高劳动素养。只有坚持知行合一才能避免劳动教育被理论课取代，陷入劳动教育非实践化的困境，也才能避免只实践不教育而陷入劳动教育非课程化的困境。

（三）育人使命不变

培养时代所需人才是劳动教育自始至终的育人使命。新中国成立之初，当时的特殊国情要求学校培养大量人才以助力国家恢复重建工作，党和国家出台了一系列的方针政策推动教育与生产相结合，加强劳动教育。《“四二”旧制小学暂行教学计划》《国务院关于全日制学校的教学、劳动和生活安排的规定》等文件中对学校开展劳动教育都有相应的要求和规定。改革开放后，为适应新发展需求，党和国家出台新政策以推进劳动教育更好地适应当时经济社会的发展，如《关于普通中学开设劳动技术教育课的试行意见》，强调为彻底贯彻党的教育方针及推动国家社会发展需开设劳动技术教育课①。

党的十八大召开以来，习近平总书记具体分析世情和国情的新变化，在过去培养“德智体美全面发展”人才要求的基础上加入“劳”这一新要求，强调五育并举，即培养“德智体美劳全面发展”的时代新人。其中“劳”是“德智体美”的基础，是培养时代新人的关键一招，它可以助时代新人矫正其三观，增加其智慧，强健其体魄，锻造其美感。“德智体美”反过来对“劳”具有一定的影响作用。它们相互影响，相互贯通，缺一不可，任何一方的缺失都无法培养出全面发展的时代新人。

在新时代，党和国家为应对百年未有之大变局及各种机遇和挑战，构建“双循环”新发展格局，顺利实现“中国梦”，决定了高校需培养德、智、体、美、劳全面发展的人才，以适应国家和社会的发展要求。而劳动教育能“培育具有健康劳动价值观、追求社会正义、实现体力脑力结合，以及养成具有自由个性的‘全面发展的人’”②。高校作为人才输出的基地，肩负着为国、为党、为社会输送各类合格人才的使命。进行科学的劳动教育，可以帮助大学生在改造自然中，得到自我价值的确证，促进他们正确认知自我，从而提升自我，成为全面发展的人，为新时代推动社会主义发展注入一己之力。

三、在“变”与“不变”的辩证统一中打造新形态的劳动教育

在新时代高校劳动教育“变”与“不变”的辩证统一中，在“三全育人”教育理念的指导下，应努力打造新形态劳动教育，以适应新时代高校立德树人使命的要求。

（一）坚持全员参与，充分调动各主体积极性

为深入推进高校劳动教育的开展，需建立国家、学校、家庭及学生多元参与的协同机制。

首先，国家需要站在全局高度制定和完善相关的顶层设计，为高校劳动教育的开展指明大方向，提供政策引导。

① 教育部. 关于普通中学开设劳动技术教育课的试行意见［J］. 人民教育，1983（1）：27-28.

② 檀传宝. 劳动教育的本质在于培养劳动价值观［J］. 人民教育，2017（9）：48.

其次，高校作为大学生劳动教育的主要阵地，需在认真贯彻国家教育方针的同时，深入认识劳动教育的价值。坚持以学生为中心的价值取向，走进学生以了解他们的需求、兴趣点，具体分析学生的劳动态度、劳动习惯、劳动价值观、劳动理论和技能等现状，掌握他们存在的长处和短板，在遵循客观规律的基础上，制定科学完整的高校劳动教育课程体系，以开展有针对性的劳动教育，提高劳动教育的精准性。另外，教师作为劳动教育中的关键主体，对劳动教育开展情况起着重要作用，因此需强化教师激励机制，通过将教学实践、实习指导纳入绩效考核等手段，充分调动教师深入参与劳动教育的积极性。

再次，学生作为劳动教育的对象，需发挥自我的主动性，积极参与到校内外劳动教育实践中以进行自我教育。

最后，家庭对于劳动教育的开展起着重要作用。习近平总书记曾强调，无论时代、社会如何变化发展，家庭的重要地位永远不可动摇，家庭建设永远不能松懈①。家庭对于个人劳动观的形成起着举足轻重的作用。因此，家庭需树立正确的劳动培养观，父母需以身作则，用实际行动为孩子树立爱劳动、勤劳动的良好形象，帮助孩子形成正确的劳动观念和良好的劳动习惯。

（二）坚持全程参与，丰富劳动教育内容

为实现劳动教育的全程参与，高校需从横向和纵向两个角度出发。

首先，横向主要是丰富劳动教育开展的内容。第一，将“四史”学习融入劳动教育中。“四史”实质上展现了中华民族通过自身坚持不懈的努力，一步步走向伟大复兴的奋斗史。将“四史”与劳动教育相融合，有利于大学生在历史的学习中，深刻理解劳动实践对于国家、民族和个人的意义，树立马克思主义劳动观以抵制不良思潮的入侵。第二，开展劳模进校园等活动，把全国或当地的劳动模范请进校园，与学生进行面对面的交流分享，能拉近学生和劳动模范的心理距离，让学生感受到只需扎扎实实、埋头苦干，你我皆可成为劳动模范。第三，以劳动节等节日为契机，开展社区志愿活动、与农村合作开展助力乡村振兴主题活动等来丰富劳动教育的内容。

其次，纵向则是结合高校大学生的阶段性学情要求来开展劳动教育。第一，对于刚入学的大一新生及大二学生，由于他们刚刚进入大学阶段，面临的最大困难可能就是适应大学生活的问题。因此，可以开设旨在帮助他们实现独立生活的相关生活技能课程，与中学劳动教育相衔接，让他们能更好更快地适应大学生活。第二，对于已适应大学生活的大三学生来说，则需将劳动教育与其专业知识相结合，让他们在劳动实践中体会劳动的艰辛，形成不怕吃苦、踏实认真的治学精神。第三，对于即将毕业的大四学生来说，就业是他们重点关心的问题。因此，可以与企业合作，开展企业实习活动，提高他们的劳动技能，以更好地进入社会，适应社会的需求。

（三）坚持全方位推进，拓展劳动教育场域

高校需充分利用各种育人载体和资源来推进劳动教育全方位展开。

首先，生活是最好的教材，高校劳动教育需融入学生的日常生活中，提高学生生活技能，使其学会自己照顾自己，增强自我管理的能力。这样既有利于他们在生活中切身体会到劳动的作用和价值，又有利于提高他们对劳动的热爱之情及增进与劳动人

---

① 习近平. 2015 年春节团拜会重要讲话［N］. 人民日报，2015-02-17（1）.

民的感情。

其次，积极开展校内外活动。通过校外实践基地、校内社团活动、暑期实践调研等方式开展的各类实践活动，引导学生参与到具体的劳动实践活动中，锤炼劳动本领。例如，西南财经大学组织开展了以“致敬百年路，永远跟党走”为主题的“三下乡”社会实践活动。另外，高校可以通过与对口扶贫村党支部建立结对共建平台，让学生深入基层，走在脱贫攻坚一线，将理论知识转化为实践动力，以实际行动投身于乡村振兴，促使他们亲身感受基层群众生活和地方（区域）文化，在全面提升社会服务意识和使命担当意识的同时，也不断提高自己的实践能力。

最后，构建互联网+劳动教育模式。新时代的大学生是无人无时无处不网，互联网是大学生主要的活动阵地。高校应抓紧抓好这一阵地。因此，高校需利用网络的便捷性、交互性，为学生提供多样化的学习资源；利用学习强国、哔哩哔哩、抖音等 App 以及学校学院官微等微信公众号在学生间的传播优势，引导学生学习劳模故事，弘扬劳动精神。

总而言之，新时代高校劳动教育要实现立德树人这一使命，需做到因时而进、因势而新，在正确把握高校劳动教育“变”与“不变”的基础上，坚持“三全育人”教育理念，切合实际，围绕坚持全员参与以充分调动各主体的积极性、坚持全程参与以丰富劳动教育内容、坚持全方位推进以拓展劳动教育场域的“三个坚持”，打造高校劳动教育新形态，以促使高校劳动教育能达到吸引学生、留住学生、教好学生的理想效果，助力高校完成立德树人的使命。

参考文献

［1］教育部. 关于普通中学开设劳动技术教育课的试行意见［J］. 人民教育，1983（1）：27-28.

［2］檀传宝. 劳动教育的本质在于培养劳动价值观［J］. 人民教育，2017（9）：45-48.

［3］田夏彪. 新时代学校劳动教育价值定位及路向审思［J］. 西南大学学报（社会科学版），2021，47（4）：142-150，229-230.

［4］王洪晶，曲铁华. 中国共产党百年劳动教育政策的回顾与展望：基于渐进主义的视角［J］. 湖南师范大学教育科学学报，2021，20（4）：1-8.

［5］吕艳娇，姜君. 新时代高校劳动教育与创新创业教育融合：价值、困境与路径［J］. 当代教育论坛，2021（4）：116-124.

［6］柴素芳，蔡亚楠. 加强劳动教育 培育时代新人［J］. 中国高等教育，2021（9）：10-12.

［7］李绍军，徐玉生. 困境与重塑：教育场域视野下大学生劳动教育的路径探析［J］. 黑龙江高教研究，2021，39（4）：31-35.

［8］习近平 .2015 年春节团拜会重要讲话［N］. 人民日报，2015-02-17（1）。

［9］教育部. 大中小学劳动教育指导纲要［EB/OL］.［2021-04-26］. http://www.moe.gov.cn/ jyb_xwfb/s5147/ 202007/ t20200716-473075.html.

［10］余辉，刘晓鹏. 解构与纾解：劳动教育的异化与回归［J］. 大学教育科学，2021（3）：46-53.

［11］黄蓉生，樊新华. 培养新时代大学生劳动精神的四个着力点［J］. 中国高等教育，2021（9）：4-6.

［12］檀传宝. 劳动教育的概念理解：如何认识劳动教育概念的基本内涵与基本特征［J］. 中国教育学刊，2019（2）：82-84.

［13］岳海洋. 新时代加强高校劳动教育的价值意蕴与实践路径［J］. 思想理论教育，2019（3）：100-104.

［14］习近平. 平“语”近人：习近平总书记用典［M］. 北京：人民出版社，2019.

［15］中共中央 国务院关于全面加强新时代大中小学劳动教育的意见［N］. 人民日报，2020-03-27（001）.

（编辑：宋婧琳）